权威·前沿·原创

皮书系列为
"十二五""十三五""十四五"时期国家重点出版物出版专项规划项目

BLUE BOOK

智库成果出版与传播平台

国家中心城市蓝皮书

BLUE BOOK OF NATIONAL CENTRAL CITY

国家中心城市建设报告
（2024）

ANNUAL REPORT OF THE CONSTRUCTION OF NATIONAL CENTRAL CITIES (2024)

畅通国内大循环与特大型城市高质量发展

主　编／李仰智　张　锏
执行主编／周　倩　喻新安　陈　耀
副 主 编／晋　争　辛　绢　杜学霞　王中亚

社会科学文献出版社
SOCIAL SCIENCES ACADEMIC PRESS（CHINA）

图书在版编目(CIP)数据

国家中心城市建设报告 . 2024：畅通国内大循环与特大型城市高质量发展 / 李仰智，张铟主编；周倩，喻新安，陈耀执行主编；晋争等副主编 . -- 北京：社会科学文献出版社，2024.12. --（国家中心城市蓝皮书）. ISBN 978-7-5228-4726-9

Ⅰ . F299.2

中国国家版本馆 CIP 数据核字第 2024ZV7816 号

国家中心城市蓝皮书
国家中心城市建设报告（2024）
——畅通国内大循环与特大型城市高质量发展

主　　编 / 李仰智　张　铟
执行主编 / 周　倩　喻新安　陈　耀
副 主 编 / 晋　争　辛　绢　杜学霞　王中亚

出 版 人 / 冀祥德
组稿编辑 / 任文武
责任编辑 / 张丽丽
文稿编辑 / 吴尚昀
责任印制 / 王京美

出　　版 / 社会科学文献出版社·生态文明分社（010）59367143
　　　　　 地址：北京市北三环中路甲 29 号院华龙大厦　邮编：100029
　　　　　 网址：www.ssap.com.cn

发　　行 / 社会科学文献出版社（010）59367028
印　　装 / 三河市东方印刷有限公司

规　　格 / 开　本：787mm×1092mm　1/16
　　　　　 印　张：31.5　字　数：473 千字
版　　次 / 2024 年 12 月第 1 版　2024 年 12 月第 1 次印刷
书　　号 / ISBN 978-7-5228-4726-9
定　　价 / 168.00 元

读者服务电话：4008918866

版权所有 翻印必究

《国家中心城市建设报告（2024）》
编委会

主　任　李仰智　张　锢

副主任　周　倩　喻新安　陈　耀

编　委　（排名不分先后）

　　　　　晋　争　辛　绢　杜学霞　王中亚　闫德民
　　　　　徐艳红　赵　莉　吴玉鸣　周立群　尹　涛
　　　　　覃　剑　杨继瑞　秦尊文　丁　瑶　王铁山
　　　　　叶堂林　甄　杰　彭劲松　于远光　陈西川
　　　　　张学良　郭志远　胡　艳　赵建吉　罗若愚
　　　　　黄　寰　樊志宏　王坤岩　谢宝剑

主要编撰者简介

李仰智 郑州师范学院党委书记、二级教授、博士生导师。国家有突出贡献中青年专家,享受国务院政府特殊津贴,国家社科基金审评专家,国家艺术基金初评、复评专家。长期从事中国语言文学、高等教育管理、思想政治教育的研究、教学、管理工作。主持国家社科基金重点、一般、后期资助项目4项,省部级社科基金重点项目2项、一般项目10项,省部级教育规划重大课题1项。先后获中国文联文艺评论优秀成果奖2项,河南社会科学优秀成果一等奖1项,广西社会科学优秀成果一等奖3项、二等奖4项,广西文艺创作"铜鼓奖"(文艺理论)2项。决策咨询成果先后被中央有关领导、广西壮族自治区党委书记等省部级及以上领导同志批示5次。

张　铟 工学博士,郑州师范学院院长、三级教授,郑州大学、中原工学院硕士研究生导师,国家一级注册结构工程师、监理工程师,河南省教育厅学术技术带头人,"河南省工程结构性能监测与控制"创新型科技团队带头人。主要研究领域为FRP材料在土木工程中的应用、结构的力学性能仿真分析、装配式建筑等。主持国家自然科学基金面上项目和博士后科学基金项目各1项,作为主要人员参与国家自然科学基金面上项目1项。主持或主要参与已鉴定省级科研项目5项,获得河南省科技进步奖三等奖1项,南阳科技进步奖一等奖1项、二等奖2项。先后在权威期刊发表专业论文30余篇,主编或参编教材5部。

周　倩　教育学博士，郑州师范学院副院长、二级教授、博士生导师、博士后合作导师，享受国务院政府特殊津贴，宝钢优秀教师，河南省高校哲学社会科学创新团队首席专家，兼任河南省教育质量学会会长、河南省教育学会副会长、中国高等教育学会高等教育学专业委员会常务理事等。主要研究领域为高等教育、思想政治教育。主持国家社会科学基金项目3项、国家社会科学基金重大项目子课题2项，发表高水平论文80余篇，出版学术著作近20部，获河南省社会科学优秀成果奖一等奖1项、二等奖1项、三等奖2项，河南省高等教育教学成果一等奖1项，河南省高校哲学社会科学优秀成果特等奖4项，河南省教育科学优秀成果特等奖3项。

喻新安　经济学博士，郑州师范学院国家中心城市研究院院长，河南省社会科学院原院长，二级研究员，享受国务院政府特殊津贴，河南省优秀专家，河南省首批杰出专业技术人才，兼任中国区域经济学会副会长，河南省社科联副主席，国家统计局"中国百名经济学家信心调查"特邀经济学家。郑州大学、河南大学、河南工业大学等高校客座教授。主要研究领域为区域经济、产业经济、经济体制改革。代表作有《大省崛起》《中国新城区建设研究》《全面建设小康社会的目标体系》《中原经济区研究》《新型城镇化引领论》《中原崛起之路》《工农业协调发展的河南模式》等，主持完成国家级、省部级课题30余项；在《求是》《中国工业经济》《中国改革》《改革》《人民日报》《光明日报》《经济日报》等报刊发表论文400多篇，获省部级特等奖、一等奖10项。

陈　耀　经济学博士，郑州师范学院国家中心城市研究院首席专家，中国社会科学院工业经济研究所研究员、教授、博士生导师，中国区域经济学会副会长兼秘书长，中国社会科学院西部发展研究中心副主任，国家社会科学基金重大项目首席专家。享受国务院政府特殊津贴，中央组织部"院士专家西部行"、全国政协常委视察团和国家发展改革委等活动受邀专家，中国区域经济50人论坛成员。主要研究领域为区域经济、产业空间组织和政府政策。代表性论著有《国家中西部发展政策研究》《中国区域经济学前沿》《区域经济学》《区域经济辞典》等，在《经济研究》《中国工业经济》《经济管理》《区域经济评论》等刊物发表论文和各项研究报告数百篇，获得国家科技进步奖、中国发展研究奖、中国社会科学院优秀成果奖等 10 余项。

摘　要

《国家中心城市建设报告（2024）》是由郑州师范学院国家中心城市研究院组织，国内外20多个科研机构、近50位专家学者参与研创的第七部国家中心城市蓝皮书。根据中央经济工作会议精神，推动经济回暖复苏，需要克服有效需求不足、国内大循环存在堵点等困难和挑战。为深入研判新形势下如何更好统筹扩大内需和深化供给侧结构性改革，充分发挥以国家中心城市为主体的特大型城市在国内大循环中的内需主动力主力军作用，本书以"畅通国内大循环与特大型城市高质量发展"为主题，分析了2023年各国家中心城市和其他特大型城市社会经济发展水平和发展态势，以及各国家中心城市在打通国内大循环堵点，畅通产业链供应链创新链人才链，促进消费和投资形成良性循环的做法、成效以及对策举措，为巩固我国经济稳中向好的基础，实现经济增长的预期目标做出积极贡献。

本书分为总报告、评价篇、城市篇、案例篇、探索篇五个部分，结构和内容如下。

总报告。《2023年超预期因素冲击下特大型城市推动高质量发展报告》指出，21个超大和特大型城市，尤其是9个国家中心城市2023年和2024年第一季度总体发展态势良好，但也要清醒看到，国内消费需求释放仍显不足，房地产持续下行，地方债务风险加大，外部环境不稳定不确定因素依然较多，多重压力叠加，要想推动经济高质量发展，实现特大型城市经济质的有效提升和量的合理增长，就要在加快培育和发展新质生产力、加快形成消费和投资相互促进的良性循环、加快建设更具国际竞争力的现代化产业体

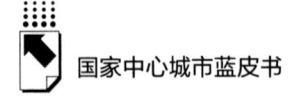

系、加快提升产业链供应链韧性和竞争力、切实优化民营企业发展环境、加快塑造更高水平开放型经济新优势和加快推进区域一体化的现代化都市圈建设等方面付出巨大努力。

评价篇。《2023年国家中心城市建设指数及成长性指数评价分析》对2023年国家中心城市建设指数和成长性指数进行分析，结果显示：2023年各国家中心城市的成长性指数均有较大幅度增长，综合服务、网络枢纽、科技创新等功能的成长性指数相对较高。其中，综合成长性指数最高的是成都，其次是重庆、西安、上海，郑州、广州、武汉、北京和天津的相关指标也有一定程度的增长。其他12个特大型城市建设评价结果显示：深圳、杭州和南京建设指数均在0.45以上；青岛、济南、长沙、昆明4个城市建设指数在0.38~0.43；沈阳、东莞、佛山、哈尔滨、大连建设指数在0.31~0.36。

城市篇。各报告全方位展现了9个国家中心城市在扩大内需、深化供给侧结构性改革、推动经济合理增长方面的主要做法及成效，研判了国内国际环境深刻变化下，各城市存在的不足或面临的挑战，提出了做强做优现代化产业体系、培育和发展新质生产力、扩大有效需求的发展空间、加强城市现代化治理等政策及举措。

案例篇。选取了包括国家中心城市在内的特大型城市在扩大内需、深化供给侧结构性改革、激发潜能消费、扩大有效投资、畅通国民经济循环、突破供给约束堵点、实施城市更新等方面，有特色、有内涵、有成效的案例进行研究，如北京市推进消费商圈改造提升、上海促进国内大循环的"产空耦合"模式、西安多元协同推动文旅消费、天津打造国际消费新地标等。

探索篇。针对城市创新能力提升、产业创新协同、创新空间的演进与治理、特大型城市引领都市圈建设等方面开展了探讨分析，提出了针对性的对策和建议，以期为城市建设提供参考和借鉴。

关键词： 国家中心城市　特大型城市　高质量发展　国内大循环　经济增长

目 录

Ⅰ 总报告

B.1 2023年超预期因素冲击下特大型城市推动高质量发展报告
………………… 郑州师范学院国家中心城市研究院课题组 / 001

Ⅱ 评价篇

B.2 2023年国家中心城市建设指数及成长性指数评价分析
………………… 郑州师范学院国家中心城市研究院课题组 / 038

Ⅲ 城市篇

B.3 北京国际消费中心城市建设报告（2024）
……………………………………………… 高辰颖　赵　莉 / 059
B.4 上海国家中心城市建设：国内大循环堵点突破
……………………………………………… 田鸿钰　吴玉鸣 / 076
B.5 天津推动经济增长的成效、挑战与对策建议
……………………………………………… 周彩云　周立群 / 101
B.6 广州建设国家中心城市的成效与展望………… 覃　剑　尹　涛 / 123

B.7 成都建设国内大循环战略腹地的超大城市探索与实践
　　……………………………………… 杨继瑞　付　莎　杜思远 / 142

B.8 新发展格局下武汉市经济高质量发展研究
　　………………………………………………… 秦尊文　黄　玥 / 158

B.9 新发展格局下郑州国家中心城市建设的问题与对策
　　……………………………………………………………… 王中亚 / 176

B.10 重庆扩大内需畅通经济循环面临的挑战及应对研究
　　………………………………… 丁　瑶　张　超　张　佳　郑淑媛 / 190

B.11 西安畅通国内大循环促进经济高质量发展的路径及措施
　　………………………………………………… 王铁山　杨淑悦 / 209

Ⅳ 案例篇

B.12 北京市推进消费商圈改造提升的政策路径与实践经验研究
　　………………………………………………………… 昌　硕　赵　莉 / 227

B.13 上海促进国内大循环的"产空耦合"模式 …………… 甄　杰 / 239

B.14 抢抓消费升级新机遇　打造国际消费新地标
　　——天津金街步行街更新提升实现高质量发展的实践探索
　　………………………… 王坤岩　刘学敏　李玉洁　臧学英 / 254

B.15 广州外贸高质量发展的经验、问题与对策研究
　　…………………………………………………… 谢宝剑　曾曼憶 / 270

B.16 重庆提振文旅消费的经验举措及对策建议
　　…………………………………………………… 廖玉姣　彭劲松 / 285

B.17 奋力前行，繁荣兴盛：成都国家中心城市建设实践与探索
　　……………………………… 黄　寰　彭思蕾　胡川婷　徐于钦 / 297

B.18 长江黄金水道在武汉外向型经济发展中的作用与策略研究
　　………………………………………… 武汉市社会科学院联合课题组 / 310

B.19 基于"三链"融合发展的郑州航空港助力郑州国家中心城市
　　建设研究 ……………………… 陈西川　李明璐　陈麦趁 / 324

B.20 多元协同推动西安文旅消费高质量发展做法及启示
.... 于远光 / 337

Ⅴ 探索篇

B.21 城市群中心城市科技创新带动腹地城市创新能力提升的思考
.... 叶堂林 刘哲伟 / 349

B.22 推动上海大都市圈产业创新协同迈上新台阶
.... 张学良 杨 羊 玄泽源 / 364

B.23 成都城市创新空间的演进与治理路径研究
.... 罗若愚 何 枫 / 376

B.24 建设武汉新城与打造世界光谷 .... 秦尊文 张 宁 / 393

B.25 西安提升交通水平促进特大型城市高质量发展探索
.... 王铁山 孙 鑫 / 406

B.26 打造合肥都市圈高质量发展共同体研究
.... 胡 艳 黄传霞 / 427

B.27 郑州枢纽经济高质量发展的成效、挑战与对策
.... 喻晓雯 喻新安 / 441

附录

2023年国家中心城市主要统计数据汇总 .... / 452

Abstract .... / 454
Contents .... / 458

皮书数据库阅读使用指南

003

总报告

B.1
2023年超预期因素冲击下特大型城市推动高质量发展报告

郑州师范学院国家中心城市研究院课题组[*]

摘　要： 面对多重超预期因素的冲击，在以习近平同志为核心的党中央坚强领导下，2023年特大型城市顶住外部压力、克服内部困难，着力扩大内需、优化结构、提振信心、防范化解风险，推动经济回升向好，高质量发展扎实推进，现代化产业体系建设取得重要进展，科技创新实现新的突破，改革开放向纵深推进，民生保障有力有效，现代化建设迈出坚实步伐。2024年第一季度，面对国内有效需求不足、部分行业产能过剩、社会预期偏弱、风险隐患仍然较多，以及外部环境复杂性、严峻性、不确定性上升的困难和挑战，特大型城市延续回升向好态势，主要指标持续改善，实现良好开局。但也要清醒看到，国内消费需求释放仍显不足，房地产持续下行，地方债务风险加大，外部环境不稳定不确定因素依然较多，多重压力叠加，推动经济

---

[*] 课题组组长：陈耀、喻新安。执笔人：辛绢，博士，郑州师范学院国家中心城市研究院讲师，主要研究方向为城市生态；闫德民，郑州师范学院国家中心城市研究院特聘研究员，主要研究方向为党的建设、社会治理。

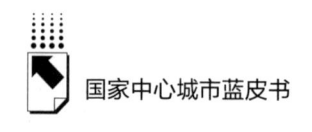

持续回升向好尚需付出更大努力。

关键词： 特大型城市　经济增长　国内国际经济循环　经济回升向好　高质量发展

2023年是全面贯彻党的二十大精神的开局之年，也是实施"十四五"规划承上启下的重要一年。以国家中心城市为代表的特大型城市坚持以习近平新时代中国特色社会主义思想为指导，完整准确全面贯彻新发展理念，坚决贯彻落实党中央、国务院决策部署，坚持稳中求进工作总基调，全面深化改革，扩大高水平对外开放，扎实推进高质量发展，在超预期因素冲击下推动经济总体回升向好，成绩来之不易。2024年，特大型城市继续深入贯彻党中央决策部署，坚持稳中求进、以进促稳、先立后破，统筹扩大内需和深化供给侧结构性改革，统筹新型城镇化和乡村全面振兴，统筹高质量发展和高水平安全，着力增强经济活力、防范化解风险、改善社会预期，巩固和增强经济回升向好态势，持续推动经济实现质的有效提升和量的合理增长。

一　特大型城市高质量发展总体态势及特点

（一）2023年以来特大型城市经济增长总体态势

2023年，面对国内外超预期因素的冲击，我国特大型城市高举中国特色社会主义伟大旗帜，全面贯彻党的二十大精神，在以习近平同志为核心的党中央坚强领导下，奋力拼搏、奋发有为、奋勇争先，推动经济回升向好，取得高质量发展新成效，呈现一些新特点。

1. 特大型城市建设基本态势

2023年，特大型城市坚持稳中求进工作总基调，着力扩大内需、优结构、提振信心，经济运行呈现稳定恢复、结构向好的发展态势。2023年全国及特大型城市主要经济社会发展指标如表1所示。21个特大型城市（以下简称"21市"）地区生产总值总量达到405899.9亿元，占国内生产总值的32.20%，较2022年增加0.25个百分点；北京、重庆、成都、武汉、郑州、西安、深圳、杭州、沈阳、青岛、济南和大连12市的经济增速均达到或高于全国增速（5.2%），其中郑州增幅最高，达到7.4%。21市的常住人口总数为29790.5万人，占全国人口总数的21.13%，重庆人口继续领跑各市。21市的一般公共预算收入为42556.7亿元，占全国总量的19.63%，较2022年增加0.22个百分点，除西安、东莞、沈阳、佛山、大连、昆明和哈尔滨外，其他14个城市均超过1000亿元。21市的社会消费品零售总额为154671.0亿元，占全国总量的32.80%，与2022年基本持平，上海、重庆、北京、广州、深圳和成都的社会消费品零售总额均在1万亿元以上。21市的进出口总值达217646.7亿元，占总量的52.12%，较2022年下降0.82个百分点，仅北京、上海、广州、武汉、深圳、杭州、沈阳、青岛、济南和哈尔滨较2022年呈现小幅度增长。

表1 2023年全国及特大型城市主要经济社会发展指标

城市	地区生产总值（亿元）	GDP增速（%）	常住人口（万人）	一般公共预算收入（亿元）	社会消费品零售总额（亿元）	进出口总值（亿元）
全国	1260582.0	5.2	140967.0	216784.0	471495.0	417568.0
21市	405899.9	—	29790.5	42556.7	154671.0	217646.7
北京	43760.7	5.2	2185.8	6181.1	14462.7	36466.3
天津	16737.3	4.3	1364.0	2027.3	3824.0	8004.7
上海	47218.7	5.0	2487.5	8312.5	18515.5	42121.6
广州	30355.7	4.6	1882.7	1944.2	11012.6	10914.3
重庆	30145.8	6.1	3191.4	2440.8	15130.3	7137.4
成都	22074.7	6.0	2140.3	1929.3	10001.6	7489.9
武汉	20011.7	5.7	1377.4	1601.2	7531.9	3606.2
郑州	13617.8	7.4	1300.8	1165.8	5623.1	5522.3

续表

城市	地区生产总值（亿元）	GDP增速（%）	常住人口（万人）	一般公共预算收入（亿元）	社会消费品零售总额（亿元）	进出口总值（亿元）
西安	12010.8	5.2	1307.8	951.6	4811.6	3597.6
深圳	34606.4	6.0	1779.0	4112.8	10486.2	38710.7
东莞	11438.1	2.6	1048.5	804.8	4408.1	12823.6
杭州	20059.0	5.6	1252.2	2617.0	7671.0	8030.0
佛山	13276.1	5.0	961.5	800.5	3734.5	5965.8
南京	17421.4	4.6	954.7	1620.0	8201.1	5659.9
沈阳	8122.1	6.1	920.4	800.9	4210.4	1469.3
青岛	15760.3	5.9	1037.2	1337.8	6318.9	8759.7
济南	12757.4	6.1	943.7	1060.8	5199.0	2161.0
长沙	14332.0	4.8	1051.3	1227.0	5561.7	2811.5
哈尔滨	5576.3	3.1	982.4*	313.1	2384.0	495.3
昆明	7864.8	3.3	868.0	558.0	3574.3	1346.8
大连	8752.9	6.0	753.9	750.2	2008.6	4552.8

注：*为哈尔滨2022年常住人口数量。
资料来源：国家统计局和各城市统计局。

2024年第一季度，随着各项政策效应不断显现，积极因素累积增多，各市经济运行持续恢复向好，高质量发展取得新成效。与2023年同期相比，2024年第一季度全国GDP增速达到5.3%，21市中北京、天津、重庆、武汉、郑州、深圳、东莞、沈阳、青岛、济南和大连11市的GDP增速均达到或高于全国平均水平；全国社会消费品零售总额增速为4.7%，21市仅重庆、武汉、郑州、沈阳、青岛、长沙和哈尔滨7市的增速达到或超过全国平均水平；全国固定资产投资额增速为4.5%，21市中北京、天津、上海、成都、武汉、深圳、东莞、杭州、沈阳、青岛和哈尔滨增速均达到或超过全国平均水平（见图1）。

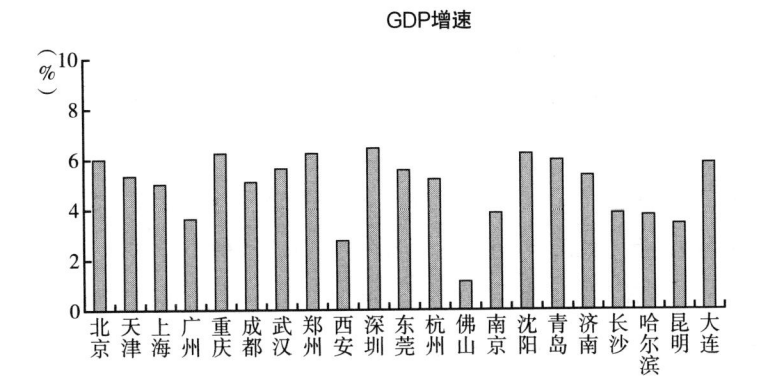

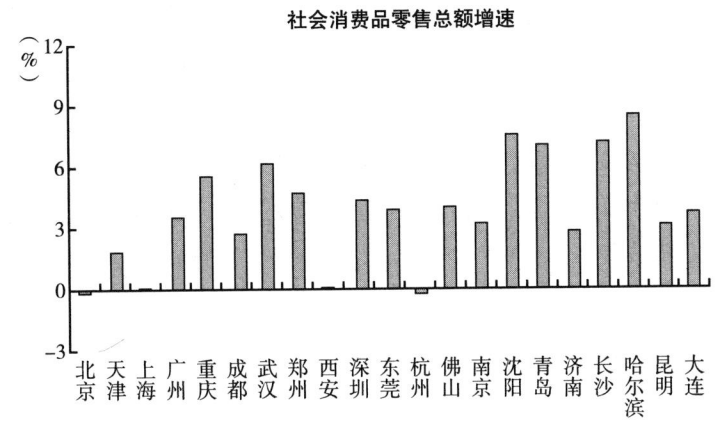

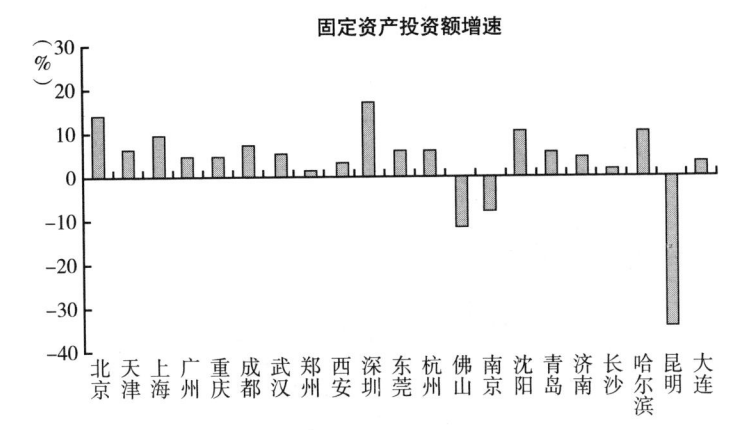

图1　2024年第一季度特大型城市部分经济指标增速

资料来源：国家统计局和各城市统计局。

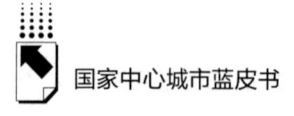

2. 国家中心城市经济增长态势

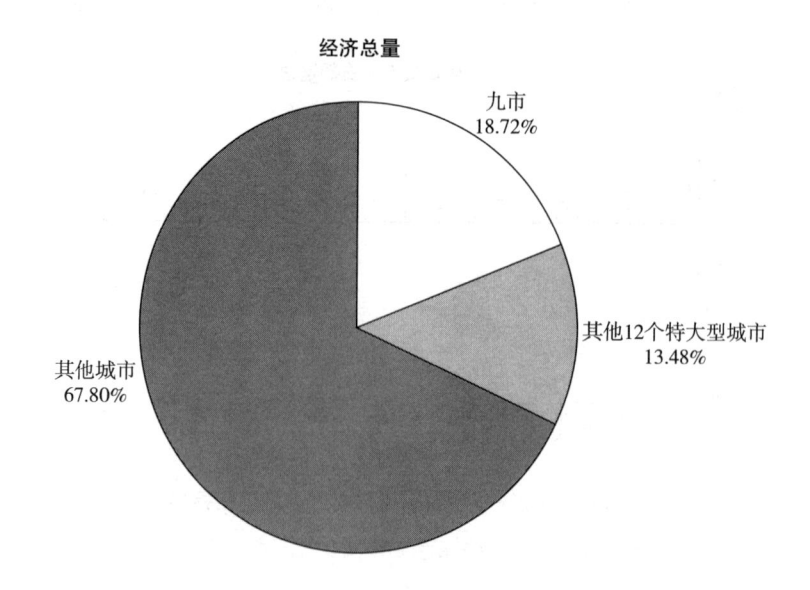

2023年国家中心城市主要指标占全国的比重如图2所示。2023年，各国家中心城市经济恢复向好，九个国家中心城市（以下简称"九市"）经济总量达到235933.09亿元，占全国经济总量的18.72%，较2022年增加0.16个百分点；仅天津、上海、广州经济增速低于全国增速（5.2%）。九市常住人口总数达到17237.7万人，占全国人口总数的12.23%，仅重庆常住人口数量呈现下降趋势，减少21.87万人。九市一般公共预算收入总量达26553.8亿元，占全国总量的12.25%，较2022年增加0.31个百分点，北京、上海持续领跑九市。九市社会消费品零售总额总量为90913.24亿元，占全国总量的19.28%，较2022年增加0.19个百分点。九市进出口总值总量为124860.3亿元，占全国总量的29.90%，较2022年下降0.6个百分点；九市中天津、重庆、成都、郑州和西安较2022年分别降低3.4%、12.51%、9.7%、9%和17.4%。2023年全国城镇居民人均可支配收入为51821元，九市中北京、天津、上海、广州、成都和武汉6市的城镇居民人均可支配收入均高于全国平均水平，其中北京、上海和广州城镇居民人均可支配收入均超过全国平均水平的1.5倍。

经济总量

九市 18.72%

其他12个特大型城市 13.48%

其他城市 67.80%

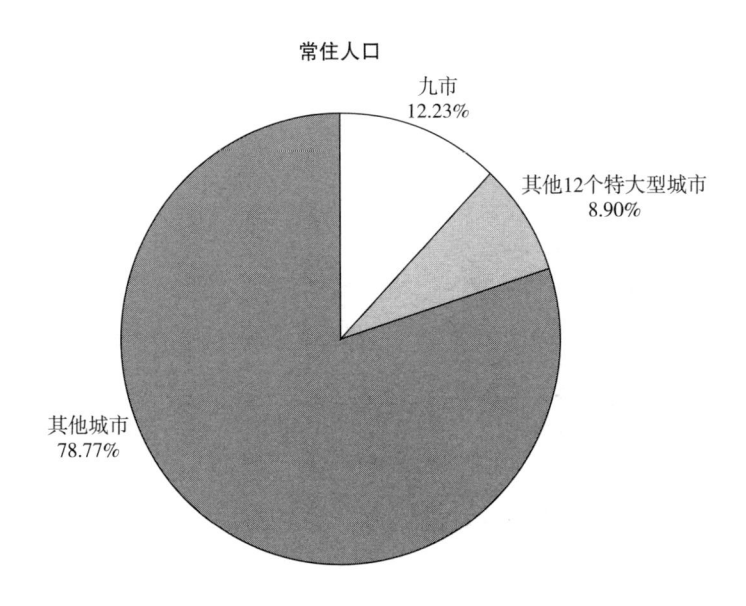

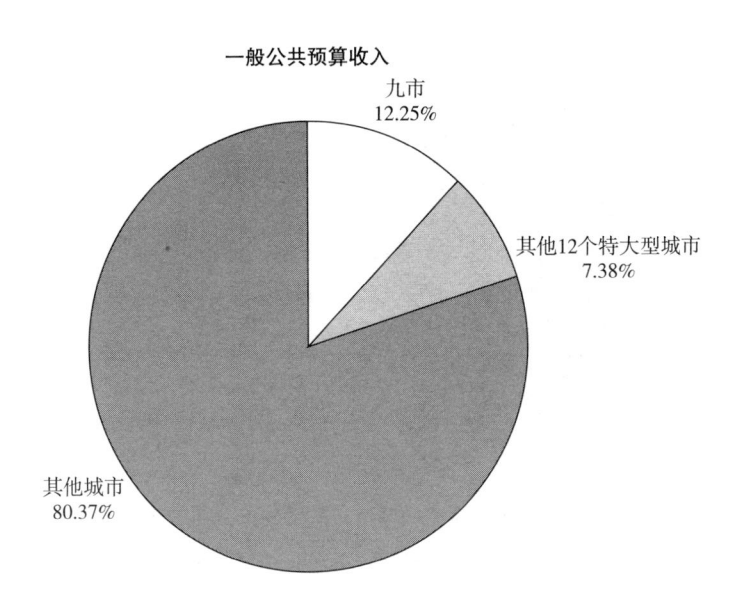

2023年超预期因素冲击下特大型城市推动高质量发展报告

常住人口

- 九市 12.23%
- 其他12个特大型城市 8.90%
- 其他城市 78.77%

一般公共预算收入

- 九市 12.25%
- 其他12个特大型城市 7.38%
- 其他城市 80.37%

社会消费品零售总额

- 九市 19.28%
- 其他12个特大型城市 13.52%
- 其他城市 67.20%

进出口总值

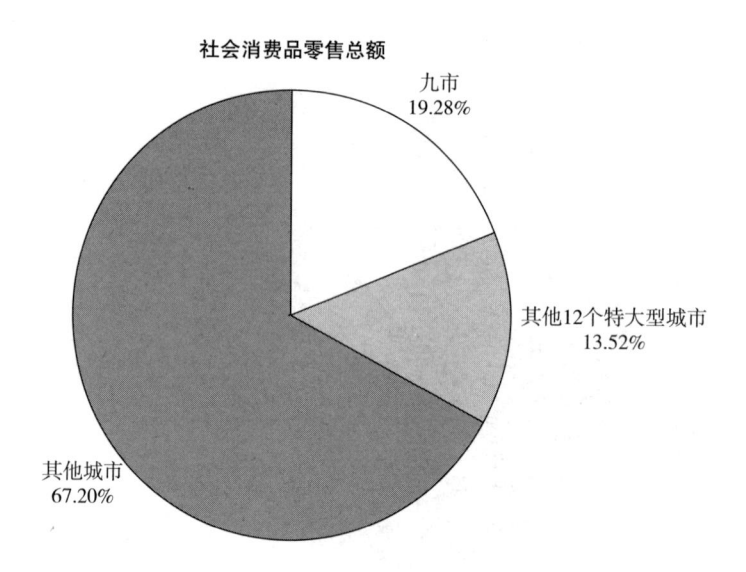

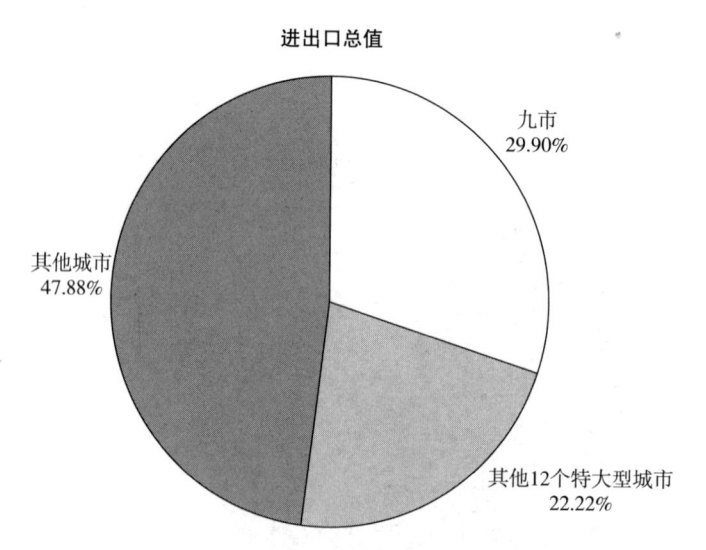

- 九市 29.90%
- 其他12个特大型城市 22.22%
- 其他城市 47.88%

图 2　2023 年国家中心城市主要指标占全国的比重

资料来源：根据国家统计局及各城市统计局公布的数据统计计算。

2024年第一季度全国经济运行起步有力、开局良好，九市经济总量达到56464.2亿元，占全国经济总量的19.05%，比2023年第一季度下降0.14个百分点。从5个省会国家中心城市及其所在省份经济发展增速来看，2024年第一季度仅郑州经济增速高于河南省1.5个百分点，广州、成都、武汉和西安经济增速均分别低于其所在省份0.8个、1.1个、0.5个和1.5个百分点，国家中心城市的引领作用仍未得到充分发挥。

（二）国家中心城市推动高质量发展主要举措

1. 发挥科技创新引领作用，增强高质量发展内生动力

一是增强科技创新策源能力。北京加快建设国际科技创新中心，实施基础领先行动和关键核心技术攻坚战行动，加快构建以企业为主导的产学研深度融合新范式；武汉持续推动东湖科学城建设，13家全国重点实验室获批重组和新建，6个大科学装置建设有力推进，全国唯一的国家级电子产业知识产权运营中心落户武汉。

二是稳定恢复消费市场。郑州以创建国际消费中心城市为抓手，大力开展"醉美夜郑州"等系列促消费活动，出台促进批零住餐业加快发展措施，入选国家级服务业标准化试点城市，2023年接待国内游客和旅游收入均超过2019年水平；上海发挥节庆活动、政策举措、创新激励的叠加效应，"政策+活动"双轮驱动，在出台实施促消费15条、投资促进24条等政策措施的基础上，举办"一节六季"等重大消费活动，社会消费品零售总额增长12.6%。

三是营造良好营商环境。上海发布营商环境行动方案7.0版，包含五大行动150项任务举措，打造了全国首个"全环节""全类型""全天候"企业登记服务平台"上海企业登记在线"，出台了全国首部关于促进标准化创新发展的地方性法规，首创性提出探索创建"中小微企业破产保护机制"等；北京完成优化营商环境6.0版237项改革任务，制定实施"北京服务"意见和促进民营经济发展壮大行动方案，新增幼儿入园、举办会展等23个一件事集成服务事项，在餐饮、便利店等40个行业推行"一业一证"，"6+4"一体化综合监管试点拓展至50个。

2. 加快新型工业化步伐，推动重点产业链高质量发展

一是推动制造业发展提质增效。重庆持续实施智能网联新能源汽车产业集群发展规划，出台食品及农产品加工产业高质量发展意见和十条政策措施，制定新一代电子信息制造业、先进材料等产业集群高质量发展行动计划；郑州制定20条重点产业链三年行动方案，形成"一链一专班一研发机构一图八清单"推进机制。

二是大力发展数字经济。北京致力于打造全球数字经济标杆城市，率先建成全球性能领先的区块链基础设施，新增5G基站3万个，启动建设全国首个数据基础制度先行区；上海制定实施数据要素产业创新发展行动方案，启动实施新一轮新型基础设施建设行动，投入运营人工智能公共算力服务平台，全市物联终端超过3.7亿个，5G基站超过7.7万个；广州发布《广州市数字经济高质量发展规划》，围绕"五区三都三城"发展格局，高水平打造显示之都、定制之都、直播电商之都。

三是加快现代服务业发展。重庆大力推进西部金融中心和国际消费中心城市建设，创建全球设计之都，启动实施"智融惠畅"工程，检测认证、电子商务、服务外包等产业集聚示范区加快建设；郑州加快国家区域性金融中心建设，大力发展现代物流产业，中集集团、中外运等5家头部企业签约落地，入选第二批全国供应链创新与应用示范城市、全国现代流通战略支点城市。

3. 积极扩大有效投资，着力扩大国内需求

一是稳定基础设施投资。2023年上海基础设施类项目完成投资额近千亿元，其中，东方枢纽上海东站地下工程全面开工，沪渝蓉高铁、沪通二期、沪苏湖铁路等加快建设，S3公路等重要基础设施投入使用；重庆实施抓项目促投资专项行动，加快推进交通强市建设，提速新型城镇化基础设施建设，推动渝西水资源配置工程等在建项目提速，全市基础设施投资增长7%。

二是激发民间投资活力。北京推出真抓实干促投资奖励措施，创新重大项目投融资机制，面向民间资本推介重大项目总投资超过3200亿元；上海出台《上海市加大力度支持民间投资发展若干政策措施》，从破除隐形壁垒、提升服务效能、加强要素保障、拓展投资渠道4个方面，支持民间投资发展稳中求进、提质增效。

三是增强招商引资质效。重庆发布《2024年重庆市招商投资政策汇编》，集中梳理了市级层面现有的惠企政策，为投资者提供全面、权威、及时的投资重庆政策信息，体现了重庆对创新驱动发展、外资招引的高度重视；西安坚持促投资、稳外资并重，通过开展"长安之约"系列活动、举办招商大会、开展"直通欧盟"境外招商行动等方式提升招商质效，全年实际到位内资4902.38亿元，实际使用外资12.53亿美元，分别同比增长12.1%和13.7%。

4. 加强对外交流合作，大力提升城市国际化水平

一是强化自贸区引领作用。各国家中心城市大力落实自贸区提升战略行动。郑州构建全域自贸创新发展体系，形成30余个质量较高、具有首创性的创新案例，还对接CPTPP、DEPA等国际高标准经贸规则，持续推进RCEP示范区建设；上海全面对接国际高标准经贸规则总体方案80条出台，国家出台的33条自贸试验区制度型开放试点措施基本落地，企业跨境融资便利化等一批重大开放举措加快推进，新增各类总部机构126家，大企业开放创新中心25家。

二是加快培育外贸新动能。成都实施一般贸易主体引优育强工程，通过做优"保税+"国际贸易、发展加工贸易、实施文化贸易"千帆出海"行动等方式培育贸易增长新空间，帮助企业拓展市场；重庆深入实施外贸高质量发展三年行动计划、区域全面经济伙伴关系协定（RCEP）行动计划、"百团千企"国际市场开拓行动，积极拓展共建"一带一路"国家和地区、RCEP国家等新兴市场。

三是深化对外合作交流。广州举办"读懂中国"国际会议、从都国际论坛、全球市长论坛等国际会议65次，外国获批在穗总领事馆增至68家，国际友城增至105对，国际朋友圈持续扩大；成都领事馆数量居中西部城市首位，国际友城和友好合作关系城市增至110个，成功举办RCEP区域产业合作交流大会、成都欧洲文化季、中国—东盟青年交流周等经贸和文化交流活动。

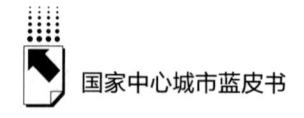

5. 加大民生服务保障力度，稳步提高人民生活品质

一是就业形势保持稳定。上海稳岗扩岗、创业扶持、技能培训等稳就业政策加快落实，公共就业招聘新平台上线运行，建成社区就业服务站点227个，新增就业岗位60.6万个；郑州全面落实就业优先战略，深入开展"10+N"公共就业服务系列活动，打造"郑聚英才 职等你来"及夏季招聘夜市等特色品牌，深入推进创业带动就业，提高担保贷款额度。

二是稳步提升各项社会事业。各国家中心城市切实解决群众"急难愁盼"问题，用心保障和改善民生，生活品质有了新的提升。深化社会保险制度，城市和农村居民最低生活标准稳步提高，重庆基本医保参保率超过97%；提升社区综合服务保障能力，增加养老、托育等公共服务供给，上海、郑州、西安、成都、广州5个国家中心城市获评首批全国婴幼儿照护服务示范城市；完善医疗卫生服务体系，北京、天津、上海、郑州、广州、重庆、成都7个国家中心城市入选国家紧密型城市医疗集团试点；提升文化软实力，广州成功创建国家文化和旅游市场信用经济发展试点、国家对外文化贸易基地，上海国家社会文物管理综合改革试点、文物保护利用示范区创建全面完成；加快高质量教育体系建设，成都创新打造市级教师共享中心，国际职教城共享示范区建成投用，上海义务教育"新五项标准"启动实施，高等教育综合改革试点全面深化。

6. 稳步实施区域重大战略，增强区域发展协调性平衡性

一是优化城市发展空间规划。各国家中心城市全面落实党中央、国务院加快转变超大特大城市发展方式的重大战略部署，推动城市由外延式扩展转向内涵式发展。广州组织编制面向2049的城市发展战略，提出面向湾区的"两洋南拓、两江东进、老城提质、极点示范"16字空间发展方针，开展城市全域规划，拉开城市空间格局；上海全面开展"上海2035"城市总体规划实施评估。

二是加快都市圈协同发展。武汉都市圈建设成效显著，武汉新城中轴线十大重点项目全面启动，科技创新、基础设施、生态环境等专项规划有序推进，光谷科创大走廊、车谷产业创新大走廊建设深入推进；成都都市圈建设成长期三年行动计划启动实施，283项年度重点任务全面完成，探索都市圈政务服务"微地域"个性化合作，创新"决定+条例"模式优化都市圈营商环境，成德、成眉、成资协同创新中心高效运行。

三是推动区域合作再深化。京津冀三省市协同推进机制更加务实紧密，协同创新和产业协作持续深化，"北京研发—天津制造"创新转化格局加快构建，京津塘高速改扩建工程开工建设，公共服务共建共享继续深化；重庆扎实推进成渝地区双城经济圈建设，18条跨区域协作经验做法在全国推广，成渝科技创新合作区、先进制造业集群培育提升等规划政策体系基本形成，成渝综合性科学中心启动建设。

（三）国家中心城市推动高质量发展主要成效与特点

1. 高质量发展成效显著，发展能级持续提升

党的二十大报告指出："高质量发展是全面建设社会主义现代化国家的首要任务。"国家中心城市全面贯彻党的二十大精神和习近平总书记重要指示精神，全力以赴拼经济、搞建设，坚定不移推动高质量发展，城市发展能级显著提升。2023年9个国家中心城市以不足全国1/8的人口，完成了全国18.72%的国内生产总值、12.25%的一般公共预算收入、19.28%的社会消费品零售总额和29.9%的进出口总值。上海、重庆、武汉高质量发展成效尤其显著，上海的社会消费品零售总额、全社会固定资产投资额、进出口总值分别较2022年增长12.6%、13.8%和0.7%；重庆的经济总量、社会消费品零售总额、全社会固定资产投资额分别较2022年增长6.1%、8.6%和4.3%；武汉经济总量迈上2万亿元台阶，同比增长5.7%，社会消费品零售总额、进出口总值、一般公共预算收入分别增长8.6%、2.9%和6.4%，这些均达到或超过全国平均增速，实现了发展能级新跃升。

2. 科技创新引领作用愈加凸显，新质生产力加快形成

2023年中央经济工作会议提出"要以科技创新推动产业创新，特别是以颠覆性技术和前沿技术催生新产业、新模式、新动能，发展新质生产力"。发展新质生产力，科技创新是核心驱动力。武汉扎实推进具有全国影

响力的科技创新中心建设，全年技术合同成交额达到2198亿元，高新技术企业总量突破1.45万家，科技型中小企业评价入库1.25万家，实现两年翻番，国家技术创新示范企业增至27家，居副省级城市首位。上海聚焦重点产业推进产业创新，全年完成规模以上工业总产值39399.57亿元，新能源、新材料、数字创意等工业战略性新兴产业总产值占全市规模以上工业总产值的比重为43.9%，集成电路、生物医药、人工智能三大先导产业规模达到1.6万亿元。北京大力发展数字经济，自然语言、通用视觉、多模态交互大模型等关键算法技术达到国际先进水平，发布总量612TB的大模型高质量数据集，高级别自动驾驶示范区实现160平方公里连片运行，数字经济增加值占地区生产总值的比重达到42.9%。

3. 投资关键作用得到较好发挥，扩大内需成效斐然

积极扩大有效投资是当前扩大内需、提振信心的重要手段。广州扩大有效投资，激发消费潜能，新增地方政府专项债券额度936亿元，800个市重点项目完成投资4041亿元，全社会固定资产投资增长3.6%，社会消费品零售总额增长6.7%。武汉实施"项目投资攻坚年"和"城市更新年"行动，大抓招商、大抓项目，在先进制造业、科技创新、现代服务业、生态环保等方面新签约亿元以上产业项目1020个，新开工亿元以上项目917个，建成投产亿元以上项目464个。重庆扩大精准有效投资，加快实施抓项目促投资专项行动，高速、轨道、机场等重大基础设施项目支撑显著，全市在建10亿元以上基础设施项目392个，占全市基础设施投资的比重达56.4%；全市社会领域投资比上年增长16.7%，占全市投资的比重达7.0%。郑州开展重点项目集中攻坚行动，每季度组织重大项目观摩，全市固定资产投资同比增长6.8%，其中，民间投资增长4.3%，基础设施投资增长3.6%。

4. 深化改革开放取得新进展，发展内生动力持续增强

只有坚持依靠改革开放，才能不断解放和发展社会生产力、激发和增强社会活力。上海持续推进政府改革创新，全市日均新设企业1904户，企业总数189.2万户、占全部经营主体的比重达85%，每千人企业数量增加至116.8户，位居全国第1；政务服务"一网通办"累计推出41个"一件事"，200个高频事实现"智慧好办"，296项政策服务实现"免申即享"。广州全面深化改革开放，实施营商环境6.0改革，"信易贷"平台建设经验获全国推广，世界五百强企业增至6家，实有市场主体达340万户、增长7.7%，跨境电商增长和中欧班列增长均超50%，新设外资企业增长92.6%，高技术产业实际使用外资增长11.7%。天津突出改革系统协作，入选对接国际高标准推进制度型开放试点，累计实施615项制度创新举措，39项经验案例在全国复制推广，商业保理公司资产总额和保理融资余额、绿色租赁资产均位居全国第1，融资租赁公司资产规模超2.1万亿元。

5. 城市辐射带动能力持续增强，区域协同发展成效显著

国家中心城市积极担当作为，强化统筹协同，推动一体化发展不断走深走实，提升区域发展整体竞争力。上海作为长三角的龙头城市，积极发挥先行探路、引领示范、辐射带动作用，强化创新格局体系，携手苏浙皖加强跨学科交叉基础研究，创新科技联合攻关体制机制，共同打造世界级高端产业集群；以建设"五个中心"为重要使命，大力推进首创性改革、引领性开放，携手苏浙皖加强改革经验互学互鉴和复制推广；放大都市圈同城效应，深化公共服务便利共享。成都、重庆双核联建深入开展，全面落实川渝党政联席会议部署，签署轨道交通、医疗保障、住房公积金等7个联动联建合作协议，制定实施服务成渝中部地区高质量崛起10条措施；成都都市圈建设深入推进，同城化无差别受理政务服务事项新增75项，跨市域协作配套企业1551家，都市圈经济总量达到2.78亿元。郑州都市圈规划成为全国第十个获得批准的都市圈规划。郑州都市圈集聚了全省60%的高新技术企业、48%的科技型中小企业，拥有百亿级以上企业60余家，国家专精特新"小巨人"企业占全省的近8成，综合交通网里程达10.3万公里。

6. 宜居韧性智慧城市建设加快，城市治理效能持续提升

党的二十大报告提出："加快转变超大特大城市发展方式，实施城市更新行动，加强城市基础设施建设，打造宜居、韧性、智慧城市。"①建设宜居韧性智慧城市是推动城市高质量发展的必然要求。成都生态优势稳步提升，建成"金角银边"公共空间229个，各类公园1556个，青羊区和成华区获批国家生态文明建设示范区；城市韧性水平显著提升，累计建成综合减灾示范社区81个，入选联合国"创建韧性城市2030"项目试点，天府金融风险监测大脑完善升级。武汉不断优化市区乡三级国土空间规划，畅通微循环路123条、断头路21条，开通定制公交线路260条，市民出行更加方便；启动11个单元更新改造，开工117个城市电网项目，完成109处空置地块环境综合改造，城市韧性更加强劲。上海不断探索可持续发展的更新模式，城市运行数字体征系统迭代升级，建成103个美丽街区及59个机关、企事业单位附属空间，精细化管理水平显著提升；污染防治攻坚战成效考核全国第1，"无废城市"建设加快推进，新能源汽车保有量居全球第1位，新增绿地1044公顷、绿道231公里。

二 2024年国家中心城市发展形势分析与展望

国家中心城市是全国经济社会发展的重要引擎和核心增长极，在全国发展大局中发挥着担重责、挑大梁的中流砥柱作用。在中华人民共和国成立75周年、实施"十四五"规划关键一年的2024年，积极应对和有效克服超预期因素冲击带来的不利影响，推动国家中心城市高质量发展，对于巩固和增强全国经济回升向好态势、推进中国式现代化至关重要。

（一）机遇和优势

2024年，国家中心城市高质量发展面临难得的历史机遇，也具备诸多有利条件。其历史机遇和有利条件主要包括以下几点。

---

① 习近平：《高举中国特色社会主义伟大旗帜　为全面建设社会主义现代化国家而团结奋斗——在中国共产党第二十次全国代表大会上的报告》，《人民日报》2022年10月26日。

1. 发展潜力和动能仍有较大释放空间

目前我国正处在新型工业化、信息化、城镇化、农业现代化发展进程中，尽管从人均收入来看我国已由低收入国家跃升至中上等收入国家，但与西方发达国家相比，经济社会发展和人民生活水平尚存在较大差距。解决发展不平衡不充分问题，更好满足人民日益增长的美好生活需要，这种发展需求无疑是巨大和持久的。作为我国城镇体系规划设置的最高层级，国家中心城市集中了全国和整个城市体系在空间、人口、资源和政策上的主要优势，因而具有一般城市无法比拟的巨大潜力和发展动能。2023年各国家中心城市较好发挥比较优势竞相发展，在外部环境不稳定不确定因素仍然较多的背景下呈现了超预期的经济增长态势，在全国经济回升向好发展态势持续巩固和增强中发挥了重要的引领、支撑作用。但也必须看到，由于受到有效需求不足、部分行业产能过剩、社会预期偏弱等因素的影响制约，国家中心城市的发展潜力和动能尚未得到充分释放，后续仍有较大释放空间。针对经济发展中的这些突出痛点堵点难点，各国家中心城市坚决贯彻党中央、国务院决策部署，通过深化改革、创新驱动、优化产业结构等举措推动经济高质量发展，取得明显效果。2024年第一季度国家中心城市实现良好开局，展现出强大的韧性和活力，9个国家中心城市中有4个经济增速跑赢全国（5.3%），其中重庆和郑州表现抢眼，经济增速均高达6.2%，均高于全国经济增速0.9个百分点；北京和上海两市的增量均超过了500亿元。可以相信，随着国家投资、财政、金融等宏观组合政策的落地显效和各国家中心城市的积极努力，制约国家中心城市经济增长的痛点堵点难点将逐步消除、打通或化解，释放出更加强劲的发展潜力和发展动能，从而推动这些城市在高质量发展上迈出更坚实的步伐。

2. 拥有超大规模市场优势

市场需求是经济增长的核心动力。一般而言，一个国家或地区经济增长潜力和动能的强弱，通常是由其市场需求规模大小所决定的。市场需求规模越大，经济增长的潜力和动能就越强劲。经过长期以来的发展，我国已成为具有14亿多人口规模、国内生产总值达120多万亿元的世界第二大经济体，消费者众多、消费市场巨大、货物贸易总额全球第一，多年来对世界经济增长贡献率超过30%。这一超大规模市场的需求优势，是支撑我国经济稳中向好、长期向好的重要因素，同时也是推动国家中心城市经济持续增长的内在动力、巨大潜力与活力所在。在当今世界百年未有之大变局加速演进、世界经济增长动能不足、市场成为最稀缺资源的大背景下，我国超大规模市场需求的优势对于国家中心城市经济持续增长显得尤为重要。从消费需求看，在全国14亿多人口中，中等收入群体已超过4亿人，未来十几年间还将翻倍增长，居民收入水平和消费规模将持续提升和扩大，从而带来巨大的市场需求。从投资需求看，我国正处于新型城镇化快速发展阶段，城镇化率目前比发达国家平均水平还低十多个百分点，产业迭代升级、城市更新、基础设施升级，以及住房、教育、医疗、养老等方面的投资需求空间广阔。所有这些，都为国家中心城市经济提供了巨大的增长空间和发展动力。同时还要看到，超大规模市场是国家中心城市经济持续增长的稳定器，能够赋予国家中心城市更强的抗风险能力。超大规模市场内部更容易形成和维持产业配套以及完整的产业体系，有利于确保产业生态的丰富性和多样性，从而可有效增强国家中心城市产业链供应链的安全性和稳定性。超大规模市场具有规模效应和集聚效应，有利于降低市场交易成本，并且具有丰富应用场景和放大创新收益的优势，有利于促进科技创新和产业升级，可有效激发和增强国家中心城市经济的发展活力。

3. 宏观经济政策提供强有力支撑

经济增长是指一个国家或地区在一个较长时间跨度上人均产出或人均收入水平持续增加的过程，而宏观经济政策则是政府对经济运行实施宏观调控的工具和手段。宏观经济政策与经济增长之间有着密切的关系。实现经济增长是宏观经济政策的重要目标，而宏观经济政策则是实现经济增长目标的重要手段。2023年，党中央、国务院坚持稳中求进工作总基调，加大宏观政策调节力度，围绕扩大内需、优化结构、提振信心、防范化解风险，延续优化一批阶段性政策，及时推出一批新政策，打出有力有效的政策组合拳，推动我国经济总体回升向好。2023年一些国家中心城市经济实现超预期增长，从根本上说，得益于中央宏观经济政策的指导和支持。为在新的一年巩固和增强经济回升向好态势，党中央、国务院坚持稳中求进、以进促稳、先立后破，强化宏观政策逆周期和跨周期调节，继续实施积极的财政政策和稳健的货币政策，出台了包括发行超长期特别国债、推动大规模设备更新和消费品以旧换新等在内的一系列经济政策，同时加强经济监测预测预警，常态化做好宏观政策的预研储备，强化跨周期设计、逆周期调节，为应对各种冲击影响备足管用有效的政策工具。所有这些，都将成为2024年国家中心城市经济持续增长的重要引领和有力支撑。同时还应看到，2023年出台的增发国债、减税降费、降准降息等国家政策的实施效应，也将在2024年显现释放。2024年4月30日召开的中央政治局会议强调，要靠前发力有效落实已经确定的宏观政策，灵活运用利率和存款准备金率等政策工具，加大对实体经济的支持力度。当前我国政府债务水平和通胀率都较低，政策工具箱不断充实，财政、货币及其他政策都有较大回旋余地，加力实施宏观政策有条件、有空间。在增量和存量宏观经济政策叠加发力的合理推动下，国家中心城市经济的稳定运行和持续向好是可预期的。

4. 全面深化改革开放为发展注入强劲动力

国家中心城市经济持续增长，必须要有强劲的发展内生动力。一个城市经济的持续增长，是内生动力和外部动力共同作用的结果。从总体上、全局上和一个较长时期看，发展内生动力对经济增长的作用是根本性的、第一位的。与外部动力相比较，内生动力推动经济增长的作用更有力、更持久。但经济增长的内生动力不是自发地形成和起作用的，必须要靠全面深化改革开放等政策举措不断培育和激发出来。改革开放是当代中国大踏步赶上时代的重要法宝，是决定中国式现代化成功的关键一招，新时代推进国家中心城市经济高质量发展同样必须改革开放。全面深化改革开放是增强国家中心城市发展动力动能的内在要求。国家中心城市在长期发展过程中积累形成了一系列突出矛盾和问题，发展条件环境变化也造成了许多不适应。解决这些矛盾、问题和不适应，从根本上说，还是要靠改革开放。只有全面深化改革开放，坚决破解深层次体制机制障碍，增强全球要素资源配置能力，才能为国家中心城市高质量发展注入不竭动力。全面深化改革开放是推进国家中心城市经济高质量发展的必然要求。当前我国经济发展中存在着有效需求不足、部分行业产能过剩、社会预期偏弱、风险隐患较多、国内大循环存在堵点等突出问题,其中有不少体制机制性障碍。全面深化改革开放是解决和破除这些问题与障碍的必由之路。党中央明确提出,必须坚持依靠改革开放增强发展内生动力,统筹推进深层次改革和高水平开放,不断解放和发展社会生产力、激发和增强社会活力,并就深化重点领域改革、扩大高水平对外开放作出了一系列重要决策部署。只要把党中央决策部署真正落实到位,就一定能逐步解决和破除这些问题与障碍,不断为国家中心城市经济高质量发展增动力、添活力,推动国家中心城市经济在2024年持续回升向好是有支撑、有保障的。

5. 全球新一轮科技革命和产业变革提供新机遇

从历史上看,每次重大的科技革命和产业变革到来时,哪个经济体把握了历史机遇,哪个经济体就可以实现"弯道超车",抢占发展的"制高点",成功迈向更高水平的发展阶段。当前,新一轮科技革命和产业变革正在全球范围内深入发展。这就为我国经济持续增长特别是国家中心城市经济高质量发展,提供了重大的历史机遇。高质量发展是新时代的硬道理,发展新质生产力是推动高质量发展的内在要求和重要着力点。科技创新是经济发展的重要引擎,也是培育和发展新质生产力、推动高质量发展的必由之路。国家中心城市推动经济高质量发展,必须牢牢把握新一轮科技革命和产业变革的难得机遇,加快推进科技创新。作为等级位次高、能量强的经济中心,国家中心城市科技创新资源富集,是高等院校和科研院所、科技人才和科技活动最为集中的区域,具有推进科技创新、培育和发展新质生产力的基础和优势。在2024年政府工作安排中,九个国家中心城市都把科技创新放在工作全局的核心位置,强调要加快推进国际科技创新中心或国家区域科技创新中心建设,强化科技创新和产业创新深度融合,着力培育和发展新质生产力,以科技创新赋能和支撑高质量发展,并就强化关键核心技术攻关和原创性颠覆性科技创新、推进全国重点实验室建设、打造高水平科技创新平台、加快集聚战略科技人才、营造良好创新生态、实现高水平科技自立自强，以及发展壮大战略性新兴产业、前瞻布局未来产业、完善现代化产业体系、推动产业高端化智能化绿色化发展等方面作出了全面、具体的部署，思路清晰、目标明确、措施有力，2024年有望抓住机遇，在加快科技创新和产业创新、塑造发展新动能新优势、推动高质量发展上取得新成就，迈出新步伐。

（二）困难和挑战

2024年，国家中心城市高质量发展既面临难得历史机遇，同时也面临诸多困难和挑战。其困难和挑战主要包括以下几点。

1. 有效需求不足

随着国际国内形势的深刻复杂变化，有效需求不足成为一个时期以来困扰国家中心城市经济持续健康发展的一个突出问题。从消费端看，目前国家中心城市有效需求不足主要表现为居民消费意愿不强，消费能力较弱。由于近几年来居民人均可支配收入增长放缓，居民家庭收入风险与财务脆弱性有所增加，在一定程度上弱化了居民消费能力，导致居民消费持续低迷。2024年第一季度，九个国家中心城市社会消费品零售总额同比增速表现不一，武汉（6.2%）、重庆（5.5%%）2个城市高于全国平均增速（4.7%），郑州（4.7%）与全国平均增速持平，广州（3.5%）、成都（2.7%）、天津（1.8%）、上海（0.1%）、西安（0.1%）、北京（-0.1%）6个城市低于全国平均增速。从投资端看，2024年以来国家中心城市投资需求有所恢复，但仍显低迷。第一季度九个国家中心城市固定资产投资同比增速呈分化状态，其中高于全国平均增速（4.5%）的有5个，分别是北京（13.6%）、上海（9.2%）、成都（6.8）、天津（5.9%）、武汉（5%）；低于全国增速的有4个，分别是重庆（4.4%）、广州（4.0%）、郑州（1.1%）、西安（-2.6%）。而在1~4月的相关数据中，北京、成都、天津三市的固定资产投资同比增速分别下降至11.6、2.9%、5.6%，分别下降了2个、3.9个和0.3个百分点，上海与前一季度持平（9.2%）；而重庆、广州、西安的增速则分别下降至3.1%、2.6%、-7.2%，分别下降了1.3个、1.4个、4.6

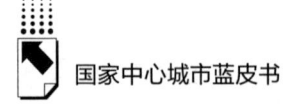

个百分点①。国家中心城市投资需求低迷主要表现在房地产投资和民间投资两方面，尽管这两方面的降幅都有所收窄，但仍是拖累经济增长的一个重要因素。

2. 社会预期偏弱

近年来，我国经济经历了一个周期性矛盾、结构性矛盾、体制性矛盾相互交织叠加的艰难恢复过程。受到世界百年未有之大变局影响，我国发展内外部环境的不确定性明显增多，这些不确定性从供需两端对我国经济形成较大冲击，造成微观主体预期不稳、信心不足，从而导致社会预期明显偏弱。从消费端看，经济不景气造成的就业困难、失业率上升和收入减少等问题，在很大程度上影响了居民的消费预期和消费信心，使他们对未来经济状况的不确定性有所上升，导致他们消费信心低迷、消费意愿减弱。2024年第一季度，国家中心城市中的北京、上海、武汉、天津、重庆5市全市居民人均消费支出同比增速分别为8.2%、5.3%、5.2%、5.1%、4.0%②，均低于全国居民人均消费支出的同比增幅（8.3%）。2024年第一季度居民消费价格同比上涨的国家中心城市有4个，分别是北京（0.2%）、天津（0.2%）、广州（0.5%）和武汉（0.7）；同比下降的有5个，分别是西安(-0.1%)、上海（-0.2）、重庆（-0.2）、成都（-0.3%）和郑州（-0.5%）。这两组数据反映了目前国家中心城市居民消费信心和消费预期仍然偏弱的态势。从投资端看，受宏观经济增速放缓、企业经营成本高、融资难融资贵和营商环境不佳等多重因素影响，一些企业特别是民营企业对行业发展前景并不看好，因而对未来预期和信心不足，融资和投资意愿低迷，更不愿作长期投资，多把经营以外的剩余资金用于提前偿还债务、增加银行储蓄或购买理财产品。2024年第一季度，九个国家中心城市民间投资均有不同程度恢复，但有的恢复回升较为缓慢。如郑州市民间投资同比下降，尽管降幅比1~2月收窄4.7个百分点，但仍有1.9%的降幅。2024年3月末，上海市非金融企业的存款余额同比增长

---

① 武汉市、郑州市1~4月经济数据未公布。
② 广州、成都、郑州、西安4市未公布这一数据。

2.6%，较2月末提升了0.9个百分点；北京市同比增长5.5%，增速比上年同期高0.3个百分点，连续3个月回升。

3. 风险隐患仍然较多

当前我国经济金融领域存在诸多风险隐患，主要是中小金融机构风险、地方债务风险、房地产市场风险、金融市场风险，其中地方债务风险和房地产市场风险更为突出。国家中心城市是全国重要的经济中心和金融中心，因此上述风险隐患在国家中心城市都有不同程度的表现。在百年未有之大变局等超预期影响下，这些城市经济增长放缓、房地产市场低迷、财政收入增长乏力。为应对经济下行，一些城市政府举债规模不断攀升，债务余额大幅增加，且有的进入还本付息历史高峰期，债务偿付压力明显增大。2023年末，九个国家中心城市的地方政府债务余额与2019年同期相比均有大幅增加，增幅最大的成都市为400.95%，增幅最小的上海市也达到54.35%。政府负债率有不同程度提升，其中天津市提升了31.26个百分点（见表2）。地方债务风险和房地产市场风险之间，以及二者与中小金融机构风险和金融市场风险之间是相互联系的。如果这些风险隐患不能得到及时有效化解，有可能引发系统性风险，不仅会影响经济增长，而且可能危及国家经济金融安全和社会稳定。

表2 2019年和2023年九个国家中心城市政府负债情况

城市	地方政府债务余额 2023年（亿元）	2019年（亿元）	增长率（%）	政府负债率 2023年（%）	2019年（%）	增幅（个百分点）
上海	8823.3	5722.1	54.35	18.7	14.99	3.71
北京	10565.33*	4964.06	112.83	29.86	14.03	15.83
广州	5534.9	2714.94	103.87	18.23	11.49	6.74
成都	5228.7	1043.76	400.95	23.69	6.14	17.55
重庆	12258	5603.7	118.75	40.66	23.73	16.93
天津	11117.4	4959	124.19	66.42	35.16	31.26
武汉	6846	3376.7	102.74	34.2	20.81	13.39
郑州	3355.3	1967.3	70.55	24.64	16.97	7.67
西安	4027.84	2506.02	60.73	33.54	26.89	6.65

注：北京未公布2023年末数据，*为2022年末数据。
资料来源：各城市统计局和发展改革委。

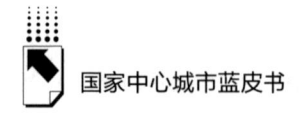

4. 国内大循环存在堵点

加快构建新发展格局是推动经济高质量发展的战略基点。巩固和增强我国经济持续回升向好态势，推动高质量发展，迫切要求加快构建以国内大循环为主体、国内国际双循环相互促进的新发展格局，而构建新发展格局的关键在于实现国内经济循环的畅通无阻。但就目前情况而言，我国经济运行中存在诸多梗阻，导致国内经济大循环不畅，对经济高质量发展形成瓶颈制约。从生产环节来看，存在低端产能过剩、高端产能不足的结构性问题，科技创新能力弱，关键核心技术受制于人，产业链和创新链联动受阻。从分配环节来看，收入分配体制机制不够完善，城乡区域收入差距较大，中等收入群体在总人口中占比偏低，成为影响居民消费潜力有效释放的一个痛点。从流通环节来看，目前国内市场制度规则尚不统一，地方保护和市场分割等约束要素自由流动、妨碍统一市场和公平竞争的某些隐性壁垒仍然存在，从而影响和制约了我国超大规模市场优势的充分发挥。从消费环节来看，高品质产品和服务有效供给不足，无法满足消费者个性化、多样化的消费需求，消费市场还存在诸如假冒伪劣、虚假宣传、价格欺诈、强制消费、霸王条款、恶意维权等不良行为。国内经济大循环中的这些堵点和痛点，在九个国家中心城市都有不同程度的表现，但每个城市的突出堵点各不相同。以郑州市为例，优质高等教育资源匮乏、高端科技人才和创新平台不足、科技创新能力不强是郑州市经济循环的突出堵点。同时，市域一体化程度不高，市辖区与县之间行政和区域分割现象较为严重也是郑州市经济循环的一个重要堵点。

5. 外部环境复杂严峻

当前百年未有之大变局加速演进，世界进入新的动荡变革期，一些超预期的国际因素使我国发展的外部环境更趋复杂严峻，不确定性明显上升。全球地缘政治愈发紧张，导致国际大宗商品市场割裂、价格波动，对世界粮食安全、能源安全、经济增长构成威胁。贸易保护主义和逆全球化倾向愈演愈烈，贸易摩擦不断升级，全球产业链供应链受到冲击，对全球经济复苏产生负面影响。由于受到高通胀、高利率和地缘政治等风险因素的影响，全球经济复苏的基础总体上仍比较脆弱，增速有可能进一步放缓。外部环境复杂性、严峻性、不确定性的上升，使我国特别是作为国家和区域经济增长核心引擎的国家中心城市发展面临严峻挑战。如何应对西方的围堵和打压，推动高质量发展，是九个国家中心城市共同面对的课题。

（三）前景展望

面对上述发展机遇和困难挑战，2024年国家中心城市经济将呈现什么样的发展态势？从趋势上看，如果不出现新的超预期因素冲击，国家中心城市推动高质量发展的环境和条件有望进一步改善，经济回升向好态势的进一步巩固和增强是可预期的。

1. 宏观政策效力有望持续释放

政策是一个国家或地区推动经济增长的重要手段和关键工具。近年来，以习近平同志为核心的党中央面对超预期因素冲击和经济下行压力，果断加大宏观政策实施力度，及时出台稳经济一揽子政策和接续政策，把稳增长放在更突出位置，着力保市场主体稳就业稳物价，同时加强对地方落实政策的督导服务，支持各地挖掘政策潜力，着力扩大有效需求，以改革激发活力，推动经济企稳回升。这些政策涵盖国家中心城市经济发展的各个方面，对推动这些城市经济回升向好发挥了关键性作用。同时还应看到，由于受到诸多方面因素的制约和掣肘，宏观政策的效力尚未得到充分释放。为有效应对当前面临的有效需求不足、部分行业产能过剩、社会预期偏弱、风险隐患仍然较多等一系列困难挑战，持续巩固和增强我国经济回升向好态势，2023年12月召开的中央经济工作会议和2024年4月召开的中央政治局会议，就实施积极的财政政策、稳健的货币政策、增强宏观政策取向一致性等作出部署，强调要靠前发力有效落实已经确定的宏观政策，多出有利于稳预期、稳增长、稳就业的政策，积极营造稳定透明可预期的政策环境。可以预见，随着宏观政策统筹的强化，随着财政、货币、就业、产业、区域、科技、环保等政策协调配合的加强和落实落地，随着有利于稳预期、稳增长、稳就业的后续政策的出台实施，再加之国家中心

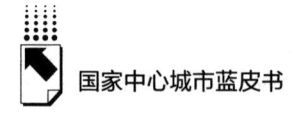

城市各级各部门的协同努力，宏观政策将更扎实地落地见效，其政策效力将得到更充分释放。

2. 科技创新能力持续提升

科技创新能够催生新产业、新模式、新动能，是发展新质生产力的核心要素。推动高质量发展，科技创新是关键。国家中心城市是科技创新的龙头和核心承载地。近几年来，在以习近平同志为核心的党中央的坚强领导下，各国家中心城市坚持把创新作为引领发展的第一动力，把科技创新摆在发展全局的核心位置，加快推进国际科技创新中心、区域科技创新中心建设，取得重大成就，有力支撑和推动了高质量发展。同时还应当看到，目前我们的国家中心城市，即便是北京、上海这样的国际科技创新中心城市，与旧金山—圣何塞、纽约、伦敦等全球科技创新中心城市相比，原始创新能力还不强，一些关键核心技术仍受制于人。为迎头赶上国际先进水平，努力实现高水平科技自立自强，九个国家中心城市2024年《政府工作报告》从本市具体实际出发，均提出了加快推进科技创新的实施路径：北京、上海要加快建设国际科技创新中心，广州要打造国际科创中心重要承载地，天津要做实京津冀国家技术创新中心天津中心，重庆、成都要携手推进成渝综合性科学中心建设，西安要加快建设综合性国家科学中心和科技创新中心，武汉要打造具有全国影响力的科技创新中心，郑州要争创国家区域科创中心，并分别提出了各自的思路举措。这些思路举措，明确具体、切合实际，具有很强的可操作性。这些思路举措一经落地见效，叠加先前已实施政策措施的效力释放，这些城市的科技研发投入力度将进一步加大，战略科技人才特别是青年人才将更加集聚，高能级科研创新平台体系建设将取得新的进展，创新要素资源配置将进一步优化，跨区域协同创新合作将进一步加强，科技创新生态将进一步改善，科技创新能力将进一步提升。

3. 国内大循环内生动力和可靠性持续增强

构建新发展格局，推动高质量发展，必须着力增强国内大循环的内生动力和可靠性。国内大循环是新发展格局的主体。在当前全球经济复苏乏力，外部环境的复杂性、严峻性、不确定性上升的情形下，更应当坚定实施扩大内需战略，深入挖掘国内市场潜力，通过提升内生动力增强经济韧性和抗风险能力，将国内大循环和高质量发展建立在内需主动力的基础上，把巨大的国内市场优势、内需潜力充分释放出来，牢牢掌握发展的主动权。近年来，作为国内大循环重要节点的各国家中心城市，坚决贯彻党中央、国务院决策部署，采取一系列政策措施，着力扩大内需、优化供给，打通两者结合的断点堵点卡点，为畅通国内大循环作出了重要贡献。目前国内大循环内生动力有所增强，但根基还不够稳固，还面临有效需求不足、部分行业产能过剩、社会预期偏弱、风险隐患仍然较多等风险挑战。为进一步畅通国内大循环，增强国内大循环内生动力和可靠性，夯实国内大循环主体地位的根基，九个国家中心城市2024年《政府工作报告》都强调要统筹扩大内需和深化供给侧结构性改革，统筹新型城镇化和乡村全面振兴，统筹高质量发展和高水平安全，切实增强经济活力、防范化解风险、改善社会预期，进一步巩固和增强经济回升向好态势，并从深入落实扩大内需战略、推动形成消费和投资相互促进的良性循环，抢占科技战略制高点、实现高水平科技自立自强，坚持科技创新引领产业创新、加快建设现代化产业体系，深化重点领域和关键环节改革、促进生产要素有序流动和高效配置等方面，提出了一系列重要举措。经过九个国家中心城市和其他超大特大型城市的协同努力和全国各方面的积极配合，国内大循环内生动力和可靠性的持续增强是可预期的。

4.国际循环质量水平有所提高

构建以国内大循环为主体、国内国际双循环相互促进的新发展格局，不是要搞封闭的国内单循环，而是要着力打造更加开放的国内国际双循环。推动我国高质量发展，必须在努力增强国内大循环内生动力的同时，着力提升国际循环的质量和水平。作为外向度较高的经济大市强市，国家中心城市多为国内国际双循环的重要枢纽。在近年来世界经济增长动能不足、需求走弱、地缘政治冲突加剧的不利国际环境中，国家中心城市坚定不移扩大高水平对外开放，持续强化核心功能、优化营商环境，着力提升全球资源配置能力，深度参与全球产业分工和合作，在代表国家参与国际合作与竞争中挑大梁，在稳住外贸外资基本盘中发挥中流砥柱作用，为提升国际循环质量和水平作出了重要贡献。2024年，国家中心城市总结经验、把握规律，依托国内超大规模市场优势，以强大国内经济循环为支撑，持续加码加力和优化提质政策举措，进一步扩大高水平对外开放；主动对接国际高标准经贸规则，稳步扩大规则、规制、管理、标准等制度型开放，建设更高水平开放型经济新体制；加快发展新质生产力，以科技创新推动产业创新，推动产业链价值链向全球中高端迈进；优化区域开放布局，更好发挥自由贸易试验区作用，推动共建"一带一路"高质量发展；持续扩大商品和要素流动型开放，增强对全球商品和要素资源的强大吸引力，更好塑造国际经济合作和竞争新优势；积极营造市场化法治化国际化一流营商环境，推进贸易自由化便利化，吸引利用更多外资和全球创新要素资源，等等。经过这些城市共同努力，国际循环的质量有望进一步提高。

5.经济回升向好态势进一步巩固增强

针对进一步推动经济回升向好面临的困难和挑战，2023年12月召开的中央经济工作会议已作出了前瞻性分析和系统性部署，各国家中心城市正有效应对和化解，有些问题已出现缓解迹象，有些问题则出现了新的变化，经济运行中的积极因素正在逐步增多，发展动能正在持续增强，社会预期也有明显改善，这也是2024年第一季度国家中心城市经济实现良好开局的有力支撑。同时更要看到，支撑国家中心城市经济持续发展的内在动因没有变，推动国家中心城市经济回升向好、长期向好的基本趋势没有变，巩固和增强国家中心城市经济回升向好态势是有基础、有条件的。展望2024年全年，在宏观政策效力持续释放、科技创新能力持续提升、国内大循环内生动力和可靠性持续增强、国际循环质量水平有所提高的支撑和推动下，国家中心城市回升向好态势的巩固和增强是可预期的。从宏观政策看，超长期特别国债的发行将有助于提高经济运行效率、优化供给结构、降低国家中心城市的债务风险；设备更新与以旧换新政策的实施，将有力地拉动投资、促进消费、提振内需；国家发展改革委等部门联合印发的《关于打造消费新场景培育消费新增长点的措施》，将促使消费新场景不断涌现、消费业态更加丰富，推动消费潜力持续释放；房地产新政的出台，将推动房地产投资企稳回升，提高房地产市场活跃度，促进国家中心城市地方财政增长。从科技创新看，随着高水平科技自立自强能力的提升，将会有大批量的原创性、颠覆性科技创新成果竞相涌现，催生巨量的新产业新模式新动能，促进新质生产力快速发展。国内大循环内生动力和可靠性的增强以及国际循环质量水平的提高，将有助于在更高水平动态平衡中实现良性循环，使国内国际两个市场更好联通，以国内大循环吸引全球资源要素，提高国家中心城市在全球配置资源的能力。总之，2024年国家中心城市经济持续回升向好值得期待。

三 推动特大型城市高质量发展的对策建议

2024年第一季度，我国特大型城市经济延续恢复向好态势，增速普遍高于市场预期，经济运行中积极因素增多，呈现持续回升向好的趋势性特征。但是也必须看到，外部不确定因素依然较多，有效需求仍显疲弱，经济回升向好基础还不够稳固。推动经济高质量发展，实现特大型城市经济质的有效提升和量的合理增长，仍须付出巨大努力。

（一）加快培育和发展新质生产力

新质生产力是创新起主导作用，摆脱传统经济增长方式、生产力发展路径，具有高科技、高效能、高质量特征，符合新发展理念的先进生产力质态。高质量发展是全面建设社会主义现代化国家的首要任务，而发展新质生产力则是推动高质量发展的内在要求和重要着力点。特大型城市推动高质量发展，必须加快培育和发展新质生产力。

加快培育和发展新质生产力，一是加强顶层设计和规划引领。在深入调查研究的基础上，准确把握本市的资源禀赋、产业基础、市场需求，根据自身生产力发展状况制定相应的发展规划和政策，因地制宜发展新质生产力。二是加快推进科技创新。科技创新是发展新质生产力的核心要素。要着力加强科技创新特别是原创性、颠覆性科技创新，加快实现高水平科技自立自强，打好关键核心技术攻坚战，使原创性、颠覆性科技创新成果竞相涌现，不断培育和发展新质生产力的新动能。三是加快现代化产业体系建设。现代化产业体系是新质生产力赖以形成的产业基础。要坚持以科技创新为引领，注重发挥国家战略科技力量的主导作用、企业科技力量的主体作用和市场需求的纽带作用，推动科技创新成果在具体产业和产业链中的及时应用，加快改造提升传统产业，培育壮大新兴产业，布局建设未来产业，进一步完善现代化产业体系。四是加快形成新型生产关系。发展新质生产力，就要推动形成与之相适应的新型生产关系。要进一步深化要素市场化改革，加快建设全国统一大市场，创新和完善资本、技术、土地、劳动力、数据等要素的市场化配置，打通新质生产力发展的堵点卡点，确保各类先进优质生产要素向发展新质生产力顺畅流动，进一步释放巨大国内市场潜力。五是加快培育高素质人才。人才是推动新质生产力发展的关键要素。在注重培育众多能够推动颠覆性技术创新和新科技发展的一流战略科学家和科技领军人才的同时，也要注重培育一大批能够前瞻和把握未来需求与科技创新趋势的企业家、投资家。要根据科技发展新趋势，优化高等学校学科设置、人才培养模式，为发展新质生产力、推动高质量发展培养急需人才。

（二）加快形成消费和投资相互促进的良性循环

国内需求包括消费和投资两个组成部分，是我国经济增长的内生动力。构建国内国际双循环的新发展格局，巩固和增强经济回升向好态势，推动经济高质量发展，内在地要求形成消费和投资相互促进的良性循环。2023年12月召开的中央经济工作会议在强调扩大内需时明确提出："要激发有潜能的消费，扩大有效益的投资，形成消费和投资相互促进的良性循环。"消费和投资是相互联系、相互依存的辩证关系，二者在提振内需中具有相互促进的作用。扩大消费可以推动投资增长，投资增长反过来也能够激发消费潜力。

推动形成消费和投资相互促进的良性循环，一是着力激发有潜能的消费。要坚持把扩大消费摆在优先位置，积极顺应消费提质、扩容、重塑新趋势，打造高品质消费新场景新业态，提升多层次消费供给，大力发展数字消费、绿色消费、健康消费等新型消费，积极培育智能家居、文娱旅游、体育赛事、国货"潮品"等新的消费增长点，使消费新动能得到更充分释放。要以提高技术、能耗、排放等标准为牵引，推动大规模设备更新和消费品以旧换新。二是着力扩大有效益的投资。要综合发挥地方政府支出、地方专项债、中央基建投资资金、政策性开发性金融等的作用，加快实施重大工程项目，支持企业开展关键核心技术攻关和技术改造升级。更好发挥政府投资对社会投资的引导作用，进一步完善政府和社会资本合作机制，充分调动民间投资积极性，支持和鼓励民间资本参与新型基础设施等领域建设。三是加快完善消费和投资相互促进良性循环的体制机制。针对目前消费和投资循环出现的错位、存在的堵点，全面深化供给侧结构性改革，破除一切阻碍形成消费和投资良性循环的体制机制。特别是要持续深化收入分配制度改革，提高劳动报酬在初次分配中的比重，提高低收入群体的收入，扩大中等收入群体，为投资和消费均衡发展、相互促进提供坚实的基础支撑。

（三）加快建设更具国际竞争力的现代化产业体系

现代化产业体系是现代化国家的物质技术基础，也是一个国家实现经济现代化的重要标志。加快建设现代化产业体系是高质量发展的必然要求，是统筹安全与发展、有效应对风险挑战的基础支撑。要加快提升我国现代化产业体系的国际竞争力，确保我国在未来发展和国际竞争中赢得战略主动。

建设更具国际竞争力的现代化产业体系，一是加快发展先进制造业。先进制造业是实体经济的重要组成部分，在现代化产业体系中居于核心和主导地位。要立足实体经济这个根基，积极推进新型工业化，推动产业高端化智能化绿色化发展，着力打造具有国际竞争力的战略性新兴产业集群，加快构建以先进制造业为支撑的现代化产业体系。二是着力强化产业高水平自主技术要素供给。国际产业竞争力提升是一场全方位的深层次变革，其根本路径是着力发展战略性新兴产业和未来产业，实现关键核心技术的创新突破。要充分发挥新型举国体制优势，坚决打赢关键核心技术攻坚战，强力推进新一代信息技术、生物技术、人工智能等领域的关键核心技术攻关，着力实现高端芯片、操作系统、新材料、重大装备等核心技术的率先突破，全面提升产业基础高级化和产业链现代化水平，增强产业链供应链的竞争力和安全性，以科技创新推动产业变革。三是在激烈的国际竞争中提升产业的先进性、可靠性、安全性。现代化产业体系是开放的产业体系，唯有置身全球市场才能提升国际竞争力。要充分发挥自由贸易试验区等开放平台作用，推动我国产业链供应链深度融入全球，积极培育参与国际竞争合作新优势，提高我国在国际产业链供应链中的影响力和话语权。要稳步扩大规则、规制、管理、标准等制度型开放，积极营造市场化法治化国际化营商环境，加快建设一批产品卓越、品牌卓著、创新领先、治理现代的世界一流企业。

（四）加快提升产业链供应链韧性和竞争力

产业链供应链在经济运行中发挥着核心枢纽作用。习近平总书记明确指出："产业链、供应链在关键时刻不能掉链子，这是大国经济必须具备的重要特征。"[①] 当前贸易保护主义、逆全球化思潮明显抬头，使我国产业链供应链安全稳定面临严峻挑战。维护我国产业链供应链安全稳定，保障国家经济安全，推动高质量发展，必须加快提升产业链供应链韧性和竞争力。

加快提升我国产业链供应链韧性和竞争力，一是以高水平科技创新赋能产业链供应链高质量发展。科技创新是产业链供应链优化升级的主动力。要聚焦制造业等重点产业链供应链，加大自主研发投入力度，加快推进关键核心技术攻关，将研发成果及时嵌入产业链供应链，着力增强产业链供应链自主可控能力，推动产业链供应链优化升级。要围绕产业链部署创新链，围绕创新链布局产业链，实现创新链和产业链精准对接，提高产业链创新链协同水平，促进产业链创新链深度融合。二是以数智化技术赋

---

① 习近平：《国家中长期经济社会发展战略若干重大问题》，《求是》2020年第21期。

能提升产业链供应链现代化水平。以"数字化+智能化"为核心的数智化技术是提升产业链供应链现代化水平的重要引擎。要运用数智化技术加快实施对传统产业的全方位全链条改造，促进传统产业与新兴产业协同发展。加快推进数字经济与产业链供应链融合，集成利用海量数据和丰富的应用场景，大幅提升产业链供应链效率，着力构建智慧高效、自主可控的产业链供应链体系。集中优质资源在人工智能、大数据等技术领域实现新突破，着力提升产业高端化智能化绿色化水平，提升产业链供应链关键环节抵抗外部冲击的能力。三是以高水平开放提升产业链韧性和安全水平。要以更加开放的姿态主动嵌入融入全球产业链供应链，推动全球产业链供应链双向包容性开放合作。高质量实施《区域全面经济伙伴关系协定》（RCEP），全面落实协定规定的市场开放承诺和规则，在 RCEP 区域内着力推动企业围绕共同关心的产业链供应链环节开展紧密合作，推动高端产业链优势互补、深度融合。

（五）切实优化民营企业发展环境、促进民营经济发展壮大

民营经济是我国经济制度的内在要素，是推进中国式现代化的生力军。新时代新征程上，推动高质量发展，全面建成社会主义现代化强国，胜利实现第二个百年奋斗目标，必须进一步完善落实"两个毫不动摇"的体制机制，充分激发各类经营主体的内生动力和创新活力，在继续支持国有企业做强做优做大的同时，着力优化民营企业发展环境，促进民营经济发展壮大。

一是进一步深化改革，推动民营经济发展环境持续优化。要着力强化竞争政策基础地位，健全公平竞争制度框架和政策实施机制，坚持对各类所有制企业一视同仁、平等对待，全面落实公平竞争的政策制度，持续破除妨碍各类经营主体公平准入的隐性壁垒，在市场准入、要素获取、公平执法、权益保护等方面落实一批制度举措，持续优化稳定公平透明可预期的发展环境，充分激发民营经济生机活力，促进民营经济发展壮大。二是进一步完善举措，推动民营经济支持政策全面落地落实。要聚焦回应民营企业关切和利

益诉求，进一步完善融资支持政策制度，健全多方共同参与的融资风险市场化分担机制，完善欠款常态化预防和清理机制，完善拖欠账款清理与审计、督查、巡视等制度的常态化对接机制，强化人才和用工需求保障，完善支持政策直达快享机制，并着力增强相关政策的精准性、稳定性、实效性和协调性。要建立健全支持政策"免申即享"的制度，强化政策沟通和预期引导。三是进一步强化法治保障，为民营经济发展营造良好稳定的预期。要加快推进民营经济促进法立法进程，重点强化对民营经济主体的产权保护，确保民营经济主体在市场准入、投融资、公平竞争等重点领域受到法律平等保护和对待，避免对民营经济主体的不当禁止和限制，切实有效维护民营企业和民营企业家的合法权益。要适时修改完善宪法、行政法、刑法、民商法、经济法、社会法等领域的法律法规，为民营经济发展壮大提供全方位、多层次、高质量的法律保障。

（六）加快塑造更高水平开放型经济新优势

高质量发展内在地要求推进高水平对外开放。推动建设更高水平开放型经济新体制，是推动经济高质量发展的重要基础，是主动作为以开放促改革、促发展的战略举措。要统筹国内国际两个大局，坚持对外开放基本国策，实行积极主动的开放政策，形成全方位、多层次、宽领域的全面开放新格局，加快塑造更高水平开放型经济新优势。

加快塑造更高水平开放型经济新优势，一是实现高质量引进来和高水平走出去。要统筹沿海沿江沿边和内陆开放，加快培育更多内陆开放高地，提升沿边开放水平。统筹做好"引进来"和"走出去"两篇大文章，推动贸易创新发展，更高质量利用外资。要敞开大门，进一步扩大市场准入，缩减外资准入负面清单，提升现代服务业开放水平。二是实施更大范围、更宽领域、更深层次的对外开放。要统筹国内国际两个大局，实行更加积极主动的开放政策，形成全方位、多层次、宽领域的全面开放新格局，着力创造良好国际环境，积极开拓广阔发展空间。坚持以高水平开放为引领、以制度创新为核心，统筹发展和安全，高标准对接国际经贸规则，深入推进制度型开放，加强改革整体谋划和系统集成，推动全产业链创新发展，完善自由贸易试验区布局，推动自由贸易试验区示范作用得到更好发挥。持续打造市场化法治化国际化营商环境，高水平实施《区域全面经济伙伴关系协定》，推动高质量共建"一带一路"。三是建设更高水平开放型经济新体制。要进一步完善开放型经济新体制的顶层设计，深化贸易投资领域体制机制改革，扩大市场准入，全面优化营商环境，完善服务保障体系，充分发挥我国综合优势，以国内大循环吸引全球资源要素，提升贸易投资合作质量和水平。要坚持底线思维、极限思维，抓紧健全国家安全保障体制机制，着力提升开放监管能力和水平。要把构建更高水平开放型经济新体制同高质量共建"一带一路"紧密衔接起来，积极参与全球治理体系改革和建设。

（七）加快推进区域一体化的现代化都市圈建设

近年来，我国都市圈建设呈现蓬勃发展态势，截至2024年3月，已有13个都市圈发展规划获得国家发展改革委批复。但目前看来，都市圈建设仍存在一体化水平不高等突出问题。加快推进区域一体化的现代化都市圈建设，是优化区域经济空间布局、促进区域协调发展、推动经济社会高质量发展的迫切要求。

加快推进区域一体化的现代化都市圈建设，一是推进协同创新产业体系建设。加强科技创新前瞻布局和资源共享，合力提升原始创新能力，协同推进科技成果转移转化，共建产业创新大平台，打造区域协同创新共同体。坚持市场机制主导和产业政策引导相结合，完善区域产业政策，增强中心区产业集聚能力，推动产业结构升级，优化重点产业布局和统筹发展，强化区域优势产业协作和创新链与产业链跨区域协同，推动产业与创新深度融合。二是提升基础设施互联互通水平。加快建设现代轨道交通运输体系，强化都市圈内市政基础设施协调布局，完善都市圈信息网络一体化布局，推进跨省跨区能源基础设施互联互通。三是强化生态环境共保联治。统筹山水林田湖草系统治理和空间协同保护，加强生态环境分区管治，协同推动跨界水体环境治理、大气污染综合防治、固废危废污染联防联治，共同保护好都市圈可持续发展生命线。四是推进公共服务便利共享。坚持以人民为中心，加强政策协同，建立基本公共服务标准体系，提升公共服务便利化水平。推进社会治理共建共治共享，合力营造良好就业创业环境，共建公平包容的社会环境。五是创新一体化发展体制机制。全面深化改革，坚决破除一体化发展的行政壁垒和体制机制障碍，建立统一规范的制度体系，形成要素自由流动的统一开放市场。六是推动都市圈城乡融合发展。以促进城乡要素自由流动、平等交换和公共资源合理配置为重点，建立健全有利于城乡要素合理配置、有利于城乡基本公共服务普惠共享、有利于城乡基础设施一体化发展的体制机制，积极搭建城乡融合发展平台，推动城乡要素跨界配置和产业有机融合发展。

参考文献

《分析研究二〇二四年经济工作 研究部署党风廉政建设和反腐败工作 审议〈中国共产党纪律处分条例〉》，《人民日报》2023年12月9日。

《中央经济工作会议在北京举行习近平发表重要讲话》，《人民日报》2023年12月13日。

《中共中央政治局召开会议 分析研究当前经济形势和经济工作》，《人民日报》2024年5月1日。

习近平：《高举中国特色社会主义伟大旗帜 为全面建设社会主义现代化国家而团结奋斗——在中国共产党第二十次全国代表大会上的报告》，《人民日报》2022年10月26日。

习近平：《全面深化改革开放，为中国式现代化持续注入强劲动力》，《求是》2024年第10期。

习近平：《发展新质生产力是推动高质量发展的内在要求和重要着力点》，《求是》2024年第11期。

李强：《政府工作报告——2024年3月5日在第十四届全国人民代表大会第二次会议上》，《人民日报》2024年3月13日。

毛有佳、赵昌文：《充分发挥超大规模市场优势》，《经济日报》2021年8月18日。

任仲平：《把全面深化改革作为推进中国式现代化的根本动力》，《人民日报》2024

年6月26日。

刘伟：《加快培育新质生产力　推进实现高质量发展》，《经济理论与经济管理》2024年第4期。

国家发展改革委：《积极扩大有效投资促进经济平稳健康发展》，《宏观经济管理》2022年第5期。

刘志彪：《紧扣一体化和高质量打破行政壁垒》，《光明日报》2020年8月31日。

评价篇

B.2 2023年国家中心城市建设指数及成长性指数评价分析*

郑州师范学院国家中心城市研究院课题组**

摘 要： 2023年，各国家中心城市高质量发展较2022年有较大提升。本文对国家中心城市建设指数进行测度，结果显示：国家中心城市队伍中，北京、上海、广州建设指数在0.5以上，成都、重庆、武汉建设指数在0.40~0.47，西安、郑州和天津建设指数低于0.40。国家中心城市成长性评价结果显示：2023年各国家中心城市的成长性指数均有较大幅度增长，综合服务、网络枢纽、科技创新等功能的成长性指数相对较高。其中，综合成长性指数最高的是成都，其次是重庆、西安、上海，郑州、广州、武汉、北京和天津的相关指标也有一定程度增长。其他12个特大型城市建设评价结果显

---

* 本文为2025年度河南省高等学校智库研究项目"新质生产力引领郑州国家中心城市高质量发展研究"（2025ZKYJ27）的阶段性成果。
** 课题组组长：喻新安、陈耀。执笔人：徐艳红，博士，郑州师范学院讲师，主要研究方向为城市发展、城市生态；陈耀，博士，郑州师范学院国家中心城市研究院首席专家，中国社会科学院工业经济研究所研究员、教授、博士生导师，主要研究方向为区域经济、产业空间组织和政府政策。

示：深圳、杭州和南京建设指数均在 0.45 以上；青岛、济南、长沙、昆明 4 个城市建设指数在 0.38~0.43；沈阳、东莞、佛山、哈尔滨、大连建设指数在 0.31~0.36。

关键词： 国家中心城市　建设指数　成长性指数　特大型城市

一　国家中心城市经济发展基础指标对比

2023 年是经济恢复发展的一年。面对复杂严峻的外部环境和艰巨繁重的改革发展稳定任务，各城市积极推动经济恢复发展，经济运行整体向好，发展质效稳步提升，民生福祉不断增进，在区域协调发展中发挥了重要的引领作用。2023 年各国家中心城市经济基础指标发展情况如图 1～图 10 所示。

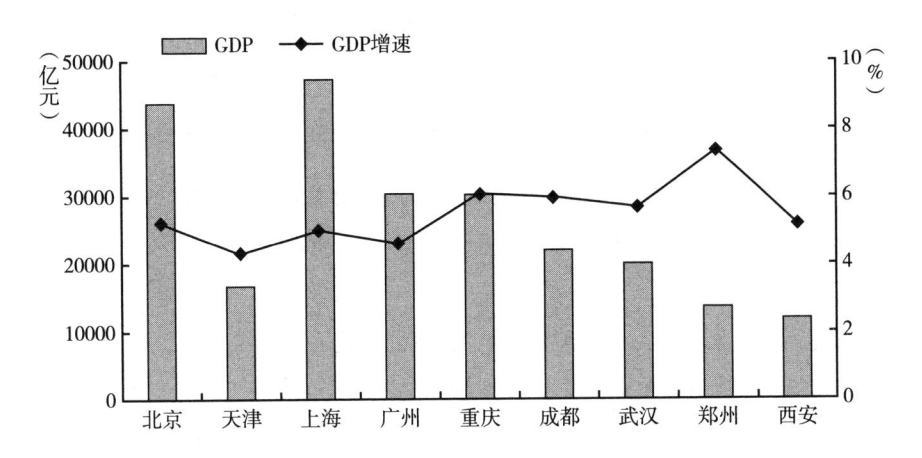

图 1　2023 年各国家中心城市地区生产总值及增速

资料来源：各城市《2023 年国民经济和社会发展统计公报》。

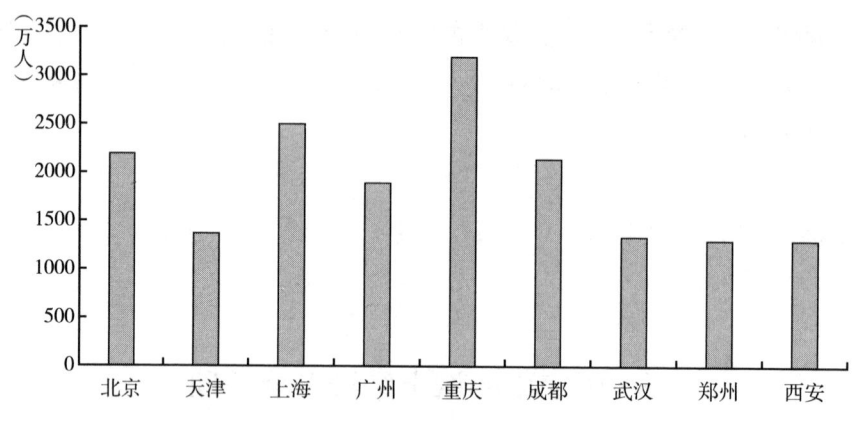

图 2　2023 年各国家中心城市常住人口数

资料来源：各城市《2023 年国民经济和社会发展统计公报》。

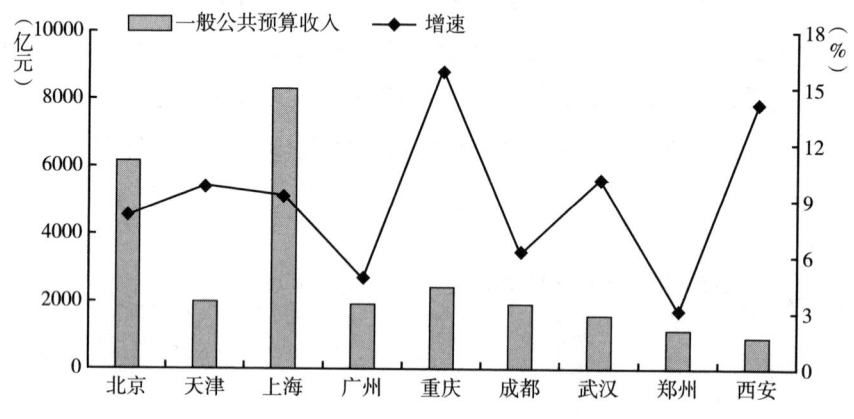

图 3　2023 年各国家中心城市一般公共预算收入及增速

资料来源：各城市《2023 年国民经济和社会发展统计公报》。

从地区生产总值来看，2023 年上海和北京均在 4 万亿元以上，分别为 47218.7 亿元、43760.7 亿元，广州（30355.7 亿元）、重庆（30145.8 亿元）突破 3 万亿元，同时广州超越重庆，成都为 22074.7 亿元，武汉在 2023 年突破 2 万亿元，天津、郑州、西安相对较低；GDP 增速上，各国家中心城市均较 2023 年实现较快增长，郑州、重庆、成都、武汉、北京、西安 6 个城市的增速均高于全国平均水平。从常住人口来看，重庆（3191.4 万人）较 2022 年有所降低、但

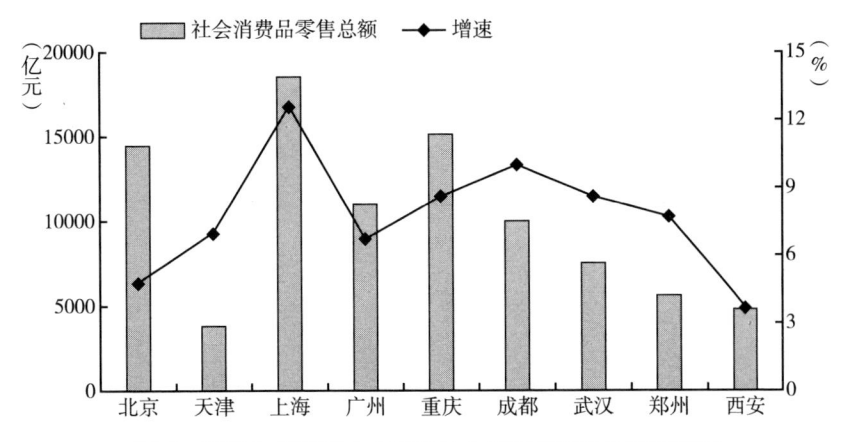

图4 2023年各国家中心城市社会消费品零售总额及增速

资料来源：各城市《2023年国民经济和社会发展统计公报》。

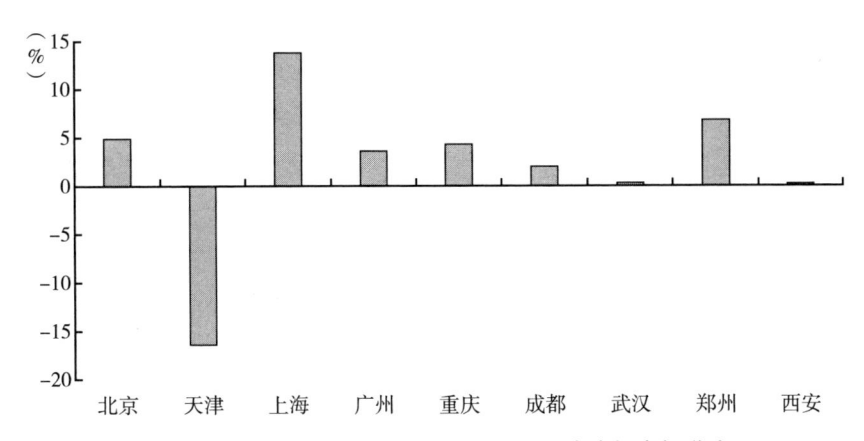

图5 2023年各国家中心城市全社会固定资产投资额增速

资料来源：各城市《2023年国民经济和社会发展统计公报》。

人口依旧最多，上海（2487.5万人）和北京（2185.8万人）与2022年相比，分别增长11.6万人、1.5万人；西安（1307.8万人）、郑州（1300.8万人）相对较低。从一般公共预算收入来看，上海（8312.5亿元）最高，其次是北京（6181.1亿元），武汉（1601.2亿元）、郑州（1165.8亿元）、西安（951.6亿元）相对较低；增速上，各国家中心城市一般公共预算收入均得到较快增长，重庆（16.0%）、西安（14.1%）、武汉（10.1%）增速位于前列。从社会消

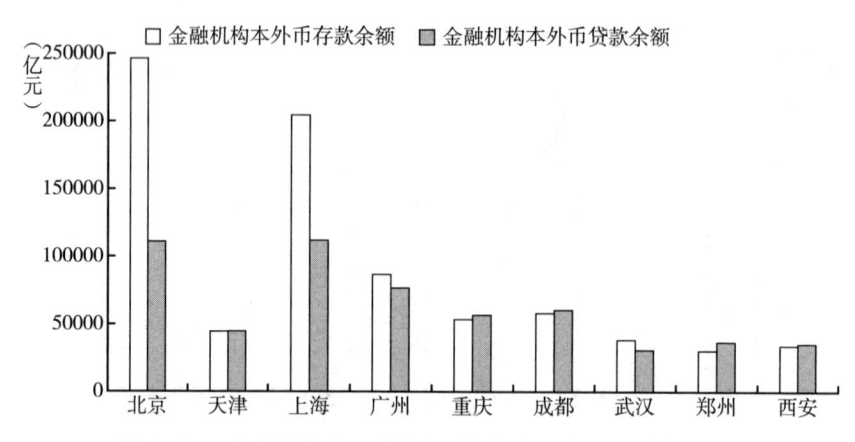

图6 2023年各国家中心城市金融机构本外币存款和贷款余额

资料来源：各城市《2023年国民经济和社会发展统计公报》。

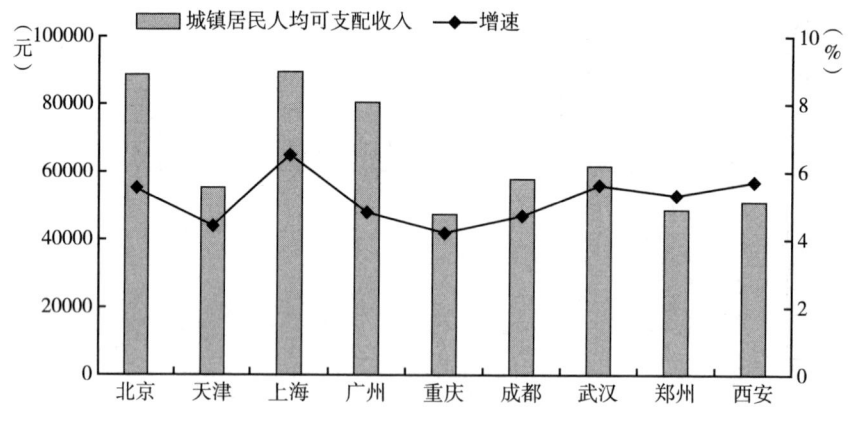

图7 2023年各国家中心城市城镇居民人均可支配收入及增速

资料来源：各城市《2023年国民经济和社会发展统计公报》。

费品零售总额来看，超万亿元城市增至5个，包括上海（18515.5亿元）、重庆（15130.3亿元）、北京（14462.7亿元）、广州（11012.6亿元）、成都（10001.6亿元），西安（4811.6亿元）和天津（3823.9亿元）①未超5000万元；增速上，

---

① 天津市2023年社会消费品零售总额根据《2023年天津市国民经济和社会发展统计公报》中公布的社会消费品零售总额增速数据计算。

042

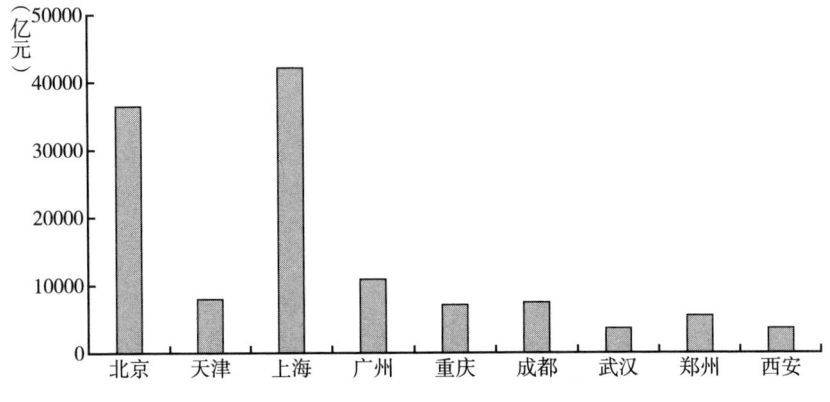

图8 2023年各国家中心城市进出口总额

资料来源：各城市《2023年国民经济和社会发展统计公报》。

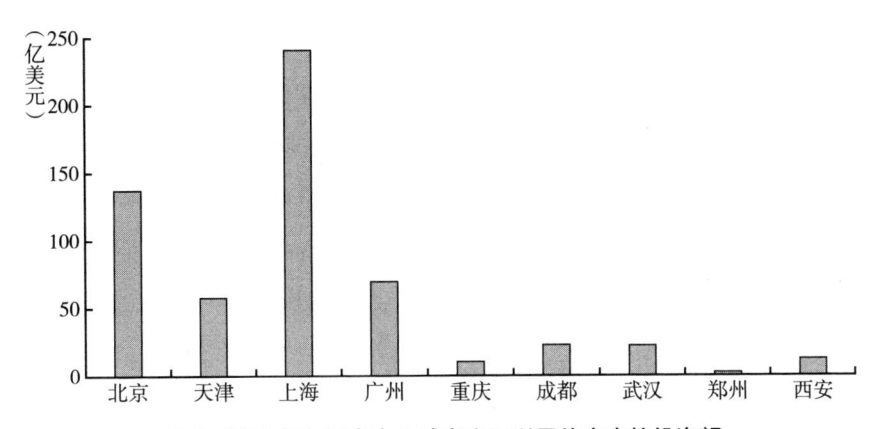

图9 2023年各国家中心城市实际利用外商直接投资额

资料来源：各城市《2023年国民经济和社会发展统计公报》，其中广州实际利用外商直接投资额根据2023年平均汇率计算。

上海（12.6%）、成都（10.0%）、重庆（8.6%）、武汉（8.6%）、郑州（7.7%）超过全国平均增速（7.2%）。从全社会固定资产投资额增速来看，除天津外，其余城市均为正增长，上海（13.8%）、郑州（6.8%）、北京（4.9%）、重庆（4.3%）增速相对较高。从金融机构本外币存款余额来看，北京（246430.0亿元）和上海（204429.3亿元）最高，其次是广州（86638.3亿元），其他六个城市之间差距相对较小；从金融机构本外币贷款

043

图 10　2023 年各国家中心城市技术合同成交额

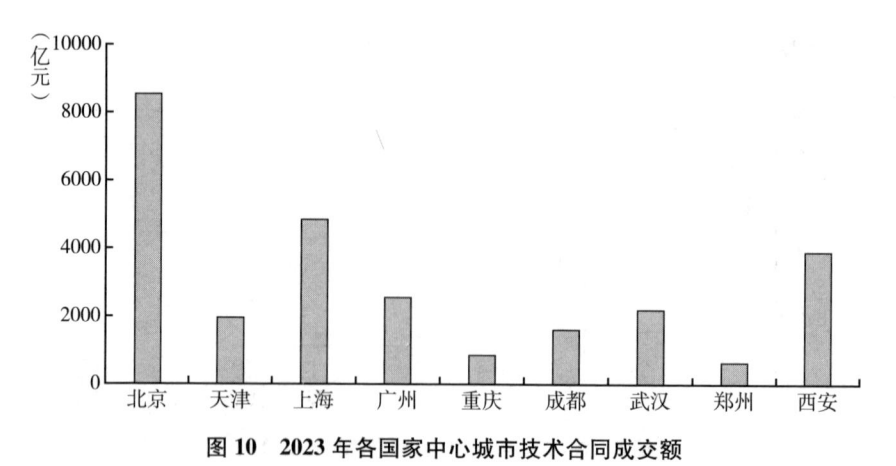

资料来源：各城市《2023年国民经济和社会发展统计公报》。

余额来看，上海（111766.7亿元）、北京（110835亿元）、广州（76674.2亿元）相比其他城市较高。从城镇居民人均可支配收入来看，上海、北京、广州均超过8万元，武汉为61693元，重庆和郑州不足5万元。从进出口总额来看，上海（42121.6亿元），北京（36466.3亿元）和广州（10914.3亿元）均在万亿元以上，武汉（3606.2亿元）和西安（3597.6亿元）不足4000亿元。从实际利用外商直接投资额来看，各国家中心城市差距较为明显，较高的是上海（240.9亿美元）、北京（137.1亿美元），其次是广州（69.6亿美元）、天津（57.8亿美元），重庆（10.5亿美元）、郑州（2.4亿美元）最低。从技术合同成交额来看，北京完成8536.9亿元，上海完成4850.2亿元，西安完成3900.1亿元，重庆（865.1亿元）和郑州（654.8亿元）尚未超过千亿元。

二　评价方法及数据来源

评价指标体系采用《国家中心城市建设报告（2022）》中所示的指标体系，评价方法采用"熵值法+TOPSIS法"。

本文数据主要来源于9个城市的《2023年国民经济和社会发展统计公

报》《2023 生态环境状况公报》《统计年鉴 2023》，中国民航局发布的《2023 年全国民用运输机场生产统计公报》，住房和城乡建设部发布的《2022 年城市建设统计年鉴》，百度地图发布的《2023 年度中国城市交通报告》，中国城市轨道交通协会发布的《城市轨道交通 2023 年度统计和分析报告》等，部分数据根据科技部官方网站、教育部官方网站、国家证券监督管理委员会官方网站，以及 9 个城市的人民政府、财政厅（局）、统计局、科技局、文化（广电）旅游局等网站公布数据整理。考虑数据可获得性和可对比性，本次评价分析中，R&D 投入强度、展览数量、人均公园绿地面积、建成区绿化覆盖率等指标采用 2022 年数据。

三　国家中心城市2023年建设指数和成长性指数

（一）国家中心城市建设指数评价

1. 权重分布

根据相关数据分析，国家中心城市建设评价指标权重如表 1 所示。

表 1　国家中心城市建设评价指标权重

功能层	维度层	指标/单位	权重
综合服务	经济活力	人均 GDP/万元	0.0291
		第三产业增加值比重/%	0.0290
		GDP 增速/%	0.0278
		社会消费品零售总额占 GDP 比重/%	0.0290
		常住人口数/万人	0.0264
	生产服务	上市公司数量/个	0.0236
		人均金融机构本外币存款余额/万元	0.0254
		人均金融机构本外币贷款余额/万元	0.0274
	公共服务	万人医疗机构床位数量/张	0.0275
		城市轨道交通运营里程/公里	0.0276

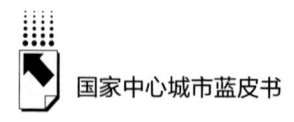

续表

功能层	维度层	指标/单位	权重
网络枢纽	信息枢纽	万人固定宽带互联网用户数/户	0.0291
		邮电业务总量/亿元	0.0261
	交通枢纽	货物周转量/亿吨公里	0.0237
		旅客周转量/亿人公里	0.0168
		机场年货物吞吐量/万吨	0.0235
		机场年旅客吞吐量/万人次	0.0279
科技创新	创新资源	万人普通高等学校在校生数量/人	0.0284
		高新技术企业数量/个	0.0269
	科研平台	国家重点实验室数量/个	0.0262
		双一流大学数量/所	0.0236
	要素投入	R&D 投入强度/%	0.0286
		教育支出占一般公共财政预算支出比重/%	0.0286
	创新成果	发明专利授权数/万项	-0.0023
		技术合同成交额/亿元	0.0246
开放交流	国际商贸	实际利用外商直接投资占 GDP 比重/%	0.0267
		外贸依存度/%	0.0271
	对外交流	使领馆数量/个	0.0148
		机场出港航线数量/条	0.0279
		展览数量/个	0.0265
人文凝聚	城市名片	世界遗产数量/项	0.0213
		地理标志商标数量/个	0.0291
	文化氛围	公共图书馆数量/座	0.0282
		博物馆数量/座	0.0261
		文化馆数量/座	0.0231
生态宜居	环境优美	人均公园绿地面积/平方米	0.0282
		建成区绿化覆盖率/%	0.0298
		地表水国控断面优良水体比重/%	0.0290
	和谐宜居	通勤高峰期交通拥堵指数	0.0288
		$PM_{2.5}$ 年平均浓度值/(微克/立方米)	0.0293

根据相关数据分析，从国家中心城市建设评价各功能层权重来看，综合服务功能中相关指标权重（0.2729）最大，科技创新功能指标权重（0.1844）次之，网络枢纽功能权重（0.1471）居第3位。与2022年相比，科技创新功能层权重有所降低，说明各城市在加大科技创新发展方面实现不同程度提升，城市间的差距有所降低；其他功能层，除人文凝聚功能层指标权重增加较大外，其余均变化不大（见图11）。从指标上看，综合服务功能层中80%的指标权重高于全部指标的平均权重值，网络枢纽功能层中50%的指标权重高于平均权重值；科技创新功能层中62.5%的指标权重高于平均权重值；开放交流功能层中80%的指标权重高于平均权重值；人文凝聚功能层中60%的指标权重高于平均权重值；生态宜居功能层中指标均高于平均权重值。

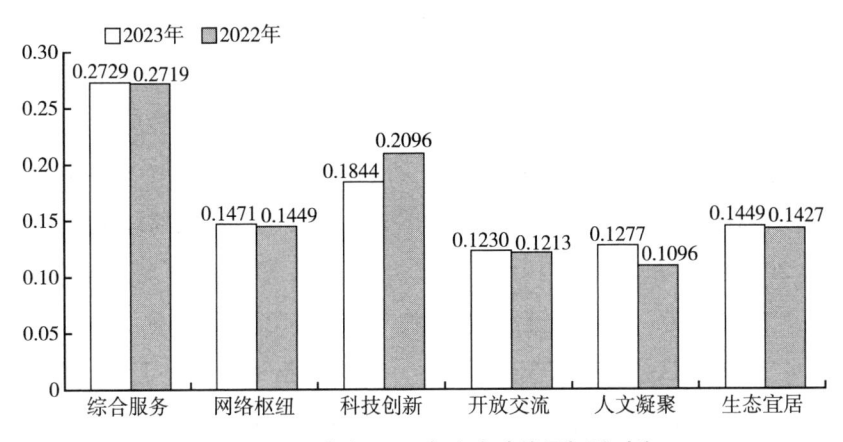

图11　2022年和2023年六大功能层权重对比

2. 评价结果

（1）建设指数结果

2023年国家中心城市建设指数如图12所示。其中北京（0.6248）、上海（0.6082）、广州（0.5153）在国家中心城市中仍占据优势地位；成都、重庆、武汉建设指数在0.40~0.47，西安（0.3930）、郑州（0.3924）、天津（0.3488）相对略低。

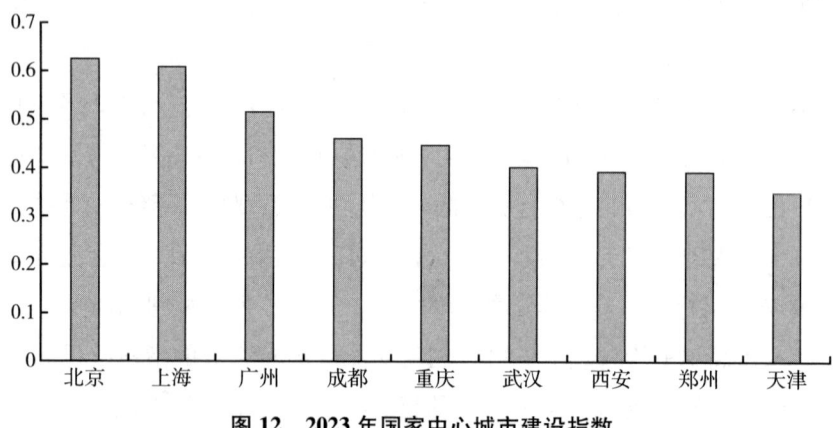

图 12　2023 年国家中心城市建设指数

（2）六大功能层建设指数对比

2023 年国家中心城市各功能层指数对比如图 13 所示。

综合服务功能主要包括各国家中心城市的经济活力、生产服务能力，以及公共服务水平。2023 年上海、北京的综合服务功能指数相对较高，郑州该功能指数较 2022 年有所提升。相关表征指标中，各城市人均 GDP、第三产业增加值比重、常住人口数、GDP 增速等权重占比相对较大。从指标上看，2023 年，人均 GDP 中，除重庆和西安外，其余 7 个城市均在 10 万元以上，其中北京（20.00 万元）、上海（18.98 万元）最高，其次是广州（16.16 万元）、武汉（14.55 万元）；GDP 增速指标中，除天津（4.3%）、上海（5.0%）外，其他国家中心城市的 GDP 增速均高于全国平均水平（5.2%）；在城市消费水平方面，重庆社会消费品零售总额占 GDP 比重（50.19%）最高，成都（45.31%）、郑州（41.29%）、西安（40.06%）等城市位列其后，广州（36.28%）、北京（33.05%）、天津（22.85%）低于全国平均水平（37.40%）。此外，在上市公司数量上，郑州（59 个）和西安（63 个）最少，与广州（154 个）、成都（148 个）、武汉（102 个）等其他省会国家中心城市还存在较大差距。

网络枢纽功能主要包括各国家中心城市的信息枢纽水平和交通枢纽水平。交通枢纽水平上，2023 年，各城市机场年旅客吞吐量均较 2022 年有较大

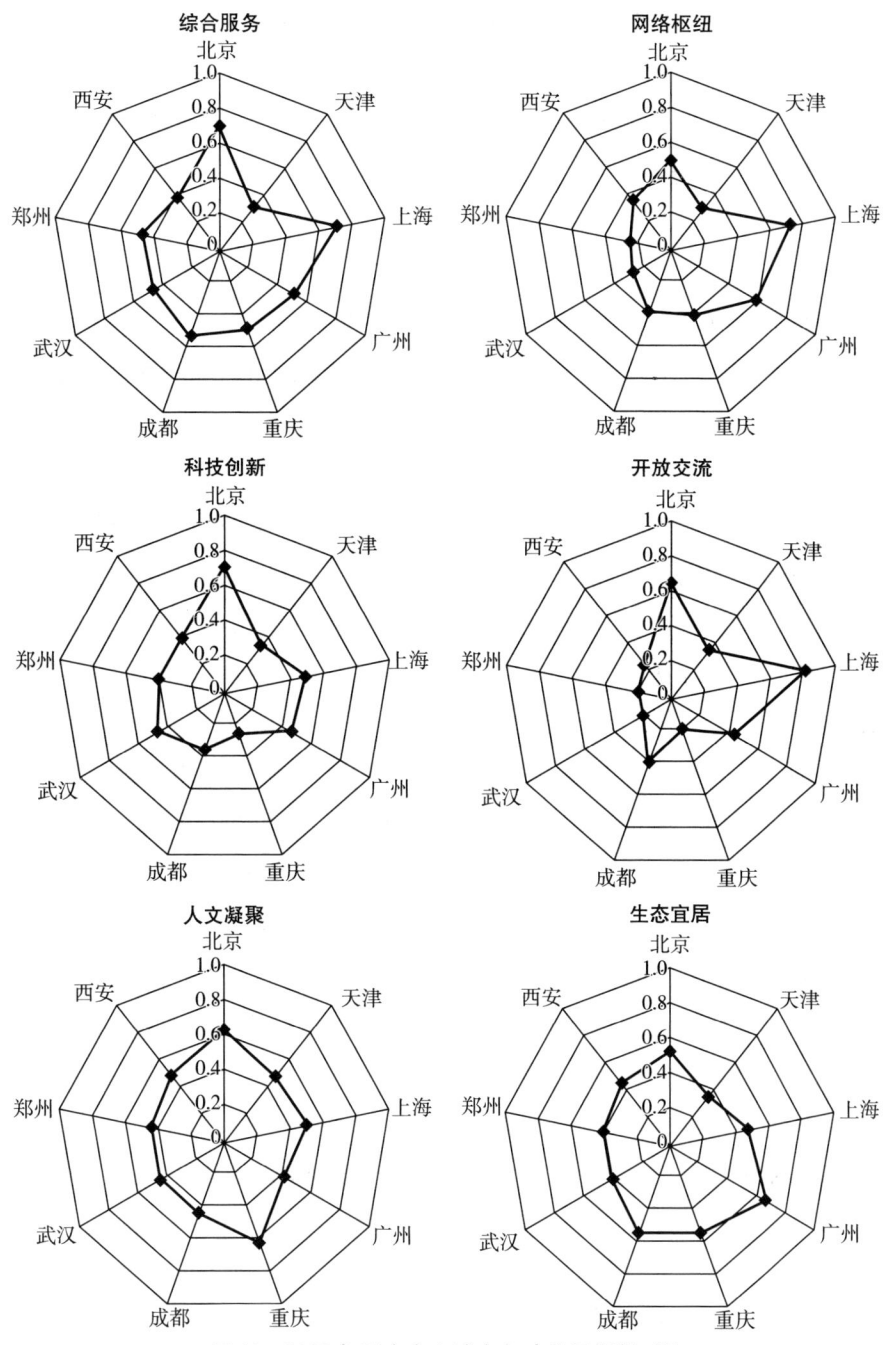

图 13 2023年国家中心城市各功能层指数对比

提升，其中上海、北京均突破9000万人次，成都突破7000万人次、广州在6000万人次以上，武汉（2586.18万人次）、郑州（2535.75万人次）、天津（1847.30万人次）机场年旅客吞吐量相对较少，但仍较2022年增长2~3倍；2023年，机场年货物吞吐量达到百万吨级别的国家中心城市有上海（380.33万吨）、广州（203.11万吨）、北京（136.00万吨），均较2022年有所提升，成都（77.20万吨）、郑州（60.78万吨）均在60万吨以上。

科技创新功能主要包括创新资源水平、科研平台数量、要素投入水平和创新成果能力四个方面。2023年，北京科技创新功能指数远远领先于其他城市，上海、武汉、广州科技创新功能指数在0.46~0.49，天津（0.3335）和重庆（0.2666）不足0.40。从指标上看，2023年，郑州的万人普通高等学校在校生数量达到1072人，其次是武汉（868人）、广州（780人）；高新技术企业数量指标上，重庆（7565个）、郑州（5760个）相对较少，其他城市均在1万个以上，其中北京、上海分别达到2.83万个、2.40万个。R&D投入强度上，2022年北京达到6.83%，西安（5.23%）、上海（4.40%）、郑州（2.67%）均超过全国平均水平（2.64%），重庆（2.16%）仍低于全国平均水平；在创新成果上，发明专利授权数北京（10.8万项）、上海（4.43万项）、广州（3.63万项）相对较多，郑州（0.84万项）发明专利授权数尚未过万；技术合同成交额指标上，近几年各城市增长速度均较快，2023年，北京（8536.9亿元）、上海（4850.21亿元）、西安（3900.05亿元）、广州（2645.5亿元）较高，重庆（865.1亿元）、郑州（654.8亿元）尚未超过千亿元。

开放交流功能包括国际商贸水平和对外交流水平两个方面。2023年，各国家中心城市开放交流功能指数分层明显，上海和北京的指数在0.64以上，其次是广州、成都和天津，西安、重庆、武汉和郑州相对较低。该功能层表征指标中，由于2023年实际利用外商直接投资降低明显，各城市实际利用外商直接投资占GDP比重也有明显变化，2023年上海（3.54%）为最高，其次是天津（2.40%）、北京（2.18%）、广州（1.59%），其余国家中心城市占比均低于1.0%；外贸依存度上，排名与2022年相差不大，其中上海（89.21%）、北京（83.33%）相对较高，其次是天津（47.38%）、郑州

(40.55%)，重庆（23.68%）、武汉（18.02%）最低。机场出港航线数量上，2023年，北京、上海的机场出港航线数量仍最高，分别是402条、351条，其次是成都（306条）、广州（239条），天津、郑州的机场出港航线数量最少。

人文凝聚功能包括城市名片和文化氛围两个维度。北京的人文凝聚功能指数最高，其次是重庆、上海、西安。该功能层表征指标中，在世界遗产数量上，上海、广州、武汉均尚实现零的突破；博物馆和文化馆作为城市文化氛围的载体，各国家中心城市间差距也相对较大，北京、上海、成都、西安、重庆的博物馆数量均超过百座。

生态宜居功能包括环境优美程度和和谐宜居程度。2023年各国家中心城市该功能指数相比于其他功能差距较小。其中广州的生态宜居功能指数达到0.6614；重庆（0.5499）、成都（0.5471）也在0.5以上，郑州（0.4016）和天津（0.3515）最低。其中，2023年，各城市的地表水国控断面优良水体比重中，武汉（63.6%）、天津（60.0%）和郑州（50.0%）相对较低，其余6个国家中心城市均在75%以上。通勤高峰期交通拥堵指数中，郑州（1.592）最优，其次是天津（1.682），重庆（1.995）、北京（2.125）在通勤高峰期相对其他国家中心城市更为拥堵。同时，多数城市2023年$PM_{2.5}$年平均浓度值均有不同程度降低，但除上海（28微克/立方米）和广州（23微克/立方米）外，其余国家中心城市的$PM_{2.5}$年平均浓度值仍高于全国339个地级及以上城市的平均浓度水平（30微克/立方米），其中天津、郑州、西安仍在40微克/立方米及以上。

（二）国家中心城市成长性指数

1. 成长性指数

总体上看，2023年各国家中心城市均呈正增长，与2022年相比，成长性较为明显。其中，成都持续保持了高成长性，成长性指数为0.1989，其次是重庆（0.1775）、西安（0.1649）和上海（0.1450）；与其他城市相比，北京（0.0796）和天津（0.0741）的成长性指数最低（见图14）。

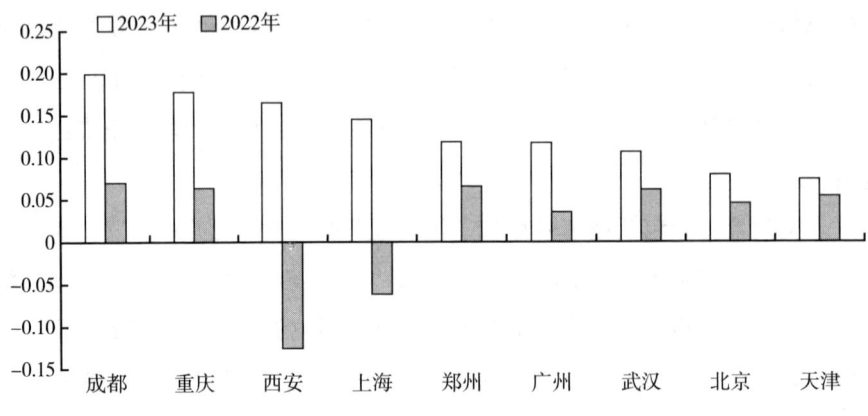

图 14 2022 年和 2023 年各国家中心城市成长性指数

2. 国家中心城市成长性分析

2023 年，从 9 个国家中心城市六大功能层的成长性上看，随着各城市社会经济全面放开发展，多数城市的综合服务功能、网络枢纽功能、科技创新功能均有大幅度提升，但开放交流功能中的国际商贸维度相关指标较 2022 年有不同程度降低。且随着各项社会经济活动的全面铺开，部分城市的环境空气质量出现反弹，城市通勤高峰期交通拥堵指数再次提高。2023年各国家中心城市各功能层成长性指数如表 2 所示。

表 2　2023 年各国家中心城市各功能层成长性指数

城市	综合服务	网络枢纽	科技创新	开放交流	人文凝聚	生态宜居
成都	0.1443	0.0489	0.0434	0.0128	-0.0289	-0.0215
重庆	0.1040	0.0277	0.0540	0.0073	0.0000	-0.0155
西安	0.0998	0.0721	0.0151	0.0089	-0.0317	0.0007
上海	0.0888	0.0528	0.0006	0.0255	0.0014	-0.0241
郑州	0.0962	0.0148	0.0635	-0.0125	-0.0019	-0.0418
广州	0.0783	0.0405	0.0293	0.0112	-0.0005	-0.0416
武汉	0.0835	0.0302	0.0490	0.0242	0.0000	-0.0804
北京	0.0725	0.0788	-0.0069	0.0120	-0.0290	-0.0479
天津	0.0805	0.0492	0.0107	-0.0368	0.0020	-0.0314

成都的成长性指数最高，其中综合服务功能成长性指数对综合成长性指数贡献达到72.5%，变化较为明显的指标主要有：人均GDP增长0.53万元，常住人口数增加13.50万人，城市轨道交通运营里程增加138公里等。同时城市高新技术企业数量、发明专利授权数等的快速增长也对城市成长性指数提升起到了重要作用。但成都在"公园城市"建设中，仍需注重城市绿化覆盖率、空气质量等的提升。

重庆的综合服务功能和科技创新功能成长性指数相对较高，对综合成长性指数贡献分别达到58.6%、30.4%。从指标上看，重庆的人均GDP、GDP增速等经济活力指标，上市公司数量、城市轨道交通运营里程等生产服务和公共服务指标，以及高新技术企业数量、技术合同成交额等科技创新指标得到较快发展。但实际利用外商直接投资占GDP比重、外贸依存度等指标有所下降，开放交流功能成长性指数相对较低。

西安的综合服务功能成长性指数最高，其次是网络枢纽功能，对综合成长性指数贡献分别为60.5%、43.7%。相关指标上，2023年，西安的人均GDP增长0.33万元，城市轨道交通运营里程增加65公里，旅客周转量增加208.51亿人公里、较2022年增长1.74倍，货物周转量增加42.05亿吨公里，机场年旅客吞吐量增加2781.29万人次、较2022年增长2倍。

上海成长性指数较2022年有较大提升。六大功能层中，综合服务功能和网络枢纽功能成长性指数最高，对综合成长性指数贡献分别达到61.2%、36.4%。成长性指数有较大提升与人均GDP、GDP增速、社会消费品零售总额占GDP比重、城市轨道交通运营里程等指标以及交通枢纽的相关表征指标的快速提升有关。城市空气质量和交通拥堵状况的持续改善是城市建设中仍需注意的方面。

郑州的综合服务功能和科技创新功能在2023年得到相对较快的增长，其科技创新功能成长性指数是9个国家中心城市中最高的。综合服务功能成长性指数相对较高的指标有常住人口数、GDP增速、城市轨道交通运营里程等。科技创新功能中R&D投入强度增加0.22个百分点，发明专利授权数和技术合同成交额分别增长13.74%、28.67%。但由于2023年货物周转量和机场年货物吞吐量均较2022年有所降低，城市实际利用外商直接投资占GDP比重和外贸依存度降低，2023年郑州的网络枢纽功能成长性不明显，开放交流功能成长性指数降低。

广州2023年综合服务功能和网络枢纽功能的成长性指数相对较高，对城市成长性指数的贡献率分别为66.8%、34.6%。综合服务功能上，第三产业增加值比重增加1.87个百分点，城市轨道交通运营里程增加了53.1公里，人均GDP增长0.80万元。网络枢纽功能上，旅客周转量、机场年旅客吞吐量分别增长142.6%、142.0%，相关指标的增长对城市成长性指数提升起到了主要推动作用。

武汉的综合服务功能和科技创新功能对城市成长性指数提升起到了较大的促进作用。2023年武汉的人均GDP增长0.77万元，第三产业增加值比重增加1.72个百分点，创新资源中的高新技术企业数量增加2036个、增长16.3%，技术合同成交额增长62.2%。但武汉的地表水国控断面优良水体比重较2022年下降27.3个百分点，$PM_{2.5}$年平均浓度值升高了3微克/立方米，生态宜居成长性不足。

北京的网络枢纽功能成长性指数最高，其次是综合服务功能。具体指标上，2023年交通枢纽维度上，旅客周转量和机场年旅客吞吐量分别增长113.8%、301.6%，货物周转量和机场年货物吞吐量分别增长56.8%、21.9%；经济活力维度上，人均GDP增长1.0万元、为9个国家中心城市最高，第三产业增加值比重增加了1.0个百分点；生产服务维度上，人均金融机构本外币存款和贷款余额均有较大幅度提升。但城市生态宜居功能成长性指数有所降低，地表水国控断面优良水体比重略有下降，通勤高峰期交通拥堵指数和$PM_{2.5}$年平均浓度值升高。

天津的综合服务功能得到相对较快发展，其次是网络枢纽功能。其中综合服务功能中，第三产业增加值比重增加1.4个百分点，GDP增速提升3.3个百分点，其他生产服务、公共服务指标等均有不同幅度增加。网络枢纽功能中，旅客周转量增长177.2%，机场年旅客吞吐量增长216.2%。国际商贸方面，天津的实际利用外商直接投资占GDP比重和外贸依存度下降幅度均大于其他城市，分别下降3.55个、3.97个百分点。

四 部分特大型城市2023年建设现状评价

（一）数据来源与评价方法

本部分评价采用《国家中心城市建设报告（2022）》所示的"国家中心城市建设评价指标体系"，评价方法采用"熵值法+TOPSIS法"，测度国家中心城市之外的其他12个特大型城市2023年建设现状。

数据主要来源于各城市《2023年国民经济和社会发展统计公报》，部分指标数据与国家中心城市建设指数评价中相关指标数据来源一致。

（二）评价结果及分析

2023年，12个特大型城市中，南京建设指数最高，建设指数为0.4921；其次是深圳，建设指数为0.4904；杭州建设指数为0.4886；青岛、济南、长沙、昆明的建设指数在0.38~0.43；沈阳、东莞、佛山、哈尔滨、大连的建设指数在0.31~0.36（见图15）。

2023年12个特大型城市各功能层建设指数如表3所示。

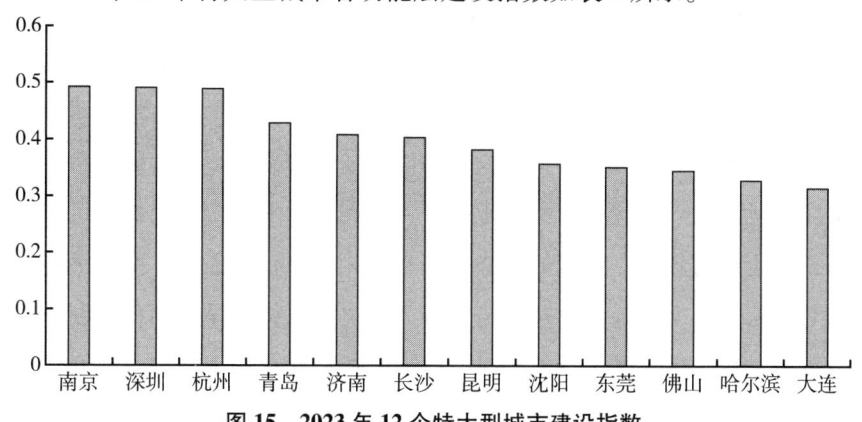

图15 2023年12个特大型城市建设指数

国家中心城市蓝皮书

表3 2023年12个特大型城市各功能层建设指数

功能	综合服务	网络枢纽	科技创新	开放交流	人文凝聚	生态宜居
南京	0.5654	0.4048	0.4629	0.3302	0.4384	0.6532
深圳	0.5610	0.4488	0.4505	0.5020	0.1507	0.6612
杭州	0.6010	0.3745	0.4077	0.4059	0.4728	0.5758
青岛	0.4183	0.2984	0.3060	0.3430	0.5279	0.6646
济南	0.4419	0.3067	0.3460	0.2072	0.4795	0.5421
长沙	0.4218	0.3405	0.3471	0.2015	0.3910	0.6004
昆明	0.3737	0.2865	0.3460	0.1880	0.4192	0.6029
沈阳	0.4373	0.1796	0.2350	0.2251	0.4533	0.4058
东莞	0.2051	0.2134	0.3672	0.3690	0.0106	0.7730
佛山	0.2448	0.0970	0.3036	0.1818	0.3842	0.6895
哈尔滨	0.3515	0.1160	0.3153	0.1115	0.4387	0.4174
大连	0.3087	0.1829	0.1749	0.2425	0.0863	0.6456

南京的科技创新功能、综合服务功能和网络枢纽功能建设指数均相对较强，但仍需加强城市文化氛围建设。深圳的网络枢纽功能和开放交流功能建设指数较高，但人文凝聚功能指数相对较低，要实现高质量发展，深圳仍需加强城市文化功能的发展。杭州的综合服务功能指数和开放交流功能较其他城市均具有明显优势，网络枢纽功能、科技创新功能、人文凝聚功能指数也比多数城市高，但生态环境方面的建设仍需加强，特别是城市绿化方面。

青岛的人文凝聚功能相对于其他城市最强，生态宜居功能指数、开放交流功能指数也在对比城市中具有一定优势，但仍需加强高水平科研平台建设、创新要素投入。济南的人文凝聚功能指数相对较高，综合服务功能、网络枢纽功能具有一定优势，但城市国际商贸能力、对外交流仍显不足，生态宜居指数也相对较低。长沙的网络枢纽功能相较其他功能具有明显优势，城市的对外贸易、文化建设、环境治理等方面仍需加强。昆明的科技创新功能建设指数在特大型城市中优势明显，但还需进一步加强上市公司数量、医疗机构床位数等城市综合服务功能，以及对外贸易等方面的建设。

沈阳的人文凝聚功能指数相对较高，综合服务功能、开放交流功能指数具有一定优势，但科技创新功能指数和生态宜居功能指数较低，仍需持续加大创新资源的投入，加强创新成果转化，同时提升城市宜居性。东莞的生态宜居功能指数相对较高，开放交流功能、科技创新功能指数也有一定优势，但综合服务功能、人文凝聚功能指数相对较低，需要着重加强生产服务、公共服务功能，以及城市文化氛围建设。佛山的生态宜居功能指数相对较高，其他功能的优势不明显，特别是综合服务功能和网络枢纽功能建设指数较低，需加大公共服务功能建设力度，强化信息枢纽和交通枢纽建设。哈尔滨的人文凝聚功能和科技创新功能相较其他功能具有一定优势，但仍需持续提升城市的对外开放水平和能力。大连的开放交流功能相较其他功能有一定优势，但需加大高水平研究平台建设力度和研发要素的投入，同时注重构建城市文化内涵。

五　2023年国家中心城市发展特征总结

2023年是全面贯彻党的二十大精神的开局之年，也是经济恢复发展的一年。面对内外部各种挑战叠加的复杂局面，各地各部门坚持以习近平新时代中国特色社会主义思想为指导，全面贯彻落实党的二十大和二十届二中全会精神，完整、准确、全面贯彻新发展理念，加快构建新发展格局，经济整体回升向好，社会民生保障有力。9个国家中心城市共完成GDP 235933.09亿元、占比增加0.16个百分点，社会消费品零售总额90913.2亿元、占比增加0.19个百分点，一般公共预算收入26553.8亿元、占比增加0.31个百分点。国家中心城市各功能均衡发展水平逐步提升，高质量发展水平逐步增强。

根据2023年国家中心城市的建设现状和成长性，以及其他12个特大型城市建设现状的测度，各特大型城市发展呈现以下特征。一是经济实力持续增强，尤其是综合服务功能和网络枢纽功能显著提升。2023年，21市的GDP总量占全国的31.95%，较2022年增加0.25个百分点，其中9个国家中心城市GDP总量占全国的18.56%，较2022年提升0.16个百分点。二是

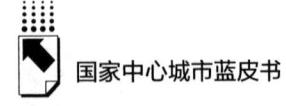

科技创新能力持续提升。各城市充分对接国家战略需求，重组和新建全国重点实验室，创新主体规模不断扩大，其中9个国家中心城市高新技术企业数量2023年增加超8900个，同时成果转化能力不断增强，有效专利数量持续提升。三是扩大内需战略取得明显成效。2023年，21市共完成社会消费品零售总额154670.9亿元、占全国总量的32.80%，其中，9个国家中心城市社会消费品零售总额较2022年增长6980.9亿元、占全国的比重为19.28%，以国家中心城市为支撑的国内大循环内生动力和可靠性逐步增强。但也要看到，各城市的国际贸易水平近两年持续下降，与2022年相比，9个国家中心城市的进出口总额占全国的比重下降0.6个百分点，实际利用外商直接投资额占全国的比重下降3.51个百分点。以国家中心城市为核心的特大型城市仍需持续优化外资营商环境、深化国际经贸合作，提高外商投资质量和水平的同时也需稳定外商投资。

参考文献

张军扩、侯永志、刘培林、何建武、卓贤：《高质量发展的目标要求和战略路径》，《管理世界》2019年第7期。

赵剑波、史丹、邓洲：《高质量发展的内涵研究》，《经济与管理研究》2019年第11期。

金梦迪、段雨晨、李彬：《扩大内需与加快构建新发展格局研究》，《政治经济学评论》2024年第3期。

刘伟：《加快构建新发展格局扎实推动高质量发展》，《教学与研究》2023年第11期。

殷培伟、谢攀、雷宏振：《国家中心城市经济高质量发展评价及差异分析》，《经济学家》2023年第3期。

城市篇

B.3 北京国际消费中心城市建设报告（2024）

高辰颖　赵莉*

摘　要： 培育建设国际消费中心城市是北京推动供给侧结构性改革创造新需求的主抓手，是积极探索融入新发展格局的有效途径。北京以落实"四个中心"首都城市战略定位为指引，把握消费新趋势，以"首善标准"稳步推进国际消费中心城市建设，在"新地标、新品牌、新模式、新环境"四个方面推动消费供给量质齐升，推动全市消费市场持续扩大。在新阶段，应聚焦"国际化"水平、"内生性"动力、"中心性"地位、"融合化"效应等方面的突出问题，以顶层设计、高位部署、统筹合力推动北京国际消费中心城市建设再上新台阶，不断增强消费对首都经济高质量发展的基础性作用。

关键词： 国际消费中心　消费供给　高质量发展　北京

---

* 高辰颖，博士，中共北京市委党校（北京行政学院）经济学教研部副教授，主要研究方向为区域经济增长、产业创新；赵莉，博士，中共北京市委党校（北京行政学院）经济学教研部主任、教授，主要研究方向为宏观经济理论与实践、首都经济发展战略。

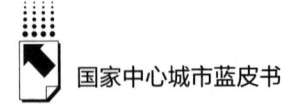

培育建设国际消费中心城市，是党中央、国务院着眼于构建"以国内大循环为主体、国内国际双循环相互促进"的新发展格局，不断提升我国城市在全球消费中的吸聚带动能力、资源配置能力和创新引领能力的重要决策部署。随着工业化和城镇化进程不断深化，我国消费市场规模已居世界前列，城市内部空间和产业体系受消费主导的影响愈发明显，形成一批大型消费集聚地，消费供给水平大幅提升，城市消费功能更加突出。在新发展格局加速形成的背景下，强化大城市的消费中心功能，既是加快形成强大的国内市场、畅通国内大循环的支点，也是促进消费资源跨国流动、助力"双循环"发展格局加快形成的桥梁。2020年，党的十九届五中全会提出要培育建设国际消费中心城市，《中华人民共和国国民经济和社会发展第十四个五年规划和2035年远景目标纲要》明确要"培育建设国际消费中心城市，打造一批区域消费中心"，2021年，国务院批准北京等五个城市率先开展国际消费中心城市培育建设。

北京立足城市战略功能定位，将培育建设国际消费中心城市作为推动供给侧结构性改革创造新需求的主要抓手，积极探索融入新发展格局。自开展国际消费中心城市建设以来，北京以落实"四个中心"为指引，顶层设计、高位部署、统筹协同，高质量推动国际消费中心城市建设，持续提升消费供给水平，促进消费市场平稳恢复，数字消费、文化消费等新动能加速形成。2023年，北京全市市场总消费额同比增长10.2%，增速较2022年提升15.1个百分点，服务性消费额同比增长14.6%，社会消费品零售总额同比增长4.8%，[①] 呈现量质齐升、结构优化的良好局面，消费对首都经济发展的基础性作用持续增强。

一 北京培育建设国际消费中心城市的进展成效

国际消费中心城市建设是北京落实首都城市战略定位、推动高质量发展

---

① 资料来源：《北京国际消费中心城市培育建设稳步推进》，北京市统计局网站，2024年1月24日，https://tjj.beijing.gov.cn/tjsj_31433/sjjd_31444/202401/t20240124_3543851.html。

的必然要求，也是不断推动市场繁荣、激发市场活力的关键举措。2021年8月北京发布《北京培育建设国际消费中心城市的实施方案（2021—2025）》，以十大"专项行动"规划国际消费中心城市布局方略，目标到2025年"率先建设成具有全球影响力、竞争力和美誉度的国际消费中心城市，成为国内大循环的核心节点、国内国际双循环的关键枢纽"。3年来，北京发挥首都优势，把握消费新趋势，以"五个清单"[1] 为抓手深入实施十大"专项行动"[2]，在国际知名度、消费繁荣度、商业活跃度、消费舒适度和到达便利度五个方面得到明显提升[3]。

（一）科学规划布局商业消费空间，优化均衡全市消费地标格局

一是推动实施商业消费空间专项规划。2022年，北京编制出台了《北京市商业消费空间布局专项规划（2022—2035年）》，提出到2025年，率先构建起层次结构清晰、空间布局高效、功能业态完善、空间品质宜人的商业消费空间体系，初步建成便民优质的社区消费网络。到2035年，形成国际消费有魅力、城市消费有实力、地区消费有活力、社区消费高便利的全市商业消费空间格局。自规划实施以来，北京积极构建"国际—城市—地区—社区"四级商圈体系，推动王府井×西单×前门、CBD×三里屯、环球影城×大运河、丽泽×首都商务新区四片国际消费体验区建设全面启动，大力推动29个城市消费中心和84个重点商圈"一圈一策"发展。2023年全年新开大型商业设施240万平方米，其中，新落地的西三旗万象汇、丽泽16

---

[1] "五个清单"包括182项任务清单、174个项目清单、130项政策清单、226家服务企业清单、"北京消费季"活动清单。
[2] 根据《北京培育建设国际消费中心城市实施方案（2021-2025年）》，全市52个部门、各区政府和经开区管委会协同联动，全面实施"消费新地标打造行动、消费品牌矩阵培育行动、数字消费创新引领行动、文旅消费潜力释放行动、体育消费质量提升行动、教育医疗消费能级提升行动、会展消费扩容提质行动、现代流通体系优化升级行动、消费环境新高地创建行动、消费促进机制协同保障行动"十大专项行动。
[3] 资料来源：《盘点2023北京建设国际消费中心城市这一年》，北京市商务局，2023年12月31日，https://www.beijing.gov.cn/ywdt/gzdt/202312/t20231231_3521500.html。

号、五棵松万达等项目补充了西部、南部区域商业设施的不足，①全市商业设施布局更加平衡。同时，划分包括老北京式胡同、家属大院、老城区住宅等7类856个社区便民生活圈，制定了包括三级指标的便民生活圈评价体系。截至2023年底，列为全年民生实事任务的82个便民生活圈已全部完成。②

二是打造凸显区域消费特色的优势项目。推动实施新一轮商圈改造提升工作，完成崇文门等15个传统商圈改造提升任务，③丰富传统商业设施的业态组合，打造商文旅体多元业态融合的新型消费场景，激发存量商业空间焕新活力。2023年，朝外the box、五棵松万达等一批传统商业设施升级改造完成后成为新晋网红打卡地。同时，DT51、首开LONG街、远洋乐堤港、惠多港购物中心、檀谷商业街区等新增项目也成为热门消费点位。积极打造国际范儿、中国潮的标志性项目，王府井获评为国家级示范步行街，三里屯太古里获批全国示范的智慧商圈。2023年1~11月，全市60个重点商圈客流量达到22亿人次，同比增长19.1%。④除了商业设施，东、西城核心区"文化金三角"文旅项目、石景山首钢园、通州环球影城度假区、丰台丽泽商务区、大兴国际机场、怀柔雁栖湖会展中心、平谷金海湖休闲旅游度假区、密云古北水镇旅游度假区等凸显区域特色的优势项目也正在促进"多点一区"综合型消费节点加速形成。

（二）"引育并举"完善消费品牌矩阵，打造优质消费资源集聚地

一是推动首店、老字号和新消费品牌发展。在首店经济方面，2019年3月北京率先在全国推出首店政策1.0版本，目前已经更新首店政策

---

① 资料来源：联商网零售研究中心统计数据。
② 资料来源：北京市商务局。
③ 资料来源：《新商圈加速崛起 老商场升级焕新 2023年本市新开商业面积240万平方米》，《北京日报》2024年1月3日。
④ 资料来源：《盘点2023北京建设国际消费中心城市这一年》，北京市商务局，2023年12月31日，https://www.beijing.gov.cn/ywdt/gzdt/202312/t20231231_3521500.html。

至3.0版。[1] 2023年全年吸引国内外知名品牌首店落地812家，累计吸引3700多家首店落地北京，在数量上稳居国内首店经济第一梯队。为发展首店经济，北京不断夯实总部经济优势，通过优化调整外资企业认定跨国公司地区总部标准，新认定消费类跨国公司地区总部6家，包括北京星巴克咖啡有限公司，瑞幸咖啡总部等，目前跨国公司在京地区总部数量为217家，世界500强企业总部进驻54家，[2] 稳居全球之首，全球消费资源集聚能力不断提升，形成高能级的国内中高端消费市场。在新消费品牌方面，发挥红桥市场、郎园Station等6个新型消费品牌孵化地的示范效应，培育具有核心竞争力的新消费品牌企业达到60个，已形成300余家新消费品牌企业库，智能科技和国潮玩具细分领域涌现出石头科技、联合九号、泡泡玛特等新生力量，王小卤、Ubras等品牌也成为食品服饰等传统消费领域的头部品牌。[3] 2023年，11个新消费品牌营收规模超过10亿元。在老字号方面，扎实推进老字号认定，2023年新认定第八批北京老字号15家，老字号总数达244家，中华老字号134家，数量位居全国第2，年销售收入近1800亿元。老字号企业中的百年品牌有142家，占比58%，其中超过600年历史的有3家，主要集中在餐饮业等。北京大力推动老字号积极拥抱新一代信息技术，老字号品牌企业现已基本实现"九成触网、七成直播"[4]，全力支持老字号守正创新，推出同仁堂熬夜水、义利黄油饼干、锦芳元宵等国货潮品，加快培育一批具有北京特色的"必购必买必带"商品，打造北京城市级伴手礼的金字招牌。

二是集聚文旅、体育优势服务消费资源。在文旅消费资源方面，2023

---

[1] 《北京市商务局关于发布2024年度鼓励发展商业品牌首店首发项目申报指南的通知》提出对首店经济有三方面的支持，一是对于国内外品牌亚洲首店、中国（内地）首店最高给予500万的资金支持，第二是对北京首店、旗舰店、创新概念店最高给予100万元支持，第三是支持国内外知名品牌在北京举办新品的发布活动，时尚消费类新品发布活动最高给予200万元支持。
[2] 资料来源：北京市商务局、北京市统计局。
[3] 资料来源：北京市商务局主要领导在2023年度（第十七届）北京商业高峰论坛上的讲话。
[4] 资料来源：北京市商务局。

年，推出16条"漫步北京——五一假期七彩缤纷游"线路，截至年底，"漫步北京"城市微旅行文化探访休闲线路已打造了200多条。积极打造400公里的"京畿长城"国家风景道主线，包括自然生态游、历史文化游、红色文化游等精品旅游路线。累计评选北京网红打卡地300个，[1]取得良好的社会反响，北京网红打卡地已经成为文旅消费的新品牌和展示北京城市文化和商业魅力的标志。开发出"北京礼物"922件，其中，"龙墩墩"等系列产品获得了市场青睐，截至2023年12月，各销售渠道已经售出60余万份。[2]新增四个国家级示范区，包括亮马河国际风情水岸等11个项目获评"国家级夜间文化和旅游消费街区"，延庆海坨滑雪旅游度假地被授牌"国家级的滑雪旅游地"，751园区成功入选国家工业旅游示范基地名单，奥林匹克公园、金海湖公园、世园公园、温榆河公园4个公园入选国家体育旅游示范基地。在教育医疗消费方面，北京在8个国际人才社区新布局了26所国际学校，国际医疗服务试点医院达到18家，互联网医院数量达到65家。同时，推出14条北京中医药的康养旅游线路，评选了首批9个北京市森林康养旅游示范基地。在体育消费方面，依托"双奥之城"优势，持续引进国际体育赛事52项，开展射箭公开赛等新兴赛事500余场。[3]总体来看，服务消费资源的集聚度逐年递增，2023年，服务消费供给侧的量质齐升促进服务性消费额增长了14.6%，占全年市场总消费额的比重达到了57%，比2017年增长了近9个百分点，市场消费潜力加速释放。[4]

（三）创新引领消费新趋势，形成"数智化、大平台"消费风向标

一是夯实数字消费创新应用的基础设施。当前，北京正在依托全球数字经济标杆城市建设，以新基建为抓手，推动新一代信息技术与城市基础设施

---

[1] 资料来源：《北京市文化和旅游局2023年工作总结》，北京市文化和旅游局，2024年1月3日，https://whlyj.beijing.gov.cn/zfxxgkpt/zdgk/ghjh/202401/t20240103_3523742.html。
[2] 资料来源：《"龙墩墩"热度飙升，上市销售火热》，北京顺义官方公众号。
[3] 资料来源：《盘点2023北京建设国际消费中心城市这一年》，北京市商务局，2023年12月31日，https://www.beijing.gov.cn/ywdt/gzdt/202312/t20231231_3521500.html。
[4] 资料来源：《北京市2023年国民经济和社会发展统计公报》。

深度融合，适度超前部署数字基础设施建设，建成一批示范引领性强的数据原生基础设施，夯实智慧城市数字消费布局的底座。2023年末，全市累计建成5G基站8.7万个，每万人拥有5G基站数39.9个，在全国排名第1，实现52个市级重点商圈和市内重点景区5G网络全覆盖。北京固定互联网宽带接入用户数达到933.4万户，其中千兆用户数达到228.7万户，移动互联网接入流量66.1亿GB，为数字消费发展提供了充足的基础条件。① 授牌全市首批15家信息消费体验中心，② 曲美家居、SoRealVR超体空间、依文城堡等信息消费体验中心打造业态融合、沉浸式的体验消费场所，有效促进了数字消费创新发展，带动区域整体消费能力提升。

二是巩固电商平台和线上消费领先优势。促进电子商务等数字新消费模式健康发展，在网络购物、本地生活服务、视频直播等领域重点培育了一批消费平台类头部企业和直播电商类头部企业，认定红桥市场、潘家园、新发地等首批"北京市特色直播电商基地"13家，抖音、快手等头部企业交易额占全国直播电商交易额的比重超过50%。同时，电商直播、即时零售等新消费模式快速发展，带动便利店、超市和仓储会员店等线下零售主体的网上零售额占三个业态零售额的比重达到28.6%，比2022年提高2.5个百分点。培育3批15家跨境电商产业园，在全球30多个国家和地区设立100余个海外仓，新落地跨境电商体验店6家，推动跨境电商进出口总额同比增长6.4%。同时，为增强线下消费场景的数字赋能，北京推进了数字人民币全域试点，率先在丽泽金融商务区、运河商务区CBD、首都机场临空经济区、中关村科学城等重点区域打造法定数字货币实验区，进一步巩固线上消费的领先优势。

（四）营造国际一流消费服务环境，形成协同联动的消费新格局

一是完善便利化、开放型的消费促进政策。北京在商品消费和服务消费

---

① 资料来源：《北京市2023年国民经济和社会发展统计公报》。
② 资料来源：《首批北京市信息消费体验中心正式授牌》，北京市经济和信息化局，2022年7月21日，https://jxj.beijing.gov.cn/jxdt/gzdt/202207/t20220721_2776772.html。

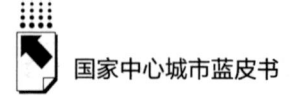

方面双向发力，多措并举挖潜传统消费和新型消费增量。聚焦商品消费绿色化发展，出台新能源汽车置换补贴政策，累计拉动60亿元的新能源车消费额。规范二手车经营政策，鼓励二手车经纪公司转为经销公司，截至2023年底，有249家经纪公司已经转型，实现了开票金额38.4亿元。北京市商务局会同京东、苏宁、小米等百家企业，实施了"京彩·绿色"消费券政策。聚焦服务消费品质化升级，出台了博物馆之城、冰雪消费、演艺之都、国际教育等多项支持政策。例如，制定出台《北京市建设"演艺之都"三年行动实施方案（2023－2025年）》，以更全面的视角推进全国文化中心建设、持续擦亮"大戏看北京"名片。北京市文化和旅游局公示了首批15家演艺空间培育类项目，并对项目给予市级层面的资金支持，2023年北京营业性演出的场次、观众数量、票房增速均达到历史新高。[1]

二是营造创新完善的消费服务和监管环境。聚焦"物流便利、出行便利、支付便利"三个便利，加快建设完善相关配套设施服务，推动平谷马坊等6个物流基地和新发地等4个农产品一级综合批发市场建设，[2]推动铁路与城市交通实现一体化便利换乘，在丰台站实现国铁换乘地铁单向安检互信，[3]在机场、火车站、重点商业区等设立外币代兑机构38家、自助兑换机65台。[4]创新出台《关于北京市全面优化营商环境打造"北京服务"的意见》，推动大型营业性演出、体育赛事、展览展销活动办理时限压缩超80%，40个行业"一业一证"已全部上线，证照分离的改革惠及市场主体44.3万户。[5]制定优化商业项目改造审批工作方案，启动商业设

---

[1] 资料来源：《演艺服务平台助力"演艺之都"建设》，首都之窗，2023年12月18日，https://www.beijing.gov.cn/renwen/zt/2023bjwhcyds/zx/202312/t20231218_3502677.html。
[2] 资料来源：《2023年四季度市折子进度》，北京市丰台区人民政府，2024年2月27日，http://www.bjft.gov.cn/ftq/szzgc/202402/3e4234a8664042e1b4c6b66866e93bb3.shtml。
[3] 资料来源：《北京市2023年交通综合治理行动计划发布实施 中心城区绿色出行比例提升到74.7%》，首都之窗，2023年5月26日，https://www.beijing.gov.cn/zhengce/zcjd/202305/t20230526_3114801.html。
[4] 资料来源：《全面优化各类场景支付受理环境 北京多措并举持续提升支付便利性》，《北京日报》2024年3月30日。
[5] 资料来源：《北京市十六届人大二次会议举行首场新闻发布会，聚焦高质量发展》，《新京报》2024年1月23日。

施城市更新技术导则编制。出台《北京市单用途商业预付卡备案及预收资金管理办法（试行）》，加强消费者权益保护。①

二 北京国际消费中心城市建设面临的主要挑战

（一）"国际化"程度偏低，国际消费资源集聚能力不足

国际消费中心城市往往都具有较高水平的开放性，是全球消费网络的"枢纽"。比如，国际交通枢纽地位突出，客运、货运网络体系发达，人流、物流往来畅通。同时，国际消费中心城市还具有贸易与投资政策健全、外商投资环境开放包容和国际品牌渗透度高等特征。但在这几个方面，北京的国际化水平仍然偏低。从国际联通网络布局来看，国际航线数量及联通城市数量偏少，均低于其他国际消费中心城市，尚未形成面向全球消费市场的联通开放格局。截至2023年6月，北京共设立国际航线105条，实现联通城市86个。② 国际航线数量不足伦敦和巴黎的1/4，联通城市数量远低于纽约、巴黎、东京等，约为其八成。③ 从国际消费群体集聚看，北京入境旅游人数、入境旅游消费总额近年来下降幅度较大，与国际知名的消费中心城市差距明显。2019年，北京接待入境游客数量为376.9万人次，不足巴黎、伦敦的1/5，仅为纽约、东京的1/3；2023年，北京接待入境游客116.8万人次，仅恢复到了2019年的31%，而上海接待入境游客364.5万人次，已经恢复到了2019年的4成，是北京的3.1倍，④ 差距逐渐拉大。从外商投资的吸引力来看，2023年北京新设外商投资主体1729家，仅达到上海的3成；实际利用外商直接投资137.1亿美元，不到上海的6成。⑤ 从跨国企业的数

---

① 资料来源：《盘点2023北京建设国际消费中心城市这一年》，北京市商务局，2023年12月31日，https://www.beijing.gov.cn/ywdt/gzdt/202312/t20231231_3521500.html。
② 资料来源：《北京服务业增加值居全国城市首位》，《北京日报》2023年7月23日。
③ 资料来源：北京市商务局。
④ 资料来源：根据北京市文化和旅游局统计数据、北京市商务局提供数据整理。
⑤ 资料来源：《北京市2023年国民经济和社会发展统计公报》。

量来看，2023年跨国公司在北京的总部数量是217家，而上海总部数量达到956家，约为北京的4.4倍。① 虽然北京的世界500强企业总部进驻数量最多，但其中的商业服务类企业，特别是零售类企业总部占比不高，国际零售品牌在北京的渗透率仅位居全球第10，远低于伦敦、纽约等城市的国际品牌渗透率，国际消费体系的配置力有待提高。

（二）"内生性"动力不充足，消费能级提升面临较大压力

较高的居民收入水平是国际消费中心城市构建庞大消费市场体系的内生动力。从人均国内生产总值来看，北京人均国内生产总值按美元计算不到3万美元，仅约为纽约的23%，与伦敦、新加坡等城市相比还有近4万美元的差距。从居民消费能力来看，2023年北京人均可支配收入和消费支出分别达到81752元和47586元，分别比2022年增长了5.6%、11.5%，但是仍然低于上海，分别为上海的90.6%、96.4%。② 从居民消费意愿来看，2023年北京居民消费倾向低于上海3.7个百分点，③ 并且呈现下降趋势，2019~2023年消费倾向下降了5.3个百分点。一方面原因是住房消费挤占了人均消费支出，2023年住房消费占人均支出的比重已达39.2%，④ 另一方面原因是教育医疗消费支出影响了消费倾向。目前，北京市实现最终消费率56.7%，尽管在全国处于领先位置，但是与纽约（82.6%）、巴黎（80.4%）、伦敦（76.4%）、东京（60.5%）等国际消费中心城市相比差距较大，⑤ 消费能级提升面临较大压力。2023年，北京市社会消费品零售总额为13794.2亿元，在全国排名第3，与上海、重庆分别相差4052亿元、668亿元。在社会消费品零售总额主要构成中，服装、化妆品两类商品成为北京最大短板，2023年仅这两类商品零售额就落后上海约3800亿元，占

---

① 资料来源：北京市商务局、北京市统计局提供数据。
② 资料来源：《北京市2023年国民经济和社会发展统计公报》。
③ 资料来源：北京市商务局提供数据。
④ 资料来源：《北京市2023年国民经济和社会发展统计公报》。
⑤ 资料来源：北京市商务局提供数据。

到京沪零售总额差距的94%。[1] 此外，网上零售额对北京社会消费品零售总额的贡献下降，从2019年的上拉4.6个百分点下降至2023年的下拉1.1个百分点[2]，亟须加快培育形成消费增长新动能。

（三）"中心性"地位不突出，国际消费供给水平有待提高

国际消费中心城市集聚了丰富、知名的消费品牌和消费载体等，是全球高端品牌、时尚商品的集散中心，具有强大的消费供给能力。在商业设施供给方面，2023年，北京存量商业载体面积1945万平方米，位居全国第2，为上海的65%；人均商业载体面积0.89平方米，位居全国第12，为上海的74%；[3] 2023年新增商业面积超212万平方米，其中20万平方米以上项目有2个，总面积与项目数量远低于上海。[4] 在商圈布局方面，呈现东强、西弱、北高、南低、内多、外少的不平衡、不充分的发展特征；在商圈品质方面，北京入选全国商圈商业力前30名的商圈有3个，入选热门商场前50名的有4个，入选全国标志性街区的数量有13个，3个指标分别少于上海2个、11个、3个，[5] 同时，顶级商圈综合竞争力也有待提升，王府井、CBD等知名商圈相较于打造千亿规模世界级商圈的目标尚存差距。在商业主体数量方面，2023年北京消费领域新设企业主体9.6万户，同比增长18.8%，仍然低于全市新设企业增速4.2个百分点。[6] 落地的首店数量虽然在全国处于领先水平，但高能级、国际化的首店品牌还不多，在全球品牌评估咨询公司Brand Finance发布的全球时尚零售品牌价值榜单中，39个国际奢侈品牌均在北京和上海有门店，但是其中仅有1个品牌在北京设立了总部，37个品牌总部在上海落地。本土培育的老字号品牌在企业规模、市场竞争力方面

---

[1] 资料来源：《北京市2023年国民经济和社会发展统计公报》《2023年上海市国民经济和社会发展统计公报》《2023年重庆市国民经济和社会发展统计公报》。
[2] 资料来源：《北京市2023年国民经济和社会发展统计公报》。
[3] 资料来源：仲量联行，《2023中国零售地产市场报告》；北京市商务局提供数据。
[4] 资料来源：联商网零售研究中心统计数据。
[5] 资料来源：北京市商务局提供数据。
[6] 资料来源：《本市经营主体发展数量创历史新高》，《北京日报》2024年3月19日。

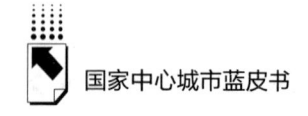

优势不突出，百亿级的老字号企业仅有5家，新消费品牌多数仍处于初期发展阶段，品牌韧性和消费者黏性有待提升。

（四）"融合化"效应不明显，优势资源发展合力尚未形成

国际消费中心城市不仅是商品消费的全球中心，更应是具有全球吸引力的文化、旅游、娱乐、信息、教育等知识性、创意性"软服务"供给中心和消费中心。但目前，北京市尚未形成各类优势资源的有机衔接和良性互动，国际消费的地域特色优势不突出，主要体现在服务消费的增量方面。2023年，服务消费占总消费的比重达到57%，同比增长近9个百分点，与纽约、伦敦等城市服务消费占比约70%的水平相比，还存在一定的上升空间。[1] 在服务消费场景方面，目前全市融合式、体验式消费场景不充足，难以满足日益增长的高质量服务消费需求，国家级旅游度假区还有待实现零的突破。商业企业、文旅企业在培育打造多元业态融合的消费场景过程中普遍存在资源整合难度大、协同机制不足等难点问题。在服务消费产品方面，高质量产品供给相对欠缺，例如，北京演艺市场相较于上海仍然存在一定差距，营业性演出场次及接待观众人次均不到上海的7成;[2] 具有国际影响力的顶级文体赛事活动较少，流量较低，在全球体育城市指数中，北京排名第31，东京、伦敦分别是排在第1位和第2位。[3] 北京亟须打破资源协同和高效配置的阻隔，激发经营主体融合创新的活力，提高服务消费供给水平。

三 北京培育建设国际消费中心城市的未来展望

中央经济工作会议提出要"着力扩大国内消费"。当前恢复和扩大消费已摆在优先位置，商务部明确2024全年定位为"消费促进年"，同时也是

---

[1] 资料来源：《北京市2023年国民经济和社会发展统计公报》。
[2] 资料来源：灯塔专业版App。
[3] 资料来源：上海体育大学、国际体育经济学会，《2023全球体育城市指数》。

北京培育建设国际消费中心城市的攻坚之年。根据《北京建设国际消费中心城市2024年工作要点》，北京将围绕"营造城市消费新场景、培育本土消费新品牌、优化商品消费新结构、塑造服务消费新优势、构建开放联通新市场、完善消费升级新环境"等方面协同发力，深化消费领域供给侧结构性改革，推进培育建设国际消费中心城市再上新台阶，形成首都经济高质量发展的强劲引擎。

（一）融合业态消费场景更加丰富，现代商圈建设加速升级

以融合业态赋能，营造一站式、沉浸式、个性化的消费场景，推动居民消费由单纯购物消费向高品质、多元化的消费转型升级。一是积极培育国际消费先导区，加快四片国际消费体验区建设，力争总消费增速高于全市平均水平。研究制定国际消费体验区建设行动方案，对标国际一流水平，加强国际品牌导入、消费体验提升、商业设施改造支持，发挥国际消费体验区在国际消费中心城市建设中的示范和引领作用。推动西北旺、万象汇等优质商业项目开业运营。二是塑造特色国家消费新地标。依托大型商业综合体、特色街区、重点商业项目建设，打造出一批城市更新商业项目，导入差异化、特色化，丰富国际消费业态，打造具有融合消费特色的网红打卡地。支持通盈中心、国贸三期等建筑地标开发空中餐厅、高端观光等体验项目。三是支持王府井步行街、CBD商圈持续提升品质，加强与周边文化艺术等资源联动协同，以"片区统筹"打通一体化更新路径，以规划统筹、政策统筹引领实施统筹，推动北京市新一轮商圈改造提升行动深入实施，实现商圈业态共生、产城共融、文脉传承、空间提质等多维目标，推动区域消费品质、消费活力、经济效益整体提升。

（二）消费升级先发优势凸显，创新型服务消费高速增长

大力推进文旅产业、体育产业、教育医疗产业等服务消费重点领域创新升级，培育独具北京优势的服务消费产业集群，引领服务消费市场提质扩容。一是彰显文旅消费魅力。北京将按照"四个文化"基本格局和"一核

一城三带两区"总体框架，丰富文化消费业态，布局一批特色文化体验场景。例如，提升中轴线文化展示功能，焕发核心区重要历史节点和文化地标活力。推动国家文化和旅游消费试点城市建设，支持怀柔、平谷、昌平、门头沟等国家全域旅游示范区发展，积极推进重点项目建设，力争建成1~2个世界级旅游景区。二是紧抓"演艺之都"建设契机，重视"大戏看北京"展演季活动举办，鼓励在符合条件的文化、文物场所举办演出、展览、秀场，以文化营销提升活动的"现象级"程度。三是释放体育消费活力。打造一批体育旅游精品景区、精品线路、精品目的地，力争形成1~2个中国体育旅游精品项目。充分发挥"双奥"场馆优势，利用国家体育场、工人体育场等场馆资源，办好中国网球公开赛、北京马拉松、国际长跑节等赛事活动，积极申办顶级赛事，常态化举办时尚潮流体育赛事活动。加快建设一批"训、科、医、教、服"一体化训练基地，拓展体育健身、体育观赛、体育培训等消费新空间。三是培育健康消费特色。支持大型公立医院在国家允许的比例范围内发展国际医疗部、国际合作医疗项目，引导中外合资合作设立一批优质私立诊所、特色医疗中心。积极发展"互联网+"健康医疗，建设互联网诊疗监管服务平台，集中打造互联网医院试点。[①] 支持国家中医药健康旅游示范区、示范基地建设，规划一批健康养老社区、中医主题酒店、药膳食疗馆等中医药特色康养项目。

（三）新兴消费模式不断涌现，传统消费数智化转型提速

把握产业形态、经济形态、城市形态发展新趋势，推动传统消费模式数字化、智能化、绿色化转型升级，加速形成激发首都消费潜力的新引擎。一是依托数字新基建布局，支持围绕5G超高清视频直播、自动驾驶、智慧医疗等典型数字化场景，培育"5G+8K"、"AR虚拟试穿"、"5G+VR/AR"虚拟购物等新模式，建设智慧体育馆、"云游"博物馆、线上美术馆、数字

---

① 北京市卫健委反馈支撑材料，首批6家互联网医院试点已经开展，第二批4家试点已经确定。

孪生景区等数字消费场景，支持重点商圈、大型商业中心引进一批未来商店、智慧商店，打造现代消费方式体验中心。二是支持出台直播电商发展的专项政策措施，鼓励各区规划建设1~2个特色直播电商基地，推进直播电商平台、服务机构、品牌商家联动发展，构筑"线下孵化+供应链+线上平台"网络流量孵化群，赋能北京本土消费品牌加大面向国内国际市场的宣传推广和展销力度。三是发挥新消费品牌孵化地示范效应，综合运用财政资金、社会基金等方式，重点支持1~2个千亿级新型消费领军企业，在美妆、服装、食品等重点消费领域培育形成一批具有品牌号召力的市场主体和高成长企业。同时，进一步落实《进一步促进北京老字号创新发展的行动方案（2023—2025年）》，鼓励老字号守正创新，以"前店后厂""业态融合"等新模式，注入具有时代气息的新元素。四是促进《推动消费品以旧换新行动方案》落实落细，在新能源汽车消费市场，一方面要持续扩大新能源汽车的新车销售规模，另一方面要促进二手车流通，加大二手车经纪转经销政策支持力度，促进二手车存量更新；细化完善促进家居消费的转型政策，创新优化"京彩·绿色"消费券政策，鼓励企业开展线上预约收运、上门回收业务。

（四）持续打造流通联动新格局，国际市场开放能级持续提升

发挥临空区、自贸区、综保区的政策叠加优势，实施"优进优出"计划，全面提升国际消费市场的开放能级。一是落实推动内外贸一体化发展政策，推动内外贸产品同线同标同质，建设应用"三同"在线服务平台，推动"三同"企业和产品注册上线，推动标准互认、健全检测、认证服务，精简优化转内销程序。二是探索在自贸试验区试行跨境服务贸易负面清单管理模式，最大限度放宽跨境交付、境外消费、自然人移动等模式下的服务贸易准入限制，推动高端商品、文化艺术、医疗健康等消费领域的进出口开放。提升国家文化出口基地、国家对外文化贸易基地二期、影视译制基地建设水平，争取国家级文化艺术口岸交易平台落地，强化文化产品展览展示、交易服务、保税物流功能，打造全球文化艺术开放交流的重要枢纽。三是推

动国家中医药服务出口基地、国家数字服务出口基地建设,支持特色服务贸易创新发展。推动"保税加消费升级"试点,深化跨境电商进口医药产品、线上线下体验消费等试点。推进跨境电商综合试验区建设,支持跨境电商O2O体验店、海外仓的建设,发展跨境电商体验消费新模式。四是优化全球供应链网络,以临空经济区为重点,加快集聚一批国际龙头物流企业,支持建设全球采购、全球配送的供应链综合服务平台和交易平台,实现采购、分销、仓储、配送全链条协同。鼓励龙头商贸流通企业建设一批跨国采购中心、分销中心、直采基地,扩大需求集中的特色产品进口,加强与供应商、生产商系统全过程对接,提升全球供应链风险防控能力。

(五)"北京服务"品质提升,国际消费服务环境不断优化

围绕深化商业供给侧结构性改革的重点任务,巩固提升城市营商环境指数水平,擦亮"北京服务"品牌,为国际消费中心城市建设营造公平竞争、诚信经营、创新发展的环境。一是推动"两区"开放政策实施,稳妥推进健康、养老、文化、体育、旅游等服务消费领域市场准入,允许外资依法合规设立经营性商业企业。二是深化消费市场主体登记便利化改革,完善生活性服务业"一区一照"登记注册办法,全面实施"证照分离""一址多照""一照多址"等商事登记制度,最大限度实现持"照"即可经营。三是探索实施容缺受理、容缺审查制度,开设重大商业项目建设审批"绿色通道",做好优质项目市场准入服务保障。全面落实营业性演出、体育赛事、首秀首发活动、大型会展等重要商业活动审批环节"一件事"办理要求,做好大型活动举办服务保障工作。四是优化通关流程,创新监管模式,探索高效便利的数字进出口检验,简化进口付汇和进出境手续,提升国际贸易便利化水平。五是加大144小时过境免签、24小时过境免办边检手续、APEC商务旅行卡等政策推广力度。优化市域内外币兑换点、外卡消费支付终端布局。建立国际消费争议快速解决通道,为国际消费群体提供快捷友好的调解仲裁服务。实施旅游咨询及服务国际化提升工程,完善多语种支持、医疗保障、应急救援等便利化服务功能,优化城市旅游综合信息服务,提升国际游客旅行体验。

参考文献

汪婧:《国际消费中心城市:内涵和形成机制》,《经济论坛》2019 年第 5 期。

毛中根、叶胥:《国际消费中心城市建设路径探讨》,《国家治理》2024 年第 4 期。

朴学东:《全面推进国际消费中心城市建设提速升级》,《前线》2024 年第 3 期。

刘元春、张杰:《聚焦国际消费中心城市建设》,《前线》2021 年第 5 期。

刘涛、王微:《国际消费中心形成和发展的经验启示》,《财经智库》2017 年第 4 期。

陶希东:《上海建设国际消费中心城市的成效、问题与对策》,《科学发展》2020 年第 11 期。

王青、王微:《我国加快发展国际消费中心的思路与政策建议》,《中国发展评论》2017 年第 3 期。

B.4 上海国家中心城市建设：
国内大循环堵点突破

田鸿钰　吴玉鸣*

摘　要： 2023年是全面贯彻党的二十大精神的开局之年，也是经济逐步恢复发展的一年。中央经济工作会议指出，进一步推动经济回升向好需要克服一些困难和挑战，主要包括有效需求不足、部分行业产能过剩、社会预期较为疲软、潜在风险较多等。此外，外部环境的复杂性、严峻性和不确定性不断增加，国内经济循环仍存在堵点。为了深入推行制造强国战略，加强制造业在市场经济发展和创新转型中的根基作用，上海市率先试行符合新时代特征的新型工业化道路，力求打造高端制造业的增长极，加速制造业的高质量发展，并在经济发展、创新发展、城市更新等方面取得了诸多成绩。然而，上海在国家中心城市建设的过程中仍存在一些产业层面、需求层面以及制度层面的问题，需要注意的是，上海市走在全国经济发展的前列，面临的问题和解决方案也会为各个城市解决自身面临的问题提供重要的经验。在国家中心城市建设的过程中，上海市为突破国内大循环堵点提供了重要的经验和思路：着力推进科技自立自强，构建现代化产业体系；着力扩大有效需求的发展空间，持续增强内需的支撑作用；着力实施民心工程项目，致力于持续提高人民的生活质量；着力加强城市现代化治理，不断增强城市韧性。

关键词： 上海　国家中心城市建设　国内大循环堵点

---

* 田鸿钰，华东理工大学商学院硕士研究生，主要研究方向为城市与区域经济发展；吴玉鸣，博士，华东理工大学商学院教授、博士生导师，主要研究方向为城市和区域经济发展、空间统计与空间计量经济学。

一 2023年上海国家中心城市建设取得的成效①

（一）2023年上海国民经济核算总体情况分析

2023年，上海地区生产总值达47218.66亿元。从上海市生产总值季度分布情况来看（见图1），第一季度全市GDP达10536.22亿元，第二季度全市GDP增加至10853.95亿元，第三、四季度全市GDP分别为11629.06亿元、14199.43亿元。从上海市生产总值增长情况来看（见图2），第一季度全市GDP同比增长5.25%，第二季度全市GDP同比增长16.22%，是增长的主要部分（这是在2022年第二季度GDP同比下降12.26%的前提下），截至2023年上半年，全市GDP增幅扩张至9%，2023第三季度增速放缓，第三季度GDP较2022年变化不大，全年全市GDP增幅又收窄至5.0%，基本达到2023年3月5日政府工作报告中预期的全年发展目标。值得注意的是，这一增速是在全球经济增长放缓的大背景下取得的，预示着上海地区的未来发展潜力巨大，有望在全球经济格局中占据更加重要的地位。

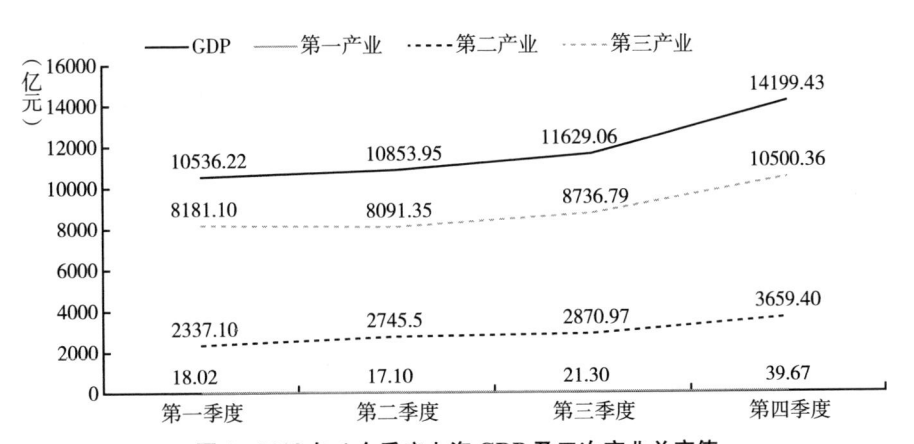

图1 2023年4个季度上海GDP及三次产业总产值

资料来源：上海市统计局。

---

① 若无特别说明，本文数据均来源于上海市统计局网站。

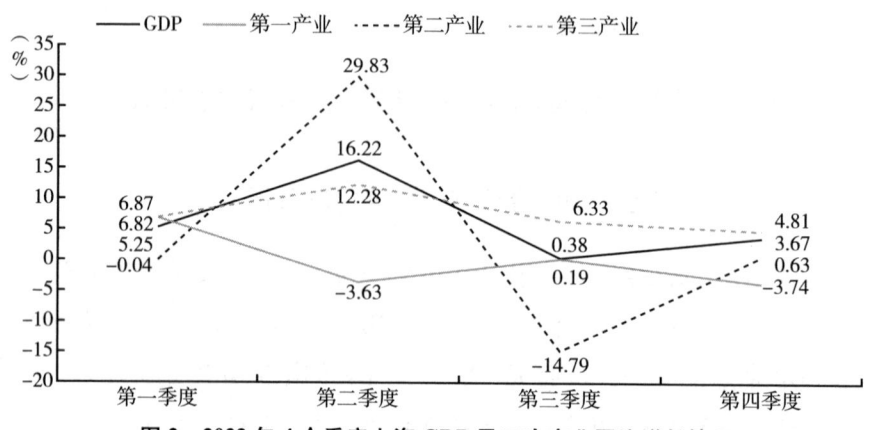

图 2　2023 年 4 个季度上海 GDP 及三次产业同比增长情况

资料来源：上海市统计局。

1. 主要行业表现

2023 年，上海市主要行业表现亮眼，多个经济领域实现了稳定增长（见表 1），其中建筑业产值增速达到 16.8%，是上海市积极推进城市更新和旧区改造的结果；交通运输、仓储和邮政业实现了 15.6% 的增长，体现了物流技术的进步和市场需求的增长；住宿和餐饮业实现了 22.7% 的高速增长，体现了居民消费能力的提升以及旅游业的复苏；信息传输、软件和信息技术服务业 11.3% 的增长则代表了上海市促进科技创新与实体经济深度融合，更好发挥创新驱动发展作用，奋力突围破解"卡脖子"难题，打破国内大循环堵点的决心。值得注意的是，金融业的增速一直在下降，可能与信贷政策上的收紧以及资金流向变化有关。工业品出厂价格指数稳定在 100 左右（见图 3），相对稳定。全年全社会固定资产投资总额比上年增长 13.8%，其中，第三产业投资增长 15.7%；外商投资增长 22.3%，表现出强大的生机与恢复力。总体来说，上海市主要行业实现稳定增长，多个领域表现亮眼，重点行业增长显著，反映出城市更新、物流技术进步、消费能力提升等积极因素。工业品出厂价格指数稳定，而固定资产投资与外商投资增长强劲，彰显出上海市恢复经济活力的决心。

表1　2023年上海市主要行业产值及其同比增速

单位：亿元，%

行业	总产值	同比增速
农林渔牧业	269.60	-0.7
工业	10846.16	1.1
建筑业	882.25	16.8
批发和零售业	5094.52	2.3
交通运输、仓储和邮政业	471.86	15.6
住宿和餐饮业	88.7	22.7
金融业	2102.56	5.2
信息传输、软件和信息技术服务业	4732.03	11.3
房地产业	907.16	-0.3

资料来源：上海市统计局。

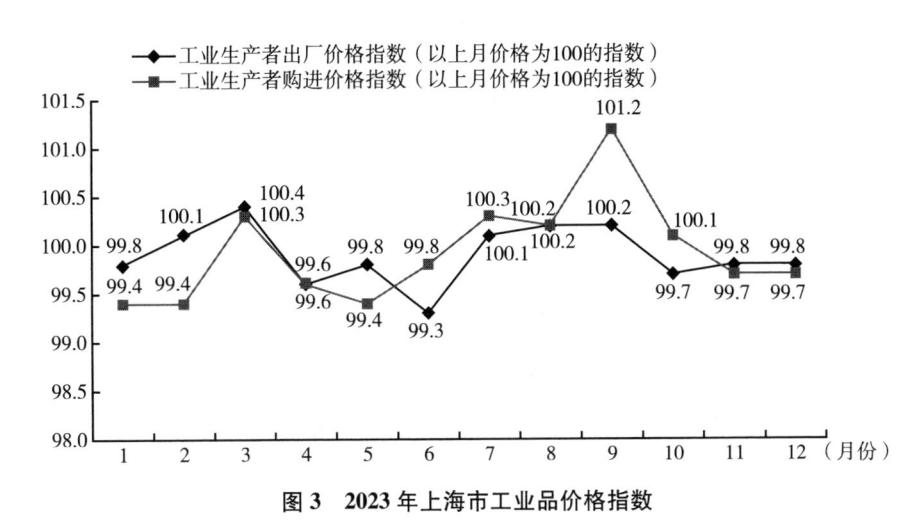

图3　2023年上海市工业品价格指数

资料来源：上海市统计局。

2. 战略性新兴产业表现

战略性新兴产业是以重大技术突破和重大发展需求为基础，对经济社会全局和长远发展具有引领带动作用，知识技术密集、物质资源消耗少、成长潜力大、综合效益好的先进产业，是新质生产力的重要组成部分，是突破国内大循环堵点的重要环节。2023 年，上海市战略性新兴产业增加值为 11692.50 亿元，同比增长 6.9%（见表 2），在全市 GDP 中占据了 24.8%，与 2022 年相比增加了 1 个百分点。而在战略性新兴产业增加值内部结构中，工业占比 34.1%；服务业占比近 7 成，实现了两位数增长，已经成为推动战略性新兴产业发展的重要动力，体现出上海从传统的制造业城市向服务型城市转型卓有成效，反映了上海在新兴产业领域的创新能力和市场竞争力。

表 2　2023 年上海市战略性新兴产业增加值及其增长速度

单位：亿元，%

指标名称	增加值	比上年增长
战略性新兴产业	11692.50	6.9
工业战略性新兴产业	3988.18	1.5
服务业战略性新兴产业	7704.32	10.0

资料来源：《2023 年上海市国民经济和社会发展统计公报》。

3. 规模以上工业发展

2023 年，上海规模以上工业企业产品销售率达到 100.1%。从产量来看，钢材、电站用汽轮机、工业机器人、笔记本计算机、智能手机、集成电路圆片的产量均有所下降，而汽车、发电机组（发电设备）、化学药品原药以及化学纤维的产量有所上升。特别值得注意的是，新能源汽车产量达到 128.68 万辆，增幅高达 34.4%。（见表 3）。新能源汽车产量的大幅增长反映了全球对可持续能源和减少碳排放的关注，而且随着政府对新能源汽车政策支持力度的加大以及消费者环保意识的提高，新能源汽车市场有望继续加速扩大。同理，全球对可再生能源和清洁能源的需求可以同样解释发电机组（发电设备）产量的增长。工业机器人、笔记本计算机、集成电路圆片以及智能手机的产量下降可能与全球电子产品需求下降以及中美贸易摩擦导致的相关产品出口下降有关。

表3　2023年上海市规模以上工业企业主要产品产量及其增速

产品名称	单位	产量	同比增速（%）
钢材	万吨	1917.21	-0.2
电站用汽轮机	万千瓦	1706.53	-1.7
工业机器人	万套	6.57	-14.3
汽车	万辆	215.61	4.8
新能源汽车	万辆	128.68	34.4
发电机组（发电设备）	万千瓦	2807.49	7.2
化学药品原药	万吨	4.45	12.3
笔记本计算机	万台	1166.2	-38.7
化学纤维	万吨	19.94	5.8
智能手机	万台	2367.08	-19.5
集成电路圆片	万片	853	-13.1

资料来源：上海市统计局。

4. 规模以上服务业发展

2023年上海市规模以上服务业企业营业收入达50728.86亿元，同比增长2.6%，实现利润4280.13亿元，同比下降3.5%（见表4）。信息传输、软件和信息技术服务业的营业收入和利润总额都有显著增长，特别是互联网和相关服务、软件和信息技术服务业，这与数字化转型、云计算、大数据和人工智能等技术的快速发展有关，这些技术逐渐成为企业核心竞争力的一部分，推动了该行业的快速增长。值得注意的是，房地产业（除房地产开发经营外）营业收入增长率与利润增长率之间有着3倍的关系，2023年上海市信访市场的供应面积达到1028.1万平方米，同比下降9.9%，成交面积则达到915.81万平方米，同比下降9.9%，而新房和二手房市场的成交均价却分别上涨了4.4%和4.90%，说明相关房企在成本控制、运营效率方面取得了成效，消费者可能更加看重房地产提供的附加价值和服务，在没有大幅增加营业收入的情况下提升了利润，这一现象在2023年全国房地产市场萎靡的背景下具有独特的研究意义。另一个令人在意的增长是科学研究和技术服务业利润实现50.1%的增长，体现了从研发投入到成果输出的转化，为上海市的科技创新和产业升级提供了有力的保障。

表4　2023年上海市规模以上服务业企业主要经济指标

单位：亿元，%

行业	营业收入	比去年同期增长	利润总额	比去年同期增长
总计	50728.86	2.6	4280.13	-3.5
交通运输、仓储和邮政业	14923.05	-14.9	740.46	-42.7
信息传输、软件和信息技术服务业	14832.71	16.2	1534.74	20.8
电信、广播电视和卫星传输服务	1081.23	4.8	111.00	6.5
互联网和相关服务	7138.28	23.9	551.52	17.3
软件和信息技术服务业	6613.19	10.7	872.23	25.3
房地产业（除房地产开发经营外）	1872.11	9.7	229.11	32.2
租赁和商务服务业	10982.68	11.3	1338.39	-7.7
租赁业	412.33	12.3	32.60	-12.7
商务服务业	10570.35	11.2	1305.79	-7.6
科学研究和技术服务业	5726.83	6.1	280.26	50.1
水利、环境和公共设施管理业	680.88	6.0	33.16	-31.0
居民服务、修理和其他服务业	414.75	12.6	60.89	98.5
教育	173.61	5.5	12.52	10.8
卫生和社会工作	443.39	-2.0	2.89	-58.0
文化、体育和娱乐业	678.86	31.9	47.72	—

资料来源：上海市统计局。

（二）2023年上海市科技创新情况

2023年，上海市委、市政府对科技创新工作进行了有力的领导。上海市科技创新工作秉持"四个放在"的政治原则，同时坚持"四个面向"的指导思想，以全面、连续的创新观念为引领，着重加强科技创新的源泉作用。上海市正在努力推动国际科技创新中心由"构建基础"阶段向"功能强化"阶段迈进，旨在更好地服务于国家高水平的科技独立和自主创新，同时也为建设具有全球影响力的社会主义现代化国际都市提供动力。

1.科研经费投入

2023年，上海市在科技创新领域的投入力度持续加大。全市R&D经费支出达到全市 GDP 的 4.44%（见图 4），这一比例的提升凸显了上海市政府对科技创新的高度重视和大力支持。同时，全市财政科技支出也大幅增加，达到 528.1 亿元，相较于上一年度增长了 36.7%，这一数据充分表明了上海市在科技创新方面的坚定决心和强大投入。在科研成果方面，上海市同样取得了令人瞩目的成绩。上海市成功获批国家自然科学基金项目 4900 个，经费合计 33.96 亿元，这一成绩充分体现了上海市在基础科学研究领域的实力和影响力。此外，根据国家科技管理信息系统公共服务平台属地项目查询结果，2023 年上海市牵头承担了 239 项国家重点研发计划项目，累计达到 1385 项，并获得了中央财政资金预算支持 28.03 亿元，累计资金已达 193.11 亿元。这些数据充分证明了上海市在科技创新领域的领先地位和重要作用，展现了其作为全球科技创新中心的潜力和实力。

图 4　2017~2023 年上海市 R&D 经费支出及其占 GDP 比重

资料来源：《2023 年上海市国民经济和社会发展统计公报》。

2. 科研成果

在创新成果方面，2023 年全市专利授权量为 15.91 万件，其中发明专利授权量为 4.43 万件，比上年增长 20.5%；每万人口高价值发明专利拥有量达 50.2 件，比上年增长 22.7%；PCT 国际专利申请（依据《专利合作条约》提出的国际申请）数量达到 6185 件，比上年增长 10.6%（见表 5）。

经认定登记的技术合同数为50824项，成交额达4850.21亿元；输出国内外合同数23808项，成交额达3570.24亿元。上海科学家在《细胞》《自然》《科学》三大期刊发表论文120篇，占全国总数的26.2%，科技创新成果涉及方方面面。

表5　2023年上海市专利发展情况

名称	数量	同比增速(%)
全年专利授权	15.91万件	-10.8
发明专利授权	4.43万件	20.5
实用新型专利授权	9.54万件	-19.5
外观专利授权	1.94万件	-15.9
全年PCT国际专利申请	6185件	10.6
有效专利	91.51万件	14.2
有效发明专利	24.14万件	19.5
有效实用新型专利	55.67万件	12.8
有效外观设计专利	11.70万件	11.0
每万人口高价值发明专利拥有量	50.2件	22.7

资料来源：《2023年上海市国民经济和社会发展统计公报》。

上海市在科技创新方面表现出强劲的活力，全年新增"小巨人"企业及其培育企业共155家，总数已经超过2800家。同期市内新认定的高新技术企业达到8052家，处于有效期内的高新技术企业总数突破了2.4万家。从税收政策支持的角度来看，上海市研发费用加计扣除政策全年减免的税额达到823.22亿元，使得4.15万家企业受益；同时为高新技术企业减免所得税总额248.68亿元，惠及企业3007家。此外，市内新认定的技术先进型服务企业有42家，处在认定有效期内的企业总数为243家，146家已落实的技术先进型企业共享受了13.17亿元的所得税减免。高新技术成果转化方面，全年全市共认定项目837项，其中82.2%的项目集中在电子信息、生物医药、新材料、先进制造与自动化等关键领域。2023年底，累计高新技术成果转化项目达到15929项。

3.产业园区创新情况

产业园区因其集聚效应而成为推动区域发展的关键所在。园区所具备的创新资源的丰富性、创新平台的建设状况以及产生的创新成果数量和质量，均能够深刻反映出该产业园区的创新发展持续竞争力，进而准确地展示出所在地区的整体创新水平和能力。2023年，根据赛迪顾问发布的"中国园区高质量发展百强"，上海张江高新技术产业开发区排名第2，苏州工业园区排名第4。江苏省以19家园区上榜遥遥领先，浙江省有8家园区上榜，上海市有5家园区上榜。其中上海张江高新技术产业开发区在"高端化""数字化""融合化""绿色化""开放化"方面都具有明显的优势。

（三）2023年上海市人民生活质量

1.人口和就业

截至年底，上海市常住人口为2487.45万人，其中户籍人口为1480.17万人，外来人口为1007.28万人。在这一年里，全市共有9.8万名新生儿出生，出生率为3.95‰；有15.8万人去世，死亡率为6.37‰。因此，常住人口的自然增长率为-2.42‰，出生性别比为107.3。

在就业方面，全年新增了60.56万个就业岗位（见图5）。此外，政府还协助了66686名就业困难人员找到工作，并为57户零就业家庭解决了就业问题。同时，有15176户家庭接受了创业援助，12314名长期失业的青年得到帮助实现了就业或创业。为了提高相关人员职业技能，全市共完成了105.6万人次的补贴性职业技能培训，支持了12640人参与新型学徒制培训，并有5.57万人次取得高级工及以上职业资格证书或技能等级证书。全年城市调查失业率平均为4.5%，截至2023年底，全市户籍的城乡登记失业人数为15.09万人。

在外国人才引进方面，年底累计发出了43.4万余份《外国人工作许可证》，其中约8.3万份为外国高端人才（A类），占总数的19%。同时，还为1689名外国专家办理了《外国高端人才确认函》。

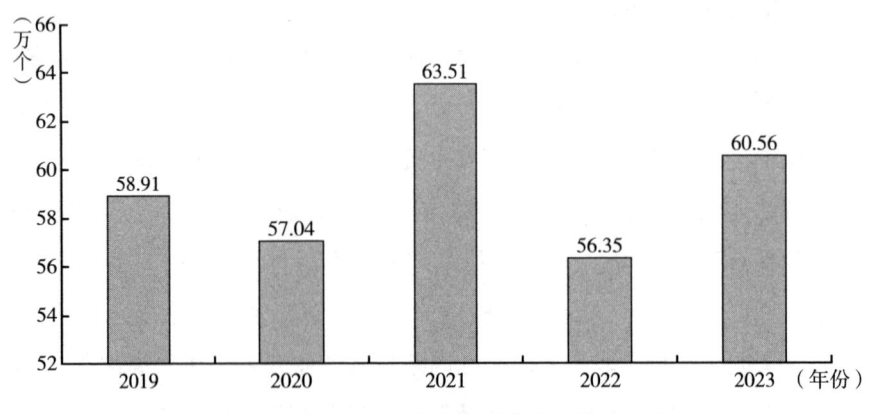

图 5 2019~2023 年上海市新增就业岗位情况

资料来源：《2023 年上海市国民经济和社会发展统计公报》。

2. 人民生活和社会保障

2023 年，上海市的居民平均可支配收入为 84834 元，较上年增长了 6.6%（见图 6）。其中，城市居民人均可支配收入为 89477 元，增长了 6.5%，农村居民人均可支配收入为 42988 元，增长了 8.2%。全市居民的平均消费支出为 52508 元，比上一年增长了 14.0%。具体来说，城市居民平均消费支出为 54919 元，增长了 14.2%，农村居民平均消费支出为 30782 元，增长了 12.2%。此外，上海市的月最低工资为 2690 元，小时最低工资为 24 元。

截至 2023 年底，全市有 1689.36 万人参与了城镇职工基本养老保险，71.76 万人参与了城乡居民基本养老保险。同时，有 1623.23 万人参与了职工基本医疗保险，380.88 万人选择了城乡居民基本医疗保险。

社会保障的最低标准已经从每月 1420 元提升到每月 1510 元，与此同时也调整了特困人员的供养标准等社会救助标准。仅 2023 年一年，各级政府为最低生活保障投入了 24.92 亿元，为特困人员救助供养投入了 1.64 亿元，还有其他各类救助资金投入。

全年全市为残疾人提供了约 8.87 亿元的两项补贴。其中，3.78 亿元用于困难残疾人的生活补贴，惠及近 8.86 万名残疾人；另外约 5.09 亿元则用

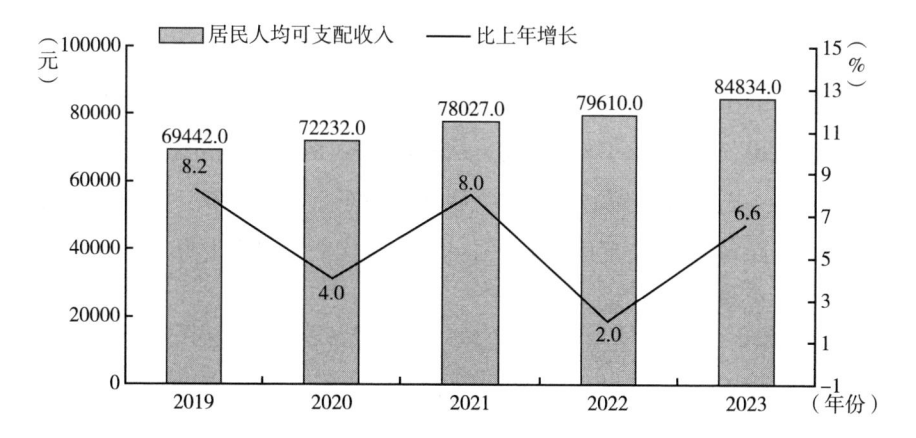

图6　2019~2023年全市居民人均可支配收入及其增速

资料来源：上海市统计局。

于重度残疾人的护理补贴，惠及近22.30万名残疾人。同时，政府还实施了残疾人集中就业企业的社保补贴政策，为申请2022年度社保补贴的528家企业发放了1.05亿元的社保补贴，共有10216名残疾职工受益。

二　上海国家中心城市建设中的国内大循环堵点突破难题

（一）需要打通国内大循环中的产业堵点

一是经济持续恢复基础仍需巩固。部分行业恢复仍需要时间，而目前市场有效需求不旺，社会整体预期较为悲观，这导致经济稳定发展面临不小的挑战。在此情境下，提升民众的消费动力及企业的投资信心显得尤为重要。作为中国金融的心脏地带，上海在金融服务支持实体经济方面还有待加强。现实情况是，实体经济仍面临多重困境，不少企业虽然收入增长，但利润并未随之增加。尤其是部分民营企业和中小微企业在现金流方面压力重重。尽管上海金融市场的国际影响力在不断扩大，人民币的国际化步伐也日益稳健，但在助力中小微企业解决融资难题以及利用金融科技为实体经济注入新动力方面，还有巨大的提升空间。上海可以参考国内外成功的金融实践，通过金融创新的手段，比如开发新的金融产品和完善服务模式，来加大金融机构对创新和成长性企业的扶持力度，从而使金融资源更加精确地服务于实体经济。当前，全球经济贸易复苏势头疲软，而东京、新加坡、纽约等城市正积极探索新路径、采取新策略以增强自身竞争优势。对于上海而言，这既带来了挑战，也孕育着机遇。

二是新旧动能转换仍需提速。在中美博弈的大环境下，部分供应链正在减少对中国的依赖程度，这无疑会对上海的发展造成一定影响。面对工业稳定增长和结构调整的压力，以及现代服务业需要提升能级的挑战，上海必须加快产业智能化、绿色化和融合化的发展步伐。当前，科技创新成果的转化仍面临阻碍，核心技术的研发需加大力度，重点产业链需寻求整体突破，同时高端产业集群的效应也需进一步加强。为了加强创新生态系统的构建，上海可以借鉴全球科技创新中心如硅谷的经验，通过更有力的政策支持，吸引全球顶尖的科研人才和团队。这样可以打造一个从基础研究到成果转化，再到市场应用的完整创新链条，从而提升上海在全球新兴科技领域的影响力。同时，上海在制造业和服务业向高端化转型的过程中，还面临着土地和商务成本高企，高技术产业中低端环节占比较大，提升体量和利润难度较高等问题。因此，上海需要在资金、土地、数据、人才和能源等方面提供更多创新性政策支持，以促进创新转型。此外，在产业结构转型升级的大背景下，上海既要保持现代服务业的领先地位，也要夯实工业基础。特别是在绿色低碳转型的趋势下，上海应积极推动传统制造业向高端、智能制造转型，并加大对新能源汽车、生物医药、人工智能等战略性新兴产业的投资和培育力度，以确保产业链和供应链的安全与韧性，为城市的长期发展奠定坚实基础。值得注意的是，现有的统计指标体系以制造业为主，服务业的统计方法和指标体系设计相对滞后，专业统计人员也显得不足。这种滞后和缺乏不仅影响了服务业的研究咨询和决策分析工作，也制约了整个服务产业的发展。同时，由于产业发展水平的限制，服务业的标准化建设也明显落后于制造业。缺乏服务标准使得上海难以培养出像花旗银行、联邦快递等的全球知名服务企业，在服务效率、质量、知名度和收益等方面与这些企业存在显著差异。

三是社会诚信体系不健全。诚信缺失及诚信体系的不完善，已成为产业发展的一大瓶颈。在数字经济日益发展的今天，面对消费维权领域的新形势和新挑战，传统的消费维权手段已无法满足公众的需求。因此，加强消费信用体系建设显得尤为重要，这是确保消费者权益得到保障的必由之路。近年来，随着人们的消费习惯逐渐从物质需求转向精神享受，消费信用涉及的领域日益广泛。在数字技术的推动下，消费信用的应用场景也日益丰富。为消费者营造一个良好的信用环境，已成为当下的迫切需求。消费信用体系的建设将深刻影响消费者的满意度，进而对消费市场的增长潜力产生重要影响。只有加速推进信用评级机制的建设，并加强市场主体的信用体系，才能有效促进消费及其升级。社会诚信是经济社会健康发展的基石，对各个行业和领域的正常运转都至关重要。对于服务业而言，诚信问题尤为关键。服务产品的生产和消费往往是同时进行的，这是服务业与制造业的一个显著差异，因此服务业更需要坚实的信用基础来支撑。目前，全社会都已开始重视诚信体系的建设。然而，一个新的问题逐渐浮现，即各系统和各地区的诚信体系建设存在相互割裂的现象，这与全球化背景下的经济社会发展格局显然是不符的。这种割裂导致相关机构难以获取必要的信用信息，增加了社会交易成本，严重制约了服务业的发展。因此，建立一个全国统一、涵盖经济社会各个方面、能向全社会开放的社会诚信体系，对于打通国内产业循环的堵点具有重要意义。

四是专业服务人才不足。服务业，特别是高端服务业是技术和知识高度密集的产业。在制造业向服务型经济结构转型的过程中，对专业服务人才的需求急剧增加，而这必然导致专业人才短缺的问题。尤其在国际竞争中，那些具有国际视野、掌握多元专业技术知识并富有创新精神的人才显得尤为稀缺。从上海发展高端服务业的视角来看，诸如注册金融分析师、精算师、商务策划师、服务产品设计师、软件工程师等高级人才的缺口相当大。高端金融服务的核心在于金融创新，而金融创新的关键在于人才。与伦敦、纽约、香港等金融中心城市相比，上海金融从业人员的数量还存在较大差距；而在人才素质方面，熟悉国际规则的高级人才更是凤毛麟角。以航运服务领域为例，那些既懂金融又懂航运、既懂法律又懂航运、既懂航运管理又懂技术的跨领域复合型人才极为缺乏。这也是上海与伦敦、香港等国际知名航运中心在功能上存在差距的一个重要原因。

（二）需要打通国内大循环的制度堵点

一是深化改革开放仍需用力。在制度型开放方面，需要深入探索和实践规则、规制、管理及标准等制度，尤其是在营商环境优化和民营经济发展环境的改进上还有很大的空间。尽管长三角的一体化发展已经有所成效，但其质量、效率以及对周边地区的带动作用仍需进一步提高，以便更好地在全国统一大市场中发挥引领作用。需要注意的是，金融服务领域存在一些问题亟待解决。目前，外资和民间资本进入金融服务领域的门槛相对较高，主要受到现行法律法规的限制。此外，中小企业融资困境依旧显著，金融服务在覆盖农业、农村及农民方面尚存不足。一方面，银行出于保障资金安全及降低运营成本等多方面考量，为中小企业提供融资服务的积极性普遍偏低，这是在全球范围内普遍存在的问题。另一方面，优化农村金融服务成为当前亟待解决的问题，主要体现在金融机构对农村地区的覆盖不广，农村金融机构运营负担沉重，以及金融服务种类单一与农村多元化需求之间的矛盾尤为突出。为了改善这一现状，应当深入研究并改革相关的制度和管理模式，促进金融和专业服务市场的健康发展。

二是金融业垂直管理体制约束严重。近十年来，地方金融活动不断增多，金融风险及其管理复杂性也随之上升，这使得中央与地方在金融监管方面的有效合作变得至关重要。在这一背景下，地方金融监管的作用逐渐凸显。自2012年以来，我国的地方金融监管经历了显著的变革与进步。例如，相关机构从原本的金融办逐步升级为金融局，其角色定位也由内部服务单位转变为具有审批和执法权力的部门，职责范围从服务和协调扩展到了监督与管理。这一转变标志着我国金融监管模式由中央集中监管向中央主导、地方协同监管过渡。在中央金融监管机构的引领下，地方政府紧密合作，成功地对一些高风险的大型企业集团和金融机构进行了风险化解，有效防止了风险的进一步扩散。特别是在互联网金融风险的专项治理中，全国所有P2P网贷机构均已停业，地方政府在此过程中扮演了防范风险、处理非法集资的首要责任人的角色，为金融系统的稳定作出了积极贡献。然而，尽管金融秩序有了显著改善，我国金融管理体系也得到了进一步完善，但由于我国金融业的垂直管理体制，地方政府在金融改革方面的权限仍然有限。此外，多种金融管制措施，如对混业经营的限制、外汇管制、严格的利率管理，以及对外资和民营资本的市场准入和经营范围的限制，均在一定程度上制约了上海等地区的金融创新。

三是新质生产力发展缺乏配套的协调联通机制和政策管理体制。信息服务业涉及多个政府管理部门，导致管理混乱、政策多变。各部门间也未能形成有效的协调与沟通机制。同时，受部门利益驱动，不同政府部门在信息共享、市场开发、技术接口等方面缺乏统一标准，进而产生"信息孤岛"问题，对高端信息服务业及其相关产业的发展构成阻碍。此外，教育、卫生、体育等社会事业的某些部分已开始产业化，但现有管理体系未明确区分公益事业和经营性产业，这造成了服务企业经营的混乱与不平等，使得社会需求难以得到充分满足。传统的大型国有服务企业虽然掌握大量资源，但经营效率不高，且缺乏服务产品创新的动力。同时，由于人员安置等实际问题，企业的配套服务外部化和专业化发展受到严重制约。随着服务业的快速发展，新产品和新业态不断涌现，但现有的管理体系却难以跟上这一发展速度。在面对无法或难以管理的情况时，相关部门常常采取简单的限制措施，这无疑会直接影响新质生产力的发展。

（三）需要打通国内大循环的需求堵点

当前需求阶段最直接的问题是"低生育率陷阱"。根据国家统计局公布的数据，2022年底，中国的总人口为141175万人，相较于上一年度，人口数量减少了85万人。这是中国首次出现人口负增长的情况。同时，第七次全国人口普查（七普）的数据揭示，2020年中国的育龄妇女的总和生育率仅为1.3，这是一个相对较低的水平。在人口理论中，总和生育率达到2.1是维持人口稳定代际更替的基本条件，而1.5则是国际社会公认的警戒线，一旦总和生育率下滑至1.5以下，国家就有可能陷入"低生育率陷阱"，这将对以房地产为代表的需求侧带来多重挑战。从当前的人口数据来看，中国显然已经陷入了这个"陷阱"。此外，中国还面临着老龄化问题的冲击。据粗略估计，未来十年内，中国的劳动人口将减少7000万人，平均每年减少700万人。老龄化将导致城镇就业人口大幅下降，而老年人对住房的需求相对较少，这必然会对住房市场造成某种程度的冲击。

民生保障同时也是繁重且重要的任务。当前，就业市场面临的结构性矛盾依然显著，有人难以找到工作，同时企业又难以招到合适的员工，而且"慢就业"现象也日益凸显。在教育、医疗、养老和儿童看护等公共服务领域，资源分配的不均衡问题仍然突出。此外，"两旧一村"的改造工作需要加快进度，还需要努力提升城乡融合的发展水平。在超大城市的管理方面，上海仍然存在不少短板，如在生产安全、食品药品安全和能源安全等方面还存在薄弱环节。这些人民群众急切关心和期待解决的问题，需要全心全意地去处理和改善。

外贸需求连接国内国际两个循环系统，是拉动我国经济增长的三大引擎之一。根据2023年最新的对外贸易数据，尽管全球范围内经贸与投资活动正处于低谷，我国货物贸易却展现出超预期的进出口增长态势，预示着我国可能将连续第七年巩固自身作为全球货物贸易领先国的地位。虽然我国外贸的成果取得了喜人的势头，但上海外贸在2024年承受的外部压力依然需要市政府及各经济主体的重视。国际上，国际货币基金组织对全球经济增长的预测从2022年的3.5%以及2023年的3%下调到2024年的2.9%，世界银行则预测2024年全球经济增速为2.4%，相比于2023年的1.7%略有回升但仍是低水平，体现了在全球经济继续放缓、贸易保护主义和地缘冲突不断加剧的背景下，各国对经济环境的预期低迷，全球贸易或将持续下降。对于外贸企业来说，市场缩减、竞争加剧、物流成本上升、贸易壁垒升高、供应链不稳定等困难和风险是当前大部分企业面临的现实问题，稳订单、拿新单、拓市场是企业最紧迫的任务。

三　上海国家中心城市建设为突破国内大循环堵点提供的启示

（一）着力推进科技自立自强，构建现代化产业体系

上海的战略科技实力正在迅速增强。超过40家的全国重点实验室经过重组或新设，已经蓄势待发。李政道研究所、期智研究院以及上海脑科学与类脑研究中心等科技创新平台的建设已经取得了显著成果。在科研设施方面，上海光源二期等一系列重要科学项目已经投入使用。在基础研究领域，上海也正在进一步深化布局，通过完善基础研究优先区域的扶持政策，并与国家自然科学基金委共同设立区域创新联合基金，加大对基础研究的投入。为解决"卡脖子"的核心技术问题，上海正在半导体设备、关键原材料、创新药械以及新能源汽车等多个领域进行深入的技术研究和应用示范。

为进一步推动人工智能领域的发展，2023世界人工智能大会在上海举办，会上发布了多项措施推动人工智能大模型创新，17款人工智能大模型成果完成国家备案程序。此外，首个国际数据交易链作为数据要素流通的新平台在上海数据交易所上线，为全产业全流程提供服务。出于汽车芯片产业发展的需要，上海市政府已经制定了多项政策措施，推动技术创新、加强研发能力，并提升产业链的自主可控能力。新能源汽车的推广也取得了显著成效，已推广35.4万辆。工业母机和能源装备等关键产业快速发展，C919国产大飞机的顺利商业投运以及首艘国产大型邮轮的成功交付，标志着中国在复杂工业制品领域取得重大突破。同时，中国正积极实施涉及四大赛道与五大未来产业的综合发展战略，涵盖了元宇宙、区块链等前沿科技领域的创新

与扩展。为加速这些战略性新兴产业的培育与发展，上海市已在张江、临港等关键地区成功设立了三个未来产业先导区。这些先导区的设立，旨在为高新技术提供集成的支持环境，推动其快速成熟与商业化，从而加速区域和国家层面的产业转型与升级。

上海市在新型基础设施建设方面，推出了全新的行动方案，着手实施了一系列重大示范工程项目，包括瑞金医院的"未来医院"项目、医疗大数据训练设施以及智能工厂等。这些项目旨在通过技术创新和基础设施升级，促进相关领域的技术进步和服务效率。与此同时，上海市还发布了《上海市推动制造业高质量发展三年行动计划（2023—2025）》，并建立了产业用地综合绩效评估制度。该制度通过实施产业用地弹性规划和功能复合试点，促进了"工业上楼"战略的实施和"智造空间"的构建，从而优化了产业布局。这些措施不仅促进了工业企业升级与质量提升，也为整个产业的可持续发展奠定了坚实的基础。

上海市不断优化创新生态，配合修订《上海市科学技术进步条例》并配合开展科技成果转化创新改革试点，增强政策的前瞻性和适应性，释放创新活力，市内每万人口高价值发明专利拥有量和技术合同成交额分别实现了22.7%和21.1%的增长，显示了科技创新活动的活跃度和市场应用的有效性。为了进一步提升科技创新的孵化能力，上海市发布了《上海市高质量孵化器培育实施方案》《上海市高质量孵化器建设评估管理办法（试行）》，成功运行了7家高质量孵化器，为初创企业提供了必要的资源和支持。在人才培养使用层面，市政府通过加快实施重点产业人才引育专项和人才高峰工程，启动科技人才评价综合改革试点，增强了全市创新创业的氛围，吸引国内外优秀科技人才的参与和贡献。在国际舞台上，上海市通过举办诸如浦江创新论坛、世界顶尖科学家论坛以及"海聚英才"全球创新创业赛等重要赛事和论坛，持续提升国际影响力。这些活动不仅展示了上海市在全球科技创新领域的领导地位，也为国际科技合作和人才交流提供了平台，促进了全球创新网络的构建和深化。

（二）着力扩大有效需求的发展空间，持续增强内需的支撑作用

上海采取多项举措有效促进了消费市场的恢复。首先，通过举办第四届"五五购物节"、全球新品首发季和数字生活节等大型消费活动，上海不仅增加了消费场景的多样性，还有效提高了消费者的参与度和购买意愿。其次，上海市推出了针对汽车行业的多项创新政策以推动大宗消费，通过实施新能源车置换和老旧汽车"以旧换新"的补贴，以及认定首批汽车品质消费示范区等政策，成功支持了5.6万辆汽车的电动化转换，这不仅推动了消费回暖，也符合环保和可持续发展的趋势。再次，上海通过商旅文体展的联动，增强旅游与相关产业的协同效应，从而带动了旅游消费的大幅增长，年增长率达到55.5%。展会面积恢复到了2019年的90%以上，旅游和会展业正在慢慢复苏。最后，在数字化消费方面，上海通过创新和升级消费场景，优化消费环境，推动了入境人士境内支付的便利化，进一步简化了支付流程，增强了消费体验，网络购物交易额实现了22.2%的增长。

在投资领域，上海市采取了以重大项目为核心的战略，以此作为促进投资快速增长的主要驱动力。通过成功竣工浦东国际机场三期扩建、竹园污水处理厂等33个关键项目，并启动轨道交通19号线、G15公路嘉金段等31个新项目的建设，上海市有效地推动了基础设施和公共服务的扩展和升级。为了进一步激发民间投资参与的积极性，市政府采取了多项改革措施，包括发行地方债券、实施"六票"统筹机制以及桩基先行等政策。在城市规划和区域发展策略方面，上海市正致力于优化城市空间格局。通过增强中心城区的经济密度和辐射带动效应，深入推进五个新城建设，专注于多个重点区域核心产业和高端资源要素的集聚。此外，南北转型重点区域的快速发展以及多个特色产业园的建设进一步促进了区域经济的均衡发展。上海还推动了域外农场的高质量发展，推动城乡融合发展。

在外贸外资方面，通过引进和推广新技术，进一步提升了外贸的质量，实现了保稳提质。全市外贸进出口总额较上年仅增长0.7%，但在新能源汽车、锂电池、太阳能电池等高技术产品的出口上实现了显著增长，

增速分别为 43.9%、50.5% 和 0.9%。这种有侧重性的增长策略不仅反映了上海市对高新技术领域的支持，也体现了其外贸结构的优化和升级。为了更好地服务于对外贸易企业，并支持这些企业"走出去"拓展国际市场，上海市加强了对外贸企业的支持和服务。政策措施包括加快发展新型贸易业态和模式，如落地首个再制造产品进口试点业务，开行 100 列中欧班列，以及实现保税物流出口增长 29.1%，这些措施简化了贸易流程，提高了贸易效率，并开辟了新的国际贸易通道。上海市还加大了吸引和利用外资的力度，通过实施外商投资全球计划，加强与跨国公司高管的对接交流，成功吸引了更多外资，使得实际使用外资金额达到了历史新高。这一战略的实施，旨在通过创建一个开放和有利的投资环境，促进国际资本的流入，加速本地经济的全球整合。

（三）着力实施民心工程项目，致力于持续提高人民的生活质量

上海市在提高就业服务和社会保障水平方面采取了一系列综合性政策措施，旨在增强就业市场的稳定性和居民的社会保障。市政府全面实施了与《上海市就业促进条例》相配合的就业优先政策，包括推出稳就业"18条"，支持企业稳定和扩大就业岗位。市政府加强了就业服务，包括发放一次性吸纳就业补贴 1.6 亿元及用人单位吸纳就业困难人员补贴 1.7 亿元，有效促进了高校毕业生等重点群体的就业。上海市推进了职业技能提升活动，通过补贴性职业技能培训共 105.6 万人次，支持了 1.3 万名企业新型学徒的培养，不仅提高了劳动力市场的技能适应性，也增强了劳动者的就业竞争力。在社会保障体系方面，上海市不断健全并优化相关政策，例如开展个人养老金全国试点，实现灵活就业人员在沪的参保全覆盖，以及超龄就业人员及实习生参加工伤保障的试点项目。这些措施旨在为不同就业形态的人群提供更全面、更灵活的社会保障支持。此外，市政府扎实推进民生商品的保供稳价工作，确保居民基本生活需求的稳定供应与价格稳定。这些政策协同工作，以实现就业优先策略和提升居民生活质量的双重目标。

上海市通过实施高质量的民心工程和民生实事项目，积极提升公共服务

水平和居民生活质量。上海市全面实施了新一轮的 19 项民心工程三年行动计划，并提前超额完成了 32 项为民办实事项目，涵盖了基础设施建设、社会服务改善、环境优化等多个方面，满足民众多层次高质量需求，并提高了政府的公共服务效率。在城市更新方面，上海市持续完善支持政策，推进城市更新单元试点，具体工作包括完成中心城区零星二级旧里以下房屋的改造 12.3 万平方米，以及新启动的 10 个城中村改造项目，优化了城市功能和居住环境。此外，上海市制定了新版的基本公共服务实施标准，发布了基本养老服务清单及养老产业发展政策指南，推出标准化和规范化的养老服务，确保做到"老有所依""老有所养"。这些措施促进了社会服务体系的完善和养老服务的可持续发展，体现了政府对于提高居民生活质量和推动社会全面进步的坚定承诺。

上海市在扩大公共服务供给和提升公共服务质量方面采取了一系列系统性和多维度的策略，以促进教育、健康、文化旅游和体育等领域的综合发展。在教育领域，上海市深入实施了高等教育综合改革试点，并深化了"大思政课"综合改革试验区的建设。这些改革旨在优化教育内容和教学方法，强化思想政治教育的现代化和系统化。此外，市政府加快了新一轮义务教育学校"五项标准"的落实，并优化了产教融合平台的布局，以加强教育质量和产业需求之间的对接。同时，实施了高校和科研院所的绩效考核激励政策，进一步激发了教育和科研机构的活力和创新能力。国际 STEM 教育研究所的设立，也标志着上海在国际教育领域的进一步开放和合作。在健康领域，上海市制定和实施了支持创新药械发展的措施以及支持公立医院高质量发展的政策，旨在提升医疗服务质量和推动医疗技术创新。在文化旅游和体育领域，上海市持续提升文旅服务质量，并举办了一系列国际性大型活动，如国际艺术节和国际电影节。这些活动不仅丰富了市民的文化生活，也提升了上海的国际形象和旅游吸引力。同时，政府积极发展群众体育和竞技体育，成功申办巴黎奥运会资格系列赛，并新建了多项公共体育设施，如社区市民健身中心、健身步道和运动球场，极大地便利了市民的日常体育活动。

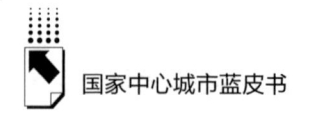

（四）着力加强城市现代化治理，不断增强城市韧性

上海市在加强现代化城市治理的过程中，实施了一系列系统化和综合性的数字化策略，以提升政务服务的效率和基层治理的现代化水平，同时加强城市数字基础设施的建设。上海市通过不断升级"一网通办"政务服务系统，增加服务项目至3705项，显著提高了政务服务的便捷性和效率。此外，共计有1466个应用在《上海市城市运行"一网统管"建设三年行动计划（2020—2022年）》中得到整合，这一措施优化了城市运行，提升了城市管理的智能化水平和响应速度。同时，基层治理的数字化平台也已正式上线，这标志着上海市在提升基层政务透明度和公民参与度方面迈出了重要步伐。该平台通过集成多种服务和功能，进一步提升了城市服务管理的效率，例如"随申码"的功能扩展，增强了市民日常生活的便利性和管理的精确性。上海市还着重于数字化行政的扩建，涵盖一体化办公、气象、交通等多个关键领域，这些措施不仅提升了城市运行的效率，还增强了应对极端天气和交通等复杂情况的能力。在数字基础设施方面，上海市加快布局，累计建设了超过7.7万个5G室外基站和超过35万个室内小站。这一大规模的基础设施建设不仅提升了网络覆盖度和服务质量，还为未来的技术创新和新服务的部署奠定了坚实基础。

在推动绿色低碳转型方面，上海市采取了全面且系统的策略，以实现环境可持续性和生态友好的城市发展。在碳减排方面，上海市完善了双碳政策体系，有效参与了全国碳排放权交易市场的建设，碳排放配额的成交量达到4.4亿吨，成交额达到249.2亿元。这一市场机制的运作为低碳经济的发展提供了经济激励。同时上海市配合制定了《上海市发展方式绿色转型促进条例》，为市内的绿色低碳转型提供了法律基础和政策指导，为相关政策的系统实施和监管提供保障。在能源结构调整方面，上海市加快了绿色能源的开发，新增光伏装机94.6万千瓦，显著提升了可再生能源的供应比例和能源系统的绿色化水平。环境保护与生态建设也是上海绿色转型策略的重要组成部分，市政府于2023年9月起草了《关于全面推进美丽上海建设打造人与自然和谐共生现代化国际大都市的实施意见（征求意见稿）》，向社会公开征求意见，并启动了大气清洁、污水治理和土壤防治等多项环保政策，旨在减少环境污染、提高环境质量、促进公共健康。此外，上海市致力于打造绿色生态空间，实施了崇明世界级生态岛的第五轮三年行动计划，并积极推进城市绿化，使得森林覆盖率达到了18.8%。这一措施不仅美化了城市环境，也提升了生物多样性和生态系统的稳定性。

在城市管理和社会治理领域，上海市采取了一系列创新和精细化措施，旨在提升城市功能、公共空间品质，并有效推动社会治理的现代化。上海市持续提升公共空间品质，创建全国无障碍示范城市，推动59个机关、企事业单位附属空间对外开放，推进建筑小区、道路广场等海绵示范工程100个，采用现代生态工程技术，提升城市的水资源管理和自然灾害应对能力。在社区治理方面，上海市加强了居村委会的基础设施建设，提升了社区工作者的整体素质和能力。同时，通过"社区云"平台推出更多实用的服务场景，如养老咨询、儿童关怀与保护、社区救助等，促进了社区服务覆盖面的扩大和效率的提升。市政府还积极推广居民参与的社区规划方式，进一步深化"三所联动"机制，努力打造符合新时代特色的"枫桥经验"上海实践模式，有效解决社区矛盾和促进社区和谐。在军民融合和退役军人服务保障方面，上海市强化了军民协作，大力开展全民国防教育活动，完善退役军人服务保障体系，全面落实就业安置、军休服务、抚恤优待以及双拥共建等各项工作，确保退役军人的合法权益得到切实保障。

参考文献

《2023年上海市国民经济和社会发展统计公报》，上海市统计局网站，2024年3月21日，https：//tjj.sh.gov.cn/tjgb/20240321/f66c5b25ce604a1f9af755941d5f454a.html。

《上海市国民经济和社会发展第十四个五年规划和二○三五年远景目标纲要》，上海市人民政府网站，2021年1月30日，https：//www.shanghai.gov.cn/nw12344/20210129/ced9958c16294feab926754394d9db91.html。

《龚正市长在上海市第十六届人民代表大会第一次会议的政府工作报告（2023年）》，上海市人民政府网站，2023年1月17日，https：//www.shanghai.gov.cn/nw12336/20230117/b511b08dd4e54a13bc592fed41ce2510.html。

北京大学国家发展研究院：《林毅夫：国内大循环为主体、国内国际双循环相互促进下的中国经济发展》。

《关于推进供给侧结构性改革促进工业稳增长调结构促转型的实施意见》，上海市人民政府网站，2016年5月10日，https：//www.shanghai.gov.cn/nw39327/20200821/0001-39327_47406.html。

上海市科学技术委员会：《2023年上海市科技进步报告》。

B.5
天津推动经济增长的成效、挑战与对策建议

周彩云　周立群*

摘　要： 2023年是经济恢复发展的一年，面对多重困难挑战叠加的局面，天津坚持稳中求进总基调，深入实施推动高质量发展"十项行动"，加快国家消费中心城市建设，稳步扩大制度型开放，全市经济运行整体向好，产业发展质效稳步提升，城市活力持续增强，但仍然面临着人口人才吸引力下降、环保压力较大、工业制造业转型较慢、港口优势未充分发挥、科技成果本地转化率较低等诸多制约经济增长的因素。为此，天津需着眼未来，积极推动人口规模适度增长，在推动产业升级转型、港产城融合发展、科技创新等方面积极作为，善作善成，奋力谱写天津经济高质量发展新篇章。

关键词： 天津　十项行动　绿色转型　高质量发展

一　天津扩大内需推动经济增长的重点举措

（一）部署实施"十项行动"

2023年，天津市着眼未来五年，聚焦事关天津长远发展的重点领域，部署实施"十项行动"。一是实施京津冀协同发展纵深推进行动，印发《推动京津冀协同发展走深走实行动方案》，从承接非首都功能疏解、"一基地

---

* 周彩云，天津财经大学经济学院副教授，南开大学应用经济学博士后，研究方向为区域经济、环境经济；周立群，南开大学经济学院教授，天津市智库联盟前理事长，研究方向为市场结构、企业组织、区域经济。

三区"建设、基础设施一体化、产业科技创新协同、生态联防联控等七个方面明确了重点任务和目标；二是实施制造业高质量发展行动，出台了《天津市推动制造业高质量发展若干政策措施》，从重点项目引领、专属政策支持、壮大企业规模、推动战略性新兴产业发展等12个方面提出了43条支持政策；三是实施科教兴市人才强市行动，发布《科教兴市人才强市行动方案》，聚焦解决人才引领驱动、人才自主培养质量、科技创新能力、体制机制贯通融合四个方面的问题，明确了10个方面33项工作任务。此外，聚焦港产城融合、滨海新区发展、中心城区提升等方面组织实施了港产城融合发展行动、滨海新区高质量发展示范引领行动、中心城区更新提升行动、乡村振兴全面推进行动、绿色低碳发展行动、高品质生活创造行动、党建引领基层治理行动。

（二）加快建设国际消费中心城市

一方面，加强规划引领，进一步出台《天津市加快建设国际消费中心城市行动方案（2023—2027年）》，从消费目的地打造、商圈布局、消费品牌培育壮大、消费场景拓展、会展赛事举办、消费环境优化6个方面提出24条重点任务，明确任务目标。另一方面，将2023年确定为"天津消费年"，强化实践推动。一是提升文旅消费吸引力，开展"引客入津"行动，精心谋划288项重点文旅商活动，着力优化文旅服务，形成了"周周有话题 月月有活动"的格局；二是持续打造地标商圈，从模式风格、品牌引进、功能融合等方面发力，在打造和平印象城、杉杉奥特莱斯等新的潮流商圈的同时，提升佛罗伦萨小镇等原有商圈吸引力，形成了多个不同特色的地标商圈；三是继续加码夜间经济，在延长夜间消费时间、拓展消费空间的同时，通过举办"天津夜生活节"创造更加丰富的夜消费场景；四是积极推动会展赛事消费和娱乐消费，成功举办夏季达沃斯论坛、第七届世界智能大会、中国（天津）国际汽车展览会、天津马拉松赛等会展赛事，密集举办多位明星艺人大型演唱会，极大拓展了文娱消费。

（三）稳步扩大制度型开放

一是发挥自贸区制度创新"试验田"作用。天津发挥中国（天津）自由贸易试验区作为对接国际高标准推进制度型开放试点的作用，着力构建与国际高标准经贸规则相衔接的制度体系和监管模式。如通过加大力度培育AEO企业高级认证、试点原产地证书微小差错便利化、空运快运货物快速放行等措施提升通关便利化水平；通过持续推动外资机构落户与集聚，创新离岸贸易服务模式①与业务模式②扩大金融业对外开放；建立全国首个数据产业化联动创新示范基地，率先提出数据应用的"天河"模式，探索数据跨境流动的安全有序路径等。二是积极推动金融创新示范区建设。制定全国首个绿色租赁行业标准并出台首个融资租赁绿色评价机制，2023年，围绕融资租赁、跨境金融等方面，新增18个金融创新案例，5例为全国首创；有序开展数字人民币试点，实现各类通用及特色场景全覆盖；持续推进区域性股权市场制度和业务创新试点，天津OTC"专精特新"专板建设方案获证监会备案通过。三是持续深化对外合作。深度融入共建"一带一路"，天津数字贸易全球推介平台正式上线，通过数字技术和人工智能技术，鼓励企业积极参与"文化出海"。

（四）持续优化营商环境

2023年，天津市着力打造营商环境高地。出台"稳经济运行33条"惠企政策，新增减税降费及退税缓税346.6亿元，"信易贷"平台向中小企业发放信用贷款增长55.85%。③ 制定出台《天津市新一轮优化营商环境措施》，从营造规范高效的政务环境、公正透明的法治环境、公平有序的市场环境、务实包容的人文环境四个方面提出了20条举措。发布《天津市"免

---

① 如创新形成"外汇管理部门+属地行政主管部门+商业银行+离岸贸易企业"四方联合现场办公的"天津模式"。
② 如创新推出"离岸贸易+跨境电商"业务模式。
③ 资料来源：《关于天津市2023年国民经济和社会发展计划执行情况与2024年国民经济和社会发展计划草案的报告》。

申即享"政策清单》，推出56项"免申即享"政策。制定《天津市"四免"改革事项清单》，推出285项"四免"事项清单，"减证便民"取消证明事项189项，160个高频政务服务事项实现"跨省通办"。[1] 以实施国企改革三年行动为抓手，全面推动国资国企"二次创业"，策划形成40个重点项目，盘活闲置土地房产资源136万平方米，国企改革连续三次获国务院国资委评估A级。召开推动民营经济高质量发展大会，在出台实施"支持民营经济发展17条"的基础上，进一步出台"促进民营经济发展壮大29条"，提出7方面共29条具体落实举措，使涉企服务更有温度、支持政策更加丰富、企业权益得到更好保护。

（五）扎实推进公共服务与民生保障

一是进一步完善城乡基础设施建设。一方面，推进乡村治理，提升改造高标准农田32万亩，提升改造农村公路251公里、农村户厕8985座；另一方面，推进城镇老旧设施改造与新型基础设施建设，改造完成燃气管网、供热管网、供水管网近900公里，累计建成5G基站7.2万个，新建小区公共充电桩2.1万台。[2] 二是强化民生兜底，增加养老服务供给，新建养老服务综合体30个，新增养老床位3168张，继续提高医保、失业、养老、工伤等待遇。三是全面增加各阶段教育资源供给，新增普惠性民办幼儿园37所，义务教育学位2.85万个，普通高中学位1.04万个[3]，加快天津音乐学院等高等院校选址扩建。四是优化医疗资源供给和布局，北京协和医学院天津医院一期以及海河医院、市中心妇产医院等新建改扩建项目投入使用，肿瘤医院滨海医院乳腺癌防治研究中心启用，天津医学健康研究院开工建设。五是持续加大便民服务供给，新建一批健身场地设施，建设口袋公园56个，新建多个大型连锁超市、品牌连锁便利店、菜市场。

---

[1] 资料来源：《2023年天津市国民经济与社会统计公报》。
[2] 资料来源：《天津市2024年政府工作报告》。
[3] 资料来源：《关于天津市2023年国民经济和社会发展计划执行情况与2024年国民经济和社会发展计划草案的报告》。

二 天津推动经济增长的成效

（一）京津冀协同发展走深走实

产业协作进一步深化，2023年，天津以市场化方式引进疏解资源在津新设机构1793家，落地项目331个、总投资1832.5亿元，[①] 全年引进京冀投资2305.56亿元，占实际利用内资的57.4%；[②] 滨海—中关村科技园、京津中关村科技城等重点承接平台建设加快，分别累计注册企业近5000家和1500家；与京冀共同绘制氢能、高端工业母机、生物医药等6条重点产业链图谱，三地聚焦技术卡点和产业链堵点联合招商，联手打造世界级先进制造业集群。协同创新成效显著，2023年，北京流向津冀技术合同6758项，比上年增长14.9%；[③] "北京研发—天津转化"格局加快构建，天津依托天开高教科创园与北京创新资源加强对接，注册企业累计超1200家，一批科技成果在天开园转化落地；天津科技成果网累计注册京冀地区用户420家，发布京冀企业成果8575项，汇集京冀地区专家3836人。[④] 交通一体化提速，津兴城际通车运营，至此4条高铁[⑤]联通京津双城的交通格局形成；开通天津武清至北京客运"定制快巴"，京津冀交通"一卡通"覆盖天津全部公交和地铁线路，实现"一码通行"。公共服务一体化不断深化，北京协和医学院天津医院一期投用，京津冀临床检验结果互认项目达50个；[⑥] 京津冀已经推动179项"同事同标"政务服务事项，527项"一网通办"，三地在社

[①] 资料来源：《关于天津市2023年国民经济和社会发展计划执行情况与2024年国民经济和社会发展计划草案的报告》。

[②] 资料来源：《2023年天津市国民经济和社会发展统计公报》。

[③] 资料来源：《"瓣瓣同心，北京"科创种子"在津冀大地落地生根"》，国际科创中心网站，https://www.ncsti.gov.cn/kjdt/xwjj/202402/t20240227_149729.html。

[④] 资料来源：《全面协同 成果丰硕——天津实施京津冀协同发展走深走实行动年终观察》，https://baijiahao.baidu.com/s?id=1785048470577252112&wfr=spider&for=pc。

[⑤] 分别是京津、京沪、京滨、津兴高铁。

[⑥] 资料来源：《2023年天津市国民经济和社会发展统计公报》。

保、就业、教育等民生领域协同水平不断提升。主动服务雄安建设，高质量打造雄安新区最佳出海口，2023年天津港服务雄安新区绿色通道操作量超1.1万标准箱。[①]

（二）产业高质量发展持续推进

制造业转型升级成效明显，2023年，天津制造业增加值占地区生产总值的比重为22.3%，其中装备制造业占规模以上工业增加值的比重为32.6%、比上年提高1.8个百分点，[②] 汽车制造业、电器机械和器材制造业快速发展，分别增长11.1%和5.0%。重点产业链带动作用明显，12条重点产业链[③]增加值占规模以上工业增加值的比重为79.8%，其中集成电路、车联网、中医药、航空航天产业链增加值分别增长32.7%、19.2%、14.6%、17.8%。[④] 新兴产业不断成长壮大，战略性新兴产业增加值占规模以上工业增加值的比重达24.5%，其中高技术服务业、战略性新兴服务业、科技服务业营业收入增速达两位数；新产品产销两旺，新能源汽车、城市轨道车辆产量分别增长1.9倍和81.3%，[⑤] 新能源汽车、智能手机零售额分别增长41.3%和31.5%。[⑥] 产业数字化规模进一步提升，2023年天津市累计打造300个智能工厂和数字化车间，超20个5G连接工厂，滨海新区获批全国中小企业数字化转型城市试点之一；平台经济快速发展，云账户、58同城、货拉拉等一批平台经济龙头企业保持20%以上增速，[⑦] 全市信息化和工业化

[①] 资料来源：《2023年天津市国民经济和社会发展统计公报》。
[②] 资料来源：《2023年天津市工业高质量发展扎实推进 制造业转型步伐加快》，天津政务网，2024年1月23日，https://www.tj.gov.cn/sq/zfsj/sjfx/202401/t20240123_6518264.html。
[③] 包括信创、集成电路、车联网、生物医药、中医药、新能源、新材料、航空航天、高端装备、汽车及新能源汽车、绿色石化、轻工产业链。
[④] 资料来源：《关于天津市2023年国民经济和社会发展计划执行情况与2024年国民经济和社会发展计划草案的报告》。
[⑤] 资料来源：《2023年天津市国民经济和社会发展统计公报》。
[⑥] 资料来源：《2023年津城经济呈现三大特点：稳的基础不断巩固 进的动能不断积累 好的预期不断释放》，https://www.sohu.com/a/753280964_121443915。
[⑦] 资料来源：《天津：数实融合推动经济社会高质量发展》，https://fund.eastmoney.com/a/202401242971250845.html。

融合指数已达107.6，数字化研发设计工具普及率达85.4%，工业关键工序数控化率达61.5%。① 工业绿色低碳发展成效显著，新培育绿色工厂、绿色供应链等国家级绿色制造单位49家；绿色创新产业园区启动建设，培育绿色低碳领域国家级高新技术企业超千家。

（三）科创与人才强市成效明显

科创平台不断完善，2023年6家海河实验室正式运行，实验室自主立项140项，孵化引进41家科技型企业，新一代超级计算机、国家合成生物技术创新中心等平台处于国际先进水平。科技园区加快建设，高标准建设天开高教科创园区，2023年园区累计注册1200余家科技型企业，引入108家金融机构、117家科技服务机构以及中关村智造等15个中试服务平台，② 并成立天开实验室创新发展联盟，创新创业生态加快打造；滨海高新区加快建设国家自主创新示范区"升级版"，通过12只产业基金赋能，推动"中国信创谷"、特色"细胞谷"快速发展。科创成果量质提升，全年市级科技成果登记数比上年增长18.5%，达到2018项，其中156项属于国际领先水平，230项达到国际先进水平；③ 全年专利授权5.92万件，其中发明专利授权增长21.9%，达14319件，年末有效发明专利达63761件（见图1）。科技创新主体活力增强，2023年天津市国家科技型中小企业、市级"雏鹰"企业、市级瞪羚企业分别达到11710家、6230家和460家；全年签订技术合同15107项，技术交易额达到811.04亿元，分别比上年增长20.7%和2.3%。④ 科创人才引进不断增加，截止到2023年底，"海河英才"行动计划累计引进人才47.9万人，平均年龄32岁，本科及以上学历人员占比超过70%，战

---

① 资料来源：《瞭望｜天津电力 算力 运力上升看亮点》，https://baijiahao.baidu.com/s?id=1763207962789890611&wfr=spider&for=pc。
② 资料来源：《关于天津市2023年国民经济和社会发展计划执行情况与2024年国民经济和社会发展计划草案的报告》。
③ 资料来源：《教育与科学技术概况》，天津政务网，2024年3月19日，https://www.tj.gov.cn/sq/tjgk/shsy/jysy/。
④ 资料来源：《2023年天津市国民经济和社会发展统计公报》。

略性新兴产业领域人才占比26%;① 新建博士后科研工作站33个，新招收博士后655人，比上年增长3.6%。

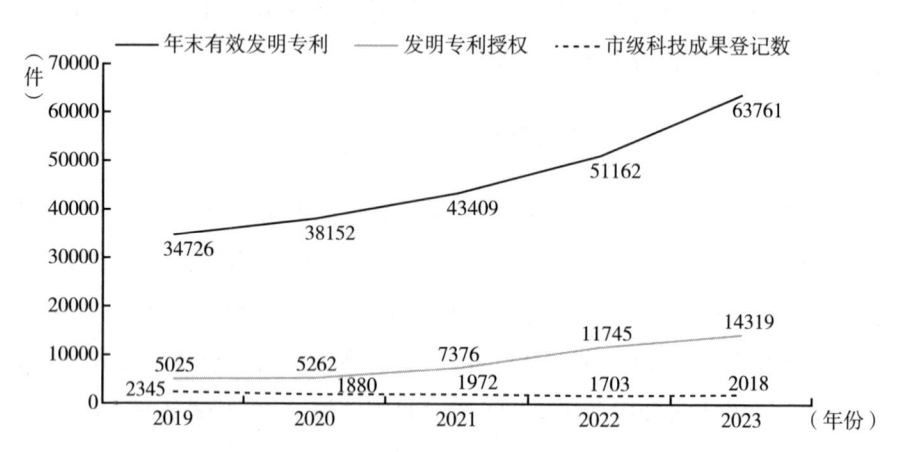

图1　2019~2023年天津市专利和科技成果研发情况

资料来源：根据《天津统计年鉴》及天津政务网数据统计整理。

（四）外贸结构和外贸业态持续优化

外贸结构持续优化，技术密集型产品出口增长，机电产品占出口总额的比重为63.8%，比上年提高3.2个百分点，太阳能电池、锂离子蓄电池、电动载人汽车产品出口分别增长14.0%、14.2%和2.4倍；外贸"朋友圈"不断扩大，除了欧、美、日、韩等传统贸易伙伴，天津与共建"一带一路"及RCEP国家贸易不断增长，2023年天津对共建"一带一路"国家出口额占出口总额的比重上升至36.1%，比上年提高1.9个百分点。外商投资和对外合作向好向优，全市新批外商投资企业614家，实际使用外资57.75亿美元，② 在津投资的世界500强企业达276家；2023年新设境外企业机构达

---

① 资料来源：《【海河观察】新质生产力这个"新"字，天津如何写得更好?》，https://www.sohu.com/a/756945719_121620820。
② 资料来源：《2023年天津市国民经济和社会发展统计公报》。

148家，中方投资额达10.35亿美元；① 积极融入共建"一带一路"，累计建成鲁班工坊22个，国际友城增至99个。贸易载体更加完备，天津除了有国家自贸区，还先后获批中医药、数字、文化、人力资源等6个国家级服务出口基地，拥有东疆、天津滨海新区、天津港、天津泰达4个综合保税区。外贸新业态新模式蓬勃发展，跨境电商业务快速发展，实现了跨境电商6种业务模式全覆盖，累计备案跨境电商进口商品16万余种，在日韩、欧美、澳新等主要市场布局海外仓30多个，2023年天津跨境电商外贸总额约为356亿元，同比增长16.72%；② 获批国家市场采购贸易试点，外贸综合服务企业健康持续发展；保税维修和再制造国内领先，2023年前两个月，天津保税维修进出口30.5亿元，同比增长24.7%，③ 维修范围涵盖飞机、船舶、海工装备、工程机械、电子设备等多个门类，已成为我国开展保税维修再制造业务领域最多的地区；平行进口汽车试点领跑全国，2023年业务量占全国的近80%。

（五）城市活力回升向好

消费活力加快恢复。国际消费中心城市建设成效明显，地标商圈吸引力提升，金街日均客流量增加到近30万人次，佛罗伦萨小镇商圈年吸引消费客流1000万人次；文旅市场升温，盘头大姨、明星演唱会、西北角早点火爆出圈，天津网络传播热度迅速蹿升，来津游客数量明显增加，2023年仅中秋国庆假期，就吸引游客1612.42万人次，其中外地游客占比达45.2%，进入国内周边游热门目的地前十名，④ 全年累计接待游客2.36亿人次、实

---

① 资料来源：《2023年天津市国民经济和社会发展统计公报》。
② 参考消息，"外媒：天津跨境电商业务快速发展"，https://baijiahao.baidu.com/s?id=1791561507440599275&wfr=spider&for=pc。
③ 津滨网，"今年前两个月，天津保税维修进出口同比增长24.7%"，http://www.tjbh.com/c/2023-03-23/1181415.shtml。
④ 资料来源：《天津持续发力国际消费中心城市建设 商业氛围不断升温》，https://www.sohu.com/a/755369907_121620820。

现旅游收入2215亿元，同比分别增长110.1%、186.6%。①消费市场回升向好，2023年前三季度，天津社会消费品零售总额同比增长6.9%，高于全国平均水平，人均消费支出同比增长10.2%；接触性消费不断回暖，限额以上住宿业和餐饮业营业额分别增长31.6%和24.7%。②市场经营主体较快增长，2023年新登记经营主体30.4万户，增长13.8%，其中新登记企业10.90万户，占比35.8%。民营经济市场主体持续壮大，2023年新登记民营经济主体30.09万户，占比99.0%；民营经济税收、限上民营批零业销售额、规上民营服务业重点行业企业营业收入分别增长26.1%、1.8%、13.2%，均好于全市平均水平。③民营企业转型升级步伐也在加快。天津国家级专精特新"小巨人"企业中，民营企业占到70%以上。全市生物医药等12条重点产业链的第一批100家"链主"企业中，民营企业共有52家，是重点产业链的中坚力量。④

三 天津推动经济增长面临的不足和挑战

2023年是经济恢复发展的一年，我国经济总体上仍然面临着需求不足、供给冲击、预期转弱三重压力，天津在面对多重困难挑战的情况下，坚持稳中求进总基调，深入实施高质量发展"十项行动"，经济运行整体向好，但是仍然面临诸多不足和挑战。

（一）经济增速缓慢，人口和人才吸引力下降

近年来，天津经济增长相对缓慢，GDP增长率较低。对比全国平均水

---

① 资料来源：《关于天津市2023年国民经济和社会发展计划执行情况与2024年国民经济和社会发展计划草案的报告》。
② 资料来源：《稳增长措施落地显效　发展质量进一步提升——2023年前三季度天津市经济运行情况解读》，https://www.sohu.com/a/730035131_121443915。
③ 资料来源：《关于天津市2023年国民经济和社会发展计划执行情况与2024年国民经济和社会发展计划草案的报告》。
④ 资料来源：《民营经济发展受缚，北方第二城主动出击》，https://m.thepaper.cn/baijiahao_25358701。

平来看，近三年，天津GDP增长率一直低于全国平均水平（见图2）。与其他省（区、市）比较来看，天津GDP增长率也在31个省（区、市）中处于下游位置（见表1）。2022年，天津GDP增长率在全国排第25位，2023年排名下降1位。

经济增速缓慢在制约就业增长的同时也降低了社会预期，使得天津对人口和人才的吸引力下降。一方面，近年来，天津常住人口呈负增长态势（见图3），2023年在"海河英才"计划累计引进47.9万人的基础上，天津常住人口抑制住流出态势，并比2022年增长1万人。可见，对于天津而言，维持人口数量本身已成为一大课题。另一方面，天津人才吸引力也相对不足，从智联招聘和泽平宏观联合发布的《中国城市人才吸引力排名报告》来看，2022年，天津的人才吸引力在100强榜单中排名第18，不但远低于北京、上海、广州、深圳等一线城市，也低于武汉、长沙等中部省会城市。其明显的表征就是，据天津市教委统计，近年来，天津籍毕业生在津就业人数占天津籍总毕业人数的比例与外地毕业生留津就业人数占外地籍总毕业人数的比例均呈小幅下降趋势。①

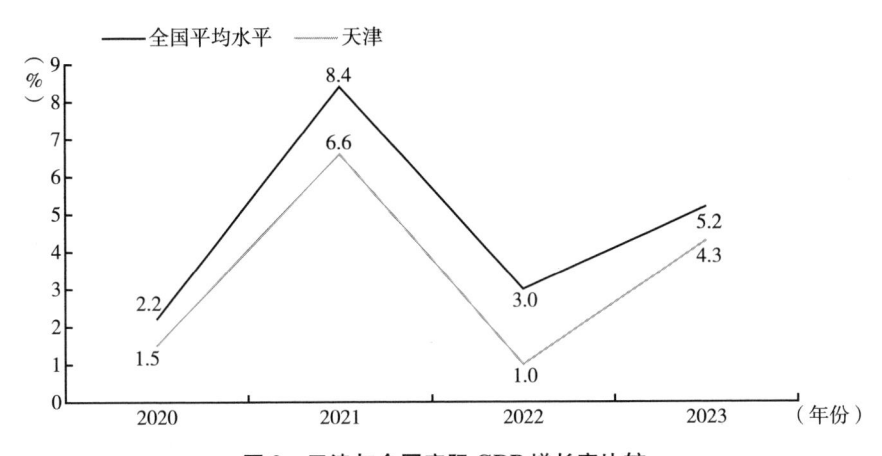

图2 天津与全国实际GDP增长率比较

资料来源：中经网数据库。

---

① 钟会兵、蔡玉胜、王双主编《天津社会发展报告（2024）》，天津社会科学院出版社，2024。

表1　2023年全国与各省（区、市）实际GDP增速及排名

省份	GDP增长率(%)	排名	省份	GDP增长率(%)	排名
西藏	9.5	1	青海	5.3	17
海南	9.2	2	北京	5.2	18
内蒙古	7.3	3	山西	5.0	19
新疆	6.8	4	上海	5.0	20
宁夏	6.6	5	贵州	4.9	21
甘肃	6.4	6	广东	4.8	22
吉林	6.3	7	湖南	4.6	23
重庆	6.1	8	福建	4.5	24
浙江	6.0	9	云南	4.4	25
山东	6.0	10	天津	4.3	26
湖北	6.0	11	陕西	4.3	27
四川	6.0	12	江西	4.1	28
江苏	5.8	13	河南	4.1	29
安徽	5.8	14	广西	4.1	30
河北	5.5	15	黑龙江	2.6	31
辽宁	5.3	16	全国平均	5.2	—

资料来源：中国经济网。

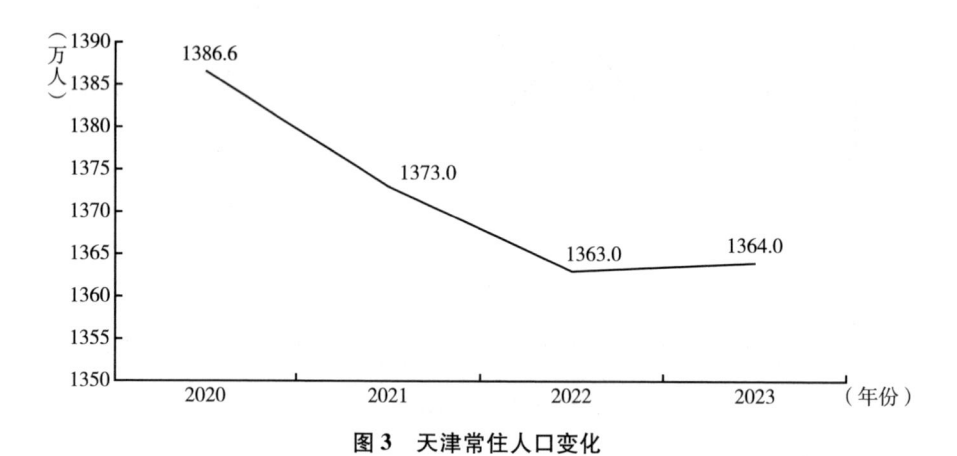

图3　天津常住人口变化

资料来源：根据历年《天津市国民经济与社会统计公报》梳理。

（二）环保压力仍然较大，短期内形成较大制约

在绿色发展导向和双碳目标约束下，节能减排已成为全社会的重要课题。天津作为一个工业结构偏重、生态环境相对脆弱的城市，一直面临着较大的环保压力。自2017年以来，天津已经集中整治"散乱污"企业2.2万家，整合撤销提升300多个工业园区。当前天津环境质量已经得到较大改善，2023年，天津全年$PM_{2.5}$平均浓度为41微克/立方米，空气质量优良天数为232天，但在全国仍然处于相对较低水平，这也使得天津仍然面临较大的环保压力。借鉴相关研究中的做法，用政府工作报告中环保相关词频数量来衡量当地环境规制强度。2023年天津市环保词频总数为74次，"生态"词频数为32次，"绿色"词频数为24次，"污染"词频数为6次，"低碳"词频数为6次，与北上广相比，天津环保词频数最高（见图4），这从侧面说明天津面临更大的环保压力和相对较高的环境规制强度。

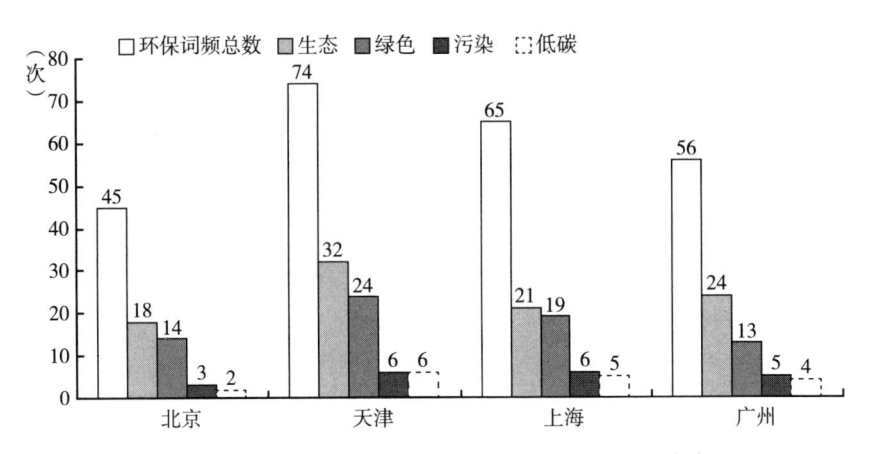

图4 2023年天津与北上广政府工作报告中环保词频数

资料来源：根据各城市2023年政府工作报告整理。

从环境经济学的视角来看，环境规制对企业会产生"成本效应"和"创新补偿效应"。成本效应是指较强的环境规制会提高企业的生产经营成本，降低企业竞争力，甚至引发企业转移到环境规制强度较低的地区，从而对地区经济增长产生不利影响。创新补偿效应是指环境规制会推动企业技术革新和

清洁产业发展，从而促进区域经济增长。创新补偿效应需要更严格的条件和更长的时间才能显现，因此短期内，环境规制的成本效应会更加显著。可见，在环保压力较大的情况下，短期内，天津的经济增长仍然面临较大制约。

（三）工业制造业转型较慢，缺乏优势产业集群

天津以"制造业立市"，近年来制造业发展取得显著成效，但是仍然存在传统产业转型较慢、高端制造引领不足的问题。一方面，传统重化冶金产业占比依然较高。如黑色金属冶炼和压延加工业，石油、煤炭及其他燃料加工业，化学原料和化学制品制造业等高耗能行业，约占全市工业总产值的三成。[1] 这类传统产业普遍存在规模大、能耗高、成本高、盈利水平低等困境，产业大而不强，转型较为困难。另一方面，工业战略性新兴产业和高技术制造业增加值占规模以上工业增加值的比重较低，低于南京10个百分点以上。[2] 尤其是高技术制造业增加值占规模以上工业增加值的比重近三年呈下降态势，2023年，这一比重下降至13.7%，低于全国平均水平2个百分点（见图5）。

此外，产业集群化发展是区域产业高质量发展的重要标志。从产业集群来看，天津的产业集群培育进展缓慢，缺乏在全国具有比较优势的产业集群。根据中国民营经济发展论坛发布的《民营经济驱动产业集群高质量发展研究暨2023中国百强产业集群》，在2023年全国百强产业集群名单中，天津榜上无名。

（四）港口优势未充分发挥，对经济增长助力不强

天津港是天津的核心战略资源，也是其最大的比较优势，但是就目前来看，这个比较优势并未充分发挥。首先，港口对贸易带动能力相对较弱。2023年，天津港口货物吞吐量为5.59亿吨，口岸进出口货物总值为1.88万亿元。从港口货物吞吐量来看，天津是上海的66.35%和深圳的1.95倍；

---

[1] 钟会兵、蔡玉胜、王双主编《天津经济发展报告（2024）》，天津社会科学院出版社，2024。
[2] 钟会兵、蔡玉胜、王双主编《天津经济发展报告（2024）》，天津社会科学院出版社，2024。

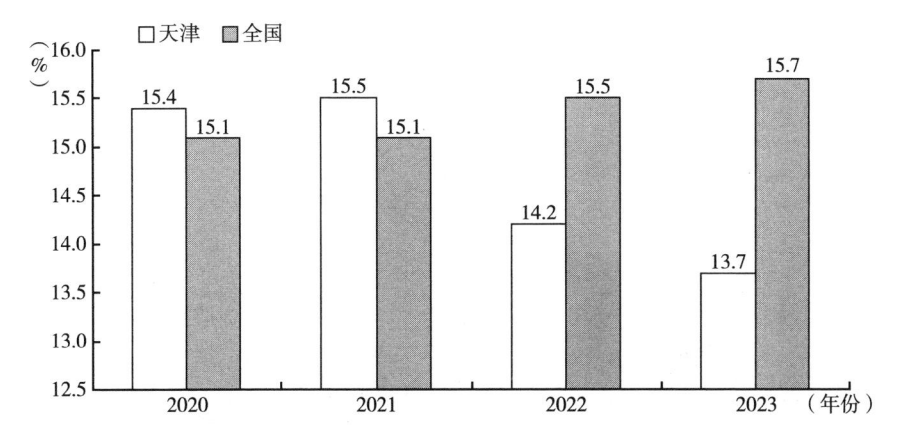

图5 2020~2023年天津与全国高技术制造业增加值占规模以上工业增加值的比重

资料来源：《中华人民共和国国民经济与社会发展统计公报》和《天津市国民经济与社会发展统计公报》，其中天津2023年高技术制造业占比数据来自媒体报道。

从口岸进出口货物总值来看，天津仅为上海的17.67%和深圳的48.66%（见图6），且贸易本地结算率不高。这意味着，天津港虽然具有良好的通道能力，但未较好地带动贸易。与之相应的是，港口对本地经济带动作用也不足。2023年，天津、上海、深圳的GDP分别为16737.3亿元、47218.66亿元和34606.4亿元，单位港口货物吞吐量对GDP的影响[①]分别是2994.15元/吨、5604.41元/吨、12057.98元/吨（见图7）。相对于上海和深圳，天津港口对本地经济发展的带动作用还有很大提升空间。

其次，适港产业发展不足。一方面，高端航运服务业发展水平有待提升。从2023年新华·波罗的海国际航运中心发展指数排名来看，天津未能进入前20。主要是高端航运要素的集聚度不够，天津尚未有一家具有国际影响力的航运企业总部；航运服务产业链也不完善，航运金融、航运经纪服务等发展不足。另一方面，临港制造业竞争力不强，相比上海临港新片区，天津临港制造业产业结构偏旧偏重；临港片区开发规模和强度不够，实际利用面积仅44平方公里，远小于规划面积的115平方公里。

---

① 借鉴《天津经济发展报告（2024）》中的方法，用该指标表示港口对地区经济的带动作用，用GDP/港口货物吞吐量来计算。

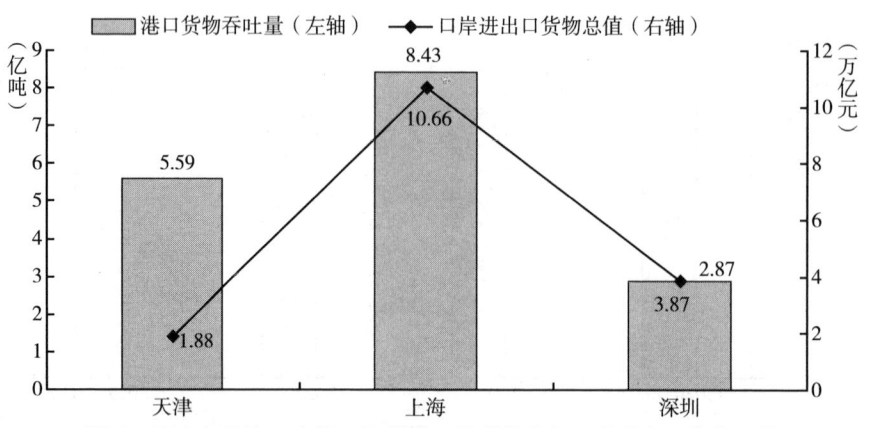

图6 2023年天津、上海、深圳港口通道能力与口岸进出口货物总值

资料来源：各市国民经济与社会发展统计公报及海关统计数据。

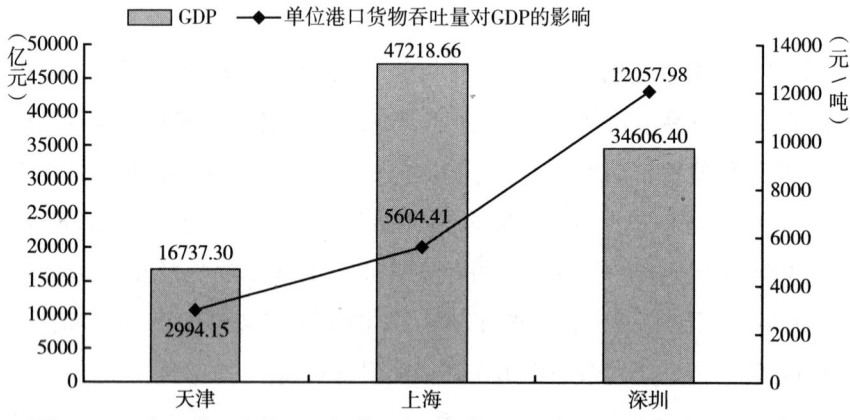

图7 2023年天津、上海、深圳的GDP及单位港口货物吞吐量对GDP的影响

资料来源：根据各市国民经济与社会发展统计公报及海关统计数据计算。

（五）企业创新较为薄弱，科技成果本地转化率较低

天津坚持创新驱动发展，当前全社会研发投入强度达到3.49%，全国排名第3。[①]《中国区域科技创新评价报告（2023）》[②] 显示，2023年，天

---

① 资料来源：《全社会研发投入强度全国第三 天津不断展现新作为》，光明网，https://m.gmw.cn/2024-04/03/content_1303704155.htm。

② 资料来源：中国科学技术发展战略研究院。

津综合科技创新水平指数为83.29%，全国排名第4，位列全国第一梯队。但是天津企业创新较为薄弱。天津有R&D活动数量的企业占规模以上工业企业的比重仍然较低，企业R&D人员占全社会R&D人员的比重全国排名第18，企业R&D经费内部支出占营业收入的比重全国排名第13，企业技术获取和技术改造经费支出占企业营业收入的比重排全国第26位[1]。

虽然天津科技成果产出较为丰富，但是在成果转化方面存在较大短板。一方面，科技成果在津转化率较低。天津的技术流向情况表明，无论是从项数还是从技术合同成交额来看，近年来天津技术输出始终大于技术吸纳，科研外溢明显（见表2）。技术贸易"逆差"凸显出成果供给与技术需求匹配度不高的问题，也表明天津产业发展与科技创新的融合程度有待加深，而这无疑也会制约科技对本地经济增长的带动作用。另一方面，成果转化进程有待加速。与先进省市相比，天津科技成果转化速度还受到较多制约。以广东松山湖材料实验室为例，其已成立产业化公司42家，注册资本超3亿元，16个团队的产业化公司已完成天使轮融资[2]，大大加快了科研成果的产业化进程。

表2 2020~2023年天津技术流向情况

单位：项，亿元

年份	技术输出 项数	技术输出 技术合同成交额	技术吸纳 项数	技术吸纳 技术合同成交额
2020	9685	1089.56	8466	616.97
2021	12048	1256.83	9886	599.59
2022	12299	1650.87	10627	783.41
2023	14854	1928.56	12939	1009.93

资料来源：根据科技部火炬中心发布的全国技术流向表整理。

---

[1] 钟会兵、蔡玉胜、王双主编《天津经济发展报告（2024）》，天津社会科学院出版社，2024。

[2] 资料来源：《松山湖材料实验室新园区正式启用，大湾区再添科创新地标》，https://www.163.com/dy/article/I372I4470550AXYG.html。

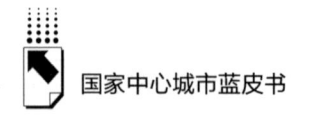

四 推动天津经济合理增长的对策建议

（一）提升人口与人才吸引力，促进人口适度增长

一是为外来人口来津就业创业创造更多机会。就业机会是吸引流动人口的关键因素，因此要吸引人口流入就必须保持就业需求的增长，为外来人口提供更多更好的事业发展机会和前景。首先，加大招商引资力度，吸引更多企业来津布局，促进具有更强就业吸纳能力的新兴产业发展。其次，继续加大对民营经济的支持力度，扶持并推动民营经济快速发展，充分发挥民营经济在就业吸纳中的重要作用。最后，鼓励创新创业，通过加大政策支持、降低市场准入门槛，为创业者提供便捷的营商环境，搭建创业孵化基地等创新创业平台，为创业者提供金融、场地等资源支持，营造良好的创新创业生态，让"大众创业、万众创新"成为吸引外来人口的新引擎。

二是为外来人口长期在津发展提供稳定预期。外来人口来津之后还要确保他们在本地安心、稳定的发展，才能留得住，因此应在生活保障方面为外来人口长期居留提供信心支撑。首先，鼓励和支持外来人口家庭化。制定和完善外来人口长期居留和发展的相关政策，明确其权益和待遇，并确保政策的连续性和稳定性，如放宽家庭成员落户条件、提供就业创业支持、优化外来人口子女教育政策等，解除他们在津生活的后顾之忧。其次，提高公共服务水平，在行政服务、医疗、教育、文化、交通、环境等多方面完善服务设施，提高服务水平，并做好相关的公共服务制度安排和政策设计，确保外来人口能够享受到与本地居民同等的公共服务。特别是要建立健全外来人口住房保障体系，如提供公租房、廉租房等住房支持，解决他们的阶段性居住问题。

（二）加速发展方式绿色转型，加快实现环境保护与经济增长双赢

一是锻造实体经济"长板"，塑造低碳发展新优势。一方面，加快对传

统高耗能行业的绿色化改造，通过引进先进的环保技术和设备，降低传统产业的能耗和排放，提高资源利用效率，推动传统产业向高端化、低碳化方向发展。另一方面，积极培育和发展绿色新兴产业，加大对新能源、节能环保、循环经济等领域的支持，引导社会资本投入，通过建设绿色产业园区、推广绿色技术应用等方式形成绿色产业的集聚效应和示范效应。

二是打造绿色能源供给"跳板"，加快构建新型能源系统。积极利用和拓展可再生能源，加快风电、光伏、氢能等可再生能源开发，加强与新能源龙头企业合作，充分利用滨海新区的优势，推进"盐光互补""渔光互补"项目。着重推进能源互联网建设，通过建设智能电网、储能系统等基础设施，实现能源的高效传输和分配。推动能源与信息技术的深度融合，提高能源管理的智能化水平，并加强能源系统的互联互通，加快京津冀绿色能源互联互通专网建设，实现京津冀不同能源的互补和优化配置。

三是强化绿色金融和绿色技术支持，为绿色转型提供支撑。建立健全绿色金融体系，加强绿色金融政策引导，鼓励金融机构加大对绿色项目的支持力度；创新绿色金融产品和服务，建立多元化的绿色金融产品体系，满足不同绿色项目的融资需求；通过设立绿色债券、绿色基金等金融工具，吸引社会资本投入绿色产业。加强绿色技术创新，支持企业加大绿色技术研发投入，并通过设立绿色技术创新基金、建立绿色技术转移平台等措施，推动绿色技术的研发和应用。

（三）加快传统制造业转型升级，做大做强优势产业集群

一是加快传统制造业转型升级，提升产业盈利能力和附加值。一方面，着力提升传统优势产业现代化水平，通过技术改造、引进新项目等方法，完善产业体系、延长产业链条，推动制造业企业向高附加值的服务环节和精细加工环节延伸。如现代冶金产业重点发展优质钢管、高档金属制品、精品钢材以及钢结构等深加工产业，通过延长产业链，推动冶金行业优化结构、提质增效；石油化工产业重点围绕高端化和精细化，通过精准招商和合作，填平补齐产业链短板，同时实施一批深加工项目，大力发展下游石油精细化工

产业，提高产品附加值。另一方面，推动传统产业数字化发展，以数字赋能工业生产制造服务体系的智能化升级、产业链延伸和价值链拓展。通过推出智能化改造贷款贴息政策、设立制造业领域产业智能化改造基金，强化企业数字化转型的金融支持。针对转型困难的中小企业，可建设统一的制造业企业数字化转型云端服务器，为企业数字化转型提供运维支撑，降低企业数字化转型成本。

二是做大做强优势产业集群。首先，明确优势定位，突出特色错位发展。依据全市各区的产业基础、资源禀赋和市场需求，明确具有比较优势和竞争优势的产业领域，统筹引导各区进行合理的产业分工，形成特色化、差异化错位发展模式，探索跨区协同培育发展优势产业集群的机制。其次，发挥龙头企业的带动作用。引进具有较高知名度和垂直整合能力的龙头企业，支持集群内龙头企业牵头，通过产业联盟的方式形成横向、纵向融合发展的产业生态，增强产业集群的竞争力。最后，精准强链补链，提升产业链配套发展能力。围绕优势产业集群，完善上下游产业链配套，针对产业集群发展的薄弱环节培育引进优质关联企业，提升关键环节产品的本地配套能力，持续做大做优产业集群。

（四）加快港口物流与贸易协同发展，提升适港产业竞争力

一是加快港口物流与贸易协同发展。持续提升港口物流的效率，优化港口作业流程，并深化与境内外物流节点城市的航线链接，以高效的港口物流体系拓宽经贸市场、扩大贸易规模。拓展物流服务的广度和深度，在传统的仓储运输服务基础上，积极开展多式联运、供应链管理等增值服务，推动港口物流企业向港口综合贸易商转变，拓展高附加值的贸易形式和贸易业态。升级冷链物流基础设施、完善跨境电商平台，推动天津冷链物流和跨境电商产业链的快速发展和升级，打造以生鲜、服装、化妆品等为特色的国际快消品分拨中心。加大力度引进国际国内物流贸易头部企业、细分市场的领军企业以及与天津产业关联度高的物流企业和贸易商落户天津，培育一批具有竞争优势的物流贸易龙头企业，加快优质物流贸易资源集聚，推进物流贸易产

业做大做强。积极推动港口物流与其他相关产业的深度融合，通过港口物流的带动，促进相关产业的转型升级和创新发展，进一步推动贸易的繁荣。

二是提升适港产业竞争力。一方面，大力发展高端航运服务业。加快航运服务市场主体集聚，加大招商力度、提升服务能级，着力引进大型船务公司、集装箱公司等传统航运服务业龙头企业，以龙头企业带动其他细分领域企业集聚天津；完善航运服务产业链，针对海事检验、报关代理、邮轮旅游等缺项领域培育引进相关企业，并强化信息科技、金融法律服务等配套服务，形成产业链各环节的集聚效应；强化创新引领，推动租赁、保理等金融创新业务与航运产业融合发展，积极培育航运金融、航运经纪等高端业态，同时抢抓航运业数字化发展机遇，着力引育航运大数据、区块链应用等航运科技企业，不断释放航运数字化发展新动能。另一方面，做大做强临港制造业。以天津临港综合保税区获批为契机，强化顶层设计，发挥其独特的地理优势和政策优势，把临港经济区打造成为天津临港制造业创新发展的新高地。不断完善天津船舶修造产业链，围绕海洋装备制造、海水淡化、氢能等产业，加快产业集聚，拓展延伸产业链条，打造新兴临港制造业先行区和集聚区。

（五）培育壮大企业创新主体，提高科技成果转化率

一是培育壮大企业创新主体。加强政策支持，通过税收减免、研发经费补贴等方式降低企业创新成本；鼓励和支持企业建立研发中心、实验室等创新平台，提升企业自主研发能力；用好企业创新积分贷，探索向全市复制推广"科创积分贷"，激发企业创新活力。加强企业主导的产学研深度融合，发挥高校院所在人才资源、科技条件资源、科技成果资源方面的优势，加快建设任务型创新联合体，以企业需求为导向，聚焦产业基础底层技术、关键核心技术开展协同攻关，支撑产业科技创新。持续做好创新型企业培育，实施创新型企业领军计划，以人工智能、生物医药、新能源、新材料等战略性新兴产业为重点，以新技术、新产业、新业态、新模式"四新经济"为突破口，培育一批"航母级"创新型领军企业。持续引进和培育创新人才，

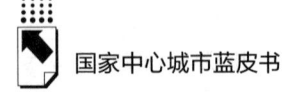

聚焦科技前沿领域和产业关键技术需求，依托重点实验室、国家级科研院所等创新平台，强化高水平领军人才的引进和青年创新人才的培养，为企业创新提供智力支持。

二是提高科技成果本地转化率。高标准建设天开高教科创园，紧密围绕天开园"科技创新策源地、科研成果孵化器、科创服务生态圈"功能定位，加快集聚科创资源，提升园区建设水平，建立高校与产业园区的"握手"通道，争取更多天津高校创新成果实现本地产业化。共建京津冀技术创新中心，依托京津冀技术创新中心全球化协同创新体系资源，转化天津科技成果，引入全国乃至全球科技成果，提升科技成果在津转化效率和比重。优化和健全科技成果转化服务体系，建立面向市场的科技成果库，方便企业和投资者查找和了解科技成果的应用价值和市场前景；搭建多种科技成果转化平台，促进供需双方的交流和合作；拓宽科技成果转化渠道，加强技术经理人的培养和引进，提升专业化技术转移机构的数量和服务能力，推进科技成果转化的专业化和高效化。

参考文献

《天津市政府2024年政府工作报告》。
《关于天津市2023年国民经济和社会发展计划执行情况与2024年国民经济和社会发展计划草案的报告》。
《2023年天津市国民经济和社会发展统计公报》。
《2023年上海市国民经济和社会发展统计公报》。
《2023年深圳市国民经济和社会发展统计公报》。
钟会兵、蔡玉胜、王双主编《天津社会发展报告（2024）》，天津社会科学院出版社，2024年1月。

B.6
广州建设国家中心城市的成效与展望*

覃剑 尹涛**

摘　要： 2023年，广州经济实现稳步增长，经济总量迈上3万亿元新台阶，人口总量实现正增长，经济发展活力持续释放，城市综合竞争力地位稳固。锚定"排头兵、领头羊、火车头"标高追求，面向2035年，广州将大力推动"二次创业"再出发，实现"大干十二年，再造新广州"的目标。面向2049年，着眼于全球、国家和区域三大维度，广州将以建设开放之城、创新之城、海洋之城、枢纽之城、宜居之城、人文之城、韧性之城为战略重点，打造出新出彩的中心型世界城市、引领型国家中心城市、开放型大湾区核心引擎和高能级省会城市，高质量实现老城市新活力，谱写中国式现代化建设的生动实践。

关键词： 全球城市网络　中心型世界城市　国家中心城市　老城市新活力　广州

当前，世界百年未有之大变局加速演进，国际地缘政治格局、国际经贸竞争合作、国际技术创新演进相互交织、错综复杂，全球城市网络变革将进入新一轮演化关键期。城市的发展与所处的时空背景紧密相关。面对全球化新变局，世界城市发展必然会呈现新的阶段特点。在全面建成社会主义现代化强国、实现第二个百年奋斗目标的新征程上，强调"人民城市人民建、

---

* 本报告为广州市哲学社会科学发展"十四五"规划2024年度市委市政府重大课题"广州建设中心型世界城市研究"（2024GZZD37）的阶段性成果。
** 覃剑，博士，广州市社会科学院区域发展研究所所长、研究员，广州城市战略研究院常务副院长，研究方向为城市与区域经济、数字经济；尹涛，博士，广州市社会科学院副院长、研究员，广州城市战略研究院院长，研究方向为产业经济。

人民城市为人民"的中国版中心城市也必将有自己的道路特点。在此背景下，广州必须从全球视野、国家高度、自身特色的多维视角，梳理总结和分析研判不同时期不同阶段不同国家城市发展特征，不断调整和增强自身发展目标和策略，不断支撑城市综合功能和发展能级做优做强做大。

一 广州建设国家中心城市的成效

（一）继续保持一线城市竞争力

城市竞争力是城市功能和发展能级的综合体现。作为国家中心城市，2023年，广州全力推进经济回升、深化改革开放、强化创新驱动、推动城乡发展、优化城市治理，价值创造能力进一步提升，综合竞争力稳居一线城市方阵，这也得到主要综合性城市竞争力评价机构的一致认可。科尔尼从商业活动、人力资本、信息交流、文化体验和政治事务五个维度对全球城市竞争力进行排名，广州排在第55位，相比于2022年的排名上升了1位，在国内落后于北京、香港和上海居第4位。香港中外城市竞争力研究院从经济实力、资源潜力、文化蕴力、科技动力、创新能力、开放张力、管理效力、民生保障等方面对全球主要城市综合竞争力进行排名，广州居第22位。香港中外城市竞争力研究院综合经济、产业、科技、财政金融、基础设施、商业贸易、人力资本教育、环境/资源/区位、文化形象、营商环境等领域的竞争力对国内主要城市竞争力进行排名，广州居第5位，仅次于深圳、香港、上海、北京。普华永道发布《机遇之城2024》报告，从智力资本、技术与创新、区域重要城市、城市韧性、交通和城市规划、可持续发展、文化与生活、经济影响力、成本、宜商环境等多个维度进行综合评价，广州位居国内主要城市第4，仅次于北京、上海、深圳。品牌价值评估机构GYBrand发布"2024年中国百强城市排行榜"，从城市基础设施、经济实力、发展潜力、营商环境、国际声誉、居住生活、质量建设等维度进行综合分析，广州位居国内主要城市第3，仅次于上海和北京（见表1）。

表1 部分城市竞争力评价机构对广州的排名

评价机构	评价维度	广州排名
科尔尼	商业活动、人力资本、信息交流、文化体验和政治事务	全球第55名,国内第4名
香港中外城市竞争力研究院	经济竞争力、产业竞争力、科技竞争力、财政金融竞争力、商业贸易竞争力、人力资本教育竞争力、环境/资源/区位竞争力、文化形象竞争力、国际营商环境竞争力	国内第5名
普华永道	智力资本、技术与创新、区域重要城市、城市韧性、交通和城市规划、可持续发展、文化与生活、经济影响力、成本、宜商环境	国内第4名
GYBrand	城市基础设施、经济实力、发展潜力、营商环境、国际声誉、居住生活、质量建设	国内第3名

资料来源：根据各大机构的发布资料整理。其中，香港中外城市竞争力研究院发布的《2023全球城市竞争力排行榜》《2023中国城市综合竞争力排行榜》选取评价指标有所差异，本表中列出的指标为其对中国城市综合竞争力评价的指标。

（二）经济迈上3万亿元新台阶

2023年，以高质量发展为主线，广州全力"拼经济"，经济总量达到30355.73亿元，成功迈上3万亿元新台阶，占全国GDP的比重为2.4%，占广东省GDP的比重为22.4%，占粤港澳大湾区GDP的比重亦超过20%。自此，在国内主要城市中，经济体量梯度分布现象明显，上海与北京总量超过4万亿元，深圳、广州和重庆经济总量超过3万亿元，苏州、成都、杭州和武汉经济总量超过2万亿元（见表2）。龙头企业综合实力持续增强。根据《财富》杂志2023年发布的世界500强排行榜，广州新增2家500强企业，总计达到6家，数量在粤港澳大湾区仅次于深圳，与香港并列第2名。但是，由于受到传统燃油车和消费电子市场相对低迷的影响，广州汽车制造业和电子产品制造业增长速度较为缓慢，导致其GDP增速（4.6%）略低于全国水平（5.2%）。

表 2   2023 年我国 GDP 前十城市及其 2024 年增长目标

城市	2023 年 GDP（亿元）	2022 年 GDP（亿元）	2023 年增量（亿元）	同比增长（%）	2024 年 GDP 增长目标
上海	47218.66	44652.8	2565.86	5	5%左右
北京	43760.7	41610.9	2149.8	5.2	5%左右
深圳	34606.4	32387.68	2218.72	6	5.5%
广州	30355.73	28839	1516.73	4.6	不低于5%
重庆	30145.79	29129.03	1016.76	6.1	6%左右
苏州	24653.4	23958.3	695.1	4.6	5%以上
成都	22074.7	20817.5	1257.2	6.0	6%左右
杭州	20059	18753	1306	5.6	5.5%左右
武汉	20011.65	18866.43	1145.22	5.7	6%
南京	17421.4	16907.85	513.55	4.6	5%以上
全国	1260582	1210207	50375	5.2	5%左右

资料来源：根据各地发布的资料整理。

（三）城市人口规模实现正增长

人口增长缓慢乃至负增长已经成为我国面临的新形势。根据国家统计局发布的数据，我国人口规模连续两年负增长，其中 2023 年负增长 208 万人。从全国来看，各个地区和城市人口增长也呈现不均衡态势，但是总体而言，中心城市及城市群仍然具有较强的人口吸引力，是承载各类资源要素和经济活动的主要空间。作为国家中心城市，广州人口在经历 2022 年负增长之后，在 2023 年迎来了正增长，常住人口增加 9.29 万人、总量达到 1882.7 万人，在国内主要城市中，广州人口总量位居第 5，仅次于重庆、上海、成都和北京（见表 3）。2023 年广州城镇化率达 86.76%（见表 4）。

表3 我国GDP排名前十城市的常住人口规模及增量

单位：万人

序号	城市	2023年	2022年	增量
1	上海	2487.45	2475.89	11.56
2	北京	2185.8	2184.3	1.5
3	深圳	1779.01	1766.18	12.83
4	广州	1882.70	1873.41	9.29
5	重庆	3191.43	3213.34	-21.91
6	苏州	1295.84	1291.10	4.74
7	成都	2140.30	2126.80	13.50
8	杭州	1252.20	1237.60	14.60
9	武汉	1377.40	1373.90	3.50
10	南京	954.70	949.11	5.59
全国		140967	140759	-208

资料来源：国家及各市统计公报。

表4 2023年广州及各区人口分布

单位：万人，%

地区	常住人口	城镇化率
广州市	1882.70	86.76
白云区	366.68	81.41
番禺区	282.29	90.81
天河区	223.80	100.00
海珠区	176.83	100.00
花都区	172.87	70.82
增城区	158.67	74.81
黄埔区	122.21	94.37
荔湾区	113.30	100.00
南沙区	96.79	75.02
越秀区	96.00	100.00
从化区	73.26	53.89

资料来源：广州市统计局网站。

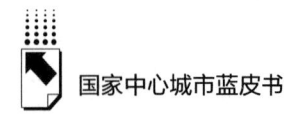

根据百度人口实时迁移地图，广州成为全国最热门的人口迁入地。猎聘大数据研究院发布的《2024春招首周广深就业市场洞察报告》显示，在2024年开工第一周，广州对求职者的吸引力仅次于上海、深圳和北京位居第4，但在这4个城市当中，广州跨地区投递人次同比增长率最高、达到64.75%。从这些数据可以看出，广州对人口和人才的吸引力正在持续增加。智联招聘发布的《中国城市95后人才吸引力排名》显示，2023年广州对95后青年人才的吸引力仅次于北京、深圳和上海。

（四）经济发展活力持续释放

得益于营商环境优化、就业人口增长等多方面积极因素的推动，广州经济发展活力不断凸显。2023年，新设经营主体和个体工商户数量均比上一年增长30%以上，其中新设经营主体数量为54.04万户，占广东省新设经营主体数量的比重达到17.1%。在产业体系中，代表新质生产力发展方向的生物医药、新一代信息技术、新能源等产业产值均实现了快速增长，战略性新兴产业增加值占GDP的比重超过30%。人员往来和经济活动加速活跃，根据广州规划和自然资源局发布的交通运行数据，广州城市交通日均出行总量达到4653万人次。其中，地铁日均客运量居全国主要城市第1位、达到857万人次，客流强度为1.38万人次/（公里·日），高居国内主要城市第1位。根据华南美国商会发布的《2024年华南地区经济情况特别报告》，美国企业仍然对中国市场前景持有积极客观态度，其中76%的受访者表示将在2024年进行追加投资。而在这一系列年度报告中，广州已经连续7年成为最受欢迎的投资城市。在最能代表产业经济发展未来活力的"独角兽"企业上，广州也呈现了良好的发展势头。根据2024年4月胡润研究院发布的《2024全球独角兽榜》，广州共有24家企业入围（见图1），数量在全球主要城市中仅次于旧金山、纽约、北京、上海、伦敦、深圳、班加罗尔和巴黎，且这些企业基本都分布在人工智能、生物医药等未来产业的细分领域。

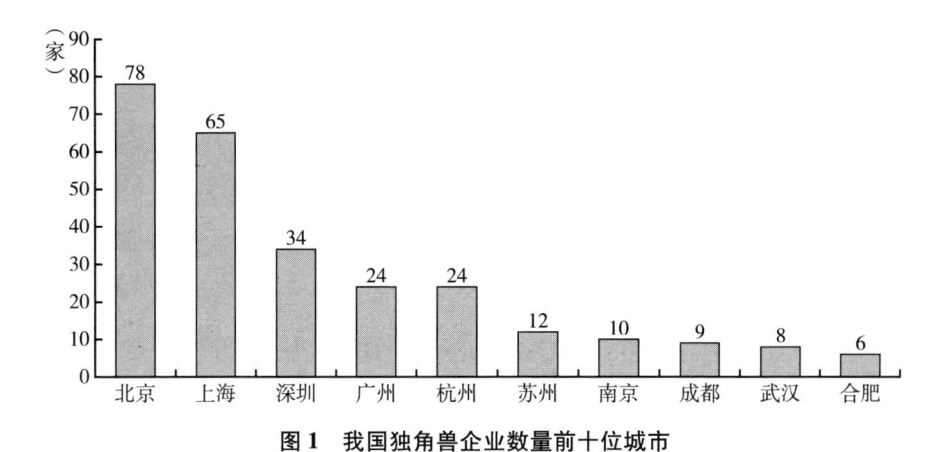

广州建设国家中心城市的成效与展望

图1　我国独角兽企业数量前十位城市

城市	数量（家）
北京	78
上海	65
深圳	34
广州	24
杭州	24
苏州	12
南京	10
成都	9
武汉	8
合肥	6

资料来源：根据胡润研究院《2024全球独角兽榜》数据绘制。

（五）枢纽门户连接能力凸显

广州自古以来就是我国对外开放的枢纽地和前沿地，其强大的联系功能、交往功能和门户功能一直延续至今。2023年，广州白云机场旅客吞吐量达到6317万人次，在全国单一机场中位列第1；货邮吞吐量达到203万吨，在全国连续4年位列第2。港口集装箱吞吐量达到2541万TEU，位居全国第5和全球第6；货物吞吐量达到6.75亿吨，在全国和全球均位居第6。广州南站旅客发送量位居全国第1。根据2023年9月发布的新华·波罗的海国际航运中心发展指数，在综合港口条件、航运服务、综合环境三大方面后形成的排名中，广州综合实力在全球航运中心城市中位居第13。在广东省和粤港澳大湾区，广州的联系能力也在不断提升。根据广州规划和自然资源局发布的交通运行数据，2023年广州与广东省20市间日均出行量占全省各城市间日均出行总量的比重达到37%，在粤港澳大湾区，广州与大湾区城市间日均出行量占大湾区城市间日均出行总量的比重高达44%。根据中国城市规划设计院发布的《韧性成长：2023年"一带一路"倡议下的全球城市报告》，在由全球创新网络、全球生产与服务网络、全球联通设施网络共同构成的全球网络中，广州的连接度或作为节点的重要性排在全球第

13位，仅次于纽约、东京、上海、伦敦、北京、新加坡、旧金山、深圳、香港、洛杉矶、巴黎、芝加哥。其中，在全球生产与服务网络中，广州连接度排在全球主要城市第18位，在国内城市中仅次于北京、上海、香港和深圳位居第5；在全球联通设施网络中，广州排在全球主要城市第7位，仅次于上海、纽约、新加坡、伦敦、洛杉矶和宁波。

二 广州建设国家中心城市面临的新形势

（一）世界经济新旧动能加速转换

根据世界经济长波理论，1990~2008年是全球经济第五轮周期的上升部分，2008~2030年全球经济处于第五轮周期的下降部分，2030~2050年为第六轮周期的上升部分。从历史发展轨迹来看，在每一轮长周期中，都会伴随出现一次技术变革波。从中长期看，新的技术变革波集中体现为以人工智能、大数据、量子信息、生物技术等为代表的新一轮科技革命和产业变革，将催生出新的产业组织方式、劳动生产方式和产业业态模式，不断开创全球经济社会发展新天地。全球新技术的革命性变化以及新经济的兴起，将颠覆传统生产方式，给各个国家和地区带来无限的想象空间和发展机会。在此背景下，我国明确提出强化科技创新驱动，加快发展新质生产力，积极抢占未来产业发展前沿，持续培育发展新动能。把握这一窗口期，依托国家中心城市的人才、创新、产业和资源集聚优势，广州可望因地制宜加快构建以高新技术、绿色技术、前沿技术为内在驱动的新经济形态，推动经济实现更高效率和更高质量发展。

（二）世界城市竞争力格局加速演变

当前及未来一段时间，新兴市场国家和发展中国家持续保持良好发展态势，世界经济重心进一步东移，为全球东方城市的崛起注入强劲动力。与此同时，随着以信息通信为代表的新型基础设施加快互联互通，全球数字化转型加快推进，各个地区之间资源要素的响应速度得到极大提升、相互之间交流更加频繁和便捷。许多传统的领袖企业和跨国公司纷纷向平台型公司转型，在更大范围内连接市场和资源，推动全球产业链供应链持续扩张。在此背景下，拥有更国际化企业和企业网络的城市，其国际创新流、信息流、资金流、贸易流配置能力也更强，可望在全球城市体系和产业创新体系中发挥更加重要的角色。从GaWC、科尔尼、普华永道、森纪念、中国社会科学院等国际权威研究机构发布的全球城市指数和排名体系来看，新兴市场国家和发展中国家城市的全球竞争力正在快速提升，不断改变全球城市发展格局。作为大国大城的广州，已经迈进世界一线城市之列，在全球城市体系中的位置不断稳固，未来可望依托数字化转型、营商环境优化、高水平开放合作网络优势，成为推动全球城市体系变革的实践者和引领者。

（三）广州在国家战略版图中的地位不断凸显

作为古代海上丝绸之路的起点，在国家推动实施"一带一路"倡议中，广州担当"一带一路"枢纽城市的地位正在凸显。在粤港澳大湾区建设中，作为湾区的核心城市，广州被赋予发挥引领功能和核心引擎作用的战略使命。2018年10月，习近平总书记在视察广州时，要求广州实现老城市新活力，在综合城市功能、城市文化综合实力、现代服务业、现代化国际化营商环境方面出新出彩。2023年4月，习近平总书记再次对广州的重要地位给予肯定："1000多年前，广州就是海上丝绸之路的一个起点；100多年前，就是在这里打开了近现代中国进步的大门；40多年前，也是在这里首先蹚出来一条经济特区建设之路。"[①] 显然，作为国家中心城市，广州的发展受到国家空前的关注，已经成为实现国家战略目标的重要支撑，必将获取更大的改革开放和创新试点空间。

（四）广州发展的不稳定不确定因素依然较多

当今世界正在经历新一轮大发展大变革大调整，世界经济深刻调整，保

---

① 资料来源：《扛起粤港澳大湾区国际科技创新中心建设使命担当》，《人民政协报》2023年5月9日。

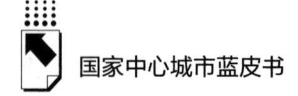

护主义、单边主义抬头，经济全球化遭遇波折，多边主义和自由贸易体制受到冲击，一些发达国家纷纷大力吸引本国企业"回流"推动再工业化，必然对广州深化对外开放、建设国家中心城市、迈向全球城市形成制约和挑战。一方面，随着国家实施新一轮的区域发展战略、人民消费层次和水平进入新的阶段、各地纷纷扩大内需和大力发展新质生产力，国内城市着眼"拼经济"持续加大招商引资力度，广州建设国家中心城市必然会面临城市之间越来越激烈的竞争。另一方面，广州本身也正处在经济发展质量变革、效率变革和动力变革的关键时期，城市发展不平衡不协调、新旧动能进入转换期、城市老化活力动力不足、人口和社会结构不够均衡等，都将为广州建设国家中心城市带来风险和挑战。

三 广州建设国家中心城市的战略定位与路径

（一）战略定位

立足广州优势特征，习近平总书记对广州发展作出系列明确指示批示，要求广州实现老城市新活力，"四个出新出彩"；寄语广州积极推进粤港澳大湾区建设，继续在高质量发展方面发挥领头羊和排头兵作用。对照总书记要求，锚定"排头兵、领头羊、火车头"标高追求，广州明确提出"二次创业"再出发，大干十二年、再造新广州，到2035年经济总量翻一番。同时，广州从全球、国家和区域三大视角提出建设出新出彩的中心型世界城市、引领型国家中心城市、开放型大湾区核心引擎和高能级省会城市的新定位。

1. 出新出彩的中心型世界城市

站在全球高度，广州将从世界一线城市迈向出新出彩的中心型世界城市。根据世界城市知名评价机构GaWC的评价，广州已经连续多年位居世界一线城市方阵。以此为基础，广州将着力在全球城市体系谋求更高地位，成为更加重要、更加开放和更有影响的世界城市，即中心型世界城市。显然，中心型世界城市是广州将自己置于世界城市坐标系提出的新发展目标，突出了其以交通设施互联互通为基础形成的枢纽型门户城市优势。通过建成中心型世界城市，广州将在强化世界经济体系中起到中心与节点的作用，在紧密联系的世界城市网络中拥有高度的流动性与联结性、强大的集聚性与开放性、突出的示范性与引领性，成为构建新发展格局的战略枢纽和国际高端要素资源流动的对接点和配置者。

2. 引领型国家中心城市

站在国家高度，在继国家中心城市、国家重要中心城市之后，广州将持续推动国家中心城市功能升级，着力打造引领型国家中心城市。当前及未来一个时期，在中国式现代化新征程上，党中央部署实施了构建新发展格局、培育新质生产力、扩大内需、建设统一大市场、建设数字中国、实施区域重大战略等一系列举措，从重点领域、重要区域、关键环节推动改革创新，助力全面高质量发展。定位为引领型国家中心城市，不仅意味着广州要持续巩固其作为国家城镇体系中资源要素核心空间载体的功能，更意味着广州将以更加积极的姿态对接、服务、融入和引领国家战略大局，勇当国家战略实施的践行者、先行者、引领者，努力为国家战略实施摸索出可复制、可推广的发展经验、路径和模式。

3. 开放型大湾区核心引擎

站在区域高度，2023年4月，习近平总书记视察广东，要求粤港澳大湾区要建设成为新发展格局的战略支点、高质量发展的示范地、中国式现代化的引领地，赋予粤港澳大湾区新的战略定位。广州作为粤港澳大湾区中心城市，增强核心引擎功能、强化辐射带动能力是其重要使命。《粤港澳大湾区发展规划纲要》发布五年来，广州与粤港澳大湾区主要城市在基础设施、产业协同、科技创新、制度机制、交往交融等方面的硬联通以及市场一体化建设等均取得了显著成效。如深中通道以及轨道交通的加快建设，珠江东西两岸、内湾地区——环湾地区——外湾地区协同发展水平将大大提升；国家相继批复前海深港现代服务业合作区和横琴粤澳深度合作区建设总体规划，支持南沙放宽市场准入；"港车北上""澳车北上""港澳器械通"等政策加快落地；广东制定了五大都市圈发展规划，广州都市圈、深圳都市圈、珠江口西岸都市圈建设将加速推进。在此背景下，粤港澳大湾区未来发展将呈现许多新的变化趋势。定位为开放型大湾区核心引擎，意味着广州将以更加开放的姿态主动融入粤港澳大湾区建设，通过集成式改革创新加快与港澳在各重点领域重点环节探索实施更高标准的规则机制对接衔接，与大湾区其他城市各类产业平台、金融平台、创新平台、服务平台、技术平台实现更高水平协同联动，进一步激发大湾区经济社会发展活力。

4. 高能级省会城市

在广东省及华南地区，广州和深圳作为"双子城"而存在，共同担当辐射带动区域经济和社会发展的重要角色。长期以来，作为国内乃至全球一线城市，虽然两个城市既有竞争也有合作，但是越来越多的人意识到两者发展阶段、发展模式、承担功能均有所不同，应该在差异化发展道路探索中形成城市发展的新样板。事实上，广州是省会城市，需要承担区域经济政治文化等复合性功能，作为一座综合性中心城市，更加需要强调发展的协调性、稳定性和包容性；深圳是经济特区，主要聚焦经济创新发展功能，作为一座经济中心城市，更加需要强调发展的开放性、探索性和试验性。因此，定位为高能级省会城市，意味着广州未来不仅要强内功，实现经济、教育、医疗、文化等领域的相对均衡发展，还要面向全省提供高效率的生产服务和高品质的生活服务，更好服务全省高质量发展。

（二）战略路径

为加快建设成为中心型世界城市，广州高度重视城市平衡可持续发展能力、城市全球网络连接能力、科技创新和软实力驱动发展能力、引领都市圈和城市群建设能力、全球要素资源吸引集聚能力等能力塑造，并将从以下七个方面重点发力。

1. 建设开放之城

当前，虽然全球化进程遭受地缘政治、地区冲突、贸易保护、技术封锁、需求走弱等因素的影响，但我国始终倡导合作共赢的理念，坚持推进高水平对外开放。历史上广州一直是我国对外开放的前沿地，开放已经成为其城市迭代升级的重要基因和动力。未来，广州将通过充分发挥综合性门户城市、"一带一路"枢纽城市的作用，积极融入粤港澳大湾区、国家重大区域战略和全球化进程，充分发挥广交会等开放型平台链接国内外市场功能以及南沙、中新（广州）知识城等体制机制创新和国际网络优势，继续探索实施更高水平的制度型对外开放政策，积极嵌入全球产业链供应链体系，主动担当国内国际双循环战略支点功能，更好集聚和配置全球高端要素资源，为国家高水平对外开放和世界开放型经济发展提供强有力支撑。

2. 建设创新之城

信息、生命、制造、能源、空间、海洋等前沿技术、颠覆性技术不断涌现并成为创新源泉，一批前沿产业和新兴产业加快成长并成为现代化产业体系的新生力量和引领力量。在此背景下，把握新一轮科技革命与产业变革趋势，面向技术和产业前沿培育新竞争优势，加快形成新质生产力已经成为各个城市的共同选择。顺应这一趋势，广州将寻找新路径把人才智力、教育科研、科技创新优势更好结合起来，打造"科研+教育+科技+产业"一体化综合性创新枢纽，持续提升以企业创新和产业创新为代表的市场创新在创新结构中的比重，增强先进制造业、战略性新兴产业和高新技术产业发展的驱动力，打造成为全球重要的科技创新中心。

3. 建设海洋之城

海洋中心城市建设是我国海洋强国建设的重要支撑，也是高质量发展的战略要地。近年来，我国沿海城市如深圳、青岛、大连等都纷纷加大力度发展海洋经济、建设海洋城市。广州海洋科研创新能力优势明显，海洋现代产业基础良好，海洋经济市场主体活跃。未来，通过充分发挥滨江、滨海区位优势以及海洋科研创新、海洋开放的优势，广州将与深圳等市共建环珠江口100公里黄金内湾，推动城市空间向洋拓展更好实现陆海联动，加快海洋交通运输、海洋文化旅游、船舶与海洋工程装备制造、海洋生物、海洋能源、海洋服务等现代海洋产业发展，积极探索参与全球海洋经济治理新路径新模式，涵养传承海洋文明，着力打造全球海洋创新发展之都，成为我国蓝色经济发展版图中的核心引擎之一。

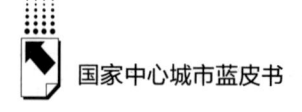

4. 建设枢纽之城

相比于一般城市，枢纽城市更加强调其在区域乃至全球网络中的连接度。依托具备国际影响力的海、陆、空立体化交通体系优势，未来广州将以交通枢纽能级提升带动产业枢纽能级和城市功能能级全面提升为主线，奋力开启枢纽城市建设新征程。聚焦枢纽开发建设，持续推动机场、港口、铁路等枢纽设施优化布局和承载能力提升，围绕重大交通枢纽设施增强重大战略平台竞争力，通过产城人融合发展打造城市空间新增长极。聚焦枢纽搭建网络，形成高效畅通全球、有效联动陆海、纵向沟通南北、横向辐射东西的现代化交通网络，不断提升全球联系度，提升城市对外开放合作水平。聚焦枢纽流量转化，利用枢纽集聚人流、物流、资金流的规模优势，大力发展"枢纽+"经济，将要素流量高效导入实体经济中，增强经济发展新动能。

5. 建设宜居之城

为人民创造美好生活是城市发展的终极追求。综观全球，纽约、伦敦、新加坡等世界城市在制定中长期发展规划时越来越关注城市的品质和人的幸福感。事实上，城市的发展一方面要高度关注人口持续扩张可能带来的失业、居住成本提高、发展不平衡不充分等问题；另一方面要高度关注如何吸引更多人才资源，为全龄人口提供更优越的工作生活环境，持续保持城市发展活力。着眼于建设宜居之城，未来广州将加快推进城中村更新改造和优化城市治理模式，创造和提供更多的就业岗位、一流的创新创业平台、优质的公共服务、完善的住房保障、多元化国际化街区和社区生活圈，建设干净整洁、平安有序、公平包容、绿色美丽、城乡融合、社会和谐的幸福家园，持续增强对国内外人才尤其是青年人才的吸引力，不断满足市民的美好生活需要。

6. 建设人文之城

城市文化是一个城市的历史积淀和精神追求的综合体，集中体现了城市的软实力。增强综合文化实力可以有效提升城市吸引力、凝聚力、创造力和影响力，增强城市价值、提升城市文明，最终决定城市的历史地位。事实上，举世闻名的城市，往往都有扑面而来的精神气质。未来，聚焦建设社会主义文化强国城市范例的目标，延续城市历史文脉，活化新时代广州精神，广州将聚焦城市目标定位提炼城市文化特质和形象，着力推动千年城脉、文脉、商脉融合发展。加强城市历史文化遗产保护传承，全面阐释和传播红色文化、岭南文化、海丝文化、创新文化，凝练升华独具魅力的城市精神特质，持续增强城市文化厚重感。建设充满生机的文化产业，涵养令人向往的城市文明诗意，在守正创新中彰显城市文化的美感和活力。

7.建设韧性之城

韧性城市强调城市在灾害等外部冲击下能够做出及时响应实现可持续发展的能力。习近平总书记2023年11月在北京考察时，明确指出要把建设韧性城市和推进乡村振兴、生态文明、高质量发展紧密结合，增强城市防灾减灾救灾能力。事实上，近年来超大城市面临自然灾害、突发事件、公共安全、重大疫情等意外事件冲击的威胁，建设韧性城市十分必要。着眼于建设韧性城市，广州将强化平急两用公共基础设施建设，一体化推进海绵城市、孪生城市、生态城市建设，完善超大城市应急管理和安全防灾能力。统筹城乡生产、生活、生态布局，高水平建设南沙、东部中心、北部增长极等区域，优化提升老城区空间品质，推动城中村、城郊接合部的管控、改造和更新，优化城乡硬件和软件环境。着力建设生态城市、绿色城市、花园城市，全面增强可持续发展能力。

四 广州建设国家中心城市的思考与建议

全球城市演进具有某些共同趋势规律，但各城市发展路径又具有多样性。因此，广州建设引领型国家中心城市、迈向出新出彩的中心型世界城市，必须牢牢把握全球城市发展趋势，审视自身在全球城市体系中的地位和优势，探索具有广州特色的发展道路。

（一）强化重大战略功能平台谋划建设

1.谋划建设穗莞合作示范区

抓住环珠江口100公里"黄金内湾"建设的新机遇，充分发挥广州东

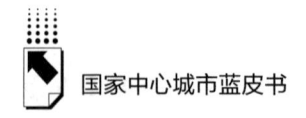

部中心空间潜力和智造高地优势，加快完善与东莞交界地区的城市配套和交通设施，探索与东莞水乡功能区共建穗莞合作区，以"科技创新+先进制造"为核心定位，推动创新链、产业链、资金链、人才链互补对接，积极推动与东莞融合发展，拓展广州东部向湾发展空间。

2. 谋划建设广深合作示范区

以深中通道建设开通为契机，充分发挥广州南沙区南部片区和深圳宝安区临海片区海洋经济和空港经济发展基础优势，高标准探索广深合作示范区。该示范区可以空海经济融合发展为核心定位，依托空港、海港以及科技创新优势，重点推动临空经济和海洋经济协同发展，与北部的空铁融合经济示范区形成南北呼应之势，为广深双城联动发展打造新平台。

3. 谋划建设湾区未来科技城

充分发挥广州大学城集聚众多知名高校、国家重点实验室、工程实验室等研发创新平台以及拥有大量各类科技创新人才的优势，运用创新、文明、生态、和谐的现代城市规划建设理念，优化创新功能、科研功能、产业功能、孵化功能、服务功能，以广州大学城为核心，联合周边的国际科技创新城、国际生物岛、广汽基地等区域，全面增强粤港澳大湾区研发创新中心、科技孵化中心、创新人才输出中心功能，着力打造湾区未来科技城。

4. 谋划建设新的中央活动区

在南部的南沙地区、东部的东部中心片区、北部的北部增长极区域，高水平谋划建设面向未来的超级中央活动区，着力增强商业贸易、商务办公、文化演艺、旅游休闲、消费娱乐、生活居住、高端专业服务等功能，与已经发展相对成熟且具有较强竞争力的天河中央商务区和正在建设中的第二中央商务区，协同打造面向全球的城市活动中心和活力中心。

（二）多领域多层次促进联动融合发展

1. 突出教育—科技—金融—产业融合互动

借鉴国内外先进经验，充分发挥政府顶层设计和市场机制作用，通过科研院所、高等院校、龙头企业、领军企业的协同联动，高标准建设环五山、环大学城、环庆盛、环南沙大科学装置周边地区等重要创新枢纽型空间，重点布局重大科技基础设施、科技创新研发机构、科技创新孵化基地、科技创新服务体系、高新技术产业，促进科研院所、高校、创新型企业科研科技资源整合并形成创新联合体，打造粤港澳大湾区科研院所科技成果孵化和转化示范带，协同提升"0到1"的原始创新能力和"1到N"的应用创新能力。

2.突出以超级功能区组合引领发展空间联动

推动粤港深度合作园、粤澳合作葡语国家产业园、黄埔穗港智造特别合作区、穗港科技合作园、粤港澳大湾区服务贸易自由化示范区等粤港澳合作功能平台形成联动效应和聚合效应。加快布局建设国际街区、国际商圈、粤港澳青年创新创业基地，引进港澳及国际机构和社会组织，加强与港澳在科技、产业、文化、教育等领域交流合作。推动广州高新区、广州开发区、增城开发区、南沙开发区、南沙自贸区、琶洲高新区等国家级和省级产业平台政策集成和联动发展。加快推动南沙科学城、广州科学城、中新广州知识城等主导功能突出的功能区建设，织密城市空间增长极点。

3.突出以珠江高质量发展带联动三大发展轴

综观全球，滨水地区都是极其珍贵的空间资源。纽约、伦敦、东京、新加坡、巴黎、上海等著名全球城市都非常注重沿江沿河地区的开发建设。2200多年以来，虽然广州城市空间开发建设经历了不同的战略导向阶段，但珠江始终发挥着举足轻重的作用，有效串联起了城市经济和创新版图。活力创新轴、城市老中轴、城市新中轴在空间上都大致呈南北走向且平行分布，且均大致与珠江高质量发展带呈垂直交叉分布。立足于这一形态特征，可以"三轴一带"协同构建广州城市空间整体框架，充分依托珠江高质量发展带作为纽带，推动三大发展轴强化各自特色功能定位，在空间和功能上形成相互支撑、相互呼应、深度融合互动的新格局。

（三）推动空间资源整合优化提升

1.精准识别并增加产业创新空间供给

围绕创新枢纽、创新节点、创新机构，通过城市更新等方式打造连片式、品质化、特色化新空间，加快培育功能互补的科技创新功能区体系，促进城市内部各类创新空间协同联动，激发创新市场活力。围绕支撑新质生产力发展，布局建设生物医药、人工智能、新材料、未来制造等未来产业园，推进颠覆性技术研发和转化，率先开展应用场景试点试验，加快形成产业化生态。支持存量用地创新转型利用，盘活低效能工业厂房、仓储用房、商业用房和办公用房，为科技创新项目、新兴产业项目提供高质量、低成本的空间载体。

2. 统筹推进地上地下空间协同开发建设

为应对城市发展面临的日益紧张的空间压力，需要高度重视统筹推动地上空间和地下空间开发建设，为未来要素集聚拓展更多空间载体。借鉴国内外先进城市经验，同步规划以城市公共中心、轨道交通车站为核心进行地上地下空间的一体化利用，布局建设博物馆、图书馆、体育馆、艺术馆等高品质的文体设施，以及集商业、娱乐、休闲于一体的地下智慧城市项目，实现绿地、公园、市政、商业等设施的功能复合，促进地下停车、轨道交通、立体步行网络等互联互通，提升地下公共空间的品质与活力。

参考文献

开欣：《论全球城市网络结构的特征及发展演变趋势》，《全球城市研究》2023年第9期。

姜炎鹏等：《全球城市的研究脉络、理论论争与前沿领域》，《人文地理》2021年第5期。

李恩康：《全球城市网络联系强度的时空演化研究》，《地理科学》2020年第1期。

〔英〕诺南·帕蒂森主编《城市研究手册》，郭爱军等译校，格致出版社，2022。

苏宁：《全球城市迭代发展的理论探索与中国实践》，上海人民出版社，2022。

屠启宇：《丝路城市2.0——"一带一路"沿线国际城市网络与中国"走出去"战略支点布局》，社会科学文献出版社，2023。

徐刚：《西方世界城市网络的理论、方法和议题》，《地理科学进展》2024年第1期。

〔英〕约翰·哈里斯、迈克尔·霍伊勒主编《全球城市研究》，周振华译，格致出版社，2022。

叶青:《面向 2050 全球城市现代化战略》,中国经济出版社,2022。

张同斌:《中国城市圈层空间经济结构变迁的内在机理研究》,《经济学》(季刊)2021 年第 6 期。

朱小川:《全球城市的模式演变和动力机制研究》,《全球城市研究》2023 年第 3 期。

周振华:《崛起中的全球城市:理论框架及中国模式研究》,上海人民出版社,2008。

周振华、张广生主编《全球城市发展报告 2022》,格致出版社,2022。

周振华、张广生主编《全球城市发展报告 2021》,格致出版社,2021。

周振华、张广生主编《全球城市发展报告 2020》,格致出版社,2021。

周振华:《基于全球城市网络的城市竞合关系研究》,《上海经济研究》2024 年第 2 期。

B.7 成都建设国内大循环战略腹地的超大城市探索与实践

杨继瑞 付莎 杜思远*

摘 要： 成都作为超大城市，在国内大循环战略腹地和国内国际双循环门户枢纽建设上，进行了卓有成效的创新探索与深入实践，形成了若干特点及经验。但是，成都仍面临诸多问题，如动力不足、创新优势转化不够、产业发展层次不高等。因此，发展新质生产力，以建圈强链提高经济质量和优化经济结构，无疑是激发和重塑超大城市高质量发展的路径抉择。

关键词： 超大城市 成都 双循环 现代化产业体系 建圈强链

作为双循环的重要支撑点和动力源，国家中心城市特别是其中的特大型城市、超大城市在推动内需扩大、引导消费升级、促进投资结构优化以及增强创新能力等方面都具有不可替代的作用。国家中心城市特别是其中的超大城市，通常具备雄厚的产业基础、完善的基础设施、丰富的人才资源和强大的科技创新能力，这使得其在推动供给侧结构性改革方面拥有独特的优势。同时，成都等超大城市庞大的市场规模和多元化的消费需求，也为扩大内需提供了广阔的空间。

---

* 杨继瑞，博士，中国区域经济学会副理事长，西南财经大学成渝经济区发展研究院院长、教授、博士生导师，研究方向为区域经济、消费经济等；付莎，博士，成都大学商学院讲师，研究方向为区域经济、数字经济等；杜思远，博士，四川旅游学院科技处副处长、副教授，研究方向为区域经济、消费经济、旅游行为等。

一 畅通以国内大循环为主体的双循环：成都的积极探索与创新实践

近年来，成都抢抓成渝地区双城经济圈建设、成都都市圈建设等叠加机遇，着力加快建设国内大循环战略腹地和国内国际双循环门户枢纽，正行稳致远迈向高质量发展，增添了新时代超大城市高质量发展的强劲动力。

（一）以产业建圈强链全力推动经济发展量质齐升

现代化产业体系强，超大城市才能更强。近年来，成都持续下大力气狠抓产业建圈强链行动，以期在城市格局加速演变、产业趋势变革重塑的转型期，重构新时代战略大后方重要支撑极的"四梁八柱"。

产业建圈强链是成都推动经济发展的重要策略之一。成都通过加强产业链上下游企业的合作，形成紧密的产业生态圈，提高整个产业的竞争力和抗风险能力。成都以重点产业为主线，优化产业布局，加强产业链整合和延伸，推动形成一批具有全球竞争力的产业集群。作为成都聚焦的28条重点产业链之一，新能源汽车产业呈现了蓬勃发展的趋势。那些耳熟能详的京东方、富士康、一汽大众等重点企业，都是与成都相识十多年的"城市合伙人"。

在开辟未来产业新赛道方面，成都紧跟科技革命和产业变革趋势，聚焦新经济、新产业、新业态，大力发展数字经济、智能经济、绿色经济等新兴产业。通过政策引导、资本支持、人才引进等措施，推动新兴产业快速崛起，为城市经济发展注入新的活力。

为了加快构建现代化产业体系，成都注重产业转型升级和创新发展。通过深化供给侧结构性改革，推动传统产业向高端化、智能化、绿色化方向转型升级。同时，加强科技创新和成果转化，培育一批具有自主知识产权和核心竞争力的创新型企业，提高整个产业的创新能力和竞争力。

在实施这些战略的过程中，成都充分发挥国家中心城市的引领和辐射带动作用，加强与周边地区的合作，推动城市群、都市圈等区域一体化发展。通过优化营商环境、加强人才培养和引进等措施，吸引更多的优质资源和要素聚集于成都，为城市的经济发展提供有力支撑。

（二）中欧班列国际班列为外贸高水平发展固稳增效

中欧班列国际班列凭借其显著优势，成为国际物流中的重要方式和中欧共建"一带一路"的标志性品牌，对亚欧大陆乃至全球的经济增长和贸易繁荣作出积极贡献。2013年4月26日，成都至波兰罗兹的国际列车首次开行，这标志着中欧班列的开端。这一铁路线已经成功运行了十多年，其绿色低碳、安全高效、便捷畅通等特点，不仅改变了亚欧国际运输的模式，也为共建国家的经贸合作搭建了新的平台。中欧班列已经成为国际物流中不可或缺的陆路运输方式，并成为中欧共建"一带一路"的重要象征。其高效运营极大地提升了亚欧大陆铁路的连通性，推动了海铁、公铁、空铁等多式联运的蓬勃发展。作为国内最早发展临空经济的城市之一，成都天府临空经济区发展居全国位列。《中国临空经济发展指数报告（2022）》显示，成都临空经济示范区总指数排名仅次于上海浦东临空经济区、北京首都机场临空经济示范区和广州临空经济示范区，位居全国第四。在保障产业链和供应链稳定方面，中欧班列国际班列发挥了关键作用，为区域经济增长提供了坚实的支撑，已成为中欧及共建国家贸易的"稳定器"和发展的"加速器"。中欧班列的成功运营充分展示了中国扩大高水平对外开放的决心和实际行动。通过中欧班列，中国不仅加强了与欧洲及共建国家的经贸联系，也为全球经济发展作出了积极贡献。未来，随着"一带一路"倡议的不断推进和中欧经贸关系的持续加深，中欧班列有望继续发挥更为重要的作用，为促进亚欧大陆和全球经济的增长与贸易繁荣贡献更大力量。

中欧班列国际班列对于提升成都贸易开放水平具有重要意义。中欧班列国际班列作为一种新型的国际物流方式，其高效、便捷的特点正在深刻改变中国的对外贸易格局，并推动城市贸易开放度的提升。这也进一步证明了中欧班列在深化"一带一路"建设、推动中国全面对外开放中的重要地位。中欧班列的开通显著提升了城市的贸易开放水平。据现有研究，城市班列的数量与城市的贸易开放程度呈正相关关系，开通的班列数量越多，城市的贸易开放程度就越高。同时，中欧班列对城市贸易开放度的影响具有显著的空间异质性。具体而言，中欧班列可以显著提升西部地区城市和大城市的贸易开放度。中欧班列在推动区域经济发展中的不均衡性为各城市进一步规范中欧班列发展、优化班列线路和站点布局提供了重要参考。

二 畅通以国内大循环为主体的双循环：成都值得推广的经验

成都作为中西部超大城市，正充分发挥其引领作用，集中力量推进重大项目，结合地方实际，因地制宜培育新质生产力，以推动城市持续繁荣与发展。目前，成都专注于优化产业生态圈，重点布局并构建电子信息、数字经济、航空航天、现代交通、绿色低碳、大健康、新消费以及现代农业八大产业生态圈。同时，成都敏锐地把握前沿技术和热点领域，确定了28条关键产业链作为主要发展方向，以此推动城市向高质量发展的目标迈进。

（一）聚焦重大项目因地制宜培育和发展新质生产力

2023年，成都新图景呈现了一场奔赴高质量发展高地、加快培育新质生产力、积蓄未来发展新势能的接力赛。2023年，成都地区生产总值超2.2万亿元[1]，连续15年获评"中国最具幸福感城市"，全国数字百强市排名提升至第5位[2]。下一步，成都有了更多新目标：地区生产总值增长6%左右，力争规模以上工业企业研发机构建成率提升至60%以上，新增规模以上工

---

[1] 资料来源：《2023年成都市国民经济和社会发展统计公报》。
[2] 资料来源：《成都登榜中国数字百强市第五》，中国新闻网，2023年9月7日，https://www.sc.chinanews.com.cn/cdxw/2023-09-07/194680.html。

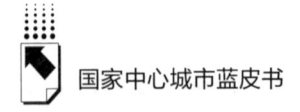

业企业500家以上，力争电子信息产业规模提升至1.3万亿元。① 在发展新质生产力的赛道上，成都正在对标竞进，向"新"而动。

成都坚定不移地推进重大项目，同时紧密结合地方特色，培育新质生产力。这种双管齐下的策略，不仅彰显了成都对于经济发展的深刻洞察，更体现了其作为超大城市的远见与担当。

成都进一步明确将重大项目作为经济高质量发展的核心引擎。通过聚焦产业建圈强链、制造强市、"三个做优做强"、"四大结构"优化调整等一系列战略部署，成都全力推动重大项目的招引与促建，为经济增长注入了强大的动力。数据显示，成都的重大项目数量与总投资额均实现了快速增长，其中30亿元以上的重大项目就达到112个，总投资额超过5219.53亿元。② 这些项目不仅规模庞大，而且结构优良，先进制造业项目占据主导，为成都的产业链升级和集聚提供了坚实支撑。

进入2024年，成都继续加大重大项目的推进力度。在四川省的第一季度重大项目现场推进活动中，成都参与的项目数量和投资额均创历史新高。值得一提的是，成都高新区的多个产业项目尤为引人注目，如京东方8.6代AMOLED生产线项目等，这些项目的建成将极大提升成都的电子信息产业实力，推动"成都造"在全球市场的占有率持续攀升。

此外，成都还在航空产业方面取得了重大突破。空客飞机全生命周期服务中心的正式运营，不仅标志着成都在航空领域的全新发展格局，更预示着双流航空经济将迎来新的增长点。这一项目的成功投运，将进一步吸引上下游关联产业的集聚，助力成都航空产业的建圈强链。

在培育新质生产力方面，成都也展现出了卓越的远见。通过增资扩股、技术引进等方式，成都不断推动本土企业的升级换代。以京东方为例，其注

---

① 资料来源：《向"新"而动，成都加快培育新质生产力》，新华网，2024年3月29日，http://www.sc.xinhuanet.com/20240329/4ccf921722c34120b828b45f4e250dbd/c.html。
② 资料来源：《2023年成都引进重大项目和高能级项目总投资超6300亿元》，成都市人民政府网，https://www.chengdu.gov.cn/cdsrmzf/c169603/2024-02/13/content_6af2f7970497440fb7ae37b877b9669e.shtml。

册资本大幅增加的背后，是成都对新型显示行业发展的坚定信心。而京东方8.6代AMOLED生产线的建成投产，更是成都制造业发展史上的一大里程碑。它将提升成都电子信息产业的实力，助力我国新型显示行业实现从跟跑到领跑的跨越式发展。

总体来说，成都在推进重大项目和培育新质生产力方面展现出了强大的决心和实力。通过紧密结合地方实际，成都正逐步构建起一个多元化、高层次的现代产业体系。这不仅为成都的经济发展注入了新的活力，更将推动成都作为国家中心城市在全球竞争格局中的地位不断攀升。

（二）未来产业绘就中国式现代化万千气象的成都篇章

成都聚焦未来产业，实施产业建圈强链战略。自2021年12月起，成都便开始了这一行动，旨在围绕重点产业打造坚实的产业链。经过精心规划与布局，成都已经明确了电子信息、数字经济、航空航天、现代交通、绿色低碳、大健康、新消费、现代农业八大产业生态圈，并细分出28条重点产业链。这些生态圈与产业链的形成，不仅体现了成都对未来产业发展的深思熟虑，更彰显了其建圈强链的决心。特别是新消费产业生态圈，涵盖了旅游业、文创业、会展业等多个重点产业链，显示了成都在促进消费、扩大内需方面的长远规划。通过这样的战略布局，成都正逐步构建起一个多元化、高层次的现代产业体系，为城市的未来发展注入新的活力。这不仅将推动成都经济的持续增长，更将巩固其作为国家中心城市的战略地位。

成都坚持科技引领、创新驱动，加快构建现代化产业体系。科技创新动力强劲，西部（成都）科学城与成渝（兴隆湖）综合性科学中心的加快建设，彰显了其在科技领域的雄心壮志。国家高端航空装备技术创新中心的揭牌，重大科技基础设施的启动建设，以及全国首个民航科技创新示范区的建成投运，都标志着成都在科技创新方面取得了显著成就。同时，天府实验室的实体化运行，国家级科技创新平台的增加，都进一步提升了成都的科技创新实力。

在先进制造业方面，成都同样展现出强大的提档升级能力。成都出台制造强市建设"1+1+6"政策体系和"工业上楼"专项政策，成功举办世界显示产业大会、中国质量（成都）大会，规模以上工业企业数量持续增加，新增国家级专精特新"小巨人"企业数量喜人。同时，新引进的制造业重大项目和产业链关键配套项目，为成都的制造业注入了新的活力。产业发展质效的明显提升，规模以上工业增加值的增长，都体现了成都在先进制造业方面的强劲实力。

在现代服务业方面，成都也在不断提质增效。金融机构存贷款余额的增长，会展业总收入的倍增，都显示了成都在现代服务业领域的蓬勃发展。同时，文旅活动的丰富多样，智慧商圈的建设，以及体育、文创产业规模的扩大，都进一步提升了成都现代服务业的品质和效益。

在现代都市农业方面，成都同样保持稳定发展态势。"天府良田"建设攻坚提质行动的推进，高标准农田的新建，以及粮食的丰收，都体现了成都在现代农业领域的坚实基础。同时，"天府良种"的培育，"天府良机"的打造，以及农商文旅体的融合发展，都为成都现代都市农业的稳定发展注入了新的动力。

总体来说，成都在加快构建现代化产业体系的道路上，展现出强大的决心和实力。从科技创新的强劲动力，到先进制造业的提档升级，再到现代服务业的提质增效以及现代都市农业的稳定发展，成都正以其独特的魅力和无限的活力，迈向更加美好的未来。

（三）以营商环境6.0版为高质量发展保驾护航

成都持续优化营商环境对其作为国家中心城市地位的提升、经济的发展、企业吸引力的增强以及城市竞争力的提升等方面都具有深远的影响。成都紧跟世界银行营商环境最新评价体系的步伐，同时借鉴国内先进城市的营商环境改革经验，积极创新并差异化地优化本地营商环境。在2024年初，成都市出台了《成都市持续优化营商环境促进企业高质量发展若干举措》，标志着营商环境6.0版政策的正式落地。这一全新版本的政策涵盖了12个部分，共计100条精细化举措，其中不仅包含对上级要求的精准落实、对世界银行评价体系的对接、对先进城市经验的借鉴，还大幅增加了本地特色做法，并对存在的工作弱项进行了针对性强化。

在营商环境6.0版政策中，"12345亲清在线"领衔的四位一体服务体系成为打造成都特色营商环境品牌的重要着力点。为了进一步强化这一服务体系，2024年春节后的第一个工作日，成都市就召开了提能"12345亲清在线"做优一流营商环境工作推进会。会上，成都市正式发布了一系列"12345亲清在线"的创新应用场景，包括"蓉易享"、"蓉易贷"、"蓉易诉"、"蓉税乐企"、"蓉易用"以及信用报告代替无违法违规证明实施方案六大创新服务。这些创新不仅优化了服务流程，还提升了服务效率，使得"优化""持续""提升"成为2024年推进会上的关键词。

成都通过独特的"12345亲清在线"服务，不仅展示了城市在治理创新上的决心和能力，更将市场主体的服务提升到了新的水平。这项服务不仅是对智慧城市治理的数字化赋能，更是成都在持续优化营商环境、积极培育市场主体和增强城市可持续发展动力方面的重要措施。"12345亲清在线"作为一种现代化的服务方式，不仅显著提升了成都的基础服务水平，而且为未来的服务改进和效率提升打下了坚实的基础。然而，这是一个需要政府、民众以及软硬环境等多方协同合作和持续跟进的长期过程。

外资企业之所以选择落户成都，首先是基于它们对中国市场的深厚信心，其次是被成都在全国经济版图中的重要地位所吸引。成都的经济总量、外资吸引力、外贸活跃度等关键经济指标长期位居中西部地区前列。同时，成都还拥有产业和人才等综合优势，使得这座城市成为外资企业投资发展的理想选择。这些都进一步凸显了成都持续优化营商环境、不断提升服务水平的必要性和重要性。成都正以其坚实的经济基础、优越的地理位置和不断创新的营商环境，吸引着全球企业的目光，展现出一座城市的繁荣与活力。

（四）中欧班列国际班列为外贸高水平发展增稳增效

成渝地区作为我国西部地区开放程度最高的区域，被赋予了"联手打造内陆改革开放高地"的使命。打造开放高地，就得构筑一条"陆海互济、

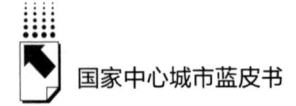

四向拓展、综合立体的国际大通道",成都青白江区是这条黄金大通道的重要节点。

中欧班列国际班列以其高效稳定的运输特性,已经深深地嵌入众多企业的供应链,成为保障生产流程顺畅运转的"稳定器"。相较于传统的海运方式,中欧班列国际班列的运输时效提升了一倍,这一显著优势为企业生产提供了更为充裕的时间窗口,有效缓解了生产压力,优化了库存管理。随着欧洲市场对中国消费品的需求呈现持续增长的态势,中欧班列国际班列在国际物流领域的重要性也日益凸显。众多国际物流企业纷纷将目光投向这条高效快捷的运输通道,将其视为满足欧洲市场需求、提升供应链效率的关键环节。中欧班列不仅实现了从起点到终点的全程运输无缝衔接,更在运输过程中展现了极高的稳定性和可控性。这一特点对于跨境电商客户而言尤为重要,因为他们需要在全球范围内快速、准确地配送商品。中欧班列的稳定高效为这些客户提供了可靠的物流通道,有力支撑了跨境电商业务的蓬勃发展。

过去十年,一趟又一趟的中欧班列国际班列在成都青白江区驶进驶出,班列越来越密、目的地越来越多、费用越来越低,成为全国中欧班列中最耀眼的"明星"。数据显示,2023年中欧班列国际班列开行总量17523列,同比增加961列;发送货物1901949 TEU,同比增加287841 TEU;成都开行总量1939列,同比增加113列;发送货物209380 TEU,同比增加31224 TEU。①

三　畅通以国内大循环为主体的双循环:成都面临的挑战

在当前的经济形势下,国家中心城市,尤其是特大型城市和超大城市,被赋予了在国内大循环中扮演内需主动力与主力军的重要角色。这些城市不仅是经济活动的聚集地,更是推动国内需求增长、引领产业结构升级和创新发展的关键力量。以成都为例,其在国家经济发展中占据了举足轻重的地位。但还必须正视并解决一系列问题和挑战。

---

① 资料来源:中欧班列网。

（一）城市发展动力不足，需要新的增长动力

为了确保经济的持续健康发展，成都需要找到新的增长点，这些增长点可以来自多个方面，包括新兴产业、现代服务业、传统产业的转型升级以及创新驱动等。

首先，新兴产业的培育和发展是成都未来增长的重要方向。加快发展数字经济、智能制造、新能源等新兴产业，提高技术密集型产业和高附加值产业的比重，可以为城市经济注入新的活力。其次，现代服务业的提升和发展也是关键所在，特别是信息技术服务、电子商务、文化旅游等产业。引导企业加大研发投入和技术创新力度，推动现代服务业高端化、智能化发展，可以进一步提升城市的服务品质和竞争力。再次，传统产业的转型升级同样重要。成都的传统产业包括机械制造、纺织服装、化工等，这些产业目前面临着转型升级的压力和挑战。加强技术创新、品牌建设和市场营销，提高产品的知名度和美誉度，可以推动传统产业焕发新的生机。最后，创新驱动是城市发展的核心动力。加强科技创新和人才培养，提高企业的技术水平和核心竞争力，可以推动成都实现更高质量的发展。

综上所述，面对"城市发展动力不足"的问题，成都需要在新兴产业、现代服务业、传统产业转型升级以及创新驱动等多个方面寻找新的增长点，以确保经济的持续健康发展。

（二）创新优势转化欠佳，影响成都城市竞争力持续提升

创新资源的转化是一个复杂的过程，涉及技术研发、商业模式创新、市场推广等多个环节。在这个过程中，成都可能面临技术研发与市场需求脱节、创新成果难以商业化、创新生态体系不完善等问题。这些问题导致创新资源潜力无法得到充分发挥，进而影响城市的整体创新能力和竞争力。为了提升城市竞争力，成都需要采取一系列措施来加强创新资源的转化。首先，加强科技研发与市场需求的对接，确保技术研发方向符合市场需求。其次，构建完善的创新生态体系，包括提供创新支持政策、建设创新平台、培育创

新文化等，以吸引更多的创新资源和人才集聚。最后，加强创新成果的商业化推广，通过合作、孵化等方式将创新成果推向市场，实现其经济价值。通过这些措施，成都可以更有效地将创新资源转化为实际经济成果，提升城市的经济增长潜力和效率，进而增强城市竞争力，在全球城市竞争中脱颖而出，实现更高水平的发展。

（三）产业发展层次不高，城市整体竞争力有待提高

在全球经济一体化的背景下，城市间的竞争已不仅仅局限于传统的生产要素，而更多地转向产业附加值的提升。产业附加值的高低直接决定了城市在全球价值链中的位置，进而影响到城市的整体竞争力和可持续发展能力。对于成都而言，要提升产业附加值，必须从多个方面入手。首先，加强技术创新是关键。成都应通过加大研发投入，培养和吸引高素质科研人才，推动新技术、新产品的研发和应用，以提升产业的科技含量和附加值。其次，优化产业结构也至关重要。成都应着力发展高新技术产业、现代服务业和总部经济等高附加值产业，同时推动传统产业的转型升级，以降低资源消耗和环境污染，提高产业的整体效益。最后，成都还应积极参与全球产业分工和合作，嵌入全球价值链的高端环节。通过加强与国际先进企业和研发机构的合作，引进先进技术和管理经验，提升本土企业的国际竞争力，进而在全球价值链中占据更有利的位置。面对"产业发展层次不高"的问题，成都必须加快产业结构调整和升级的步伐，通过技术创新、产业结构优化和全球合作等措施，不断提升产业附加值，以在全球价值链中占据更有利的位置，推动城市的持续健康发展。

（四）城市功能不完善，城市宜居性有待进一步提升

成都在基础设施和公共服务等方面存在短板，直接影响到城市的宜居性和吸引力。为了打造一座宜居宜业、充满活力的现代化大都市，成都必须在基础设施建设和公共服务提升上下足功夫。首先，基础设施建设是城市发展的基石。成都应加大投入，加快交通、水利、能源、信息等基础设施建设，

构建功能完善、安全高效的现代化基础设施体系。特别是要优先发展公共交通，缓解城市交通拥堵问题，提高市民出行效率。其次，公共服务是提升城市宜居性和吸引力的关键。成都应进一步完善教育、医疗、文化、体育等公共服务设施，提高公共服务质量和水平。同时，要关注老龄化趋势，加强养老设施建设和服务供给，让市民老有所依、老有所养。最后，成都还应注重城市生态环境的保护和改善。通过加强绿化建设、治理环境污染、推广节能环保技术等措施，打造绿色生态、宜居宜游的城市环境，提升市民的幸福感和归属感。面对"城市功能不完善"的问题，成都应坚持问题导向，加大投入力度，加快基础设施建设和公共服务提升步伐，不断完善城市功能，提高城市的宜居性和吸引力。这将有助于成都在新一轮城市竞争中脱颖而出，成为一座令人向往的现代化大都市。

（五）城乡融合不够深，需要进一步缩小城乡差距

城乡融合能够释放农村的发展潜力，为城市提供更加广阔的市场和更加丰富的资源。同时，也可以为农村居民提供更多的发展机会，提高他们的生活水平，从而进一步缩小城乡差距，实现社会的全面进步和共同富裕。成都需要着力推动城乡深度融合，确保城乡居民能够共享现代化的发展成果。成都须加大力度推动城乡在规划、基础设施、公共服务、产业发展等多个方面的融合。这包括制定统一的城乡规划，确保城乡发展在空间布局上的协调；加强城乡基础设施的互联互通，推动公共服务向农村延伸；促进城乡产业协同发展，创造更多的就业机会；推动城乡社会事业的一体化发展，确保城乡居民在教育、医疗、文化等方面享有平等的机会。

四 畅通以国内大循环为主体的双循环：成都的新方略

针对城市发展动力不足、创新优势转化欠佳、产业发展层次不高、城市功能不完善、城乡融合不够深等问题，成都要以问题为导向，聚焦铸长板、补短板，赋能成都建设国内大循环战略腹地和国内国际双循环门户枢纽。

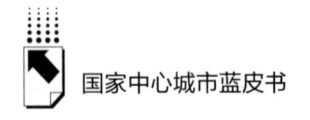

（一）做强做优现代化产业体系

增强大都市制造业的功能，稳固"存量"。大力发展食品饮料、绿色智能制造、智能网联汽车、航空航天、生物医药、脑科学、人工智能大模型等支撑城市人口集聚、贴近用户消费、面向科技前沿的制造业，提升人口集聚度和支撑力。瞄准加强研发、设计、销售等高附加值环节，更好贴近消费者和用户需求。

建立承接东部产业转移"特区"，扩大"增量"。探索经济区和行政区适度分离的飞地模式，与东部地区锁定存量、增量分成，通过注入资本金、融资奖励、标准厂房建设奖励、考核奖励等方式，支持承接平台基础设施建设，通过事后奖补、设立东部产业转移基金等方式，推动产业项目引进建设。

抢滩布局未来产业，蓄积"潜量"。将6G通信、合成生物、下一代移动通信等战略性未来产业打造成为新一代支柱产业；将空天产业、高性能医疗器械等趋势型未来产业作为技术路线和商业业态创新的主要领域；以扩展现实（XR）、脑科学应用等人本型未来产业为着力点，服务于城市内涵式发展和居民高品质生活，做大新经济"潜量"。

成都要成为向西开放战略高地和参与国际竞争新基地的重要支撑极，畅通以国内大循环为主体的双循环，还应在以下几个方面发力。一是加大招商引资力度。积极引进国内外优质企业和项目，特别是在高新技术产业、现代服务业和总部经济等领域，提升成都的产业集聚度和吸引力。二是深化区域合作。加强与周边城市及国内外重要经济区域的合作，实现资源共享、优势互补，拓展市场空间。三是激发民营经济活力。优化营商环境，降低市场准入门槛，支持民营企业发展壮大，提高经济总量中民营经济的比重。四是加强基础设施建设。完善交通、信息、能源等基础设施网络，提升城市功能和承载能力，为经济总量的扩张提供有力支撑。

（二）以培育和发展新质生产力抢占未来产业赛道

成都要成为向西开放战略高地和参与国际竞争新基地的重要支撑极，畅通以国内大循环为主体的双循环，要着力以"五大行动"为抓手，深入推进产业建圈强链。实施"大企业"培优增效行动、"大产业"立柱架梁行动、"大平台"提级赋能行动、"大项目"扩容增量行动、"大环境"生态优化行动五大提升行动，为制造业高质量发展蓄势储能，统筹推进建圈强链、支撑工业强市各项工作。

以产业技术创新为先手，抢占战略性新兴产业制高点。推动政府和科技领军企业共建国家大学科技园，不断完善体制机制，提升科技成果转化和孵化能力，探索"未来科学技术+科技成果权属改革+中试研发平台+'专精特新'企业孵化服务+未来产业培育+反哺高校学科建设"的未来产业科技园发展模式，高水平打造科学技术策源地、创新企业孵化器、产业集聚区高地。

以创投基金等为推手，加速产业创新集群培育。以新质生产力培育为核心、全周期科技创投为支撑，发挥国有金融资本引导作用和对社会资本的汇集功能，集聚要素资源，促进强链补链，实现产业要素和创新要素的深度匹配，探索创新集群引领产业转型升级路径。

一是推进创新驱动发展战略。加大科技创新投入，建设一批高水平创新平台和科技孵化器，培育创新型企业和科技人才队伍，提升经济发展的科技含量和附加值。二是优化产业结构。加快发展高新技术产业、现代服务业和现代农业，推动传统产业转型升级，构建现代化产业体系。三是实施品牌战略。鼓励企业创建自主品牌，提升产品和服务质量，增强市场竞争力。四是推动绿色发展。加强生态环境保护，发展循环经济、低碳经济，提高资源利用效率，实现经济发展与环境保护的良性循环。

（三）要在做优经济结构上激发高质量发展新动力

成都要成为向西开放战略高地和参与国际竞争新基地的重要支撑极，畅通以国内大循环为主体的双循环，要着力以新型工业化为引领，突出规上工业企业"智改数转"，实现工业转型升级；以颠覆性技术与前沿技术来催生新产业、新模式、新动能；以物联网、数联网提升都市农业竞争力，实现农业现代化；以工业互联网推动科技性服务业和生产性服务业提质升位，推动

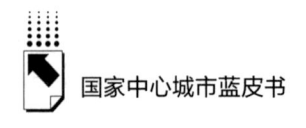

实现服务业现代化和三次产业融合。

在新型制造业上发力。面向产业未来组织方式和生产方式，鼓励企业探索柔性制造、用户参与制造、共享制造、云制造、虚拟制造、分布式制造、软件定义制造、厂外制造、人机融合制造、设计师驱动制造、订阅制造等新型制造业。

提升数字经济占比。加快培育以数据要素为基础、算力平台和节点为核心优势的人工智能产业，发展无人机、卫星互联网、网络信息安全、工业机器人、金融科技等技术型新经济产业，培育数字经济新优势。

一是优化空间布局。合理规划城市发展空间，推动产业集聚、人口集聚和功能集成，构建大中小城市和小城镇协调发展的城镇格局。二是调整产业比例。根据市场需求和资源环境承载能力，适时调整三次产业比例，推动产业结构向更高级别演进。三是促进城乡融合发展。推动城乡产业协同发展，加快农村一二三产业融合发展，缩小城乡发展差距。四是深化供给侧结构性改革。以供给侧结构性改革为主线，推动经济发展质量变革、效率变革、动力变革，提高全要素生产率。

成都要成为向西开放战略高地和参与国际竞争新基地的重要支撑极，畅通以国内大循环为主体的双循环，还要充分发挥西部陆海新通道重要支撑极的区位优势，在铁公水空立体大通道建设上发力，发挥其在区域经济发展中的引领和辐射带动作用，加强与其他城市的合作与交流，实现资源共享、协同发展、高质量发展。

参考文献

方行明、鲁玉秀、魏静：《中欧班列开通对中国城市贸易开放度的影响——基于"一带一路"建设的视角》，《国际经贸探索》2020年第2期。

刘吕红、常红艳：《中国共产党领导国家中心城市建设的进程、逻辑及经验》，《中州学刊》2023年第11期。

吴正海、范建刚：《国家中心城市：功能特征、发展指数与建设进路》，《城市规划》

2023 年第 8 期。

张祥建、李永盛、赵晓雷：《中欧班列对内陆地区贸易增长的影响效应研究》，《财经研究》2019 年第 11 期。

张占仓：《建设国家中心城市的战略意义与推进对策》，《中州学刊》2017 年第 4 期。

周学仁、张越：《国际运输通道与中国进出口增长——来自中欧班列的证据》，《管理世界》2021 年第 4 期。

B.8
新发展格局下武汉市经济高质量发展研究

秦尊文 黄玥*

摘 要： 中央经济工作会议指出，2023年我国经济回升向好，高质量发展扎实推进，但仍面临有效需求不足等问题，国内大循环堵点依旧存在。武汉在2023年经济能级跃升，在高新技术产业、数字经济、新型工业化等方面取得阶段性成果。作为国家中心城市，武汉要正视发展问题，在塑造营商环境、提质产业发展、加深区域合作、升级城市管理等方面作出调整，为畅通国内国际双循环发挥主力军作用。

关键词： 新发展格局 武汉 高质量发展 数字经济

习近平总书记在党的二十大报告中强调，"高质量发展是全面建设社会主义现代化国家的首要任务"①。2023年是全面贯彻党的二十大精神的开局之年，也是实现经济高质量发展的一年。湖北省委提出，要牢牢把握高质量发展这个首要任务，加快建设全国构建新发展格局先行区，为强国建设、民族复兴贡献湖北力量。武汉市委提出，要以新气象新作为推动高质量发展取得新成效，努力在先行区建设中当先锋打头阵担当主力军。2023年，武汉市经济发展势头迅猛，依靠高新技术产业、数字经济等优势促进经济全面增长，全市经济总量突破2万亿元，为带动武汉都市圈、长江中游城市群乃至中部地区的经济发展打下了更

---

* 秦尊文，博士，中国区域经济学会副会长，湖北省社会科学院研究员，研究方向为区域经济、城市经济；黄玥，湖北省社会科学院长江流域经济研究所硕士研究生，研究方向为区域经济、城市经济。
① 习近平：《高举中国特色社会主义伟大旗帜 为全面建设社会主义现代化国家而团结奋斗——在中国共产党第二十次全国代表大会上的报告》，《人民日报》2022年10月16日。

坚实的基础。推动高质量发展需要因地制宜发展新质生产力。武汉市具有良好的工业基础，传统产业焕新升级，新兴产业蓬勃发展，是实现新型工业化的先锋阵地；人口稠密，交通条件优越，为提振消费、扩大内需、增强内生动力提供了优质条件。要继续把握高质量发展的首要任务，利用自身优势发展具有武汉特色的新质生产力，为畅通国内大循环、融入新发展格局继续努力。

一 武汉促进经济高质量发展的举措和成效

2023年武汉市经济总量攀上新的高峰（见图1）。经济增速回升，全年经济增长率达到5.7%，实现地区生产总值20011.65亿元，[①] 位列全国城市第9，是中部地区唯一一个GDP达到2万亿元的城市。武汉市积极践行习近平总书记在湖北武汉考察时的重要讲话精神，实施创新驱动发展战略，高新产业取得快速增长，全市数字经济成绩显著，新型工业化有序推进，科教优势深刻发挥，创新基础持续夯实。除了新质生产力的提升，武汉市在扩大内需、提振消费方面也作出了多项措施，有效促进了城市服务业、交通物流业等第三产业的发展。

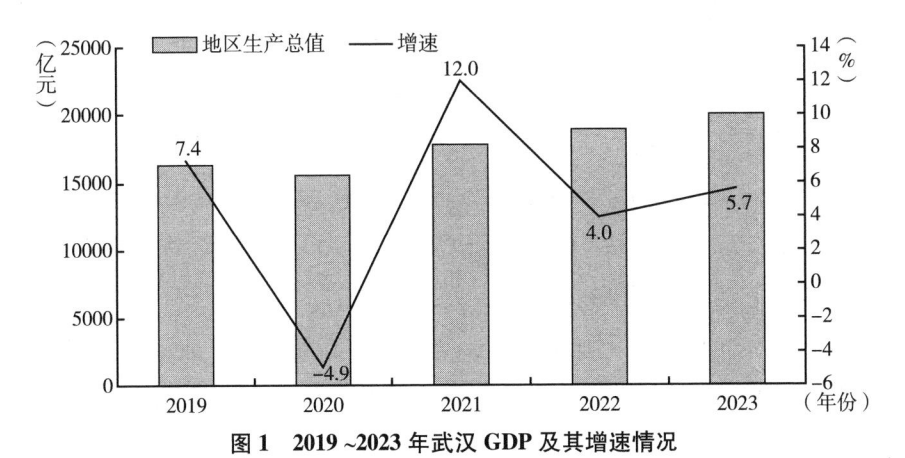

图1 2019~2023年武汉GDP及其增速情况

资料来源：历年《武汉市国民经济和社会发展统计公报》。

---

① 资料来源：《2023年武汉市国民经济和社会发展统计公报》。

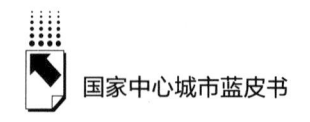

（一）经济总量迈上"2万亿"新台阶

GDP 成功进入"2 万亿俱乐部"，这是武汉厚积薄发的结果。在这一年中，武汉市 GDP 逐季攀升，经济活力有序增长，新登记经营主体 42 万户，总数突破 205 万户，境内外上市企业突破 100 家。突破性发展优势产业，光电子信息、生命健康、新能源与智能网联汽车、高端装备制造、北斗五大优势产业营业收入占规模以上工业的比重超过 55%。产业结构持续升级，全市三次产业结构调整为 2.4∶34.0∶63.6，[1] 其中，第三产业增加值占 GDP 的比重比上年提升 1.7 个百分点，数字经济核心产业增加值占 GDP 的比重约为 11%。武汉市政府采取了多项措施，实施了多项政策，为经济总量的上升作出了充分努力。

武汉市通过坚持扩大内需带动消费和投资，促进经济增长。举办促消费活动 2300 余场，开业武汉京东购物中心等 6 个大型商业项目，继续开展"一刻钟便民生活圈"建设，为居民的休闲、娱乐、购物、社交等需求提供充分支持。打造 11 个直播电商集聚区，电子商务交易额突破 1.7 万亿元，抓住线上消费的经济潮流。旅游热度持续增长，全年共接待游客 3.33 亿人次，较 2022 年增长 62.4%。[2] 实施"项目投资攻坚年"行动，新开工亿元以上项目 917 个，建成投产亿元以上项目 464 个。举办大湾区招商、长三角招商以及季度项目签约大会，共计签约项目达 400 多个，签约总金额超过 1 万亿元，在武汉投资的世界五百强企业达到 310 家。[3] 鼓励民营经济增长，设立中小企业服务工作站 510 家，新增减税降费以及退税缓费 328.7 亿元，惠及经营主体达 53 万余户。

除了在"扩内需"上加大力度，武汉市在高新技术产业、科技创新上也取得了优异成绩。2023 年，武汉新增"专精特新"中小企业 612 家，全

---

[1] 资料来源：《2023 年武汉市国民经济和社会发展统计公报》。
[2] 资料来源：《2023 年武汉市国民经济和社会发展统计公报》。
[3] 李昕宇、李慧紫、郎锦锦：《武汉四季度签约项目 136 个，总签约金额达 2622.6 亿元》，《长江日报》2023 年 11 月 29 日。

市工业技改投资同比增长9.1%，入选先进制造业百强城市前十，新质生产力正加速锻造。[1] 净增高新技术企业超2000家，总量达1.45万家。国家技术创新示范企业增至27家，在副省级城市中位列第1。[2] 在科技水平上，武汉市首次进入自然指数科研城市排名全球前十。重大科技成果大批涌现，如全球首款通导遥一体化北斗芯片、全球首个人体肺部气体多核磁共振成像系统等。

与此同时，武汉也在提升城市总体环境质量，完善基础设施，推动人民生活实现新改善。轨道交通运营总里程达到540公里，开通运营地铁19号线、5号线二期和国内首条城市空轨。新增城市骨干道路58公里、停车泊位15.2万个、充电桩7.08万个，完成老旧小区改造296个，新改建各类公园108个、绿道103公里。[3] 加强政务能力，推出134项"一件事办一次"主题事项，完成28个行业领域"一业一证"改革，连续两年进入全国重点城市一体化政务服务能力评估前十。

（二）高新技术产业快速增长

武汉着力建设科技创新中心，将高新技术融入产业发展，培育新质生产力。从总体来看，高新技术企业总数突破1.4万户，科技型中小企业评价入库1.25万家，实现两年翻番；技术合同成交额超2100亿元。全市规模以上高技术制造业增加值同比增长6.8%，占据规模以上工业增加值的17.8%。

创新企业成长速度加快，一批高新技术企业成为高能级的创新主体。在湖北省科技厅发布的"第三批（2023年度）科创'新物种'企业榜单"中，武汉共有497家企业上榜，其中湖北芯擎科技有限公司、岚图汽车科技

---

[1] 吴曈、陈晓彤：《武汉跨过2万亿来之不易，新质生产力正加速锻造》，《长江日报》2024年1月28日。
[2] 赵萌萌、武经宣：《武汉市国家技术创新示范企业数量稳居副省级城市首位》，长江网，2024年1月4日。
[3] 吴汉：《2023年，武汉新增停车泊位15.2万个、充电桩7.08万个》，极目新闻，2024年1月18日。

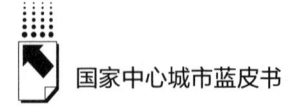

有限公司、黑芝麻智能科技有限公司3家"独角兽"企业均在武汉。全市309家国家级专精特新"小巨人"企业中,高新技术企业达307家。337家上市"金种子""银种子"企业中,高新技术企业占比超过80%。2023年11月,武汉市人民政府印发《武汉市加快独角兽企业培育三年行动计划(2023—2025年)》,为创新企业的培育和成长提供了更广阔的发展空间。

高新技术产业平台逐步建立。武汉五大优势产业均属于战略性新兴产业,在创新能力和生产技术上有显著优势。企业研发成果如鼎龙控股的抛光垫和清洗液、芯擎科技的7纳米座舱芯片等技术填补了国内空白,为武汉汽车产业升级提供了坚实基础。在光电子信息领域,中国信科实现国内400G硅基光收发芯片产品从0到1的突破,围绕光传输和数据中心应用,自主开发了完备的硅基光收发芯片元件库和PDK,摆脱了对国外硅光基础IP的依赖。在高端装备制造领域,华工科技研发的三维五轴激光切割机已实现全部核心部件自主研发。在生物医药领域,人福医药研发的一类中药创新药"广金钱草总黄酮胶囊"获批上市。这些成果促进了武汉战略性新兴产业规模的扩大和市场效应的凸显。

研发生产基地不断增加。2023年,全市大力推进创新街区(园区、楼宇)和特色小镇建设,新增创新街区(园区、楼宇)建设面积124万平方米,全市统筹管理的创新街区(园区、楼宇)总面积达到595万平方米,创新园区和创新楼宇达到100个。在武汉经济技术开发区,"车谷"建设稳步推进,围绕汽车产业招大引强,对汽车产业链进行强链、补链。在中国光谷,5G承载应用与数字经济研发生产基地、第六代半导体新型显示器件生产线扩产项目、高端光电子器件产业基地等相继开工,助力做大做强"光芯屏端网"产业链。

(三)数字经济脱颖而出

武汉积极推动数字经济核心产业快速发展,早在2022年5月就发布了《武汉市数字经济发展规划(2022—2026年)》,并提出了建设"数字经济一线城市"的目标和具体措施。2023年6月,武汉市政务服务和大数据管理局又发布了《武汉市数字政府和智慧城市建设三年行动方案（2023—2025年）》，规划了基础支撑、数据资源、城市治理、便民惠企、政务运行五大体系24项工作任务。参与"2023武汉·粤港澳大湾区数字经济招商推介会"，与来自粤港澳大湾区数字经济、人工智能等领域的37家企业代表共探数字蓝海，链接两地资源。经过长期努力，武汉市目前的数字经济水平有目共睹。在2023年，武汉市建成数字经济产业园区30家，数字经济规模占地区生产总值的比重达48%。工业互联网（武汉）国家顶级节点标识注册量超过185亿个，接入企业数突破2.1万家，[①] 均实现翻番，获批全国首批中小企业数字化转型试点城市，"双智"试点城市验收考核全国第2。

在互联网、大数据等新型基础设施上，武汉加大建设力度。2023年3月，武汉移动宣布两千兆宽带开始试商用，这也是湖北省迈入超千兆时代的重要里程碑。截至2023年12月，武汉累计建设5G基站3.9万个。在武汉未来科技城，全国首批智算中心节点——中国移动智算中心（武汉）项目正在抓紧施工，预计2024年建成投运，将立足武汉、服务全省、辐射华中，打造华中地区等级最高、规模最大的智算中心。产业数字化加速推进，武汉市的工业互联网标识解析国家顶级节点已接入二级节点34个，标识注册量170亿个，服务企业接近1.5万家。这些新型基础设施的建设为数字产业的持续增长提供了强大的硬件支持和算力引擎。

在工业应用方面，武汉将数字技术融入"965"产业体系中，人工智能产业取得长足发展，截至2022年底，武汉市人工智能企业数已达650家，其中上市企业13家，国家级专精特新"小巨人"企业61家。截至2024年5月，人工智能企业数已达995家，又增长53.1%；其中营收亿元以上企业109家，增长122.4%。[②] 在农业应用上，武汉市推动农业数字化转型，在全国首批实现5G网络"村村通"。在黄陂区，传统农业和现代技术深度融合，打造智慧农业产业园，采用智能物联、智慧大棚与智慧加工系统培育果蔬

[①] 杨让晨、张家振：《GDP破2万亿 杭州、武汉争夺全国"第八城"》，《中国经营报》2024年1月29日。

[②] 胡学英：《武汉市人工智能企业达995家》，中国新闻网，2024年6月25日。

苗；将网络监控、物联网远程控制和智能化集蛋器等农业新工具应用到养殖业生产流程。此外，北斗技术被应用到农业机械上，截至2023年12月，武汉市装有北斗终端的农机有近3000台（套），这些经过技术改造的农机能够自主进行耕作、播种、管理和收割等农业生产活动，极大地提高了农业生产效率。

（四）新型工业化有序推进

2023年武汉深入推进新型工业化，出台《深入推进新型工业化 加快建设制造强市实施方案》，将制造业优势同数字经济、产业信息化相融合，促进新质生产力转化。产业规模不断扩张，规模以上工业增加值同比增长4.6%，全市规模以上工业36个行业大类中，有9个行业产值过500亿元，4个行业产值过千亿元。新型工业化基地持续建设，入选国家智能制造示范工厂揭榜单位和优秀场景9个，在副省级城市中位列第2，新增国家级绿色工厂和绿色供应链管理企业25家。整理和提升工业园区共计51.7平方公里。

高新技术产业产值迅速增长。武汉加速布局人工智能、大数据、大模型及算力平台等规模化应用场景，在新能源汽车、动力电池、氢能、北斗技术等新赛道上成绩斐然，推动高新技术产业持续升级，打破技术瓶颈，努力打造信息技术、生命健康、智能制造等世界级先进制造业集群。以新能源汽车为例，武汉围绕智能网联汽车，集聚了200余家智能网联终端企业，着力打造"光芯屏端网+车路云图"万亿元产业集群。2023年10月，国家"双智"试点工作办公室公布了对首批"智慧城市基础设施与智能网联汽车协同发展"试点城市的验收考核结果，武汉综合得分87.47分，排名第2，并与上海、北京共同获评为优秀等级。[①]

传统工业智能化、融合化改造。武汉有着雄厚的重工业基础，钢铁、石

---

① 张智等：《两部委"双智"试点工作交流会在汉举行，武汉车城融合发展经验向全国示范推广》，《长江日报》2023年12月14日。

化产业是武汉重要的传统支柱产业。进入经济发展新阶段，需求结构不断优化，传统产业要把握新型工业化的时代特征，加快推动产业转型升级。武汉以企业智能化改造为突破口，构建"数字化产线—智能示范—标杆工厂—领航企业"的未来工厂体系。武汉钢铁数字化赋能钢铁制造全流程，实现一键式炼钢，进入全球钢铁行业5G专网第一梯队。华中地区最大的炼油化工生产基地中韩（武汉）石油化工有限公司完成5G专网的全覆盖，生产各环节数据均能够同步传送，进行实时自动比对。截至2023年12月，武汉已打造2家国家数字领航企业、20家标杆智能工厂、102家示范智能工厂及189条数字化生产线。依托武汉国家顶级节点等数字新基建，武汉有超3000家工业企业正在智能化改造迭代升级、超700条智能化生产线正在释放产能。

产业绿色低碳化。在清洁能源方面，武汉布局氢能产业，已形成从氢气的制取、储运到加注、应用的全产业链。位于武汉经开区的国家电投华中氢能产业基地，是全国重要的氢能研发和生产基地，每年可生产5000套氢燃料电池。武汉加快光化学产业发展，以清洁可再生的太阳光为绿色能源，发展新的方法和光催化技术以促进冶金、化工等行业的技术转型。传统工业如武钢在生产过程加速绿色低碳转型，一、四、五烧结节能环保提升改造等项目竣工投产，形成"2+3+N"规模化精品族群，满足环保标准。

产业链、供应链韧性加强。武汉推进"链长+链主+链创"机制，以龙头企业带动中小企业发展。经开区氢能产业集群聚集了14家国内外知名氢能企业，涵盖从燃料电池、整车制造到检验检测、制氢、加氢站运营、车辆运营等各产业链环节，全产业链雏形显现。洪山区光通信设备及光电子器件制造产业集群通过国家评选，成为国家首批100家中小企业特色产业集群之一。作为中国激光产业的发源地，光谷已形成了完整的激光产业链，是激光产业领域上市企业最密集的区域，也是全国最大的激光设备制造基地。

（五）科创基础持续夯实

武汉作为科教大城，拥有丰富的科创资源和人才优势，自2015年开始进行全面创新改革试验，提出创新型城市建设。在人才培育和人才引进方

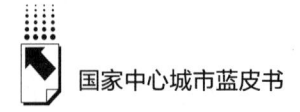

面，武汉市加强人才体系的顶层设计，构建"1+5+N"人才发展体系，制定"人才安居政策升级版""大学生就业创业20条"等配套操作性政策，加大人才政策支持力度。继续实施"武汉英才计划"，为来自海内外的战略科技人才、产业领军人才、优秀青年人才和行业领域名家名师名匠提供支持。坚持向用人主体授权，赋予在汉的重点用人单位如重点高校院所、实验室和符合条件的高新技术企业、独角兽企业、专精特新"小巨人"企业等英才举荐权。

武汉培育科技基础设施和重大科技创新平台，梯次推进"光谷科学岛—东湖科学城—光谷科技创新大走廊"建设，于2023年4月印发《加快推进光谷科技创新大走廊协同创新高质量发展行动方案（2023—2025年）》，提出全力将光谷科技创新大走廊打造成为原始创新策源地、离岸科创集聚地、产业合作新高地。东湖科学城建设聚势突破，13家全国重点实验室获批重组和新建，6个大科学装置建设有力推进，武汉产业创新发展研究院等新型研发机构加快发展，国家新一代人工智能公共算力开放创新平台获批建设，全国唯一的国家级光电子产业知识产权运营中心落户武汉。科创主体规模壮大，2023年以来，武汉科技型中小企业评价入库12582家，同比增长44.95%；高新技术企业总数预计突破14500家，同比增长14.59%；技术合同成交额达2198.43亿元，同比增长62.23%。[1]

（六）服务业加速恢复

加快发展现代服务业，提高服务效率和服务品质，满足人民美好生活需要。2023年武汉着力推进服务业持续恢复、转型升级、提质增效，全年实现服务业增加值12736.36亿元，比上年增长6.2%。

在消费型服务业上，武汉市人民政府于2023年2月出台《关于激发市场主体活力推动经济高质量发展的政策措施》，对消费、投资、外贸等方面

---

[1] 资料来源：《武汉位列全国创新型城市第六》，湖北省科学技术厅网站，2024年1月15日，https://kjt.hubei.gov.cn/kjdt/sxkj/wh/202401/t20240115_5045545.shtml。

制定政策，加快扩大有效需求。发布《关于进一步促进我市房地产市场平稳健康发展的通知》，出台10项房地产新政，全面取消住房限购。举办新能源汽车展销会，发放"新能源汽车消费券"，在耐用品消费上为市民提供更多选择。除了结合湖北省文旅消费券、体育消费券等活动推行多种促销方式，武汉还举办了其他具有地方特色的消费活动。在3月下旬举办体育消费周，举办6场主题活动，同期推出武汉体育消费券总计1000万元；与湖北省商务厅、湖北省文旅厅、湖北省体育局联合主办2023湖北"6·16三好节"，各大商圈商街、头部电商平台、重点商贸企业等联动开展280余场惠民活动，借力数字平台擦亮城市美食名片。武汉市持续进行商业体更新改造，江汉路最大的城市更新商业项目"汉口stay"正式开业。武汉新城核心区中心商圈建设进入规划，依托武汉新城中心商圈和现有的光谷中心城商圈、光谷广场商圈，将形成东西走向的国际商业示范轴，串联鲁巷、武汉东站、现代服务园、光电园、未来城等消费地标和产业园区，以期成为现代化高标准商贸服务集群。

武汉旅游业蓬勃发展。举办"武昌古城1800"等旅游专题活动，宣传武昌区文化魅力；在暑期开展文旅迎新惠民活动，面向全国大学生发放40万张惠民券，包含武汉33个热门景区；中秋国庆假期以"月满江城，祝福祖国"为主题，推出了四个板块共98项文化旅游活动，整体旅游订单量同比增长223%。2023年1~11月，武汉实现旅游收入3448亿元，较上年同期增长78%。[①] 2023年武汉接待游客3.33亿人次，同比增长62.4%，持续上榜中国十大热门旅游城市。

在生产性服务业上，以交通运输业为例，武汉立足区位优势打造国内国际双循环链接枢纽。召开市委专题会议强调，要加快建设"五型"国家物流枢纽，大力发展现代物流业，打造新时代"九州通衢"、"货到汉口活"、内陆开放新高地。2023年7月，武汉—鄂州空港型国家物流枢纽成功入选

---

① 资料来源：《聚焦｜解码武汉高质量发展六个"力"》，长江网，2023年12月26日，http://news.cjn.cn/zjzycsqpd/hzxs/202312/t4781505.htm。

2023年国家物流枢纽建设名单，加上此前获批的港口型、陆港型国家物流枢纽，武汉成为中部地区唯一获批三个及以上国家物流枢纽的城市。持续保持水路运输优势，2023年武汉港集装箱吞吐量达279万标箱，居长江中上游港口首位。在国际运输方面，截至2024年1月，仅中欧班列（武汉）国际运输线路就有52条，辐射欧亚大陆40个国家、115座城市，中欧班列的国际影响力越来越强大。①

二 新发展格局下武汉经济增长的后续挑战

2023年，武汉的经济成绩有目共睹，从武汉自身的发展历程来看，新的经济能级意味着城市发展进入新的阶段，高质量发展意味着从追求数量转向追求质量和效益，更是对经济社会方方面面的总要求。要在新阶段成功转型，武汉在经济结构、区域开放和城市治理等方面仍面临着不小的挑战。

（一）民营企业活力亟须提升

武汉民营经济比重不断提升，民营企业数量不断增加，根据《武汉市民营经济发展报告（2021—2022）》，截至2021年底，武汉民营经济纳税总额占全市纳税总额的49.43%，民营经济增加值占全市地区生产总值的40.5%，民营经济从业人员数量占全市从业人员总量的61.19%。但民营企业规模与知名度一直较为欠缺。从全国工商联发布的"2023中国民营企业500强"榜单中，可以窥见武汉市民营企业发展的特点。2023年，武汉共有7家企业上榜，其中有3家批发零售类企业、3家房屋建筑类企业和1家综合类企业。在互联网、计算机通信、汽车制造等附加值高、吸纳就业人数多的行业中，武汉民营企业实力不足。与其他城市横向比较，武汉民营企业上榜数量少于南京、广州、重庆，与杭州、苏州更是相距甚远，民营经济实

---

① 资料来源：《辐射欧亚大陆40个国家、115座城市 2024年首趟中欧班列（武汉）启程》，武汉市商务局网站，2024年1月8日，https://sw.wuhan.gov.cn/xwdt/mtbd/202401/t20240108_2337864.shtml。

力与城市经济总量的水平不相匹配。

这种差距为武汉的经济发展带来了一些负面效应。从产业链完整性来看，缺少能做"领头羊"的民营企业，行业带动力不足。从就业环境来看，虽然武汉国有企业数量多、规模大，但能够提供的岗位有限，且对人才技能要求高。在高精尖行业和低端服务业之外，民营企业活力不足，提供的就业岗位少，部分企业由于经营不善或体量过小，工资待遇不佳，间接影响了大学生留汉的人数，中间层级的缺失给城市社会结构的健康发展造成了阻碍，容易形成流通不畅、上升空间闭塞的社会氛围。

（二）产业布局有待丰富

武汉的"965"现代产业体系包括九大支柱产业、六大战略性新兴产业和五大未来产业，从装备制造到人工智能均有所包含，但是在互联网、数字经济方面仍存在不足。近年来，互联网经济飞速增长，并由此诞生了许多新业态，创造出无数的产业链条和就业机会，杭州便是典型的以互联网为契机高速发展的城市。随着互联网技术不断迭代和大数据应用的推广，互联网经济的概念再次升级，"数字经济"成为关注热点。由中国科学技术信息研究所和武汉大学共同编制的《全球数字经济发展指数2023》显示，湖北省的数字经济多集中在工业数字化、数字政府、农业数字化、产业数字化领域，而在服务业数字化上落后于全国平均水平，作为湖北省的省会，武汉的数字经济发展也遵循这一特点。服务业数字化能够有效提升服务业竞争力，拓展服务业发展新空间，信息技术服务、网络购物、互联网医疗等都在服务业数字化的范畴之内，武汉一直缺少这方面的大型企业。尽管近年来许多互联网企业在武汉设立了第二总部或分公司，包括美团、小米集团、携程集团等，但这些分公司的业务大多在整个业务价值链的末端，设计、研发等环节甚少被安置，创造价值有限，能够吸引的人才也有限。如果能有效提升武汉互联网经济的质量和规模，加快服务业数字化进程，武汉的经济发展将会有更多可能性。

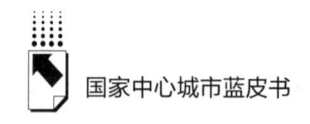

（三）区域交流仍需加强

武汉是中部地区唯一获批三个及以上国家枢纽的城市，在水运、航运和铁路运输上都有所布局。2023年11月，"华航汉亚6"从阳逻港出发，抵达越南凯莱港，完成武汉第四条国际直达水运航线首航。武汉筹建外贸小组和代表团赶赴德国、瑞典、日本等国家和地区进行海外招商，全年外商直接投资为20.86亿美元，规模位居中部城市第1。但从外贸总额上看，武汉的对外开放仍需加强，根据海关总署发布的2023年1~10月全国货物贸易进出口数据，武汉前10个月的进出口总额为2775.2亿元，①排在第26位，落后于西安、成都、郑州等内陆城市。新发展格局对区域开放提出了更高的要求，武汉作为中部地区的开放高地，需要进一步加强双循环枢纽建设，为长江经济带的上、中、下游协调联动，中部地区与东、西部地区的资源互补，国内与国际的沟通合作提供支点。

除了在对外贸易上实现总量增长，优化进出口结构，武汉也要重视自身在国内大循环中的作用，继续完善交通网络，扩大辐射影响力。2023年，武汉与大湾区的经贸合作不断深化，并赴杭州、上海进行招商，吸引了沿海地区投资。从目前武汉的产业布局来看，产业协作的对象多集中在省内城市，与邻近省份城市的合作较少，仍需扩大省际合作的范围，增加中部地区城市间的经济联系，落实《长江中游城市群省会城市合作行动计划（2023-2025年）》，争取携手共进带动中部地区发展。

（四）内需增长面临压力

据武汉市统计局数据，2023年武汉市社会消费品零售总额达到7532亿元，位居全国第10，消费升级趋势明显。但全市人均居民消费支出一直弱于沿海城市，这反映了武汉市在服务性消费体量上的不足。推动经济良性循

---

① 资料来源：《2023年1~10月湖北省外贸数据及分析》，中华人民共和国武汉海关网，2023年11月23日，http：//wuhan.customs.gov.cn/wuhan_customs/506390/zfxxgkml82/5564787/index.html。

环，更要着力推动内需增长，拓展新消费场景，武汉还有以下几点需要改进。

首先，提供的商品与服务质量还有上升空间。要继续发展"首店经济"、培育龙头商业体，提供更多高端消费选择；旅游景区内部管理不够完善，设施陈旧，周边配套的公共交通和停车场地不足，人流调控能力偏弱，不利于旅游业口碑的塑造。其次，武汉的居民人均收入偏低，对扩大消费的支撑力不足。2023年武汉居民人均可支配收入为57105元，排在全国城市第24位，这与武汉的GDP排名差距较大。收入水平对城市消费能力有着直接影响，在收入水平偏低的情况下，供给商品和服务质量提高也无法有效增加居民消费。

（五）城市服务型管理不足

满足人民美好生活需要是高质量发展的内在要求，城市管理水平影响人们的日常工作和生活，对扩大消费、吸引投资有着不可忽视的作用。武汉人口不断流入，从2010年到2022年常住人口增长了395.36万人，人口已过千万，是名副其实的超大城市。随着人口不断增长，城市的管理压力也将倍增，如何协调各区内的人口数量，加强中心城区和远城区的联系成为管理的挑战。

武汉中心城市和远城区之间联动不足，交通便利度不够，远城区基础设施建设和生活配套较为落后，给当地的房地产市场也造成了一定的负面影响。城市面积越来越大，交通是加强城区紧密度的关键，武汉一直大力建设轨道交通和过江、过湖隧道，有效缩短了城市内的通勤时间，但局部区域道路规划还存在问题，轨道交通建设影响的道路通行没有给出适当的替代方案，加剧城市交通压力。武汉目前的电动自行车保有量超过220万辆，但《非机动车管理办法》落实不足，对于非机动车规范佩戴头盔、限制载人数量等方面执法不够到位；非机动车道和人行道设计存在问题，许多区域没有完整连续的非机动车道以供通行，影响市容市貌，也容易造成交通事故。武汉要加强服务型管理，以人民美好生活为目标，构建更文明更有序的"大武汉"。

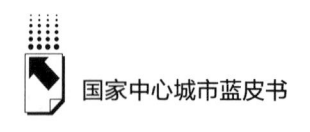

三 更高新起点上的发展对策建议

随着全球经济的复苏和信息技术的迭代，数字经济、人工智能等层出不穷的新概念给城市经济发展提供了机会也带来了挑战。武汉作为中部地区崛起的重要支撑，需要稳定增长优势，发掘城市潜力，针对现存问题进行改革和转型，从新起点向着更高的目标前进。

（一）塑造优质营商环境

武汉的民营经济总体实力较弱，企业规模偏小，需要提高民营经济占比，培育有代表性的民营企业，并将民营经济的优势行业扩展到新兴产业和高附加值产业中。良好的营商环境对吸引投资有着直接作用，有利于民营企业在武汉的建设和成长。

要完善现代金融服务体系，为民营企业提供充足的信贷支持，做好普惠金融，提高普惠贷款金额，鼓励银行创新普惠小微企业融资产品。加强政策导向，在进行招商引资时注重对城市产业链的规划，让企业能够在武汉及其周边找到对应的上、下游产业和配套设施，避免企业因产业链不完整、生产运输成本过高而退出武汉。设计合理的投资支持制度，参考"以投带引"的招商引资模式，对民营企业进行定期考察和评估，选取有发展潜力的企业进行投资和激励，培育根植武汉的优秀企业。提高办事效率和投资运营的便利化水平，简化证照办理流程，降低企业经营成本。强调公平的发展空间，武汉的国央企数量之多、规模之大在全国名列前茅，在这样的背景下更需要给民营企业提供公平有效的制度支持，破除隐性壁垒，塑造积极开放的营商环境，增强民营经济的信心和活力。

（二）产业发展提质扩容

"965"产业体系结合了科技变革的方向与武汉市的产业特色，在落实"965"产业体系规划的过程中，武汉已经取得了明显成效：集成电路、新型显示器件、下一代信息网络和生物医药产业入选国家级战略性新兴产业集群，光电子信息集群入选国家先进制造业集群名单。武汉要在此基础上继续贯彻"965"产业体系，细化规划内容，补齐产业短板。

加快推进新型工业化与关键核心技术攻关，在五大优势产业上取得新突破，塑造光电子信息、新能源等领域的核心竞争力。依托金属冶炼、重型机床、船舶制造等原有重工业的优势，推动数字新技术与传统工业的深度融合，在制造效率、环境友好度、个性化定制等方面进行提升，将过剩产能转化为增长动力。大力建设"数字武汉"，加强数字新型基础设施建设，推动服务业数字化。加强薄弱产业建设，促进互联网经济发展，引进总部企业，提高武汉分部的价值链地位。建设区域金融中心，深化金融供给侧结构性改革，为实体经济提供多元化、多层次的金融服务。

武汉现代建筑规模庞大，建筑业产值增速稳健，2023年完成产值13654.29亿元，同比增长7.1%。城市设施不断更新，但市区的"烂尾楼"和闲置建筑也造成了资源的浪费。2023年，武汉新房成交量和价格总体上有所下降，住宅市场出清周期达到21.5个月的历史高位，甲级写字楼空置率达36.1%。应合理利用城市资源，对轻工业、战略性新兴产业等轻污染、轻震动、使用轻设备的产业进行集约化发展，推进"工业上楼"；改造老旧建筑，升级商务楼宇功能，提升楼宇服务，做强总部经济和楼宇经济，减少房地产市场压力，开发高质量发展的新引擎。

（三）深度开展区域合作

实现高质量发展，要构建更加开放的国内国际双循环格局，推动内外循环相互促进。武汉在对外开放上持续发力，提出"一高五新"的目标定位，要建设"一带一路"内陆地区新节点、长江经济带高水平开放新门户、国际创新开放合作新引擎、全球现代产业发展新重镇、全国制度型开放新样本。同时，也要做好中部枢纽，畅通国内大循环，增强高质量发展的国内基础。

与长江经济带内重要节点城市开展深度合作，简化居民异地手续办理的

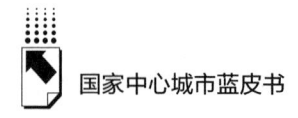

流程，打通行政壁垒，实现中部省会四地人才互通、资源互换。加强区域协同，联合长沙、南昌等市对产业进行协调性规划，避免同质化发展，发挥各方优势，打造长江中游城市群的优质产业链。武汉市科教资源丰富，吸引来自全国各地的学生进汉求学，也向沿海发达城市不断输送人才。要利用好人才储备优势，开拓校友资源，促成与人才输送地如粤港澳大湾区、长三角区域的产业协作，学习先进案例，引进沿海地区投资，成为国内资源交换循环的中心枢纽。

（四）多方发力扩大消费需求

持续激活消费品市场。2023年武汉社会消费品零售总额为7531.90亿元，比上年增长8.6%，但仍低于2019年水平。尽管武汉市的消费品市场恢复较为稳定，但想要更好实现消费促增长，仍需在扩大消费上继续努力。要缩小收入差距，充分调动市民消费积极性，以更大力度推动就业增加收入，提高居民工资水平，将收入差距控制在合理范围内，提振居民消费信心。促进远城区和中心城区融合发展，完善远城区的交通设施，缩短通行时间，增强城区间的人口流动，发掘远城区消费潜力。

进一步发展旅游业，依托黄鹤楼、长江江滩、东湖等旅游资源开发更多的游览方式和文化创意产品，树立武汉的旅游品牌。旅游业的兴盛也为城市住宿餐饮业的发展提供了有利条件。根据《2023中国旅游业发展报告》，武汉的旅游竞争力已跃升至副省级城市第一位，要继续保持旅游综合竞争力优势，提升旅游服务质量，规范景区管理。随着在社交平台上的成功营销，黎黄陂路、黄鹤楼红墙、东湖樱花园等热门打卡地吸引了全国各地游客前来，也为这些景区的交通、卫生环境等带来了不小的压力，如果规划不当，不仅影响居民的日常生活，还会造成游客对武汉的负面印象。要避免景区过度商业化，改善景区周边基础设施，提升游客体验，为武汉旅游业的持续发展提供保障。

（五）增强城市运营水平

武汉的城市化率不断上升，在2022年已达84.66%，城市发展即将进入存量优化阶段。要实现高质量发展，需要推动城市高水平治理，积极运营城市资产，使城市发展进入良性循环。城市的市容市貌和行政效率反映了一座城市的管理水平，影响城市的整体品质。

城市的核心是人，因此城市管理要贴合市民需求，打通市民对市政工作意见反馈的通道，积极回应问题、采纳建议，形成高效有序的监督机制。建设数字政府，推行市政与数字化技术相结合，优化市政平台，集合民生服务产品，提高数字化服务效率。完善城市监控管理设施，进行智慧化管理，建立城管执法、市容环卫、市政设施等数据库体系，掌握城市运行状态，提高行政执法准确度。将大数据、物联网技术应用到城市交通规划中，收集交通道路信息，实时监控路面情况，排除安全隐患；建立数字孪生模型分析改善城市交通状况，减少交通拥堵压力，让人民生活更便利，城市生活更美好。

参考文献

习近平：《高举中国特色社会主义伟大旗帜　为全面建设社会主义现代化国家而团结奋斗——在中国共产党第二十次全国代表大会上的报告》，《人民日报》2022年10月16日。

李昕宇、李慧紫、郎锦锦：《武汉四季度签约项目136个，总签约金额达2622.6亿元》，《长江日报》2023年11月29日。

吴瞳、陈晓彤：《武汉跨过2万亿来之不易，新质生产力正加速锻造》，《长江日报》2024年01月28日。

杨让晨、张家振：《GDP破2万亿　杭州、武汉争夺全国"第八城"》，《中国经营报》2024年1月29日。

张智等：《两部委"双智"试点工作交流会在汉举行，武汉车城融合发展经验向全国示范推广》，《长江日报》2023年12月14日。

B.9
新发展格局下郑州国家中心城市建设的问题与对策

王中亚*

摘　要： 国家中心城市是我国城镇体系的"塔尖"，具有区位枢纽性、服务综合性、发展引擎性、创新引领性等功能特征，要在服务国家战略实施、构建新发展格局中承担起引领带动、主体支撑以及示范探索的使命责任。郑州市以"国家创新高地、先进制造业高地、开放高地、人才高地"为重点的国家中心城市建设蹄疾步稳，经济社会发展呈现稳中有进、进中向好的态势。综合实力显著提升，创新引擎动能强劲，产业支撑更加坚实，对外开放持续扩大，绿色发展加快推动，人民福祉不断增进。新发展格局下，郑州国家中心城市高质量发展面临着一些新问题，如首位度不高、创新能力不强、国际化水平偏低、城市承载力较弱等。面向未来，要深入实施创新驱动发展战略，矢志不渝实施扩大内需战略，加快培育和发展新质生产力，坚定不移提升国际化水平，持续增强城市综合承载力，确保郑州国家中心城市建设提质进位，为现代化河南建设和中原出彩再建新功。

关键词： 新发展格局　国家中心城市　郑州

加快形成以国内大循环为主体、国内国际双循环相互促进的新发展格局，是以习近平同志为核心的党中央根据我国发展阶段、外部环境变化作出

---

* 王中亚，博士，河南省社会科学院商业经济研究所副研究员，主要研究方向为产业经济和区域经济。

的重大决策。国家中心城市是我国城镇体系的"塔尖",具有区位枢纽性、服务综合性、发展引擎性、创新引领性等功能特征,要在服务国家战略实施、构建新发展格局中挑大梁、担重任,承担起引领带动、主体支撑以及示范探索的使命责任。近年来,郑州市坚持稳中求进工作总基调,完整、准确、全面贯彻新发展理念,统筹做好稳增长、促改革、惠民生、保稳定、防风险等各项工作,以"国家创新高地、先进制造业高地、开放高地、人才高地"为重点的国家中心城市建设蹄疾步稳,经济社会发展呈现稳中有进、进中向好的态势。本文在梳理郑州国家中心城市建设取得新进展的基础上,剖析新发展格局下郑州国家中心城市建设面临的新问题,进而提出推进郑州国家中心城市高水平建设的对策建议。

一 郑州国家中心城市建设取得的新进展[①]

(一)综合实力显著提升

近年来,郑州市发挥有效投资的关键作用,通过项目建设支撑综合实力显著提升,实行市级领导分包重大项目机制,实施重点项目集中攻坚行动。以创建国际消费中心城市为抓手,持续开展"醉美·夜郑州"系列消费活动,消费的基础作用得到充分发挥。2023年,郑州市地区生产总值完成13617.8亿元,同比增长7.4%,增速在9个国家中心城市中居于前列。社会消费品零售总额完成5623.1亿元,同比增长7.7%。全市地方财政一般公共预算收入1165.8亿元、同比增长3.1%,一般公共预算支出1519.6亿元、同比增长4.3%(见表1)。2024年1~2月,郑州全市主要经济指标继续维持稳中有进的发展态势,经济运行开局良好,全市规模以上工业增加值同比增长15.6%,固定资产投资同比增长4.5%,社会消费品零售总额同比增长

[①] 本文数据如无特殊说明,均来源于《2023年郑州市国民经济和社会发展统计公报》《政府工作报告》《郑州统计年鉴2023》。

5.2%，地方财政一般公共预算收入同比增长 0.5%，一般公共预算支出同比增长 13.9%。

表1 2018~2023年郑州市经济发展主要指标

单位：亿元

年份	地区生产总值	社会消费品零售总额	一般公共预算收入	一般公共预算支出	进出口总值
2018	10670.1	4863.9	1152.1	1763.3	4105.0
2019	11586.4	5324.4	1222.5	1910.7	4129.9
2020	11850.3	5076.3	1259.2	1721.3	4946.4
2021	12538.0	5389.2	1223.6	1624.4	5892.1
2022	12934.7	5223.1	1130.8	1456.4	6069.7
2023	13617.8	5623.1	1165.8	1519.6	5522.3

资料来源：《郑州统计年鉴2023》及郑州市统计局网站相关信息。

（二）创新引擎动能强劲

郑州市助力河南省科学院组建15家研究院所，研发实体总数居全国省级科学院首位。据2023年11月21日赛迪顾问城市经济研究中心发布的《科技城百强榜（2023）》，郑州市郑东新区中原科技城在全国348个科技城中位列第19。2022年，郑州市高新技术企业数为5189个、同比增长25.6%，技术合同成交额达509.3亿元、同比增长66.2%，省级以上工程技术研究中心853家、同比增长18.8%（见表2）。2023年，郑州市新组建全国重点实验室4家，国家级重点实验室达到了14家，郑州市新认定高新技术企业1980家，新增科技型企业1547家。发布"郑聚英才计划"，"拎包办公、拎包入住"的"双拎"服务体系持续完善。2023年，郑州市在引进"大院大所"的基础上，围绕支撑主导产业所急需的创新资源，积极对接一流大学，以共建郑州研究院为载体，赋能产业发展。

表2 2018~2022年郑州市科技创新主要指标

年份	高新技术企业数（个）	专利授权量（件）	技术合同成交额（亿元）	省级重点实验室（个）	省级以上工程技术研究中心（家）
2018	1323	31585	82.3	117	361
2019	2048	33679	127.5	117	361
2020	2918	50224	212.8	136	600
2021	4130	62853	306.5	136	718
2022	5189	52031	509.3	141	853

资料来源：《郑州统计年鉴2023》及郑州市统计局网站相关信息。

（三）产业支撑更加坚实

一是加快先进制造业高地建设，新型工业化顺利推进。郑州市制定实施元宇宙、量子科技、传感器、卫星等20条重点产业链三年行动方案，建立健全"一链一专班一研发机构一图八清单"推进机制。2023年，郑州市第二产业增加值实现5373.4亿元，同比增长3.8%；规模以上工业增加值同比增长12.8%，增速居9个国家中心城市首位。从新动能来看，规模以上高技术产业增加值、战略性新兴产业增加值分别同比增长17.2%、13.8%。2024年1~2月，郑州全市38个工业大类中，有23个行业增加值实现正增长，增长面达到60.5%。二是第三产业快速发展，重点行业表现活跃。2023年，郑州市第三产业增加值实现8072.2亿元，同比增长6.6%（见表3）。2024年1~2月，郑州全市限额以上批发零售业零售额增长6.1%，住宿和餐饮业零售额增长8.1%，限额以上单位中通过公共网络实现的商品零售额增长18.9%。三是农业生产形势稳定，畜牧业快速发展。2023年，郑州市粮食总产量为141.8万吨，同比增长2.9%，主要畜禽肉产品产量为10.7万吨，同比增长28.9%。郑州市农业在遭遇天灾情况下取得上述成绩，实属不易。

表3 2018~2023年郑州市产业发展主要指标

年份	第二产业增加值(亿元)	规模以上工业增加值增速(%)	规上高技术产业增加值增速(%)	第三产业增加值(亿元)	粮食总产量(万吨)
2018	4335.2	6.8	12.4	6183.9	157.3
2019	4540.8	6.1	10.9	6904.4	149.7
2020	4662.9	6.1	12.7	7016.1	146.4
2021	4910.4	10.4	26.5	7441.4	135.3
2022	5174.6	4.4	14.0	7574.5	137.8
2023	5373.4	12.8	17.2	8072.2	141.8

资料来源：郑州市统计局网站相关信息。

（四）对外开放持续扩大

郑州市利用空中、陆上、网上、海上"四条丝路"畅通世界，构筑了通达全球的陆海双向国际物流通道，不断推动"四路协同"高水平发展。高水平对外开放持续推进，为郑州都市圈建设增添新活力。2022年，郑州进出口总值为6069.7亿元，同比增长3.0%，其中进口总值为2473.4亿元，同比增长5.7%，出口总值为3596.3亿元，同比增长1.2%。2022年，郑州市货运周转量为866.5亿吨公里，同比增长5.5%（见表4）。2023年，郑州市成功举办了全球豫商大会、全球跨境电商大会、中国粮食交易大会等重大活动，影响力持续提升。2023年，新郑综合保税区累计完成外贸进出口总值4072.78亿元，进出口规模居全国第1。截至2023年底，郑州国际友好城市增至13个，国际友好交流城市增加到34个，在郑世界500强企业达到113家。

表4 2018~2022年郑州市对外开放主要指标

年份	进出口总值(亿元)	进口总值(亿元)	出口总值(亿元)	新设立外商投资企业数(家)	货运周转量(亿吨公里)
2018	4105.0	1527.9	2577.1	82	855.4
2019	4129.9	1451.7	2678.2	85	680.5

续表

年份	进出口总值（亿元）	进口总值（亿元）	出口总值（亿元）	新设立外商投资企业数（家）	货运周转量（亿吨公里）
2020	4946.4	1997.6	2948.8	101	706.2
2021	5892.1	2339.3	3552.8	133	821.2
2022	6069.7	2473.4	3596.3	73	866.5

资料来源：《郑州统计年鉴2023》及郑州市统计局网站相关统计信息。

（五）绿色发展加快推动

城市是建设美丽中国的重要阵地，要把绿色低碳理念贯穿城市建设各个方面和全过程。近年来，郑州市大力实施黄河流域生态保护和高质量发展战略，着力于黄河湿地生态保护修复，沿黄生态廊道环境质量持续提升。2022年，郑州市绿化覆盖面积为40262公顷，同比增长2.8%，园林绿地面积为35203公顷，同比增长3.0%，公园绿地面积为13462公顷，同比增长3.1%（见表5）。2023年，郑州市大力发展"无废经济"，启动建设6个省级碳达峰试点，实施主导产业绿色化改造，新增绿色工厂22家，绿色供应链企业7家，绿色系列数量位居河南之首。污染防治攻坚战效果明显，$PM_{2.5}$、PM_{10}、空气质量优良天数等主要指标均完成省定目标任务。联合国人居署与联合国环境规划署根据医疗与教育环境、交通与城建环境、气候与生态环境、房价压力环境，联合发布了《2023年中国城市宜居指数排名TOP30》，郑州全国排名第16。

表5　2018~2022年郑州市绿色发展主要指标

年份	绿化覆盖面积（公顷）	园林绿地面积（公顷）	公园绿地面积（公顷）	人均公园绿地面积（平方米）	建成区绿化覆盖率（%）
2018	25065	21544	8928	14.30	40.80
2019	26795	23194	9704	14.47	41.05
2020	37417	32594	12509	14.70	41.50
2021	39181	34169	13058	15.27	41.63
2022	40262	35203	13462	14.62	39.34

资料来源：《郑州统计年鉴2023》及郑州市统计局网站相关统计信息。

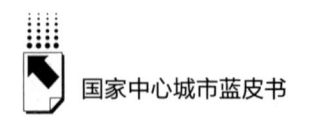

（六）人民福祉不断增进

郑州市建设国家中心城市，坚持人民城市人民建、人民城市为人民，不断增进民生福祉。切实提高居民收入水平，逐步实现共同富裕。2018～2022年，城镇居民人均可支配收入由39042.15元增加到46286.50元，增加了18.6%，农村居民人均可支配收入由21651.82元增加到28236.97元，增加了30.4%，城乡收入差距逐步缩小。2022年，每万人本专科在校学生数为1037人，同比增长3.7%；卫生技术人员数为143359人，同比增长4.8%；养老保险参保人数为627.6万人，同比增长3.9%（见表6）。2023年，郑州民生支出占一般公共预算支出的比例为71.7%。全面落实就业优先战略，打造"郑聚英才·职等你来"特色品牌。美好教育成效显著。2023年3月28日至29日，全国养老服务工作表彰暨养老服务人才队伍建设推进会在郑州召开。2024年1~2月，郑州市地方财政一般公共预算支出287.1亿元，其中，民生支出223.2亿元，占比为77.7%。

表6　2018~2022年郑州市民生事业主要指标

年份	城镇居民人均可支配收入(元)	农村居民人均可支配收入(元)	每万人本专科在校学生数(人)	卫生技术人员数(人)	养老保险参保人数(万人)
2018	39042.15	21651.82	824	114920	450.2
2019	42087.40	23535.50	873	121189	491.8
2020	42887.10	24782.90	920	133549	568.3
2021	45245.80	26790.30	1000	136742	603.9
2022	46286.50	28236.97	1037	143359	627.6

资料来源：《郑州统计年鉴2023》及郑州市统计局网站相关统计信息。

二　新发展格局下郑州国家中心城市建设面临的新问题

（一）首位度不够高

与其他国家中心城市相比，郑州市经济发展实力有待提升，经济发展对全省的带动与引领作用相对有限,直接影响到郑州国家中心城市高水平建设和郑州都市圈高质量发展的活力。2023 年,郑州地区生产总值为 13617.8 亿元,而同期河南省地区生产总值为 59132.4 亿元,由此可计算郑州的经济首位度为 23.0%,与同为国家中心城市的成都(36.7%)、武汉(35.9%)和西安(35.6%)相比,有较大差距。从人口首位度看,2023 年底,郑州常住人口为 1274.2 万人,同期河南省常住人口为 9815 万人,郑州人口首位度为 13.0%,与西安(32.9%)、成都(25.6%)和武汉(23.5%)相比,也有一定的差距(见表7)。

表7 2023 年我国部分省会城市首位度

城市	地区生产总值（亿元）	经济首位度（%）	年末常住人口（万人）	人口首位度（%）
长春	7002.1	51.7	910.2	38.9
成都	22074.7	36.7	2140.3	25.6
武汉	20011.7	35.9	1373.9	23.5
西安	12010.8	35.6	1299.6	32.9
兰州	3487.3	29.4	442.5	17.9
长沙	14332.0	28.7	1060.5	16.1
合肥	12673.8	26.9	985.3	16.1
沈阳	8122.1	26.9	911.8	21.8
杭州	20059.0	24.3	1252.2	18.9
福州	12928.5	23.8	844.8	20.2
郑州	13617.8	23.0	1274.2	13.0
南昌	7324.5	22.7	656.8	14.5
广州	30355.7	22.4	1882.7	14.8
太原	5573.7	21.7	543.5	15.7
石家庄	7534.2	17.1	1123.4	15.2
南京	17421.4	13.6	954.7	11.2
济南	12757.4	13.9	943.7	9.3

资料来源:各省市统计公报及网站资料。

(二)创新能力偏弱

2022 年,郑州研发经费支出为 344.7 亿元,研发投入强度为 2.67%,在 9

个国家中心城市中居第8位,与北京的6.83%、西安的5.18%相比,有较大差距(见表8)。2023年,郑州国家级重点实验室达到14家,同期,北京拥有的国家级重点实验室为77家,广州拥有的国家级重点实验室为22家。截至2023年底,驻郑两院院士为32名,同期,广州院士活动中心服务在穗全职院士人数为65人。2024年1月28日,首都科技发展战略研究院《中国城市科技创新发展报告(2023)》在北京发布,郑州总指数为0.2797,在全国排第26名,与排名靠前的北京(0.7309)、深圳(0.6572)、上海(0.6099)、广州(0.4211)等城市差距较大,在9个国家中心城市中处于末位。

表8 2018年和2022年国家中心城市研发投入强度对比

单位:亿元,%

城市	研发经费支出		地区生产总值		研发投入强度	
	2018年	2022年	2018年	2022年	2018年	2022年
北京	1870.8	2843.3	33106.0	41610.9	5.65	6.83
上海	1359.2	1981.6	36011.8	44652.8	3.77	4.44
天津	492.4	568.7	13362.9	16311.3	3.68	3.49
重庆	410.2	686.7	21588.8	29129.0	1.90	2.36
成都	392.3	733.3	15698.9	20817.5	2.50	3.52
广州	600.2	988.4	22859.4	28839.0	2.63	3.43
武汉	477.7	662.2	14928.7	18866.4	3.20	3.51
郑州	185.3	344.7	10670.1	12934.7	1.74	2.67
西安	426.1	595.0	8499.4	11486.5	5.01	5.18

资料来源:各市统计年鉴。

(三)国际化水平偏低

根据全球化与世界级城市研究小组与网络(Globalization and World Cities Study Group and Network, GaWC)的权威排名,香港、上海、北京、广州、台北、深圳属于世界一线城市,而成都、天津、南京、杭州、重庆、武汉、长沙、厦门、郑州、沈阳、西安、大连和济南属于世界二线城市。从国际友好城市数量来看,截止到2023年底,郑州市国际友好城市13个,而北京市国际友好城市 55 个，广州市国际友好城市 38 个。从全国千万级机场旅客吞吐量来看，2023 年，广州白云机场客流量为 6316.28 万人次，上海浦东机场客流量为 5452.77 万人次，北京首都机场客流量为 5285.34 万人次，位列前 3，郑州新郑机场以 2527.34 万人次居全国第 16 位。从领事馆数量来看，上海、广州遥遥领先，上海以 76 个领事馆居首位，广州以 65 个领事馆排名第 2，成都、重庆和沈阳分别拥有 20 个、12 个和 8 个领事馆，而郑州的领事馆片区目前仍停留在规划阶段。

（四）城市承载力不足

城市是人口高度聚集的地区，也是资源消耗、环境污染的重点区域，是区域经济发展的集合点，城市可持续发展是新发展格局下郑州国家中心城市建设必须面临的重大战略问题。截至 2023 年末，河南常住人口为 9815 万人，常住人口城镇化率为 58.08%，比 2018 年的 51.71%提高了 6.37 个百分点。随着城镇化进程加快，水、土地、生态、资源、环境、交通、能源等承载力问题日益突出。以水资源为例，郑州地处内陆，是一座缺水的城市。有关资料显示，郑州人均水资源占有量为 98 立方米，远低于国际公认的人均 500 立方米的极度缺水警戒线。再以土地资源为例，2022 年，郑州常住人口城镇化率为 79.4%，中心城区建成区面积为 774.32 平方公里，国土开发处于存量挖潜和增量建设并存阶段，土地资源日益短缺和部分存量土地利用效率不高问题十分突出。

三 新发展格局下郑州推进国家中心城市建设的新对策

（一）深入实施创新驱动发展战略

把创新摆在发展的逻辑起点、现代化的核心位置，坚定走好创新驱动发展"华山一条路"。一是完善创新体系。把创新作为"一号工程"，以科技创新为引领，带动观念创新、制度创新、管理创新、模式创新和业态创新，把创新要素投入、新兴产业发展、创新主体引育、科技成果转化等纳入领导干部绩效考核评级体系，奋力建设国家创新高地和人才高地。二是搭建创新平台。持续深化河南省科学院重建重振与中原科技城、国家技术转移郑州中心"三合一"融合发展。依托中原医学科学城，打造医学科学创新高地。加快推进大科学装置建设，构建重大科技基础设施集群。三是培育创新文化。在全社会弘扬科学精神，营造尊重科学、尊重知识、尊重人才、开放包容的创新氛围，鼓励更多青年才俊投身科学事业，为实施创新驱动发展战略注入新鲜血液。四是厚植创新沃土。实施更加积极的人才政策，聚天下英才而用之，让青年人才来得了、留得下、发展得更好。深化人才发展体制机制改革，鼓励青年科技人才在科研黄金期干出突出业绩。

（二）矢志不渝实施扩大内需战略

构建新发展格局，必须充分发挥内需拉动作用，深入实施消费和投资良性互动、相互促进的扩内需政策，增强消费对经济发展的基础性作用和投资对优化供给结构的关键作用。一是建立完善扩大消费长效机制。全面落实就业优先战略。扎实推进共同富裕，完善分配制度，构建初次分配、再分配、第三次分配协调配套的制度体系。稳定和扩大餐饮、住宿、文化、旅游等传统消费，培育数字消费、绿色消费、健康消费等新型消费。积极扩大乡村消费，激活农村消费市场，助力乡村全面振兴。畅通生产、分配、流通和消费环节，规范流通环节管理，建设现代化流通体系，降低物流成本。二是精准发力扩大有效投资。坚持项目为王，压茬推进"三个一批"（签约一批、开工一批、投产一批）项目建设。围绕农田水利、新型基础设施建设、现代综合交通等重点领域，谋划实施一批重大项目。三是充分释放城乡内需活力。深入实施以人为核心的新型城镇化战略，促进大中小城市和小城镇协调发展。加快郑州都市圈建设步伐，培育壮大副中心城市、区域中心城市。坚持农业农村优先发展，推进城乡一体化发展，积极引导广大社会资本投资乡村。学习运用"千万工程"经验，持续推进农村人居环境整治提升行动，建设宜居宜业和美乡村。

（三）加快培育和发展新质生产力

因地制宜，加快培育和发展新质生产力，积极开辟发展新赛道、新领域，塑造发展新动能、新优势，以新质生产力激活国家中心城市高水平建设新引擎。要以创建国家新型工业化示范区为引领，发展新质生产力，构建现代化产业体系。一是推动新兴产业集群发展。做大做强电子信息产业，培育壮大新能源及网联汽车、智能装备、新材料、生物医药等战略性新兴产业。培育一批带动效应显著的产业链链主企业，做强链主、做长链条、做优链环，加快建成链群完整、特色鲜明、融通发展的产业链生态。二是前瞻布局未来产业，聚焦量子信息、元宇宙、卫星等科技前沿产业，争创国家未来产业先导示范区。全力建设量子之城、中国元谷，打造"卫星+"产业发展高地和创新应用标杆城市。三是加快现代食品、铝精深加工、服装家居、新型耐材等优势产业智能化、绿色化、高端化、融合化发展，有效支撑制造业比重保持基本稳定，进一步巩固增强郑州制造在全国乃至全球产业分工中的地位和竞争力。

（四）坚定不移提升国际化水平

主动对标国际高标准经贸规则，进一步扩大制度型开放，提升国内国际双循环的质量和水平。要走好"枢纽+开放+产业+平台"的发展路子，着力构建国际航空客货运"双枢纽"，大力培育现代服务业，扩大高水平对外开放，打造国家内陆开放新高地。一是持续提升制度型开放水平。主动对接全面与进步跨太平洋伙伴关系协定、数字经济伙伴关系协定等经贸规则，加快建设区域全面经济伙伴关系协定示范区。二是建设现代化综合交通枢纽。大力发展口岸经济，强力推进"口岸+"建设，加快内陆综合性大口岸建设。持续拓展延伸对外开放通道，实施"班列+产业"行动，推进国际合作与产业技术应用示范中心落地，推动运贸产联动发展。三是建设国际消费中心城市。充分利用郑州跨境电商综试区的竞争优势，培育和发展跨境电商头部企业，将郑州打造成为名副其实的"中国跨境电商之都"。依托河南现有中华

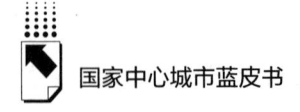

老字号，在郑州筹建中华老字号一条街，招引河南老字号及省外老字号入驻。以博大精深的中原文化赋予郑州国际文化创意产业园建设新内涵，增加文字、根亲、姓氏、商业、民俗、哲学、艺术等板块内容。

（五）持续增强城市综合承载力

不断加速的城镇化进程是工业化社会发展的必然趋势，对城市承载能力提出了新要求。一是增强土地承载能力。科学编制土地节约集约利用专项规划，实施建设用地减量化行动，充分发挥政策导向和激励倒逼机制的作用，完善"亩均论英雄"政策体系。二是增强生态承载能力。统筹生产、生活、生态"三生"空间分布，有效破解人地矛盾、人水矛盾难题，构建资源环境承载能力和国土空间开发适宜性评价体系。三是增强资源承载能力。强化对水、森林等资源的监测评估，健全完善资源资产保值增值机制。发展循环经济，加强废弃资源再生和循环利用，提升资源循环利用水平。四是增强环境承载能力。坚决贯彻落实河长、湖长和路长制度，明晰权责边界。开发环境污染风险评估和预警系统，实时监测环境污染风险，完善环境污染应急预案和分区预警机制。

参考文献

何雄：《郑州市政府工作报告》，《郑州日报》2024年2月7日。

刘玉梅：《国家中心城市的使命担当》，《河南日报》2023年5月31日。

刘元春：《必须坚持深化供给侧结构性改革和着力扩大有效需求协同发力》，《求是》2024年第7期。

吕晖：《提高郑州城市承载能力对策研究》，《郑州日报》2023年6月12日。

倪虹：《开创城市高质量发展新局面》，《求是》2023年第20期。

宋争辉：《培育城市高质量发展新动力》，《红旗文稿》2020年第24期。

魏后凯、李玏、年猛：《"十四五"时期中国城镇化战略与政策》，《中共中央党校（国家行政学院）学报》2020年第4期。

吴正海、范建刚：《国家中心城市：功能特征、发展指数与建设进路》，《城市规划》

2023 年第 8 期。

徐刚领、李娜、李俊坡：《换道领跑　郑州提速发展新质生产力》，《河南日报》2024 年 1 月 29 日。

袁晓玲、樊炳楠、李朝鹏：《面向中国式现代化的城市高质量发展现状、问题与困境——基于居民主观感受视角》，《西安交通大学学报》（社会科学版）2023 年第 6 期。

赵荣钦、刘天昊：《提升城市综合承载能力　助力国家中心城市建设》，《郑州日报》2023 年 7 月 31 日。

郑旗：《突出创新主题　让创新的动能更澎湃》，《郑州日报》2023 年 12 月 30 日。

B.10 重庆扩大内需畅通经济循环面临的挑战及应对研究[*]

丁瑶 张超 张佳 郑淑媛[**]

摘 要： 2023年以来，随着社会经济全面恢复常态化运行，重庆积极服务融入新发展格局，全力以赴强信心、稳投资、扩消费、优结构、抓创新、促开放，加快畅通经济循环，增强经济内生增长动能和发展韧性，全市经济实现了能级的提升、结构的优化、基础的稳定、发展的持续。下一阶段，为更好畅通国内经济循环，增强经济内生增长动能，夯实经济回升向好的态势，建议重庆以创新促产业转型，着力培育新质生产力；积极扩内需拓外需，稳投资促消费提外贸；深化"三攻坚一盘活"改革，释放发展活力；推进新型城镇化建设，促进城乡融合发展；加大稳岗扩岗力度，形成稳定的社会预期。

关键词： 内需 预期 循环

2023年，我国外部环境不确定性、不稳定性和难预料因素增多，我国

---

[*] 本报告数据如无特殊标注说明，均来源于《2023年重庆市国民经济和社会发展统计公报》《重庆市人民政府工作报告（2024年）》《关于重庆市2023年国民经济和社会发展计划执行情况及2024年计划草案的报告》。

[**] 丁瑶，重庆市综合经济研究院院长、研究员，研究方向为宏观经济、区域经济；张超，重庆市综合经济研究院办公室副主任、助理研究员，研究方向为宏观经济、开放经济；张佳，重庆市综合经济研究院经济形势研究室主任、副研究员，研究方向为宏观经济、财政金融、投融资体制；郑淑媛，重庆市综合经济研究院经济形势研究室助理研究员，研究方向为宏观经济、开放经济。

经济恢复基础仍不稳固，经济下行压力依然较大。重庆坚持"总书记有号令、党中央有部署，重庆见行动"，主动在中国式现代化宏大场景中谋划全市工作，积极融入新发展格局，深入推进成渝地区双城经济圈、西部陆海新通道、长江经济带高质量发展、国家战略腹地建设等国家重大战略落地实施，整体布局数字重庆、美丽重庆、平安重庆建设，争优创先、赛马比拼，全市经济社会发展展现了韧性，现代化新重庆建设迈出了坚实步伐。

一 2023年重庆经济实现量的跨越和质的提升

2023年，重庆用较短的时间引导经济逐步回归常态化增长轨道，全市经济呈现恢复性增长态势，全年地区生产总值达30145.79亿元，成为全国第16个、西部地区第3个GDP超3万亿元的省（区、市）；各季度GDP分别同比增长4.7%、4.6%、5.6%、6.1%，全市经济在波浪式发展中稳住了大盘，在承压前行中实现了螺旋式上升。

（一）三大需求逐步恢复

2023年，重庆投资稳定增长，消费稳步恢复，外贸持续负增长，最终消费、资本形成和区域净流出对重庆经济增长的贡献率分别为56.7%、43.6%、-0.3%。

固定资产投资稳中有进。全市固定资产投资同比增长4.3%，高于全国1.3个百分点，剔除房地产影响后，全市固定资产投资同比增长11.3%。2023年，市级重点项目投资同比增长18.4%，创近5年新高，发挥了稳投资促增长的关键性作用。分领域看，工业、基建投资较快增长，房地产投资降幅收窄。在一批大项目、新项目带动下，全市工业投资同比增长13.3%。其中，由于两江新区龙兴新能源汽车产业园等项目建设加速推进，汽车产业投资同比增长33.6%，拉动全市制造业投资增长4.8个百分点。基建投资同比增长7.0%，其中，农林水利、城建投资分别同比增长17.9%和8.3%。随着保交楼有序推进，房地产开发投资下降13.2%，降幅较上半年收窄7.8

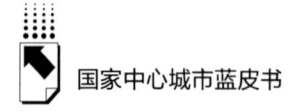

个百分点。民间投资较活跃，剔除房地产影响后民间投资同比增长12.7%。

消费市场持续回升。全市社会消费品零售总额迈上1.5万亿元台阶（15130.25亿元），同比增长8.6%，增速高于全国水平1.4个百分点，其中购物中心、折扣店、品牌专卖店零售额分别增长57.8%、25.3%、15.3%。服务消费较活跃，重庆与全国一样，需求结构正发生重大变化，消费者对服务消费的需求明显超过对商品货物的需求。餐饮收入同比增幅达20.6%，限额以上单位网络零售额同比增长24.1%。从流通商品看，基本生活类、出行类消费平稳增长，房地产类消费改善。粮油、食品类商品零售额增长9.0%，拉动全市限额以上商品零售额增长1.6个百分点。出行类消费增长7.9%，其中新能源汽车销售额同比增长67.7%，占全市汽车类零售额的比重提高到31.2%。与房地产相关的居住类消费小幅回暖，家具、家电消费分别增长2.4%和4.3%。

外贸降幅收窄。2023年，全市实现进出口总值7137.4亿元、下降10.7%，降幅较上半年收窄4.3个百分点，其中出口、进口分别下降6.1%和18.8%。电子产品进出口下降是外贸下滑的首要因素，笔记本电脑出口、集成电路进口分别下降9.9%和15.6%，分别下拉出口、进口增速3.5个、6.6个百分点。外贸新增长点加快成势，电动载人汽车、锂电池、太阳能电池"新三样"出口同比增长1倍，其中，汽车出口额同比增长51.9%，市场采购贸易跨境专列实现首发。

（二）三次产业发展向好

2023年，重庆农业平稳增长，工业经济回升，服务业发展向好，第一、第二、第三产业对重庆经济增长的贡献率分别为5.3%、42.2%和52.5%。

服务业恢复向好。全年服务业增加值同比增长5.9%，高于全国水平0.5个百分点。生产性服务业总体稳定。金融业平稳运行，社会融资规模增量累计为7665.1亿元，比上年增加2377.0亿元；普惠小微贷款余额、科技型企业贷款分别同比增长18.6%、28.8%；跨境人民币结算居中西部城市第1位。交通运输业持续恢复，货运量同比增长2.3%，其中邮政快递业务量同比增长29.0%。数字服务业发展态势良好，软件服务业收入同比增长近20%。生活性服务业加快恢复。文旅市场升温,全市130家A级重点景区接待游客1.53亿人次,同比增长98.9%,"五一""端午""中秋国庆"等假期外地游客接待量恢复至2019年前水平。影视、餐饮等消费回暖,全市城市影院票房收入12.96亿元,较上年增长70.6%;餐饮收入同比增长20.6%。

工业经济稳步增长。规上工业增加值同比增长6.6%,高于全国2.3个百分点,汽车、智能手机产量分别居全国第2、第4位,功率半导体产量进入全国前三。八大主导产业集群"七升一降",汽车产业、摩托车产业、电子产业、装备产业、材料产业、消费品产业、能源工业增加值分别增长9.3%、13.1%、0.8%、4.8%、10.3%、6.7%和9.7%,医药产业增加值下降9.1%。"33618"现代制造业集群体系①建设加快,新能源汽车产量达50万辆、同比增长35.0%以上,对全市汽车整车产值增长的贡献率达90%;AI及机器人、动力装备、先进材料产业增加值分别增长32.6%、26.8%和11.5%,为全市工业转型注入新动力。

农业生产稳步发展。全市农业增加值为2074.7亿元,增长4.6%,较全国水平高0.5个百分点。粮食和"菜篮子"产品实现增产,粮食产量达1095.9万吨,创15年新高;生猪出栏量和蔬菜、水产品产量分别达到1970万头、2378万吨、58.9万吨,分别增长3.5%、5.2%、4%。生猪价格持续低位运行,猪粮比全年低于6:1的盈亏平衡点,生猪养殖持续处于亏损状态。乡村特色产业加快培育,新增全国农业优势特色产业集群2个,食品及农产品加工业产值约为2500亿元,农产品网络零售额、乡村旅游经营收入分别同比增长12.0%和11.8%。

(三)三大收入较快增长

财税收入较快增长。全市一般公共预算收入完成2441亿元,同比增长16%。从税收收入看,受上年留抵退税的低基数效应、经济恢复带动税收增

---

① 指聚力打造3个万亿级主导产业集群,升级打造3个五千亿级支柱产业集群,创新打造6个千亿级特色优势产业集群,培育壮大18个"新星"产业集群。

加等因素影响，税收收入完成1476亿元，同比增长16.1%。其中，增值税同比增长51.8%，城市维护建设税、契税、个人所得税分别同比增长7.1%、6.0%和0.9%。从非税收入看，随着闲置资产盘活力度加大，非税收入完成965亿元，同比增长15.9%。

企业利润降幅收窄。2023年全市规模以上工业企业营业收入、利润同比增速分别为1.6%、-3.7%，其中规上工业利润降幅较上年缩减5.4个百分点，亏损企业数量同比下降7.7%。从主要行业看，摩托车、电子、消费品产业利润分别增长30.9%、5.8%和5.5%，汽车、装备、医药、材料等产业利润负增长。

居民收入稳步增长。随着中等收入群体倍增计划深入实施，全体居民人均可支配收入为37595元，同比增长5.4%，与上年同期基本持平；脱贫对象人均纯收入增长14.1%。城镇、乡村居民人均可支配收入分别增长4.2%、7.8%，城乡收入比由上年的2.36：1缩小至2.28：1。多措并举促进就业增收，全市城镇新增就业73.86万人，同比增长4.5%，零就业家庭保持动态清零。

（四）价格指数低位运行

2023年，全市CPI同比下降0.3%，猪肉价格同比下降20%，依然是消费价格指数下滑的主要因素；扣除食品和能源价格，核心CPI同比上涨0.5%，处于温和上涨区间。八大类商品和服务价格"五涨三降"，其中，其他用品和服务、教育文化和娱乐、衣着、医疗保健、居住类价格分别上涨2.4%、1.3%、1.0%、0.2%、0.2%；食品烟酒、交通和通信、生活用品及服务类价格分别下降1.4%、1.2%、0.2%。工业品价格持续低迷，PPI、PPIRM分别同比下降2.2%、3.0%，同比降幅逐步扩大，企业生产经营面临需求弱、利润低等多重压力。

二 深度融入国家重大战略，奋力畅通经济循环

重庆深入推进成渝地区双城经济圈、西部陆海新通道、长江经济带高质

量发展、国家战略腹地建设等国家重大战略落地实施，全力以赴构建"33618"现代制造业集群体系，推动"416"科技创新战略布局、国际消费中心城市建设，纵深推进数字重庆建设、区域协调发展、营商环境优化，为畅通经济大循环提供了强力支撑。

（一）纵深推进成渝地区双城经济圈建设，融入新发展格局实现新突破

重庆将双城经济圈建设作为"一号工程"和全市工作总抓手、总牵引，全市域融入、全方位推进成渝地区双城经济圈建设，对西部地区高质量发展带动作用显著增强。2023年，成渝两地GDP突破了8万亿元（81986.7亿元），占全国、西部地区的比重分别为6.5%、30.4%。

扎实推进重大项目建设。将重大项目实施作为推动成渝地区双城经济圈建设的重要抓手，248个共建重大项目完成年度投资4138.4亿元，超年度计划20个百分点。其中，渝昆高铁（川渝段）全线贯通，内江至大足高速公路全线通车，成渝中线、渝西、渝万、成达万等高铁项目进展顺利，川渝省际建成及在建高速公路达到21条；川气东送二线、川渝特高压交流工程等区域能源项目加速推进。2023年，成渝地区双城经济圈固定资产投资（不含农户）增长3.4%，高于全国0.4个百分点。

协同开展体制机制改革创新。联合发布首批川渝"一件事一次办"和"免证办"事项清单，"川渝通办"事项全面落地，71项重大改革深入实施、10项获得国家试点认可，18条跨区域协作经验做法在全国推广。深化区域经贸合作，加快推进经济区与行政区适度分离改革，10个毗邻地区合作平台全面建设。2023年，川渝贸易活跃户数达到58.5万户，同比增长18.2%；两地贸易往来金额突破1万亿元，同比增长超5%。

全力推动产业融合发展。统筹区域产业布局，联合出台电子信息、汽车、装备制造、特色消费品、铝材料等行业协同方案，成渝"氢走廊""电走廊""智行走廊"提质扩容。

川渝携手打造万亿级智能网联新能源汽车产业集群和世界级电子信息产

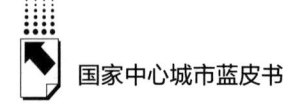

业集群，两大产业全域配套率均达80%。其中，汽车产业集群形成拥有45家整车企业和1600多家配套商的产业体系，年产值超过7500亿元；电子产业集群规模突破2万亿元，约占全国总量的14%。

（二）提速推进西部陆海新通道建设，内陆开放取得新成效

在中国式现代化的宏大场景中系统谋划、整体推进西部陆海新通道建设，通道建设迈上新台阶，对内陆开放的引领带动作用增强。2023年，重庆经西部陆海新通道运输货物17.8万标箱、货值279亿元，分别同比增长21%、11%。

着力提升通道运行效率。线路拓展成效持续显现，新开通中老泰跨境全程铁路双向班列、中越跨境公路班车等近10条路线，西部陆海新通道辐射范围已覆盖120个国家和地区的486个港口，实现东盟国家全覆盖。推进铁海联运一体化运营，实现钦州、北海、防城港地区三大港口船期、泊位、货物等信息实时共享，运输效率大幅提升。推出"一箱到底"新模式，进口矿产品、新能源汽车出口单箱物流成本分别节约1700元、3000元。持续提升通关便利化水平，重庆进出口货物整体通关时间分别缩短至25.39小时、0.66小时，均优于全国平均水平。

促进"通道+经贸+产业"融合发展。大力拓展通道货源，运输品类由2017年的50多个增加至980多个，2023年首开东盟榴莲冷链专列，泰国榴莲首次通过铁路班列从境外直达成渝地区。借助西部陆海新通道，甘肃红枣、宁夏枸杞原浆、青海彩椒、陕西苹果、新疆坚果等西部地区特色产品走向世界；柬埔寨大米、泰国香水椰、越南百香果等东盟国家的特色产品进入中国市场，通道成为沿线地区推动货物贸易及产业发展的重要载体。2023年西部陆海新通道班列全年累计运输货物86.1万标箱，同比增长13.8%。

开展通道金融服务创新。积极推广应用数字提单，成功落地全国首笔陆海新通道多式联运"一单制"数字提单动产质押融资业务，创新推出"陆海链融"金融产品，在老挝、越南分别签发"一单制"数字提单108票、13票，货值分别达2225万美元、36万美元，累计实现铁路提（运）单相

关融资 26.9 亿元。打造全国唯一的西部陆海新通道融资结算专项应用场景，实现境内运费外汇支付线上化、便捷化。截至 2023 年末，该场景已便利通道企业融资 23.5 亿美元、结算 17.7 亿美元。西部陆海新通道带动了人民币跨境使用，2023 年，重庆与东盟发生跨境人民币实际收付 190.2 亿元，同比增长 21.7%。

（三）积极融入长江经济带高质量发展，绿色转型取得新进展

重庆强化"上游"意识、勇担"上游"责任、力争"上游"水平，加快筑牢长江上游重要生态屏障，全面建设山清水秀美丽之地，努力在推进长江经济带绿色发展中发挥示范作用。2023 年全市召开美丽重庆建设大会，提出"建设美丽中国先行区，打造人与自然和谐共生现代化的市域范例"的目标及各项重点任务。

深入开展污染防治攻坚。2023 年出台《重庆市长江经济带污染治理和生态保护攻坚战行动方案（2023—2027 年）》，完善生态环境治理体系。编制实施"一河一策"方案，发布首批 58 条市级幸福河湖名单，长江干流重庆段水质连续 7 年保持 II 类，74 个国控断面水质优良比例达 100%。全面加强交通、扬尘、工业、生活污染防治，全年空气质量优良天数达 325 天。在全国率先推行建设用地土壤污染程度分级和用途分类管理，加快推进全域"无废城市"建设和川渝无废城市共建，一般固废综合利用率达 80%，危险废物利用处置能力达 261.8 万吨/年。连续 4 年在国家污染防治攻坚战成效考核中获评为优秀。

扎实推进生态环境保护修复。强化生态环境分区管控，划定并严守生态保护红线，缙云山国家级自然保护区生态环境综合整治取得明显成效，铜锣山矿区生态修复等 2 个项目入选全国山水工程首批 15 个优秀典型案例。严格落实长江"十年禁渔"，提质建设"两岸青山·千里林带"，森林覆盖率稳定在 55% 以上，水土流失和石漠化问题得到积极解决。

加快绿色低碳高质量发展。实施绿色转型创新发展行动，加快建设碳捕集碳中和创新中心、绿色智能环保技术与装备技术创新中心，积极创建国家

页岩气技术创新中心、长江经济带生态环境国家野外科学观测研究站等国家级创新平台。加快形成绿色低碳生产生活方式，累计创建国家级绿色园区12个、绿色供应链管理企业17家、绿色工厂133家。开展市级生态产品价值实现机制试点，确定北碚区、武隆区、合川区、梁平区、酉阳县5个区县为首批试点。积极推进绿色金融改革创新试验区建设，绿色贷款余额超6600亿元，碳市场累计交易碳配额4753万吨、10.6亿元，两江新区国家气候投融资试点建成气候投融资项目库，意向融资超过4500亿元。

（四）积极谋划国家战略腹地建设，服务国家战略能力不断增强

重庆积极承担国家战略使命，奋力当好国家战略腹地建设"排头兵"，以一域服务全局能力加快提升。

加快完善与央企合作对接机制。全市建立中央企业对接服务工作机制，加快重点央地合作项目谋划推进，2023年，与国务院国资委共同举办央地合作座谈会、组织金融系统座谈会，与国家电力投资集团、中国五矿集团、中国中车集团等35家央企签署战略合作协议，形成在谈项目254个、储备合作项目120个。

提速推进承接产业转移。以沿江承接产业转移示范区建设为重点，协同推进涪陵高新区、长寿经开区等17个市级承接产业转移示范园区建设，加快承接东部地区产业转移。2023年前三季度，重庆沿江承接产业转移示范区承接东部产业转移项目292个，协议总投资3259.7亿元。全市积极构建多层次承接产业转移体系，推动区县、开发区与东部地区建立产业转移"结对"关系，两江新区、万州经开区与上海张江、南京高新区等47个国家级开发区组建长江流域园区合作联盟，万州与上海、涪陵与浙江实现"结对"发展。

稳步推进战略性物资储备。粮食市场和粮食应急保供的央地协同持续深化，全市粮食储备能力加快提升，中储粮、中粮集团在渝粮食智能化加工基地项目加快建设，成立中储粮万州、涪陵直属库。建成陕煤入渝珞璜、合川、涪陵等多个煤炭储备基地，建成川渝成品油管道和兰成渝成品油管道，

初步形成全国天然气输配网络区域枢纽。建成长寿中航油西南战略储运基地，投运黔江正阳、永川双石等重点油库，川渝百亿立方米储气库群加快建设。

(五)以科技创新引领现代化产业发展,新质生产力加快培育

重庆深入实施科技创新和人才强市首位战略，加快以科技创新推动产业创新，提速建设"33618"现代制造业集群体系，大力培育新质生产力，产业结构转型升级取得积极进展。

全力构建现代化产业体系。把制造业高质量发展摆在更加突出位置，召开全市推动制造业高质量发展大会，制定实施《深入推进新时代新征程新重庆制造业高质量发展行动方案（2023—2027年）》，加快打造"33618"现代制造业集群体系，着力强化新能源及智能网联汽车、新一代电子信息、新材料等产业重大项目建设。2023年，战略性新兴产业增加值占规上工业增加值的比重达32.2%，新能源汽车产量突破50万辆，功率半导体产量进入全国前三。加快发展现代服务业，发布全国首个地方服务业开放发展蓝皮书和全国首个地方服务业开放指数，服务业扩大开放综合试点任务实施率达95.3%。着力构建优质高效服务业新体系，西部金融中心建设加快，成功举办第五届中新金融峰会，启动实施"智融惠畅"工程；"五型"国家物流枢纽建设提速，加快实施软件和信息服务业"满天星"行动计划，成功创建中国第5个、西部第1个全球"设计之都"。

加快构建"416"科技创新战略布局。召开全市科技创新和人才工作大会，提出"416"科技创新战略布局和"1458"科技创新工作体系，出台《重庆市加快建设具有全国影响力的科技创新中心行动方案（2023—2027年）》，系统重塑科技创新体系。提速打造创新平台，重组建成全国重点实验室10个，金凤实验室一期、种质创制大科学中心二期建成投用，超瞬态实验装置等重大科技基础设施加快建设，西部（重庆）科学城、两江协同创新区、广阳湾智创生态城等创新高地引领作用增强。持续深化产业创新，构建形成"综合型+专业型"研究院矩阵体系，成功孵化科技型企业28个、

储备项目近200个。实施企业研发机构倍增计划，建立国家级制造业创新中心1家、市级制造业创新中心9家、独立法人新型企业研发机构78家，超级智能汽车平台等重大关键核心技术攻关和成果产业化实现突破。

加快数字化赋能高质量发展。召开数字重庆建设大会，提出"1361"整体框架布局，加快建设数字经济发展新高地。积极推动产业数字化转型，实施《重庆市制造业数字化转型行动计划（2023—2027年）》，新建17个智能工厂和224个数字化车间，新增国家级工业互联网"双跨"平台1个。加快建设数字基础设施，重庆人工智能创新中心建成投用，工业互联网标识解析国家顶级节点（重庆）接入企业超过2万家。着力拓展数字场景，数字文化、线上教育、互联网金融等数字应用场景不断呈现，数字经济规模不断壮大。

（六）深入推进国际消费中心城市建设，消费市场活力持续提升

重庆聚焦扩大国内需求，推动国际消费中心城市建设再提速，加快实施消费品牌提质拓展行动，强化促消费政策+活动"组合拳"，消费潜力得到加快释放。

加快培育消费新业态新场景。大力发展首店经济，出台支持首店经济发展若干措施，培育引进品牌首店469个，累计引进国际知名品牌超1800个，培育中华老字号31个、重庆老字号368个。加速打造消费新场景，开展首批3个国际消费中心区、2个区域消费中心城市、4个商文旅体融合发展城市培育建设，联动滨江岸线、后街支巷、楼宇天台、防空洞穴等山城特色，相继建成十八梯D区、山城巷后街、联合国际"云端之眼"等彰显巴渝文化的网红景点，全力打造"江崖街洞天"特色消费新场景。万象城二期、重庆印象城等品质购物中心建成投用，连续4年居"中国十大夜经济影响力城市"榜首。

积极开展各类促消费活动。出台进一步释放消费潜力促进消费持续恢复的政策措施，举办"成渝双城消费节"、火锅美食文化节、小面文化节等"爱尚重庆·渝悦消费"系列活动2000余场，有力营造浓厚消费氛围。"爱

尚重庆"品牌培塑模式入围国家发展改革委和商务部新型消费发展典型案例。积极实施汽车购车补贴、家电家居以旧换新等大宗商品惠民促销举措，2023年汽车销量同比增长8.5%。进一步完善公积金使用和二手房交易等政策工具，房地产消费得到有力提振。

（七）全力构建区域协调发展美好图景，城乡融合开创新局面

重庆深入推进区域协调发展和城乡融合，着力做大做强主城都市区，做优做特山区库区，加快构建优势互补、高质量发展的区域经济布局。

加快形成区域协调空间格局。强化政策顶层设计，实施中心城区城市重点功能片区体系规划，编制渝西地区国土空间规划，推进渝西地区"五个一体化"招商试点，起草山区库区高质量发展指导意见和山区库区17区县"一县一策"，进一步明确区域发展方向。三大区域加快特色发展，主城都市区继续做大做强，中心城区优先布局国家级重大战略性项目，渝西地区一体化高质量发展加快推进，三大区域GDP超过2.3万亿元、占全市的77%。山区库区强县富民现代化新路径加快探索，其中，渝东北三峡库区持续做强三峡制造、三峡农家、大三峡旅游，渝东南武陵山区深入推进武陵加工、大武陵旅游带等品牌建设，区域GDP增速均高于全市水平。区域协同联动不断深化，汽车、电子等产业链由中心城区向渝西地区、山区库区延伸，初步形成龙头企业在主城都市区、配套企业在山区库区的产业链布局形态。景区共建提速推进，涪陵—武隆—丰都、黔江—酉阳—秀山入选国家文旅融合发展示范区建设名单。对口协同机制深入推进，17对结对区县全覆盖签订年度协作协议，累计实施帮扶项目148个、总投资18.8亿元。

持续深化城乡融合发展。国家城乡融合发展试验区重庆西部片区建设加快，全面开展"小县大城""强镇带村"试点，深化推进强村富民综合改革。2023年，全市乡村居民人均可支配收入增速高于城镇居民3.6个百分点。稳步推进农村土地制度改革，积极探索农村集体经营性建设用地入市试点，深入推进农村宅基地制度改革试点、农村产权流转交易规范化试点工作。支持垫江、忠县、彭水开展国家县城新型城镇化建设示范。

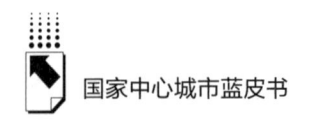

（八）加快营造一流营商环境，要素吸引和集聚能力明显提升

重庆深入推进营商环境创新试点城市建设，营造市场化、法治化、国际化的一流营商环境，努力打造西部地区营商环境排头兵，全市营商环境优化取得积极进展。

提质增效政务服务。深化政务服务"一网通办"改革，迭代升级"渝快办"政务服务平台，2866项政务服务在全市实现"同事同标"。加快构建"一窗综办"服务模式，全市综合窗口设置和进驻事项比例均超过90%。优化"企业服务专区"，推出"惠企通""秒批秒办""智能导办"等特色场景应用。加快推进"渝快码"试点，实现249类电子证照亮证使用。

着力优化法治环境。加快推进"大综合一体化"行政执法改革，启动涉企执法专项监督检查行动，30个市级执法部门完成裁量权基准制定或修订工作。积极开展涉企纠纷多元化解行动，依法保护各类经营主体产权和合法权益，强化普法宣传，加大产权保护、合同履行、侵权责任等的宣传力度。

打造良好市场环境。出台《重庆市强化反垄断深入推进公平竞争政策实施行动方案》，开展妨碍统一大市场和公平竞争政策清理，清理废止或修订相关政策文件145件。修订《重庆市反不正当竞争条例》，制定公平竞争审查制度实施办法。打造"信用重庆"升级版，推行信用告知承诺制度，深入开展清理拖欠中小企业账款专项行动，持续优化涉企服务。

三 重庆经济恢复向好面临的主要挑战

在国际政治经济形势复杂多变的背景下，重庆经济恢复的基础仍不稳固，经济循环还存在较多的堵点、卡点，社会预期普遍偏弱，投资、消费、外贸、工业经济增长面临下行压力，经济内生增长动能有待增强。

（一）投资增长形势严峻

重庆固定资产投资面临政策、市场、资金等方面制约因素增多，后续增长动力支撑不足。一是投资资金保障难度增大。受投资项目信贷资金来源渠道收紧等影响，2023年全市投资资金来源同比下降0.3%，其中国内贷款、利用外资分别同比下降4.8%和88.3%，对投资稳定增长带来负面影响。特别是随着政府财政收支矛盾加大、债务化解深入推进及专项债审批趋严，基建投资资金保障难度增大，将影响基建投资增长后劲。二是房地产投资形势依然严峻。在市场需求恢复乏力、房企投资意愿和能力较弱等的影响下，房地产领域在建项目持续缩减，2023年全市成交176宗住宅用地，仅分别为2022年、2021年、2020年的84.6%、63.3%和54.8%，商品房新开工面积同比下降11.3%，已连续4年两位数下降，在建体量处于近年来低位，扩大有效投资的能力不足。三是工业投资增长乏力。受市场需求低迷、工业利润下滑等因素影响，制造业企业投资意愿偏弱，全市新开工工业项目平均规模同比下降0.7%。同时，国家碳达峰碳中和目标下能耗双控趋紧，部分区县能耗空间见顶，工业项目引进更加困难。此外，民营企业投资信心不足，2023年全市民间投资同比下降1.9%，低于全市投资增速6.2个百分点。

（二）工业经济压力较大

在传统产业产能过剩、新兴产业竞争加剧等背景下，全市工业经济运行面临更多挑战。一是主导产业增长动力不足。汽车、电子产业存在隐忧，全球消费电子需求仍较疲弱，市内仁宝、达丰等主要笔电企业订单不足，传音、OPPO等手机企业依靠集团短期订单调配，生产订单难以为继；汽车产业增加值、产量分别同比增长9.3%、2%，分别低于全国水平3.7个、9.6个百分点，长安汽车等企业燃油车库存高企，将对产能释放形成制约。二是工业新动能培育滞后。重庆工业迭代升级较慢，以先进材料、生物医药、数字经济等为代表的新兴产业规模小，对工业经济促进作用有限。如新能源汽车产量占全市汽车产量的比重为21.6%，低于全国水平15.9个百分点，传统产业调整和结构升级相对较慢。三是企业经营压力较大。重庆高速公路收费高于四川毗邻区域20%以上，企业用能成本高于贵州、四川等周边省份，

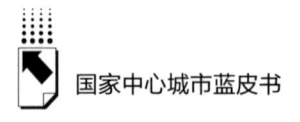

2023年全市工业到户电价、燃气价格分别上涨2.2%、4.5%左右，其中大工业用户平均电价为0.749元/千瓦时，高于四川、云南、贵州、陕西等省0.12~0.17元/千瓦时，削弱了企业市场竞争力。重庆工业企业每百元营业收入成本较上年提高0.13元，高于同期全国水平1.57元；工业利润同比下降3.7%，连续16个月负增长。

（三）消费面临不确定性

居民就业增收乏力，消费预期总体偏弱，消费需求不足问题较为突出。一是居民消费能力和意愿较低。居民收入增长放缓对消费的影响加深，2023年全市居民人均可支配收入同比增长5.4%，增速连续两年回落，并低于全市GDP和全国居民人均可支配收入增长水平。居民就业压力增大，2023年全市城镇调查失业率为5.4%、高于全国0.2个百分点，其中青年群体失业率一度超过20%，就业压力尤为凸显。二是重点领域消费较为疲软。2023年全市限额以上金银珠宝、体育娱乐用品等可选消费分别同比下降3.3%、12.2%，建筑及装潢材料类等房地产相关消费低位运行。文旅消费面临人气高和消费低的困境，市外客源占比低的情况尚未根本改善。受居民消费低迷影响，全市部分重点传统零售企业零售额增长乏力，12家百强企业零售额增速仍在负值区间。三是消费新增长点培育不足。重庆直播电商、即时零售等消费新模式推广不足，首店数量仅为成都的41%、上海的46%、北京的70%，尚无年营业额过百亿元的商业综合体，入境游人数与成都差距较大，消费带动力相对有限。

（四）对外贸易增长堪忧

国际环境更加复杂严峻，中美博弈、产业链及订单转移等对重庆进出口形势影响较大，外贸企业预期总体偏弱。一是产业及订单转移加快。笔电品牌订单外迁风险加剧，2023年全市电子元件和笔记本电脑等自动数据处理设备及其零部件进出口额同比下降16.1%，翊宝、英业达等代工企业订单面临进一步转移风险。同时，隆鑫、宗申等通机出口也大幅下滑。二是对外贸易结构不优。重庆对外贸易结构仍以中低端产品出口为主，笔记本电脑、汽车出口单价均低于全国水平。虽然"新三样"出口增长较快，但出口规模相对较小，对进出口增长难以形成有力支撑。三是外贸企业预期偏弱。由于全球经济复苏前景不明、地缘政治风险加剧，全市外贸企业普遍面临外部需求收缩、在手订单不足、综合成本高企、经贸摩擦增多等困扰，市场预期总体弱于往年。

（五）社会预期总体偏弱

虽然当前形势呈现一些积极变化，但宏观经济回升基础尚不牢固，企业、居民等对经济增长前景不乐观。一是企业投资意愿不强。调查显示，有64.0%的企业觉得市场环境不好，没有投资意愿；有20.6%的企业认为2024年上半年生产经营形势将恶化，占比高于认为2024年上半年生产经营形势将好转的企业（13.2%），企业对未来预期偏弱。[①] 二是居民消费预期不足。2023年全市居民人均可支配收入增长5.4%，增速分别低于全国水平及全市GDP增速0.9个、0.7个百分点，且人均可支配收入、人均消费支出绝对量持续低于成都、北京、上海等城市，居民消费能力提升有限，继续制约消费预期改善幅度。三是居民就业压力增大。2023年，全市部分行业招聘需求收缩，特别是房地产、建筑业、科学研究和技术服务业招聘岗位大幅减少，分别同比下降41.0%、57.0%、59.4%，在一定程度上影响居民增收预期。

四 对策建议

（一）以创新促产业转型，着力培育新质生产力

聚力提质效拓市场促转型，增强产业发展动能。一是推动汽车、电子等

[①] 资料来源于重庆市发展和改革委员会、重庆市综合经济研究院联合发布的《2024年一季度重庆企业经营情况调查问卷》。

主导产业提质扩量。支持市内电子企业与汽车企业供需对接，联动研发生产汽车芯片、车用软件、汽车电控等产品。强化市区联动，争取国内电子、新材料、装备等产业订单向重庆转移。二是加快培育工业新动能。围绕"33618"现代制造业集群体系，加快布局前沿新材料、未来能源等未来产业和AI技术应用场景，以创新为引领加快培育新质生产力。争取国家制造业转型升级基金支持，充分运用"绿易贷"再贷款、"技改专项贷"等政策工具，支持工业企业智能化改造。三是全面推动产业链创新链资金链人才链深度融合。梳理重庆产业链、创新链融合发展关键环节的堵点痛点，倾斜支持培育一批国家级产业链龙头企业，提升大中小企业产业融通创新发展能力。充分利用重庆产业投资母基金，以"子基金+直投"模式促进新兴产业发展，形成科技—产业—金融的良性循环。

（二）积极扩内需拓外需，稳投资促消费提外贸

着力扩内需拓外需，多措并举为经济恢复注入新动力。一是拓展有效投资增长空间。积极盘活公租房、轨道交通、产业园区等存量优质资产，策划基础设施REITs项目。聚焦"33618"现代制造业集群体系，加快引进一批以"链主"企业为核心的产业链重点项目。加大对优质房企以及"保交楼"项目的信贷支持力度，加快推进保障性住房、"平急两用"公共基础设施、城中村改造"三大工程"建设。二是加快培育建设国际消费中心城市。办好"爱尚重庆·渝悦消费"促销活动，加大对大规模设备更新和消费品以旧换新的金融支持力度，探索以乘用车贷款"零首付"、鼓励先息后本等方式提振汽车消费，支持扩大绿色智能家电消费补贴类别。大力发展数字消费、绿色消费、健康消费，拓展"直播+文旅""直播+展览""直播+夜经济"等消费场景。三是推动外贸回稳提质。积极在东南亚、非洲等新兴市场举办展会，大力推广"渝贸全球"品牌。加强中欧班列货源组织，强化本地笔电、整车等重点企业进出口保障。积极承接沿海产业转移，促进跨境电商、市场采购贸易、保税物流等新业态发展。

（三）深化"三攻坚一盘活"改革，释放发展活力

全力攻克数字重庆建设、国资国企和开发区（园区）改革卡点难点，以"三攻坚一盘活"改革突破推进高质量发展。一是加快推动数字重庆建设。迭代升级"1361"① 整体构架，完善一体化智能化公共数据平台。升级三级治理中心，加大对城市运行和治理的在线实时监测力度。丰富应用系统，推动应用从"一件事"向"综合场景"拓展，打造更多具有重庆辨识度和全国影响力的典型应用。二是深化国资国企改革。加大与央企合作对接力度，提速推进市属国企战略性重组与专业化整合，强化存量资产盘活利用，进一步调整优化市属企业国有资本布局。建立完善法人治理结构，明确权责边界、强化绩效激励，加快形成运行高效、充满活力的市场化经营机制，全面激发国有企业内生动力。三是推进开发区（园区）改革。建立健全"亩均效益"分级分类评价机制，精细化开展单位土地、楼宇、财政投入的产值、利税、能耗分类评价，充分提升低效工业用地和闲置用地利用效率，推进资源要素优化配置。制定完善园区权力清单、责任清单，强化园区集中履行经济管理、投资招商、服务企业职能。

（四）推进新型城镇化建设，促进城乡融合发展

持续推进以人为核心的新型城镇化，推动城镇化和新农村建设协调发展。一是深入实施城市更新提升行动。继续推进"两江四岸"整体提升，完善城市交通、绿地、市政设施，有序实施老旧小区、棚户区和城中村改造，全面提升城市功能品质能级。二是推动乡村振兴。聚焦渝西地区、山区库区，研究制定区域农业农村一体化发展政策措施，深入实施食品及农产品加工能力提升工程，推动乡村产业提质增效。统筹城乡市政公用设施建设，促进城镇基础设施向周边农村地区延伸，建设好富有西部特色的宜居宜业和

---

① 第一个"1"：一体化智能化公共数据平台；"3"：数字化市城市运行和治理中心、区县城市运行和治理中心、镇街基层治理中心一体部署；"6"：数字党建、数字政务、数字经济、数字社会、数字文化、数字法治"六大应用系统"；第二个"1"：构建基层智治体系。

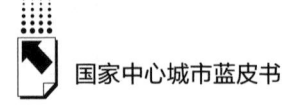

美乡村。三是提高城乡融合发展水平。深入推进国家城乡融合发展试验区重庆西部片区建设，全面实施城乡融合发展示范工程，促进城乡要素自由流动和公共服务均等化。开展"小县大城""强镇带村"试点，提升区县综合承载力和小城镇服务功能。

（五）加大稳岗扩岗力度，形成稳定的社会预期

突出就业优先导向，改善居民收入、提振消费预期。一是加强企业稳岗扩岗政策支持。实施"稳岗扩岗"就业容量拓展工程，推动全市稳就业、扩岗位19条举措落地见效，运用"直补快办"模式，加快兑现社会保险补贴等政策。二是加大重点群体就业帮扶力度。实施高校毕业生就业创业推进计划，拓宽市场化社会化就业渠道，稳定基层服务项目等政策性岗位招募规模。动态监测农民工就业失业状况和服务需求，及时开展岗位推荐和职业指导。加强困难群体就业援助，落实低保渐退、先行救助等措施，推动有劳动能力和就业意愿的困难人员尽快就业。三是提升公共服务水平。加快构建多层次医疗保障体系，鼓励金融机构开发普惠型医疗补充保险产品，减轻参保人员就医负担。不断降低居民教育成本，提振居民消费预期。

参考文献

祝宝良：《中国宏观经济定量分析》，《中国经济出版社》，2005。
张增磊：《政府投资基金经济效应及作用路径研究》，博士学位论文，中国财政科学研究院，2018。
盛来运等：《中国全要素生产率测算与经济增长前景预测》，《统计与信息论坛》2018年第12期。

B.11
西安畅通国内大循环促进经济高质量发展的路径及措施[*]

王铁山 杨淑悦[**]

摘 要： 西安作为特大型城市、区域经济发展的重要引擎，其国内大循环的畅通对于推动经济高质量发展具有重要作用。本文剖析了西安国内大循环中存在的堵点与经济发展中的制约因素，面临的挑战与机遇。继而，从法治、产业链、技术创新、知识产权、内需、基础设施等方面探讨畅通国内大循环促进经济高质量发展的路径。在此基础上，结合实际情况，提出促进西安经济高质量发展的具体对策措施，包括人口规模调控与优化、经济规模调控与发展、统筹优化城市结构、完善城市配套功能、持续提升城市效益等。

关键词： 国内大循环 消费 特大型城市 高质量发展

2020年，党的十九届五中全会提出加快构建以国内大循环为主体、国内国际双循环相互促进的新发展格局，如何使生产、分配、流通、消费更好地贯通起来，加快畅通国内大循环关键环节堵点，成为迫切需要解决的问题。2022年4月10日，《中共中央 国务院关于加快建设全国统一大市场

---

[*] 本文为陕西省社会科学基金项目"数字经济驱动陕西乡村产业振兴的内在机理与实现路径研究"、陕西省哲学社会科学研究专项"新质生产力推动陕西新能源汽车产业高质量发展路径的统计测度研究"、西安市科协决策咨询课题"西安自贸试验区带动对外开放影响对策研究"的阶段性成果。

[**] 王铁山，博士，西安工程大学管理学院院长助理、副教授、硕士生导师，研究方向为区域经济与产业经济；杨淑悦，西安工程大学管理学院硕士研究生，研究方向为社会发展与公共政策。

的意见》提出，要打破地方保护和市场分割，打通制约经济循环的关键堵点，促进商品要素资源在更大范围内畅通流动，加快建设高效规范、公平竞争、充分开放的全国统一大市场，推动经济实现高质量发展。据国家统计局2024年1月17日公布的数据，国内大循环对推动经济增长的主体作用增强。2023年，我国社会消费品零售总额达到47.1万亿元，固定资产投资规模达50.3万亿元，内需对经济增长的贡献率达到111.4%，比上年提高了25.3个百分点。在着力建设全国统一大市场，打通国内大循环的堵点卡点，畅通生产分配流通消费各个环节，要素流动趋于活跃，产销衔接状况逐步好转。

西安作为我国西部经济、文化、科技的中心城市，其国内大循环的畅通对于推动高质量发展至关重要。然而，由于历史原因、制度障碍以及市场环境等影响，其国内大循环仍存在诸多堵点，严重制约了其国家中心城市作用的发挥。因此，本文从多个维度进行分析，为西安畅通国内大循环促进经济高质量发展提供参考。

一 西安国内大循环存在的堵点与经济发展的制约因素

（一）西安国内大循环存在的堵点

1. 交通拥堵问题

西安作为国家中心城市，交通基础设施和网络布局日益完善，城市人口增加，汽车保有量快速增长，文化旅游商贸业兴起，区域内货、客运输总量随之增长。如表1所示，2023年，西安旅客运输总量达2.69亿人次，比上年增长4.3%；旅客运输周转量为324.15亿人公里，比上年增长3.9%；公路、铁路运输量分别为1.96亿人次和0.40亿人次，分别比上年增长1.8%和11.1%。

表1 2023年西安各种运输方式完成旅客运输量及其增长速度

指标	单位	绝对数	比上年增长(%)
旅客运输总量	亿人次	2.69	4.3
公路运输量	亿人次	1.96	1.8
铁路运输量	亿人次	0.40	11.1
民航(吞吐量)	亿人次	0.33	12.7
旅客运输周转量	亿人公里	324.15	3.9
公路运输周转量	亿人公里	108.89	2.0
铁路运输周转量	亿人公里	68.41	-0.5

资料来源:《西安市2023年国民经济和社会发展统计公报》。

西安市内运输总量的增长势必为城市交通带来拥堵的问题。尤其是在上、下班高峰时段，主要道路和交通节点出现拥堵现象，严重影响了市民的出行效率和城市的运行效率。交通拥堵不仅增加了市民的出行成本和时间成本，还加剧了空气污染和噪声污染等环境问题，对城市的可持续发展构成了严重威胁。交通拥堵对经济发展的影响也不容忽视，拥堵的交通状况会导致物流成本的增加和运输效率的降低，进而影响企业的生产效率和市场竞争力。此外，交通拥堵还会制约城市的产业布局和空间拓展，限制城市经济的进一步发展。

2. 资源配置不均

西安在资源配置方面存在着区域差异和不平衡现象。一些地区和产业由于历史原因和政策导向，拥有较为丰富的资源和优势条件，而一些地区和产业拥有的资源则相对匮乏。据《西安市2023年国民经济和社会发展统计公报》，2023年西安固定资产投资中，第一产业投资99.78亿元，比上年增长32.8%；第二产业投资1158.30亿元，同比下降8.2%，其中，工业投资1135.87亿元，同比下降5.8%；第三产业投资3828.85亿元，同比下降14.7%。民间固定资产投资2584.88亿元，同比下降16.1%，占固定资产投资（不含农户）的比重为50.8%。可见，资源配置的不均衡会导致地区和产业间发展水平的差异和不平衡，进而影响城市经济整体协调发展。

资源配置不均会对城市发展产生多方面的负面影响。首先，限制城市经济的整体发展潜力和竞争力，使得一些地区难以充分发挥其优势条件；其次，加剧社会不公和贫富差距，影响社会的和谐稳定；最后，可能导致环境资源的过度开发和浪费，对生态环境造成破坏。

3.产业结构不合理

2023年，西安地区生产总值为12010.76亿元，按不变价格计算，比上年增长5.2%。其中，第一产业增加值为325.20亿元，同比增长3.4%；第二产业增加值为4146.92亿元，同比增长6.2%；第三产业增加值为7538.64亿元，同比增长4.7%（见图1）。

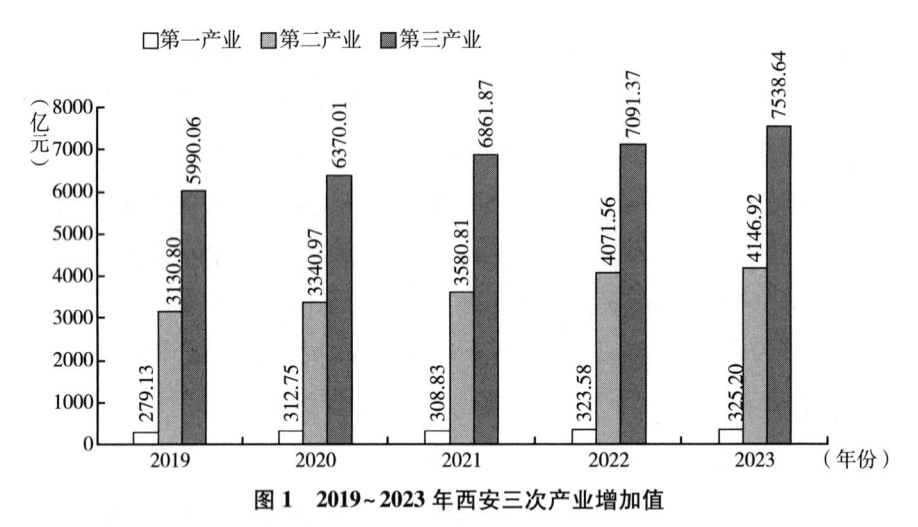

图1 2019~2023年西安三次产业增加值

资料来源：中经数据库。

传统产业在西安经济发展中占据了重要地位，产业结构以传统制造业和生活性服务业为主。第二产业中的战略性新兴产业和高技术产业及第三产业中的现代服务业所占比重都相对较低。随着全球化和科技进步的加速推进，这种产业结构导致城市经济发展动力不足，创新能力和市场竞争力不强，难以适应新时代的发展需求，传统产业面临着转型升级的压力和挑战。

西安产业结构不合理还可能导致资源利用的低效和资源浪费。传统产业往往依赖高能耗、高排放的生产方式,对资源环境造成了较大的压力,而战略性新兴产业和高技术产业则具有更高的资源利用效率和环保性能。因此,调整产业结构、推动产业转型升级成为西安城市高质量发展的必然要求。

4. 消费潜力不足

西安的消费潜力不足主要表现为居民可支配收入相对较低,尤其是中低收入群体的收入增长缓慢,难以支撑消费升级的需求。如图2所示,2023年西安城镇居民人均可支配收入为51178元,农村居民人均可支配收入为19826元,均低于全国平均水平,2023年全国城镇居民人均可支配收入为51821元,全国农村居民人均可支配收入为21691元。同时,西安城乡居民人均可支配收入存在较大差距,收入增速较缓,全市消费潜力不足。此外,西安消费信贷发展滞后,缺乏有效的金融支持手段,限制了消费者购买力的发挥。

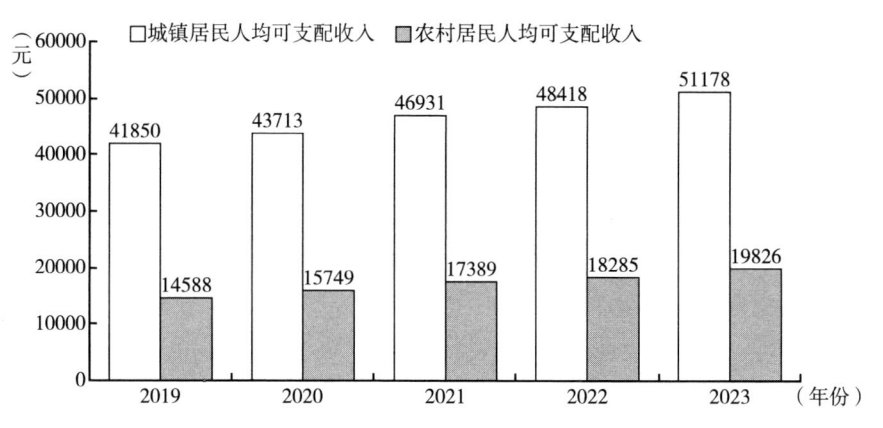

图2 2019~2023年西安城乡居民人均可支配收入

资料来源:中经数据库。

西安的消费结构存在明显的不合理现象,传统消费领域如餐饮、服装等仍然占据较大比重,而新兴消费领域如教育、文化、旅游等发展相对滞后。此外,西安的消费环境也存在问题,如市场秩序混乱、假冒伪劣产品泛滥、售后服务不到位等。这些问题不仅损害了消费者的权益,也影响了消费者的消费信心,限制了消费潜力的释放。

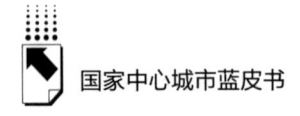

综上所述,西安在国内大循环方面存在交通拥堵、资源配置不均、产业结构不合理和消费潜力不足等堵点,制约了城市经济的持续健康发展。为了推动西安经济高质量发展,必须深入剖析这些堵点的成因和后果,制定有针对性的措施和对策,打通国内大循环的瓶颈制约,实现经济、社会、环境的协调发展。

(二)西安经济发展的制约因素

1. 城市规划与基础设施滞后

西安作为历史文化名城,其城市规划受到传统和历史遗留问题束缚,当前仍然存在一些突出问题,城市规划的合理性与前瞻性成为突出短板。西安部分区域在制定交通规划时未充分考虑未来交通流量的增长,导致道路容量不足,交通拥堵现象频发。此外,城市基础设施的建设也滞后于城市发展的需求,特别是在供水、供电、排水等方面,存在设施老化、容量不足等问题,制约了城市的进一步发展。

基础设施与城市发展之间的关系密切而复杂。良好的基础设施能够为城市发展提供有力的支撑,促进经济的快速增长。而基础设施的滞后则会对城市发展产生制约,影响城市竞争力和可持续发展能力的提升。因此,加强城市规划与基础设施建设是打通西安国内大循环堵点的关键之一。

2. 政策与制度因素

政策环境对西安经济发展的影响尤为显著。当前,西安在政策制定和执行方面仍存在问题,如政策出台不够及时、政策执行不够到位等。一方面,政策的稳定性和连续性对于企业的投资决策和市场信心至关重要。另一方面,政策的导向性和创新性能够引导资源配置和产业发展方向,推动经济结构优化和升级。

制度因素在资源配置中也发挥着重要作用。当前,西安在资源配置方面存在一些制度性障碍,如产权不清晰、市场机制不完善等,这些问题导致资源配置存在不公平和低效现象,影响了城市发展整体效率。因此,完善制度建设、优化资源配置机制是打通西安国内大循环堵点的关键之一。

3. 人口与生态环境因素

随着我国老龄化程度加深，西安在养老、医疗等方面的需求不断增加，这对城市的公共服务体系和社会保障制度提出了更高要求。人口规模与结构对城市发展的影响不容忽视。西安作为人口过千万的特大城市，人口数量的快速增长给城市带来了巨大压力。同时，人口结构变化也对城市经济社会发展提出了新挑战。

生态环境是城市可持续发展的重要基础。西安在生态环境方面仍存在问题，如空气质量不佳、水资源短缺等，这些问题不仅影响了居民生活质量，也对城市的可持续发展构成了威胁。因此，加强生态环境保护、推动绿色发展是打通西安国内大循环堵点的重要任务之一。

4. 经济发展和消费水平因素

西安的经济发展水平相对较低，制约了消费能力提升。一方面，经济发展水平决定了居民收入水平，而居民收入水平是消费能力的重要基础。另一方面，经济发展水平决定了产业结构和就业结构，进而影响了消费结构和消费趋势。

西安的消费文化相对落后，缺乏现代消费理念和消费习惯。消费者对新兴消费领域和产品缺乏了解和认知，难以形成有效的消费需求。传统的消费观念和消费习惯制约了消费潜力的释放。

二 西安畅通国内大循环与经济高质量发展面临的挑战与机遇

（一）西安畅通国内大循环与经济高质量发展面临的挑战

1. 经济结构调整与转型升级的挑战

西安作为传统工业城市，长期以来形成了以重工业为主导的产业结构。然而，随着全球经济深刻变革和国内经济结构调整，西安传统产业的竞争优

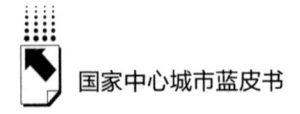

势逐渐减弱，新兴产业和高技术产业发展相对滞后，这使得西安在经济结构调整和转型升级方面临着巨大压力。此外，西安的服务业发展相对滞后，尤其是现代服务业的比重较低，这不仅影响了城市整体竞争力，也制约了城市经济的可持续发展。

2. 资源环境约束与可持续发展的挑战

西安地处关中平原地区，周边生态环境较为脆弱，水资源短缺，这些都制约了城市的可持续发展。同时，随着城市化进程的加快，城市环境压力日益增大，环境污染、生态破坏等问题日益突出。如何在保护生态环境的前提下实现经济高质量发展，是西安面临的重要挑战。

3. 区域竞争与合作关系平衡的挑战

在区域发展格局中，西安与成都、重庆等周边特大型城市之间，以及与渭南、咸阳等省内城市之间，既存在竞争关系也存在合作关系。如何在激烈的区域竞争中保持自身的优势地位，同时加强与周边城市的合作与联动发展，实现共赢发展，是西安需要认真思考和解决的问题。

4. 人才流失与创新能力不足的挑战

虽然西安拥有众多高校和科研机构，人才资源丰富，但长期以来存在人才流失严重的问题。许多优秀人才流向了东部沿海等发达地区，导致西安在创新能力方面相对不足，这制约了西安高技术产业、新兴产业等领域的发展，影响了城市的创新能力和核心竞争力。

（二）西安畅通国内大循环与经济高质量发展面临的机遇

1. 国家战略支持的机遇

国家西部大开发战略深入实施，为西安经济高质量发展提供了有力保障和支撑，西安作为西部地区的中心城市，将获得更多的政策支持和资金投入。同时，国家"一带一路"倡议的推进也为西安提供了开放合作的新机遇，有助于西安加强与共建国家的经贸往来和文化交流，推动城市的国际化发展。

2. 科技创新驱动发展的机遇

西安作为国家科技创新"双中心"城市，拥有众多高校和科研机构，科技创新实力雄厚。随着国家对西安科技创新的重视程度不断提高，西安可以充分利用自身的科教资源优势，加强科技创新驱动，推动产业升级和转型发展。西安可以通过加强产学研合作、引进和培育创新型人才、建设科技创新平台等措施，加快形成以创新为主要引领和支撑的现代化经济体系。

3. 文化旅游产业发展的机遇

西安作为历史文化名城，拥有丰富的文化旅游资源。随着人们对文化旅游需求的不断增长，西安的文化旅游产业具有巨大的发展潜力。西安可以通过深入挖掘历史文化内涵、提升旅游服务品质、推动旅游与相关产业融合发展等措施，打造具有国际影响力的文化旅游品牌，吸引更多游客和投资，推动城市经济繁荣发展。

4. 区域合作与联动发展的机遇

在区域发展格局中，西安可以加强与周边城市的合作与联动发展，形成区域一体化发展态势。西安可以通过推动基础设施建设、优化产业布局、加强环境保护等领域的合作，实现资源共享和优势互补，提升整个区域的竞争力和影响力。同时，西安还可以积极参与国内国际区域合作机制，拓展更广阔的发展空间。

三 西安畅通国内大循环促进经济高质量发展的路径

党的二十大报告就加快构建新发展格局，着力推动高质量发展作出部署，要求把实施扩大内需战略同深化供给侧结构性改革有机结合起来，增强国内大循环内生动力和可靠性，提升国际循环质量和水平，加快建设现代化经济体系。这是新时代新征程推进高质量发展的重要遵循。西安要深刻把握国内外发展大势，深入实施创新驱动发展战略，把实体经济做大做强，用高质量供给满足人民对高品质生活的需求，提升经济发展的自主性、可持续性和韧性。

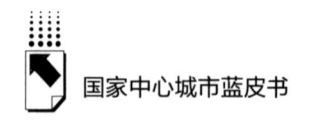

（一）以法治推动市场一体化发展

西安要持续强化法治保障，依法全面履行政府职能，深化行政执法体制改革，最大限度减少不必要的行政执法事项，营造更高质量、更有效率、更加公平、更可持续的发展环境，深化市场体制改革，打破市场分割和行政壁垒，推动市场一体化发展。首先，加大市场监管和反垄断执法力度，维护公平竞争的市场环境。建立健全市场监管体系，加大对市场主体的监管和执法力度，严厉打击不正当竞争和垄断行为，维护市场的公平竞争秩序。其次，推动区域一体化发展，促进资源要素的自由流动和市场的统一。加强区域合作和协调，推动区域一体化发展战略的实施，打破地区间的行政壁垒和市场分割，促进资源要素的自由流动和市场的统一。最后，加强标准体系建设，推动行业标准的统一和市场准入门槛的降低。建立健全行业标准体系，推动行业标准的统一和互认，降低市场准入门槛，为企业跨地区、跨行业经营提供便利。

（二）强化产业链供应链协同合作

加强产业链上下游企业之间的协同合作是打通堵点的关键。西安要推动强链、补链、固链，增强产业链供应链稳定性，紧盯具有较强产业控制力和根植性的龙头企业、明星企业等产业链"链主"企业，对新落户的"链主"企业给予重点扶持，对主导产业或战略性新兴产业"链主企业"引进上下游关键、薄弱、缺失环节企业的给予奖励。首先，建立产业链供应链协同平台，加强企业之间的信息共享和沟通协作。通过搭建协同平台，促进产业链上下游企业之间的信息共享和沟通协作，提高产业链、供应链的运行效率。其次，推动关键领域和环节的技术创新和突破，提升产业链自主可控能力。加大关键领域和关键环节的技术研发投入，推动技术创新和突破，提升产业链自主可控能力，降低外部风险。最后，加强与国际市场的合作和交流，推动产业链、供应链的全球布局和优化，提高产业链、供应链的竞争力和稳定性。

（三）提升技术创新能力

针对技术创新能力不足的问题，西安需要加大研发投入，培养创新型人才，加强产学研合作，推动技术创新和成果转化。首先，加大对科技创新的投入力度，鼓励企业增加研发投入，提高自主创新能力。其次，培养创新型人才，为科技创新提供人才保障。加强高等教育和职业教育体系建设，培养具有创新精神和实践能力的人才，为科技创新提供有力的人才保障。

（四）加强知识产权保护

知识产权保护是激发创新活力、保障创新成果的重要手段。为了提升技术创新能力，西安需要加大对知识产权的保护力度。首先，完善知识产权法律法规，为知识产权的保护提供坚实的法律基础。其次，加大对知识产权侵权行为的打击力度，确保创新者的合法权益不受侵害。最后，加强知识产权保护的宣传教育，提升全社会的知识产权保护意识，形成尊重和保护知识产权的良好氛围。

（五）深化供给侧结构性改革

西安要通过深化供给侧结构性改革，推动产业结构优化升级，提高供给体系的质量和效率，以打通国内大循环堵点。首先，加快传统产业的转型升级。通过加大科技投入，推动传统产业向高端化、智能化、绿色化方向发展，提升产品的附加值和竞争力。同时，积极培育新兴产业，特别是数字经济、生物经济等战略性新兴产业，形成新的经济增长点。其次，加强创新驱动，提升供给体系的创新能力。鼓励企业加大研发投入，加强产学研合作，推动科技创新与产业升级深度融合。同时，完善知识产权保护制度，激发创新活力，为供给体系提供源源不断的创新动力。最后，深化要素市场化改革，促进生产要素的优化配置。推动土地、资本、劳动力等要素的市场化改革，打破行政性垄断和市场壁垒，提高要素配置效率。通过优化供给体系，为打通国内大循环堵点提供有力支撑。

（六）扩大内需，激发消费潜力

西安要坚决贯彻党中央加快构建新发展格局的重大决策部署，实施扩大

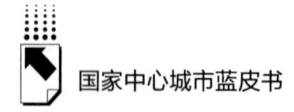

内需战略、培育完整内需体系,推动经济发展质量更高、效益更好、速度更快、更可持续。首先,扩大内需是打通国内大循环堵点的关键举措。我国拥有庞大的内需市场,是经济发展的重要支撑。因此,要通过扩大内需,激发消费潜力,为经济增长提供强大动力。其次,提高居民收入水平,增强消费能力。深化收入分配制度改革,扩大中等收入群体比重,提高低收入群体收入水平,缩小收入差距。同时,完善社会保障体系,提振居民的消费信心和预期。再次,优化消费环境,激发消费意愿。加强消费市场监管,打击假冒伪劣产品和不正当竞争行为,保护消费者权益。同时,推动线上线下融合发展,丰富消费业态和消费模式,满足消费者多样化、个性化需求。最后,积极培育新的消费增长点。鼓励绿色消费、健康消费等新型消费模式的发展,推动消费升级。同时,加强消费信贷支持,降低消费门槛,提高消费便利性。

(七)加强基础设施建设,提升流通效率

西安要贯彻国家发展改革委等部门《关于加快推进城镇环境基础设施建设的指导意见》,加快推进西安城镇环境基础设施建设。基础设施是打通国内大循环堵点的重要保障。要加强基础设施建设,提升流通效率,降低物流成本,为经济发展提供有力支撑。首先,加强交通基础设施建设。完善铁路、公路、水运等交通网络,提高运输能力和效率。推动交通运输方式的绿色化、智能化发展,降低运输过程中的能耗和排放。其次,加强信息基础设施建设。加快5G、物联网等新型基础设施建设,推动数字化转型和智能化升级。通过信息技术的应用,提高流通领域的信息化水平,降低信息不对称风险和交易成本。最后,加强物流基础设施建设。完善物流园区、配送中心等物流节点设施,提高物流网络的覆盖率和连通性。推动物流企业的整合和协作,提高物流服务的专业化、标准化水平。

(八)推动区域协调发展,优化空间布局

区域协调发展是打通国内大循环堵点的重要途径。因此,西安要通过推

动区域协调发展，优化空间布局，促进资源要素的合理流动和高效配置。首先，加强区域合作与联动。推动东部地区与中西部地区、东北地区与南部地区的合作与交流，实现优势互补、互利共赢。加强城市群、都市圈等区域一体化发展，提高区域经济的整体竞争力。其次，优化产业布局和资源配置。根据各地区的资源禀赋和发展优势，合理规划产业布局，避免产业同质化竞争和资源浪费。推动资源要素在区域间的自由流动和高效配置，提高资源利用效率。最后，加强区域政策协调与配合。完善区域发展政策体系，加强政策之间的衔接和配合，形成政策合力。建立健全区域协调发展机制，加强跨区域合作与协调，推动形成区域协调发展的新格局。

（九）深化改革开放，释放制度红利

深化改革开放是打通国内大循环堵点的根本动力。西安要通过深化改革开放，释放制度红利，为经济发展提供强大动力。首先，深化市场化改革。完善市场准入和退出机制，打破行政性垄断和市场壁垒，营造公平竞争的市场环境。加大市场监管和执法力度，维护市场秩序和消费者权益。其次，深化国有企业改革。推动国有企业混合所有制改革，引入民间资本和外资参与国有企业改革和发展。通过改革激发国有企业的活力和效率，提高国有资产的运营效益。最后，深化对外开放。推动更高水平的对外开放，积极参与全球经济治理体系改革和建设。加强与国际市场的联系和合作，吸引外资和先进技术，推动国内产业升级和转型。

四 西安畅通国内大循环促进经济高质量发展的措施

（一）人口规模调控与优化

1.人口规模调控

西安作为特大城市，其人口规模的增长必须与经济社会发展相协调。因此，西安需要通过科学的户籍政策、合理的土地供应以及优质的公共服务等

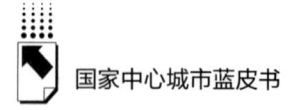

手段，有效调控人口规模。具体来说，可以通过完善落户政策，吸引高素质人才；通过土地供应计划，合理规划人口布局；通过提高公共服务水平，增强城市吸引力。

2. 优化人口空间分布

当前西安人口空间分布存在一定的不均衡现象。为了优化人口空间分布，西安应加强城市规划，推动新城新区建设，引导人口向城市外围有序流动。同时，加强交通网络建设，提高城市交通便捷度，促进人口在不同区域间的合理流动。

3. 提高人口素质与技能水平

人口素质和技能水平是城市发展的重要支撑。西安应加大教育投入，提升教育质量和水平，为人口素质的提升奠定坚实基础。同时，推动职业教育发展，培养更多高素质技能人才，满足城市产业升级和转型的需求。此外，还应积极引进高层次人才，为城市创新发展提供强大动力。

（二）经济规模调控与发展

1. 经济规模调控

经济规模的合理调控是实现高质量发展的关键。西安应根据自身发展实际，合理确定经济发展目标，避免过度追求速度而忽视质量。同时，加强宏观调控，优化产业结构，推动经济转型升级。

2. 推动经济高质量发展

高质量发展是西安经济发展的方向。西安需要深化供给侧结构性改革，推动产业向高端化、智能化、绿色化方向发展。加强创新驱动，提高科技创新能力，培育新的经济增长点。此外，还应发展绿色经济，推动经济与环境协调发展。

3. 提升城市经济竞争力

提升城市经济竞争力是西安实现高质量发展的重要途径。西安需要优化营商环境，降低企业成本，吸引更多优质企业入驻。加强区域合作，实现资源共享和优势互补。同时，提升品牌影响力，打造具有西安特色的城市品牌。

（三）统筹优化城市结构

1. 空间结构优化

西安应合理规划城市空间布局，形成"多中心、组团式"的空间发展格局。通过优化交通网络、完善基础设施、推动城市更新等方式，提高城市空间的利用效率。同时，注重保护历史文化遗产和生态环境，确保城市发展与自然和谐共生。一是完善城市功能分区。根据城市定位和产业发展需求，科学划分城市功能区域。推动产业、居住、商业、文化等功能区的协调发展，形成功能互补、相互促进的城市发展格局。同时，加强各功能区之间的交通联系和资源共享，提高城市的整体运营效率。二是强化城市空间布局合理性。在城市规划中注重空间布局的合理性，避免城市"摊大饼"式扩张。通过合理控制城市规模、优化土地利用结构、加强土地节约集约利用等方式，实现城市空间的可持续发展。

2. 产业结构优化

一方面，促进产业链升级与协同发展。西安应依托自身产业优势，加快产业链升级和协同发展。通过引进高端产业、培育新兴产业、改造传统产业等方式，提升产业链的整体竞争力。同时，加强产业链上下游企业之间的合作与联动，形成产业协同发展的良好局面。另一方面，增强产业创新能力与竞争力。加大科技创新和研发投入，提升产业的创新能力和核心竞争力。鼓励企业加大研发投入、开展技术创新活动，推动产学研深度融合。同时，加强知识产权保护和管理，为创新活动提供有力保障。

3. 人口结构优化

一方面，调整人口年龄结构。通过制定合理的生育政策和人才引进政策，优化人口年龄结构。鼓励适龄生育、提高生育率，同时吸引青年人才来西安发展，增加劳动力供给。关注老年人口问题，完善养老服务体系，提高老年人的生活质量。另一方面，提高劳动力素质与就业水平。加强职业教育和技能培训，提高劳动力的技能水平和就业能力。实施职业技能提升行动，

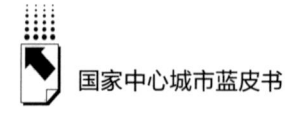

开展就业创业培训，促进劳动力市场的供需匹配。加强就业服务和保障，为劳动力提供稳定、优质的就业环境。

（四）完善城市配套功能

1. 完善生产性功能

一方面，加强产业园区建设。规划建设一批现代化产业园区，推动产业集聚和升级。通过完善产业园区的基础设施、优化营商环境、提供政策支持等方式，吸引更多优质企业入驻。同时，加强园区内企业之间的合作与交流，形成产业协同发展的良好生态。另一方面，提高城市生产效率与效益。优化生产流程，提高生产效率，降低生产成本，提高城市的生产效率和效益。鼓励企业采用先进的生产技术和管理模式，推动产业转型升级和提质增效。

2. 完善生活性功能

一方面，提升公共服务水平与质量。加强教育、医疗、文化等公共服务设施的建设和管理，提高公共服务水平与质量。优化教育资源配置，提升医疗服务能力，丰富文化供给，满足人民群众对美好生活的向往。另一方面，改善居民的生活环境和条件，提升城市的宜居性。加强城市绿化，改善空气质量，完善交通网络，为居民提供舒适、便捷的生活环境。

3. 完善生态性功能

一方面，大力推进城市绿化和生态建设，提升城市的生态环境质量。增加绿地面积，建设生态公园，推广绿色建筑，打造宜居宜业的生态环境。另一方面，加大环境保护和治理力度，提高城市的生态环境质量。严格实施环保政策，加强环境监测和监管，推动绿色产业发展，实现城市发展与环境保护的良性循环。

（五）持续提升城市效益

1. 向城市效率要效益

一方面，提高城市管理的科学化和精细化水平，提高城市运营效率。运用现代信息技术，优化管理流程，加强部门协同，提升城市管理的效能和水平。

另一方面，合理配置城市资源，提高资源的利用效率。加强规划引领，完善市场机制，推动资源共享，实现城市资源的优化配置和高效利用。

2. 向城市治理要效益

一方面，探索创新城市治理模式与手段。引入社会力量参与城市治理，推动多元共治，加强法治建设，形成城市治理的新格局。另一方面，提高城市治理的效能和水平，提升城市的整体竞争力。加强城市治理队伍建设，提高治理效率，优化治理环境，推动城市治理体系和治理能力现代化。

3. 向城市运营要效益

首先，发展现代服务业与文化创意产业。现代服务业和文化创意产业是提升城市运营效益的重要途径。西安应依托其深厚的文化底蕴和人才优势，大力发展文化创意、旅游、金融、教育、医疗等现代服务业，提高城市经济的附加值和品牌影响力。西安应通过政策扶持、优化环境、加强国际合作等方式，吸引更多优质企业和优质项目落地，推动现代服务业和文化创意产业的快速发展。其次，利用大数据、云计算、人工智能等现代信息技术，推动城市数字化转型和智能化升级。西安应通过建设智慧城市、智慧交通、智慧医疗、智慧教育等应用场景，提高城市管理和服务的智能化水平，提升城市运营效率和居民生活品质。再次，加强城市品牌营销和文化传播，提升西安的城市知名度和美誉度。通过举办重大活动、加强媒体宣传、推广城市形象等方式，展示西安的独特魅力和发展成果，吸引更多国内外游客和投资者。最后，注重保护和传承历史文化，推动文化事业和文化产业繁荣发展，为城市运营注入更多文化内涵。

参考文献

关宏、龚黎明：《西安都市圈融入双循环价值链的实现路径与保障措施》，《投资与创业》2022年第6期。

沈坤荣、赵倩：《以双循环新发展格局推动"十四五"时期经济高质量发展》，《经济纵横》2020年第10期。

王冠凤：《"双循环"新发展格局下长江经济带高端服务业高质量发展研究》，《湖北社会科学》2021年第1期。

张楠、刘慧：《基于双循环新发展格局的我国内陆城市高质量发展研究》，《理论探讨》2022年第1期。

王冠凤：《上海高端服务业高质量发展的主要影响因素：基于"双循环"新发展格局视角》，《科技管理研究》2022年第8期。

贺灿飞、任卓然、王文宇：《"双循环"新格局与京津冀高质量协同发展——基于价值链分工和要素流动视角》，《地理学报》2022年第6期。

胡汉辉、申杰：《数字经济如何赋能高质量发展——国内国际双循环视角》，《现代财经》（天津财经大学学报）2023年第5期。

案例篇

B.12 北京市推进消费商圈改造提升的政策路径与实践经验研究

昌硕 赵莉[*]

摘 要： 作为我国首批开展国际消费中心城市建设的头部城市之一，北京市将消费商圈改造提升作为促进消费提质升级、提升城市经济活力的重要抓手，并从创新商圈管理模式、优化商圈消费环境、提高商圈智慧化水平、提升商圈业态能级等多个角度出台政策文件。2023年，北京市新建商圈项目及存量商圈更新进入快速发展阶段，市内新开大型商业设施面积、重点商圈客流量、实体零售额等都有较大幅度增长。同时，北京市在提升消费商圈体验感、推动绿色智慧商圈建设、打造特色标杆式消费商圈与增强消费商圈活力等方面积累了较为丰富的实践经验，对于其他城市开展相关工作具有一定借鉴意义。

关键词： 北京市 国际消费中心城市 商圈更新

---

[*] 昌硕，博士，中共北京市委党校社会学教研部讲师，研究方向为政策科学理论、社会政策；赵莉，博士，中共北京市委党校经济学教研部教授，研究方向为宏观经济理论与实践、首都经济发展战略。

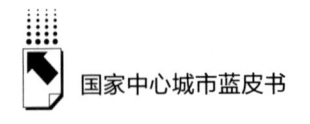

一 引言

国际消费中心城市是经济全球化和城市分工深化的产物,是国际化大都市的核心功能之一,也是我国"双循环"战略的重要依托。北京作为首善之城,肩负着引导消费新趋势、推动产业结构升级、增强国际市场话语权的重任。《北京培育建设国际消费中心城市实施方案(2021—2025年)》制定以来,各项行动全面推进,消费环境持续优化、消费品质明显提升,北京市在全球消费网络中的吸引力、资源整合力以及创新引领力等都有长足进步。"高品质商圈"作为建设国际消费中心城市的"定盘星"与"风向标",对促进消费提质升级、提升城市经济活力等具有关键作用。国际消费中心城市之所以能够有效地配置生产和消费资源,就是因为其在产业链和供应链方面具有独一无二的引领作用。借助高品质商圈这一强大平台,国际消费中心城市能够成为新产品首发的前沿阵地与消费新潮流的诞生地,从而牢牢占据全球消费市场的战略制高点。因此,高品质商圈不仅是一个国家展示自身特色品牌和文化消费的窗口,更是向外传递国家形象、提升国际影响力的重要渠道。

2023年,北京市新建商圈项目及存量商圈更新进入快速增长阶段(见表1)。北京市2023年全年累计新开大型商业设施面积约240万平方米;1月至11月,市内60个重点商圈客流量达到22亿人次,同比增长19.1%;限额以上主要实体零售业态中,百货店和购物中心受线下消费快速回暖带动,全年实现零售额569亿元,同比增长16.1%;净增批发零售业和住宿餐饮业单位3.5万家,较上年增长约30%;全市商圈新引进首店946家,同比增长16.5%;零售物业市场新增供应总量达127.5万平方米,为历史第二高纪录(仅次于2008年),全市商圈净吸纳量为63.3万平方米,同比提升110%;全年商圈离境退税商店总数达到1058家,增加41家。[①]

---

① 资料来源:北京市统计局。

表1 2023年北京市内商圈主要指标情况

指标名称	指标数据	同比增长
累计新开大型商业设施面积	约240万平方米	约50%
重点商圈客流量	22亿人次	19.1%
限额以上实体零售额	569亿元	16.1%
净增批发零售业和住宿餐饮业单位	3.5万家	约30%
商圈新引进首店	946家	16.5%
全市商圈净吸纳量	63.3万平方米	110%

资料来源：北京市统计局网站。

二 北京市2023年推动商圈改造提升的政策路径

自国际消费中心城市建设起步以来，北京市从创新商圈管理模式、优化商圈消费环境、提高商圈智慧化水平、提升商圈业态能级等多个角度出台政策文件，致力于构建包括国际消费体验区、城市消费中心、地区活力消费圈和社区便民生活圈在内的四级商圈体系（见图1）。

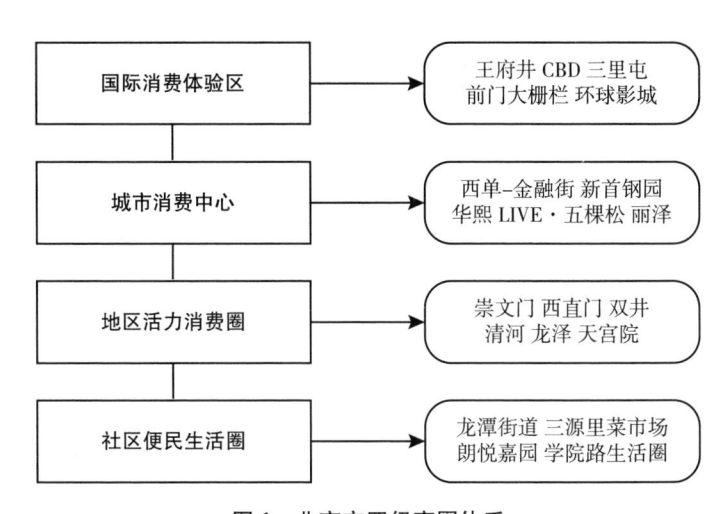

```
国际消费体验区  →  王府井 CBD 三里屯 前门大栅栏 环球影城
       ↓
城市消费中心    →  西单-金融街 新首钢园 华熙LIVE·五棵松 丽泽
       ↓
地区活力消费圈  →  崇文门 西直门 双井 清河 龙泽 天宫院
       ↓
社区便民生活圈  →  龙潭街道 三源里菜市场 朗悦嘉园 学院路生活圈
```

图1 北京市四级商圈体系

资料来源：北京市人民政府《北京市传统商业设施更新导则》。

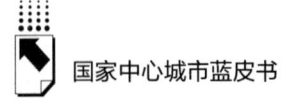

其中，国际消费体验区定位于承载首都国际交往功能的聚集地和引领城市高质量发展的新引擎；城市消费中心致力于品质化、差异化和特色化发展，打造引领新消费与新业态的城市消费地标；地区活力消费圈主要承担亲子体验、体育健身、旅游、医药等综合服务功能；社区便民生活圈则以生活便利性和居民满意度为导向，建设惠及周边居民、15分钟可达的社区商业中心。

2022年末北京市出台的《北京市商业消费空间布局专项规划》对以商圈为代表的市内消费空间建设与规划进行了全面布局，将商业空间定位为"高效激发城市内生动力与精神活力的新引擎"，明确提出要以首都战略定位引领商业消费空间发展，突破单一消费导向，全面推动商业与城市功能的融合互促，并不断提升商业消费能级。为进一步构建完善四级商圈体系，2023年北京市在《北京市"十四五"时期现代服务业发展规划》《北京培育建设国际消费中心城市实施方案（2021—2025年）》等政策指导下，密集出台了一批助力商圈改造提升与高质量发展的政策（见表2）。

表2　2023年北京市推动商圈改造提升的相关政策及特色做法

政策文件	出台时间	特色做法
《关于申报第一批北京市县域商业体系建设项目的通知》（京商流通字〔2023〕3号）	2023年2月	以财政补助的方式直接支持北京市县级商业建设行动。利用装修改造、设施设备购置、软硬件建设等升级改造乡镇级商贸中心、大中型超市、集贸市场，聚焦区级物流配送中心和乡镇快递物流站点开展设备升级
《关于发放"京彩·绿色"消费券的通知》（京商消促字〔2023〕16号）	2023年2月	支持市内商业实体申请消费券参与发券企业与叠加优惠支付机构，取消百货及购物中心直营门店的申请数量限制；以直接发放消费券的方式支持手机、笔记本电脑、无人机、平板电脑、自行车等55类商品在京线下销售
《关于鼓励企业创新开展"2023北京消费季"促消费活动的通知》（京商消促字〔2023〕18号）	2023年3月	支持以区域为中心，以购物中心为主导，融合多项业态功能的商业综合体与"全球首发节、国潮京品节、北京时装周、'京彩西品'、故宫以东"等消费促进活动相互融合，对积极响应时令性消费活动的实体给予资金支持

续表

政策文件	出台时间	特色做法
《关于发布2023年度鼓励发展商业品牌首店首发项目申报指南的通知》(京商消促字〔2023〕19号)	2023年3月	将大力扶持"品牌亚洲首店、中国(内地)首店、北京首店、旗舰店以及创新概念店"在京内商圈的设立与运营。对于符合要求的首店项目,将根据其级别提供50万元至500万元的资金扶持,扶持金额最高可达项目核定实际投资总额的50%
《加快恢复和扩大消费持续发力北京国际消费中心城市建设2023年行动方案》(京商消促字〔2023〕33号)	2023年4月	实施新一轮商圈改造提升行动计划和各区"一圈一策"方案;支持商业主体积极参与商业步行街建设;推动轨道交通站点与重点商业设施融合衔接;推进"双枢纽"国际消费桥头堡建设;制定完善一刻钟便民生活圈划分标准和评价体系
《关于征集2023年支持商圈品质提升项目的通知》(京商规字〔2023〕5号)	2023年6月	制定并颁布《智慧商圈评价指标》《商旅文体融合发展示范商圈评价指标》,全面指导市内智慧商圈及多业态融合商圈建设。按照"达标即享"的原则,为开展改造提升的市内商圈提供最高100万元资金支持
《关于印发〈北京市促进商业步行街高质量发展的指导意见〉的通知》(京商规字〔2022〕11号)	2023年8月	建立业态动态调整机制,对商业步行街及其周边商业载体提档升级;编制商业步行街街区户外广告设施设置规划及牌匾标识设置指引;研究建立行业主体、群众力量等多元共同参与的商圈运营与治理模式
《进一步促进北京老字号创新发展的行动方案(2023-2025年)》(京商流通字〔2023〕18号)	2023年9月	市区联动开发老字号公共文化展示空间,营造氛围;支持在市内商圈设立"北京老字号"品牌集合专区,给予租金优惠;鼓励在前门大栅栏等重点商圈引进老字号企业入驻,鼓励老字号企业在商圈内部开设首店、旗舰店、创新概念店等

资料来源:北京市商务局网站。

三 北京市推动消费商圈改造提升的实践经验

据北京市商务局发布的数据,北京市消费活力最强的区域主要集中在六大中心城区,尤其是以王府井、西单、前门等为代表的核心商圈。截至

2022年底，北京市拥有5000平方米以上的大型商业设施共计515家，其中277家设施坐落在中心城区，占比为53.8%。2023年，北京市针对中心城区商圈开展改造提升，共完成崇文门等15个传统商圈的改造任务，年内列为民生实事任务的82个便民生活圈建设已全部完成。王府井喜悦、合生汇二期、首开LONG街、西三旗万象汇等重点项目实现"升级上新"。在次级商圈的改造升级进程中，DT51、朝外THEBOX、五棵松万达等商业体已经成功完成了业态的更新与升级。同时，外围商圈也迎来了一批规模超过10万平方米的大型新建商场的开业，为消费市场注入了新的活力。

北京市计划全面启动"王府井×西单×前门、CBD×三里屯、环球影城×大运河、丽泽×首都商务新区"四大国际消费体验区的建设，致力于为消费者提供更为丰富、多元的消费体验。此外，北京市还将持续落实"一圈一策"方案，针对西直门、双井等15个传统商圈，制定个性化的改造升级方案，推动这些商圈焕发新的生机与活力，以适应和引领消费市场的新趋势。总体而言，北京业已形成层次有序、点线面相结合的四级商圈发展格局，其推动消费商圈改造提升的实践经验可以从以下四个维度进行总结。

（一）依托高品质消费场景建设，提升消费商圈体验感

"消费场景"是具有价值导向、文化体验、符号建构等专门化功能的有机体，集合了空间结构、商业价值、美学与人文氛围。北京市在各类消费促进实践中积极推动场景思维与政策供给的深度衔接，将商业、文化、旅游、生态等优质资源禀赋进行有机融合，这种多业态共生的消费场景为消费者提供了更加丰富、有趣的消费体验，也进一步提升了消费商圈的体验感，使北京市成为以消费场景营造推动消费增长的头部城市。

锚定消费业态提升与消费场景打造，北京市从操作层面颁布《北京培育建设国际消费中心城市实施方案（2021—2025年）》，其中11次提到"消费场景"。之后，北京市《关于促进商文旅体等多元消费融合发展的行动方案》提出，鼓励各区围绕街区、露台、滨水、浅山、赛事、演出、夜间、数字八大场景，推出融合消费新场景，挖掘城市消费新空间。

在实践层面，北京市深度挖掘不同片区的特色文化元素，致力于培育形成具有"北京味儿、国际范儿、烟火气"的场景特征。如东城区通过举行对外展览交流活动、建设"北大红楼红色文化传承带"等措施，深入打造举世公认的"中国符号"集群区；围绕故宫打造古都文化场景，培育新国潮企业、新国潮品牌、新国潮业态；依托王府井商业文化街区打造"潮购场景"，培育"最新最酷最潮流"的国际前沿业态；依托隆福寺休闲文化特色街区塑造"雅集场景"，有效提升城市"慢生活"品质和市井烟火气，吸引国际游客和青年艺术家。同时，链接"北京文化金三角"内部地标商圈潮购场景、绿色生态游憩场景、文化街区雅集场景等标杆消费场景，在商圈内部进一步统一文化肌理，系统推进区域景观、标识、灯光的一体化、沉浸式设计。

在推进场景融合的基础上，北京市更加注重发展体验经济，推动场景文化理念和生活方式的价值转化。在业态支撑方面，相关部门针对反向定制、消费金融、"特种兵文旅"等体验式消费热潮开展流量引导，发展线上线下互动的沉浸式体验消费新模式。在舒适物支撑方面，在市内多个主流商圈设置互动橱窗、盲盒黑箱、自主定制等体验式消费点位以及裸眼3D、数字交互等沉浸式体验装置，增强了场景内部消费者黏性。开展特色品牌输出和跨界营销，引导消费业态多元主体围绕不同场景开展价值共创，以文化艺术交流、节事策展等方式形成场景联动（见表3）。未来，北京市还将在通州城市副中心、新首钢地区、大兴国际消费枢纽等区域，规划建设集展览展示、艺术表演、互动体验、时尚消费于一体的文商旅融合空间。

表3　2023年跨年夜北京市朝阳区部分商圈开展的体验式活动

活动类型	商圈点位	活动内容
打造潮流时尚活动	三里屯太古里	摇滚跨年派对；大屏互动倒计时
	侨福芳草地	新年音乐会；奇幻魔术秀；友邦音乐会；惊喜抽奖
	世贸天阶	王者荣耀天幕大屏展；Coser巡游；KIC线下观赛

续表

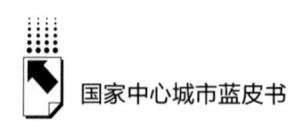

活动类型	商圈点位	活动内容
营造火热节日氛围	燕莎友谊商城	新年桃树祈福;第一届国风妆造大赛;汉服巡游
	朝阳大悦城	大悦灯光节;Hacipupu 全国首展;大悦美食家地图
	颐堤港	AI 未来奇想列岛;Universal Everything 数字时装秀
推出尊享折扣优惠	北京SKP	化妆品区满 1000 返 200;会员到店有礼
	北京凤凰汇	餐饮满返;零售团券;满额抽奖
	王府井奥莱	双旦满减;会员尊享折扣

资料来源:北京市朝阳区人民政府网站。

(二)助力前沿技术的落地应用,推动绿色智慧商圈建设

北京市"十四五"规划提出,要"促进新型消费优质供给,推动传统消费扩容提质","加快推动生产生活方式全面绿色低碳转型"。在绿色商圈建设方面,《北京市城市更新条例》明确将"绿色节能减碳"作为各类城市空间更新的基本要求之一;《北京市商业消费空间布局专项规划》提出打造"商业消费聚集区+生态体验"的商圈名片,绿色低碳理念进一步融入商圈规划;《加快恢复和扩大消费持续发力北京国际消费中心城市建设 2023 年行动方案》将倡导绿色消费、提振大宗消费作为重要任务。

基于以上政策要求,北京市已成立由市政府主要领导担任组长的"北京市碳达峰碳中和工作领导小组",统筹协调市商务局、市规划自然资源委、市发展改革委、市生态环境局等部门的职能分工,为推进"双碳"与"国际消费中心城市建设"相关工作提供了坚实的组织保障。同时,北京市在推进市内商圈更新改造过程中有效融入绿色低碳设计方案与前沿技术,如京西大悦城(2023 年 6 月)采用末端集控、能源管理一体化系统;银泰中心获得 WELL、LEED 绿色建筑双认证(2023 年 6 月);昌平回龙观 LONG 街(2023 年 7 月)引入碳中和商铺、绿色积分经营模式;西单商圈(2023 年下半年)着手建设雨水花园与中庭光伏等。

在智慧商圈建设领域,北京市于 2023 年开始逐步推动"虚拟会展、数字藏品、AR/VR"三类基础应用场景的融合。一方面,在"文化金三角"等商圈门户网站建设线上"城市戏剧"模块以搭建沉浸式文旅场景,对核心网站中分散呈现的VR景点资源进行串联;依托数字博物馆资源,并基于网络定向导引,为京内NFT机构出海经营提供平台引流,重点支持数字文化艺术藏品的全生命周期管理;借助数字孪生建模技术,建设虚拟会展场景平台,常态化运行互动文博模块,并与"北京礼物"的线上经营形成了组合。另一方面,推动京味老字号系列品牌、文博系列品牌等北京传统优势赛道的数字化转型,利用数字藏品定价发行、多形式拍卖等交易模式挖掘数字文物消费价值,支持资产数字化、数字IP全球化流通、数字确权保护等相关业态在京的商业化运作。

目前,国贸、三里屯、金融街等重点商圈,及王府井、前门、华熙LIVE、望京小街等特色商业街区已引入AI智能向导、元宇宙体验馆等前沿消费项目,"AR试穿""VR购物"等功能也逐步普及。部分商圈为街区居民开拓"智慧公共空间",在街区更新过程中推动建设科技化改造、规范化管理、智能化管控三位一体的街区治理体系,重点规划共享智慧停车、绿色节能管理、垃圾可视化、公共空间物业管理、街区环境安防等运营场景,以高质量公共产品最大限度惠及街区居民。例如,王府井积极探索转型升级的模式和路径,培育"金街金活动""金街金服务"等系列品牌,率先实现街区5G全覆盖,支撑AR试衣镜、送货机器人、云逛街等智慧场景应用,借助智慧人车分流体系,打造了北京首个地面不停车街区,改善街区15条街巷胡同交通状况,塑造独具人文魅力的智慧步行商业街区。

(三)支持首店经济与商圈融合,打造特色标杆式消费商圈

以"首店经济"为代表的消费模式既是激发品牌活力、刺激消费欲望的有效手段,也是培育和优化城市商业环境的重要发力点。北京市利用本地优秀文化资源禀赋,利用首店、首秀、首展等重要渠道,在强化商圈、商铺、商品稀缺性与唯一性方面取得了较大突破,打造了一批北京"独有、独占、独特"的特色商圈。自2019年开始全力推进国际消费中心城市建设

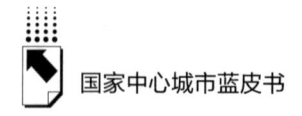

以来，北京市累计引进首店数量达到了3177家，稳居全国第一梯队，并已成为国际品牌首选地。这不仅反映了北京市对国内外品牌的强大吸引力，也展示了其作为国际消费中心城市的活力和潜力。

2023年，北京市持续完善首店支持政策体系，构建了灵活友好的首店落地环境。北京市针对服装类新品通关进行了优化，特别推出了通关支持政策，并通过建立第三方采信制度，显著提升了新品通关的效率；新增了针对商业品牌行业示范总部的支持政策，旨在鼓励更多商业品牌的分支机构在京设立独立法人主体，进一步促进品牌在京的长期发展；加大了对创新概念店的支持力度，在原有对亚洲首店、中国首店、北京首店和旗舰店支持的基础上，新增了对品牌创新概念店的专项支持。

在资金支持方面，北京市采取了一系列差异化政策，以确保不同规模和影响力的品牌都能在京获得适当的支持。具体而言，对于在京新开设的品牌首店、旗舰店、创新概念店，北京市将根据项目核定的实际投资总额的一定比例给予资金支持。此外，北京市还提高了对零售品牌北京首店、旗舰店的最高支持额度，特别加大了对国产品牌的支持力度，最高支持额度从原来的50万元提高到了100万元。同时，对于国内品牌零售首店的投资支持比例也从原来的20%提升到了50%。北京市还提高了对国内外知名品牌在京举办时尚消费类新品发布活动的最高支持额度，由原来的100万元提高到了200万元。这些举措不仅有助于提升品牌在京的知名度和影响力，也能够进一步提升消费品牌的活跃度和多样性。

除了直接的资金扶持，北京市还通过优化营商环境，为企业在京开店提供便利。例如，简化审批流程、缩短审批时间、提供一站式服务等，都为品牌在京发展创造了良好的条件。此外，北京市还加大了对知识产权的保护力度，为品牌在京发展提供了有力保障。在推动新品发布活动方面，北京市同样给予了大力支持。通过资金扶持和提供场地、宣传推广服务等，鼓励企业在京举办新品发布活动，不仅提升了品牌的知名度和影响力，还为消费者带来了更多新颖、时尚、难以替代的消费品选择。例如，中国高端商场的代表性样本"北京SKP"，其自2011年起已经连续十多年稳坐全国销售额最高商场宝座，2023年销售额超过265亿元，同比增长约10%，单店日均销售额突破7200万元，蝉联全球"店王"。

（四）鼓励多元力量参与商圈建设，不断增强消费商圈活力

北京市《优化提升消费环境 推进北京国际消费中心城市建设工作方案》提出，要深入推进"放管服"改革，持续优化营商环境，在市级重点商圈开展"条块结合"综合执法试点。基于此，北京市持续创新多元参与的商圈建设模式，探索包容审慎监管制度，充分释放消费商圈发展活力。

在创新商圈管理机制方面，北京市加快出台消费隐性壁垒清理整治方案，完善重点服务消费领域"行业牵头、归口负责"的投诉举报办理流程。在北京市商务局《清理隐性壁垒优化消费营商环境实施方案》的支持下，部分商圈在街区风貌特色设计的基础上，适度放开了非收储商户外摆管理，以弥补运营主体前期投入、反哺建设和运营支出，探索消费场景构建"一街一策、一点一策"，为商户外摆设置、公共空间利用等提供了一定的政策空间，并基于街区运营管理公约，以文本协议的形式明确了消防通道、电梯运行通道、停车区域等生活空间的具体边界及用途。例如，三里屯等商圈针对户外场景"定地点、定类别、定时间"的基本原则，精确划定了消费场景经营区，制定了消费业态经营类别豁免清单或负面事项。

在商圈建设组织模式方面，商圈建设与运营主体充分发挥党组织功能。例如，朝阳区望京小街等商圈通过建立区域党建联盟，广泛吸纳街区相关校、企、政、商、住等多类型基层党组织。在此基础上，做实街区党建协调委员会，定期召开例会协调解决涉及商圈建设和居民利益的重大问题，促成商圈主体间资源共享。同时，在望京小街商圈更新项目落地区域建立了以街区自治委员会为主体、以商户自治联盟为补充的内部沟通协调平台，实行自管、自治、自驱动模式，以此推广"主动治理"模式，避免由分工盲区带来的矛盾升级。依托街区自治委员会、商户联盟等实体平台，街道统筹建立了常态化"问需问计"机制，通过对社会资本方、街区住户、内部商户开展多渠道走访调查，提前瞄准区域共性问题、周期频发问题、潜在萌芽问

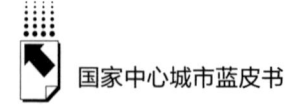

题,避免"小事变大事",降低了政府部门行政成本。

在商圈收益共建共享方面,一些商圈所属街道积极开发公共空间腾退带来的收益增长点,以保障商圈改造升级利益共享。部分运营主体通过健全利益分配和责任落实机制,建立了商圈运营公共收益"动态资金池",以适当让渡商圈公共设施收益,将商亭、外摆、广告灯箱等经营收益用于日常管理维护及运营策划服务。

四 结语

在当前消费供给侧提质升级的背景下,国际消费中心城市应当是消费规模和消费能级名列前茅、引领消费创新、凝聚人文底蕴的消费新场域,而地标商圈承担着提供国际化供给和独特消费品的重要功能。北京市系统推动商圈改造提升的案例表明,商圈的集聚效应和辐射能力能够不断推动消费创新,引领全球消费潮流,使城市成为连接国内国际市场的桥梁和纽带。同时表明,只有消费产品更为集聚、服务业更为发达、交通体系更为完善的城市商圈,才能满足日益多元化、个性化、高端化、高频次的消费需求。面向未来,北京市将继续推动商圈改造提升系列政策的深入实施,助力市内商圈焕发新的活力和魅力,推动北京高质量建成国际消费中心城市。

参考文献

罗珊珊:《国际消费中心城市激发内需潜力》,《人民日报》2021年11月10日。

汪婧:《国际消费中心城市:内涵和形成机制》,《经济论坛》2019年第5期。

朱迪:《"宏观结构"的隐身与重塑:一个消费分析框架》,《中国社会科学》2023年第3期。

B.13
上海促进国内大循环的"产空耦合"模式

甄 杰*

摘　要： 上海作为超大城市，在以龙头驱动国内大循环方面需要系统关注产业与空间的紧密联动关系，尤其是在制度均衡作用下形成"产空耦合"的有效发展模式。本文基于上海促进国内大循环所体现的"产空耦合"内在逻辑，分析其在内需、创新、协同等方面所取得的成效，厘清在区域一体化背景下供给侧和需求侧现存的关键问题，进而明确上海依托"产空耦合"模式促进国内大循环的着力点和具体对策。

关键词： 国内大循环　产空耦合　产业园区　上海

2020年4月10日，习近平总书记在中央财经委员会第七次会议上提出要"构建以国内大循环为主体、国内国际双循环相互促进的新发展格局"，构建新发展格局成为国家"十四五"规划的战略任务。2021年1月24日，上海市政府工作报告明确了"聚焦打造国内大循环的中心节点和国内国际双循环的战略链接，主动服务和融入新发展格局"的政策导向。重点"推动形成长三角一体化发展格局，优化城市空间格局、经济格局、城乡格局"。

---

* 甄杰，博士，华东政法大学企业发展研究所所长、商学院工商管理系主任，研究方向为战略管理、园区管理。

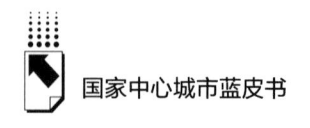

一 上海促进国内大循环与"产空耦合"的内在逻辑

国内大循环是指生产和消费等经济活动主要在国内，并以此形成稳定的产业结构和经济结构的发展态势。其中，共同发展是国内大循环的基本原则、基本愿景和重要途径。特别是，必须立足于区域一体化的共同发展，基于区域差异化来分担国内大循环，并以区域增长极来带动国内大循环。因此，应当在区域发展的视域下把握国内大循环的着眼点，即以内需主导为战略基点，以科技创新为突破关键，以产业升级为重要基础，以数字化转型为发展引擎，以区域协同为构建主线，以畅通商品、服务和生产要素流动为实施要义。

长三角是中国经济的龙头，也是产业创新和产业链升级的龙头，而上海在长三角中又应当发挥龙头带动作用，促进长三角创新能力、产业竞争力、发展能级的提升。上海围绕人工智能、生物医药、集成电路等先导产业，以补链、强链、延链等方式形成区域生态联动的产业链、价值链、创新链。在空间载体上，基于上海市域以及更广泛的长三角区域两个空间层面，要素资源得以优化配置，产业创新得以高效推进，内需得以实质性增长，从而在区域协同中促进国内大循环，并由此在实践中呈现产业与空间相耦合的发展形态。此外，无论是产业维度还是空间维度，都将产业园区作为经济社会高质量发展的重要载体。自2020年起，上海聚焦特定产业方向、特优园区主体、特强产业生态，全力打造优势更优、强项更强、特色更特的特色产业园区发展模式，连续三年公布了53个特色产业园区，形成了"品牌园区+特色园区"的发展思路，呈现"一轴、三带、多节点"的空间布局。其中，一轴是指横贯临港新片区、张江科学城、虹桥商务区的产业生态创新发展轴；三带是指沿江（黄浦江）、沿湾（杭州湾）、沪西三条高端产业集群发展带；多节点是指相应发挥支撑作用的各类产业园区。值得注意的是，产业园区是特定产业发展的空间载体，凸显了产业与空间的双重性。在"产空耦合"

过程中，法制保障、体制机制创新所形成的制度环境发挥着重要的黏合与促进作用。基于此，上海促进国内大循环的"产空耦合"内在逻辑如图1所示。

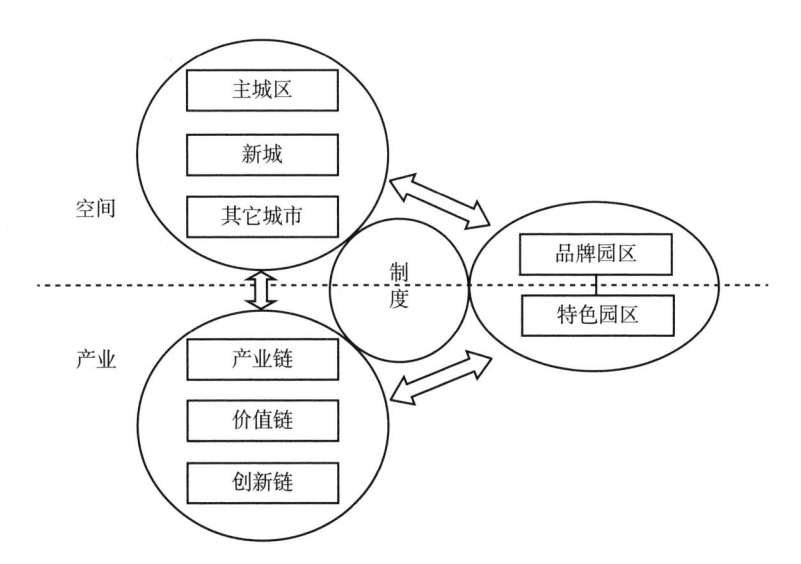

图1 上海促进国内大循环的"产空耦合"内在逻辑

资料来源：作者自绘。

二 上海"产空耦合"模式下促进国内大循环的成效分析

2023年，上海市全年实现地区生产总值（GDP）已超过4.7万亿元，比上年增长5.0%。上海市货物出口总额占地区生产总值（GDP）的比重由2022年的38.4%降至2023年的36.8%，表现出上海对于国际市场依赖度的降低；服务业占地区生产总值的比重由2022年的74.1%上升至2023年的75.2%。[①]这两方面因素的表现说明上海在促进国内大循环方面取得了重要成效。

---

① 资料来源：《2023年上海市国民经济和社会发展统计公报》。

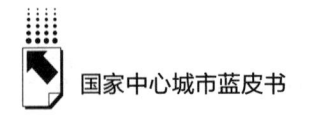

（一）内需获得稳健性扩大

2023年以来，上海市政府办公厅以及上海市商务委等部门陆续出台相关政策法规，完善促进消费的相关制度，以此为基础，从产业和空间两个方面进行消费促进的具体规划并予以落实。

在产业方面，上海市首先注重消费供给，细化和深化了相关产业的发展。2023年，服务业战略性新兴产业增加值为7704.32亿元，比上年增长10.0%，远高于工业战略性新兴产业增加值1.5%的同比增长率；第三产业全年全社会固定资产投资总额同比增长15.7%，远高于第二产业5.4%的同比增长率。其次，强调消费需求，持续发展新业态新模式。2023年，上海市完成电子商务交易额3.73万亿元，比上年增长11.7%。其中，B2B交易额2.08万亿元，同比增长4.6%；网络购物交易额1.65万亿元，同比增长22.2%。网络购物交易额中，商品类网络购物交易额9112.8亿元，同比增长8.8%；服务类网络购物交易额7353.4亿元，同比增长44.4%。2023年举办各类展览576个，其中，举办国内展330个，占比为57.3%。[1]

在空间方面，上海的商业空间视角以市域为主，向内形成多级空间布局结构，向外沿长三角、全国乃至更广区域延伸。首先，在全市形成了"国际级—市级—地区级—社区级"四级商业中心，以东西片区、中心城区、城市副中心、新城的区位层级形成相应的功能业态，并匹配商贸物流产业、商业数字化产业等，以服务特定的消费群体。特别是以嘉定、松江、青浦、奉贤、南汇五个新城来集聚消费资源，形成联通长三角消费的重要交通枢纽节点。其次，消费空间载体发展更趋均衡。2023年，上海市新增商场供应约150万平方米，主要分布在苏河湾、北外滩、真如、徐汇滨江以及前滩板块等非核心商圈，郊区商业建筑规模增速超过主城区，在空间上形成由内而外趋于均衡的布局态势。

---

[1] 资料来源：《2023年上海市国民经济和社会发展统计公报》。

（二）产业创新持续增强

2023年，上海市新能源、高端装备、生物医药等工业战略性新兴产业完成工业总产值17304.6亿元，占全市规模以上工业总产值的比重达到43.9%；全市研究与试验发展（R&D）经费支出占地区生产总值的比重为4.4%。其中，五个新城的产业创新也具有明显成效。例如，松江区战略性新兴产业工业总产值为2171.2亿元，占全区规上工业总产值的比重高达58.4%；R&D经费支出占地区生产总值的比重达6.8%。[1] 2023年，上海综合科技创新水平持续保持全国第一，[2] 上海—苏州集群在全球百强科技创新集群中排名第五。[3]

上海市打造体系化战略科技力量，通过形成国家实验室"3+4"体系、加快建设高水平研究型大学、集聚发展高能级科研机构等，加强关键核心技术攻关，深化落实集成电路、生物医药、人工智能三大先导产业"上海方案"。其中，以张江为主体，以临港和嘉定为两翼，布局集成电路产业空间，推进了光学忆阻器、未来车脑芯片等前沿关键核心技术攻关。2023年胡润全球独角兽榜显示，在中国上榜的316家独角兽企业中，上海共有上榜企业66家，总估值11147亿元，占比20.8%。其中，三大先导产业上榜企业20家，占上海独角兽企业的30.3%。[4]

2023年，上海市人民政府以及上海市科委等相关部门围绕促进科技创新、产业创新，先后出台16项意见、方案、措施、办法等。在产业方

---

[1] 资料来源：《关于上海市松江区2023年国民经济和社会发展计划执行情况与2024年国民经济和社会发展计划草案的报告》，松江人大网站，2024年4月2日，http://qrd.songjiang.gov.cn/contents/25/12596.html。

[2] 资料来源：《中国区域科技创新评价报告2023》，中国科学技术发展战略研究院网站，2023年12月18，http://www.casted.org.cn/channel/newsinfo/9680。

[3] 资料来源：《全球创新指数2023》，https://www.wipo.int/publications/en/details.jsp?id=4679。

[4] 资料来源：《2023上海科技进步报告》，上海市科学技术委员会网站，2024年2月28日，https://stcsm.sh.gov.cn/zwgk/kjgzzjbg/kjjbbg/20240228/c9e33af117b345ab916a6fd7c72ecd42.html。

面，强调"硬科技"孵化提升、开展人工智能等产业核心技术攻关、实施前沿新兴产业引领行动；在空间方面，强化"1+1"产业空间布局、高端生物制造产业"一核两翼"空间布局以及信息产业"一体两翼"空间布局等。

（三）区域协同效果提升

上海以全过程创新理念编制"两图三清单"，即产业链基础资源图、产业链断链风险图，以及以此为基础形成的产业合作清单、建议清单和揭榜清单，从而促进长三角及更广泛范围内产业链、供应链和创新链的深度融合。长三角"半小时生活圈"、"一小时通勤圈"、"24小时包邮圈"以及新能源汽车"4小时产业圈"等也已形成。总体来看，2023年，长三角区域内铁路营业里程超过1.37万公里；铁路路网密度达到380公里/万平方公里，比2015年底增长38.8%，区域内铁路路网密度差异相比2015年明显缩小，进一步优化了区域空间格局，促进了国内大循环的畅通。2023年，长三角地区2023年经济总量达30.5万亿元，约占全国的24.2%。其中，第三产业增加值对于三省一市的经济增长具有重要贡献，尤其是上海，三次产业增加值增幅分别为-1.5%、1.9%和6.0%，第三产业发挥引领作用。2023年，上海、浙江、江苏、安徽的社会消费品零售总额比上年分别增长了12.6%、6.8%、6.5%和6.9%。①

《长三角区域协同创新指数2023》② 显示，长三角区域协同创新指数比上年增长9.0%。其中，成果共用、资源共享、创新合作指标增幅显著。在专利转移方向方面，三省一市间的转移呈现多元化趋势，浙江、安徽和上海技术输出高于技术输入，成为长三角技术转移的主要贡献者，而上海输出的技术交易额占比又高达40%；在专利转移产业方面，新材料、节能环保、

---

① 资料来源：三省一市2023年国民经济和社会发展统计公报。
② 上海市科学学研究所、江苏省科技情报研究所、浙江省科技信息研究院、安徽省科技情报研究所：《长三角区域协同创新指数2023》，2024年1月30日，https://www.istiz.org.cn/portal/Detail.aspx?id=13060。

新一代信息技术、高端装备制造、生物产业等是技术迭代和产业链互补的重要内容。长三角城市间专利网络的空间联系更加紧密，G60科创走廊以及G42沿线等成为主要载体，总体上形成了技术源泉、技术枢纽、技术洼地三类空间。其中，G60科创走廊高新技术企业数量占全国的比重从1/12上升到1/8，战略性新兴产业增加值占国内生产总值的比重从11.5%上升到15%。① 实践上，长三角国家技术创新中心通过"拨投结合"的模式在半导体、芯片、癌症靶向药等领域新增支持40个项目落地长三角。② 从上海内部空间来看，一方面，依托临港、张江、大零号湾地区，推进未来产业先导区建设；另一方面，以53个特色产业园区聚焦集成电路、生物医药、人工智能三大先导产业发展。上海将特色产业园区融入五大新城"一城一名园"整体布局，融入南北功能布局调整升级，有23个特色产业园区布局在五大新城。

在城乡居民收入差距方面，上海城乡居民收入比由2015年的2.28缩小到2023年的2.08，江苏由2.29缩小到2.07，浙江由2.07缩小到1.86，安徽由2.49缩小到2.24。③ 为了在生活性服务业领域促进消费，2023年4月，"上海绿色消费季"拓展打造青、吴、嘉三地"消费一体化"，推出消费地图和消费活动清单，把三地的消费地标和消费载体进行链接，促进了长三角一体化示范区的消费融合。

三 上海以"产空耦合"模式促进国内大循环的关键问题

国内大循环的畅通关键要看供给端，上海应带动长三角各地提高产业链

---

① 齐中熙、魏玉坤：《中国式现代化的长三角新景象》[EB/OL]，(2024-02-01) [2024-04-27]，http://www.qstheory.cn/dukan/qs/2024-02/01/c_1130069320.htm。
② 资料来源：《2023上海科技进步报告》，上海市科学技术委员会网站，2024年2月28日，https://stcsm.sh.gov.cn/zwgk/kjgzzjbg/kjjbbg/20240228/c9e33af117b345ab916a6fd7c72ecd42.html。
③ 资料来源：根据三省一市2023年国民经济和社会发展统计公报相关数据计算。

各环节特别是企业的供给质量，进而提高基于特色优势的区域一体化创新发展水平，以有效满足各类消费升级的要求。但是，在这些方面，上海仍然面临一些亟待解决的问题。

（一）消费潜力有待挖掘

在长三角区域协同创新中，产业联动和环境支撑两个指标发展增速稍显缓慢。2023年，长三角各地区之间的制造业产业结构差异度指标增长率为-19.4%，影响了区域内的产业联动与融合。受多方面因素影响，长三角创业投资数量表现很不理想，增长率为-43.8%，不利于大循环环境的优化。从技术转移的空间表现来看，长三角还存在安徽宣城市、芜湖市这样的技术涌动区，以及江苏南通市、浙江嘉兴市这样的技术洼地，上海带动长三角区域产业创新、提升消费能级的余地还很大。从专利技术转移数量来看，2023年，江苏输入专利比输出专利多了35.6%，成为长三角技术转移的主要受益者，与其GDP全国排名第2的地位不太匹配。

从生活性消费的角度看，长三角各省市上市企业区域内的异地投资在文化、体育、娱乐业领域的分布最少，仅占全部被投企业的1.2%。[①] 依据上海市的发展情况，2023年，上海新增商业空间主要源于郊区大型居住区的开发和轨道交通站点的建设，存在一定的同质竞争，部分商业综合体经营不佳，亟须统筹规划。此外，市级、地区级商业中心发展水平差异较大。大部分商业中心基本达到上一轮规划确定的分级标准，但也有部分市级、地区级商业中心建设相对迟缓。市级商业中心总体表现出广域辐射覆盖，但四川北路、真如等商业中心辐射能力相对偏弱。

2023年，虽然上海市社会消费品零售总额以及电子商务零售额均实现两位数增长，但在空间分布上极不均衡，亟待挖掘消费潜力（见表1）。

---

① 资料来源：《2023上海科技进步报告》，上海市科学技术委员会网站，2024年2月28日，https://stcsm.sh.gov.cn/zwgk/kjgzzjbg/kjjbbg/20240228/c9e33af117b345ab916a6fd7c72ecd42.html。

表1 2023年上海市及新城社会消费品零售总额与电子商务零售额情况

单位：亿元，%

	社会消费品零售总额		电子商务零售额	
	金额	同比增长	金额	同比增长
全市	18515.5	12.6	3.73万	11.7
嘉定	1607.8	5.4	1143.5	9.4
松江	685	12	1134.1	14.1
奉贤	583.3	11.8	229.9	7.5
青浦	618.44	19.3	99.03	9.6

资料来源：各区2023年国民经济和社会发展统计公报。其中，南汇新城数据暂缺失。

（二）创新生态系统有待构建

2023年，上海、江苏、浙江、安徽全年研究与试验发展（R&D）经费支出占地区生产总值的比例分别约为4.4%、3.2%、3.2%、2.6%，均达到或超过全国2.6%的平均水平，但与一些发达国家或地区相比仍有差距。

国内大循环的发展亟须建设更加优质高效、充满活力的现代化产业体系，其中，生产性服务业是其重要内容。2023年，上海服务业增加值占GDP的比重为75.2%，江苏、浙江、安徽这一占比均超过50%。按照上海生产性服务业增加值占服务业增加值的比重为60%计算①，其生产性服务业增加值占GDP的比重为45.1%，达到发达国家的平均水平，但低于美国的56.0%。相比之下，江苏、浙江和安徽以50%的比重计算，其生产性服务业增加值占GDP的比重为25.8%~28.1%，远低于发达国家40%~50%的水平。2023年，在上海市47个生产性服务业功能区中，仅有10个达到优秀级别，占比只有21.3%；10个功能区评为良好，占比为21.3%；22个为合

---

① 根据《上海市服务业发展"十四五"规划》的目标，到2025年，生产性服务业增加值占服务业增加值比重达到66.7%左右。因此，这里以60%作为匡算。

247

格，5个未通过评审，两者占比高达57.4%。① 可见，在以服务赋能新型工业化和推进产业高质量发展方面，上海仍需进一步提高成效。

创新软环境是形成创新生态系统的重要内容，尤其是应以较完善的政策制度环境进行培育。2023年以来，上海市人民政府各部门出台了17项与扩大内需直接相关的方案、措施等，其特点主要表现为三个方面。一是总体上实施新一轮商业空间布局、构建新商业体系；二是内容上推进消费补贴、消费提质扩容、多形式合作联动等；三是形式上强调直播电商、电子商务、"会展+商贸"等新业态和新场景。但是，上海在创新文化、创新氛围培育以及创新空间打造方面的成效并不理想，需要有更为精准的政策发挥支持作用。并且，还应当特别考虑各类创新主体在合作过程中的知识产权共享、利益分配、成本共担等重要事项，以相关制度进一步增强对创新主体的吸引力并增强各主体之间合作创新的活跃度。

（三）数字经济发展成效有待提升

2023年，上海通过加强城市数字化转型工作，成为全国数字经济领军城市，数字经济规模位居全国第一，数字经济渗透率仅次于北京。② 但是，上海数字经济发展仍存在一些薄弱环节，特别是在数字基础设施与数字科研方面存在较大劣势。例如，在"电子电气工程、计算机科学、数学"等与数字经济密切相关的学科领域的学术成果与影响力以及ICT相关专利的研发方面，以及软件和信息技术服务业软件业务收入、公共数据开放量、电信业务总量等方面，上海与其他先进省市相比都还存在差距，使得上海数字经济的研发与创新能力相对落后。

同时，上海虽然对年轻群体吸引力依旧突出，但人力资本的相关性数值

---

① 资料来源：《上海市经济信息化委关于公布2023年度上海市生产性服务业功能区复审结果的通知》，上海市经济和信息化委员会网站，2024年4月17日，https：//sheitc.sh.gov.cn/swyy/20240417/a4f0845141064746a3c0700ede19e33c.html。

② 资料来源：《数都上海2035》，上海市经济和信息化委员会网站，2022年8月30日，https：//app.sheitc.sh.gov.cn/zxxx/693296.htm。

相对较小，数字经济人才缺口较大，高层次人才严重不足。进一步地，上海户籍老龄人口占比已经达到36.8%[1]，而在非户籍人口中，随迁老年人口也明显增多，并且学历一般较低。上海统计局相关数据显示，以投靠、照料孙子女、养老等为原因迁入上海的人数，在大学以下学历的迁入人群类别中占比最高，达到14.7%。常住人口大学以下人数占比仍为66.1%，这类人群对于数字技术的使用非常不足。

2023年，上海网络零售额增长率为11.7%，与全国11.0%的增长率基本持平，在东部地区中并没有较大优势。各新城的发展情况差异较大，且普遍增速缓慢。上海所引领的长三角城市群在数字经济发展水平方面存在较大差异，整体呈现东高西低、南高北低、东南高西北低的空间集聚分布特征。[2] 其中，上海、杭州、南京、苏州在数字经济发展方面具有明显优势。但是，数字经济发展水平较低的城市就有7个，占比25.9%，分布在皖西、皖北和苏北地区。

（四）区域一体化发展有待优化

2023年，首次发布的"长三角区域发展指数"相关数据显示[3]，以2015年为基年，2022年长三角区域发展指数为129.5，连续五年保持增长态势。但是，该指数所包含的6个分项中，只有创新共建、绿色共保2项指数超过了150，获得较大发展；示范引领、协调共进、民生共享3项指标增长缓慢，均低于年度总指数；开放共赢指数最低，仅为106.8，不仅低于2018年的水平，而且是唯一有逆向波动的指数。

长三角区域内各城市间分工协作不足，同质化竞争问题突出，多元发展与协作机制有待建立。从产业体系构建来看，上海的"3+6"、南京的"4+

---

[1] 资料来源：《2023上海统计年鉴》。
[2] 滕堂伟、王胜鹏：《长三角城市数字经济水平分布特点与趋势》，2022年7月14日，https://www.thepaper.cn/newsDetail_forward_19010756。
[3] 资料来源：《一体化推动高质量发展 长三角区域发展指数稳步提升》，国家统计局网站，2023年12月25日，https://www.stats.gov.cn/sj/zxfb/202312/t20231221_1945711.html。

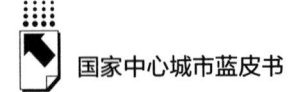

8+X"、杭州的"4+4"、合肥的"2833"工程以及苏州集中打造的十大优势产业，无论是在定位上还是在体系上，都具有很高的相似度。虽然各城市在产业细分领域具有一定的差异化倾向，但内容重合度仍然偏高。在制造业、金融业等诸多行业，上海与苏州、杭州等地都有进一步优化竞争合作格局的空间。

在制度层面上，区域协同程度也非常不足。以集成电路产业促进政策为例，在搜集到的长三角三省一市的83份政策中，跨省联合发文数在该类产业政策总量中的占比仅为4%；政策联动内容仅限于科技协同攻关等较窄的范围，未在产业链布局上展开分工合作，难以促进产业链各环节的协同生态，甚至出现了封测环节产能过剩的现象；政策目标偏好集中在企业培育、科技发展方面，在行业均衡方面政策目标频数仅为5%。此外，长三角各地国家级高新技术开发区发展水平差异较大，例如，技术收入占总收入比重最高的开发区与最低的开发区相差60倍，这势必导致政策落差大、标准不统一，对协同合作产生负面影响。

长三角城市群在基础教育、医疗卫生、公共文化、信息通信等基本公共服务方面也存在较大差异，上海水平明显领先于其他地区，而苏北、皖北及部分皖南地区又长期落后，使得以区域一体化提升全域消费水平存在不足。

四 上海促进国内大循环"产空耦合"的着力点与对策

围绕产业与空间的深度耦合，上海在促进国内大循环中应围绕区域、城市、产业、企业、个人等系统层面把握着力点，并针对消费内容、消费载体、消费场景等实施对策。

（一）以空间结构优化提升城市消费均衡性

地域消费均衡性是国内大循环顺畅的重要表现，应系统地从各类空间优化的角度来做好基础性工作。一是基于统一大市场的建立更加有效地在长三角范围内优化配置资源，进一步发挥上海市在产业链中的高端引领作用，促进要素的区域内流动,逐步提高全域消费能力;二是基于向海经济发展,提高特定领域特定人群的消费水平,例如,加快开展国际医疗旅游等试点工作,通过长三角卫生健康一体化和专科专病联盟建设,共建长三角医学科技创新共同体,并延伸消费场景;三是针对文化、体育、娱乐等生活性消费行业,出台相关投资促进政策,优化供给侧主体的空间布局;四是在城市更新中,注重改善郊区、新城的消费设施布局,突出各地尤其是交通沿线消费空间的特色化,并提高中心城区的空间发展质量;五是提高数字经济发展的均衡性,拓展奉贤、嘉定、青浦等新城线上消费空间。

(二)以空间层次细化增强产业创新活力

产业创新是科技创新的落脚点,也是促进消费和在供给侧实现国内大循环的重要内容。一是深化长三角"决策层、协调层和执行层"三级运作决策与协调机制,通过"目标—标准—行动—项目"的传导,提高产业链各环节在城市间的配套程度,促进产业创新与升级,并以收入增长效应和创新引领效应实现消费升级;二是在市域范围内加快推进生产性服务业发展,提高信息服务、金融服务、商务服务等与制造业强相关的生产性服务业的比重,特别是强化特色园区、生产性服务业功能区的重要作用,以"新服务"助力"新制造"的发展;三是以产业园区为主要载体促进科技创新,并以科技创新驱动产业创新,加强产业链与创新链的深度融合,推动消费升级;四是依托园区、城市更新场所等,增强公共空间的凝聚作用,丰富消费新场景;五是优化创新软环境,增强创新文化氛围在各类空间中的弥散和渗透。

(三)以空间应用创新促进智慧城市建设

智慧城市是实现多元空间、多场景融合、多领域应用的重要主体,也是推动消费升级的关键路径。一是开展全域数字化转型国际合作,以数字开放、流动、共享建设,新一代信息基础设施建设,工业互联网协调发展等,提高长三角区域的数字化消费水平;二是加强基于物联网、大数据、人工智能等的数字化应用,推动数字经济东西部协作,并基于街区、商圈等城市微单元建设优化消费场景；三是增加创新互动空间，在会展、交流等各类重要活动的基础上，以散落的公共空间，例如口袋公园等易触性活动场景影响生产性和生活性服务需求；四是以快闪、虚拟现实等模式融入消费新业态、新模式、新场景，推进各区域空间的均衡发展；五是强化城市各类信息共享、公共服务均等化，提升消费便利性，并通过城市"数字更新"，以数字技术创新数字家庭、即时零售等消费场景。

（四）以空间定位互补畅通循环发展脉络

协同规划并科学定位是解决大循环卡点、堵点与脆弱点的有效方式，应遵循优势互补的原则进行推进。一是以制度尤其是规划协同促进长三角城市群的一体化发展，加强规划内容的针对性和衔接性，完善利益分享机制、产业协作机制和政府引导机制等；二是梳理功能定位，明确长三角各省市的特色优势与侧重点，构建产业链分工协作式的扶持发展体系；三是改善上海主城区内制造业"空心化"现象，拓展与城市功能、城市环境、科技创新、市场消费相融合的战略性新兴制造业发展空间；四是聚焦上海城市副中心建设，通过增强各城市副中心在基础设施方面的配套服务能力，驱动落后地区有效利用周边先进地区的优势资源，促进城市空间协同发展；五是提高郊区产业用地的集约化程度、经济密度以及单位产出，进一步提高商业活跃度、到达便利度等，畅通一体化循环发展。

参考文献

习近平：《加快构建新发展格局把握未来发展主动权》，《求是》2023年第8期。

中华人民共和国中央人民政府：《中华人民共和国国民经济和社会发展第十四个五年规划和2035年远景目标纲要》，2021年3月13日。

龚正：《上海市政府工作报告》，2021年1月24日。

周勇：《在区域共同发展中推进"国内大循环"》，《江西社会科学》2021年第6期。

江金权：《把握构建国内大循环的着力点》，《学习时报》2021年1月25日。

上海市人民政府：《上海市特色产业园区高质量发展行动方案》，2023年11月10日。

上海市经济和信息化委员会：《上海市产业园区转型升级"十四五"规划》，2021年12月29日。

B.14
抢抓消费升级新机遇 打造国际消费新地标

——天津金街步行街更新提升实现高质量发展的实践探索

王坤岩 刘学敏 李玉洁 臧学英*

摘　要： 随着中国经济进入高质量发展阶段，依靠传统投资驱动的国内经济循环模式逐渐被依靠投资和需求双轮驱动的新模式取代，扩内需促消费成为宏观政策的着力点。但在消费升级日益加速的背景下，老旧商业模式、业态、载体已难以满足更高水平的消费需求，成为制约经济高质量发展的短板。天津以打造国内大循环战略支点为目标，以建设国际消费中心城市为引领，以供给侧结构性改革为抓手，坚持以"国际标准"着力推进老旧商圈提升改造，打造满足现代化消费需求的新业态、新场景、新模式，探索出一条"更新改造+业态优化+治理升级"三位一体的传统商圈转型发展之路，使百年金街重现辉煌，并带动天津消费整体回暖，为形成需求牵引供给、供给创造需求的更高水平动态平衡奠定了坚实基础。

关键词： 国际消费中心城市　扩大内需　城市更新提升

习近平总书记指出："内需是中国经济发展的基本动力，也是满足人民日益增长的美好生活需要的必然要求。"党的十八大以来，中国经济发展从

---

* 王坤岩，博士，中共天津市委党校副教授，研究方向为京津冀协同发展理论与实践、绿色低碳循环产业创新；刘学敏，中共天津市委党校副教授，研究方向为区域经济、文化产业；李玉洁，中共天津市委党校副教授，研究方向为马克思主义中国化理论与实践；臧学英，中共天津市委党校原教育长、教授，研究方向为区域经济理论与实践。

高速增长阶段转入高质量发展阶段，着力扩大内需成为新的战略基点。但在经济发展水平和人民生活水平双提高的大背景下，消费结构全面升级，需求结构快速调整，传统消费业态、消费模式、消费场景、消费载体已经不能满足消费快速升级对供给质量和水平提出的更高要求，迫切需要通过供给侧结构性改革提升供给体系对需求的适配性，打通内循环堵点，形成需求牵引供给、供给创造需求的更高水平动态平衡。

金街商圈经历了天津百年风云变幻，是这座近代工业文明摇篮之城繁荣繁华的亲历者和见证者，也是展现天津城市历史底蕴与现代魅力的最靓名片。金街在中国建设工业化现代化的艰难探索中诞生，在社会主义经济制度的确立和完善中发展，在改革开放的浪潮中成长壮大，却在发展方式转变、消费结构升级的新发展阶段迎来生死存亡的重大挑战。在国内大量传统商圈纷纷退出历史舞台的逆境中，金街商圈抢抓消费升级和国家扩内需战略实施的重大机遇，面向需求导向着力推动供给侧结构性改革，通过全面更新改造拓展消费空间、优化消费环境、完善消费业态、创新管理机制，协同推进硬件建设、产业创新与文化赋能，探索出一条"更新改造+业态优化+治理升级"三位一体的传统商圈转型发展之路，使即将衰落的百年老街重新焕发生机，再度成为享誉海内外的消费新地标和展现天津独特魅力的网红打卡地。

一　繁华落幕：百年金街走向何方？

天津金街商圈，也称金街步行街，泛指以滨江道、和平路为主轴线，向两侧延伸而构成的"金十字"核心区域，占地总面积约为0.634平方公里，是位于天津城市中心的核心消费商圈。其中，滨江道步行街全长1290米，和平路步行街全长约1230米，二者累计长为2520米，是国内最长的商业步行街，也是国内为数不多历经百年风雨仍繁荣兴盛的商贸集聚区。[①] 然而，和全国大多数地区的传统商业街区一样，金街亦面临全球消费升级和扩大内

---

① 资料来源：《天津金街步行街改造提升自评报告》，由天津市和平区政府提供。

需的双重压力，其作为传统商业模式的代表遭遇市场滑铁卢，一度陷入乏人问津的萧条之中。如何让承载着城市历史与文明的老商圈重现生机活力，成为扩内需促消费的重要支点，成为满足人民群众美好生活需求的重要载体，考验着城市管理者的智慧与能力。

（一）百年辉煌：一条街见证一座城

伴随中国北方经济中心而生的天津金街是中国近现代文明兴起的重要标志，也是天津百年历史的见证。凭借拱卫京畿、内外联通的区位优势，19世纪中期开始，天津成为中国追求工业现代化以救亡图存的先驱城市。一百多个"中国第一"（比如，中国近代第一所大学——北洋大学堂、中国第一座机器铸币厂——北洋铸币厂、中国第一家为工业融资设立的银行——天津实业银行、中国第一个达到世界领先水平的化学工艺——"侯氏制碱法"、中国第一个国产毛线著名品牌——"抵羊牌"毛线、中国第一家畅销国内外的制帽著名品牌——天津盛锡福……）都诞生在这座中华文明与世界文明激烈碰撞的城市，也催生出一个工业发达、商业云集、经贸繁荣的国际化大都市。

随着近代天津的迅速崛起，中西文化经贸交融往来、各地商贾内贸互通、城市居民生活消费等需求日盛，汇聚多样化商业业态、满足多样化商贸需求的综合性商业载体应运而生。作为金街商业街主体之一的和平路商业街原身是始建于1902年的旭街，最初是私营商业门店汇聚经营之地；20世纪20年代末，随着天祥、劝业、泰康三大商场，国民、惠中、交通三大旅馆以及渤海大楼、浙江兴业银行等建筑的落成，旭街和素有"东方小巴黎"之称的梨栈大街（滨江道商业街前身）成为天津大型综合性商业载体汇集之地，在地产、商业、娱乐业的共同作用下日益繁荣，成为今日金街的雏形；1953年，原统称罗斯福路的商业街取"热爱和平"之意更名为"和平路"，并逐渐发展成为天津市的商业和文化中心；2000年，和平路商业街、滨江道商业街在先后进行提升改造的基础上，二者连接形成"金十字"，取名"金街"，亦取"津街"之谐音，成为天津商业发达的品牌地区和重要的人文景观。

金街是天津商业文明的重要发源地。建成于1928年的天津劝业场秉持"劝吾胞舆,业精于勤,商务发达,场益增新"的精神,汇聚百家业态,是天津商业精神的重要体现;和平区现有的55项非物质文化遗产大多起源于金街,狗不理包子制作技艺、老美华"三寸金莲"坤尖鞋等制鞋工艺、古典戏法(亮摔、线棒子、九连环)等被列入国家非物质文化遗产保护重点名录。在20世纪初到21世纪初的一百多年时间里,天津金街曾是蜚声中外的国际化、时尚化知名商圈。20世纪50~60年代,这里是全国最火的曲艺集聚地,京剧、评剧、相声等传统曲艺及现代歌舞影视演艺云集,是天津夜生活的核心承载区;20世纪80~90年代,这里是市场经济的沃土,品牌汇聚、商铺云集,是消费者追逐时尚潮流的天堂;2000年提升改造以后,天津金街迎来新一轮人气飙升,2006年"五一黄金周"期间,金街日接待游客达90万人次,创历史新高。

(二)消费升级:繁华商业街的沧桑巨变

随着经济发展水平的不断提高,天津作为国际化大都市迎来了消费的快速升级,以往模仿型排浪式消费阶段基本结束,追求消费的个性化、多样化渐成主流,传统商业载体无法适应消费升级需求的弊端日益显现,曾经享誉全国的金牌步行街逐渐陷入业态老化、品质低端、经营混乱、十铺九空、无人问津的窘境,特别是在大悦城、万象城等新型综合商业体的冲击下,逐渐成为老旧商业街的代名词。尽管金街试图通过改变经营业态扭转颓势,然而从"手机一条街"到"运动一条街"再到"麻花一条街"的挣扎,始终无法摆脱低端集聚式消费的魔咒,更无法满足消费者品质化、高端化的消费需求。大量中小型商铺因经营不善关停,一些大型商业综合体日均客流量每年以10%~20%的速度下降,并陷入连年亏损境地。[①] 2016年,据新金融记者

---

① 资料来源:《观察丨天津这条百年老街,靠什么活下去?》,https://m.thepaper.cn/baijiahao_3882755。

不完全统计，和平路商业街上仅滨江道至福安大街路段，60余家商铺有18家处于停业状态，占比近30%（不包括商场底商）。①2019年，包括金街在内的天津主要商业载体仍然难以扭转连年下滑的态势，天津百年繁华的黄金步行街正在走向落幕。

（三）路在何方：以变化求生存，以改革谋发展

百年金街的沧桑巨变也是全国各地传统商业载体面临的普遍问题。随着我国经济社会的快速发展，人民收入水平和消费水平快速提高，多元化、个性化消费需求迅速增长，迫切需要更多新商业载体、消费业态来满足新消费需求。但在投资拉动的政策导向下，受模仿型商业发展模式的影响，全国各地大力兴建商业街、步行街及大型商业载体，却难以在经营模式、经营内容上有所创新，导致千城一面；区域内部、区域之间繁华商圈同质化竞争现象严重，难以体现地方特色，难以满足新消费需求，更难以支撑各地商业竞争力的提升。加之受经济下行、消费升级、网络购物兴起等因素的不断冲击，各地传统商业街区普遍陷入萧条，暴露出传统供给模式难以适应当代消费需求的弊端，迫切需要改变现有商业供给模式，以供需的高水平平衡形成高质量发展的新动力。正如习近平总书记强调指出："经济下行压力加大，表面上是有效需求不足，实际上是有效供给不足。我们既要着力扩大需求，也要注重提高供给质量和水平。"②

2018年12月29日，商务部印发《关于开展步行街改造提升试点工作的通知》，天津金街被列入首批试点步行街名单，开始实施改造提升并取得一定成效。2019年，商务部发布《关于培育建设国际消费中心城市的指导意见》，2021年，天津进入第一批国际消费中心城市名单，并制定《天津市加快建设国际消费中心城市行动方案（2023—2027年）》，赋予金街商圈打

---

① 资料来源：《谁能救救金街？天津和平路商业街3成商铺停业》，http://news.focus.cn/tj/2016-03-17/10760961.html。
② 习近平：《论把握新发展阶段、贯彻新发展理念、构建新发展格局》，中央文献出版社，2021。

造国际消费地标商圈的新使命。面对多重机遇，天津市与和平区两级政府精心谋划、科学布局，将金街步行街改造提升融入国家和全市发展战略部署，坚持"以变化求生存，以改革谋发展"，深入推进金街全面转型升级取得积极进展。

二 华丽转型：传统商圈如何打造国际消费新地标

金街自2018年被纳入全国首批步行街改造试点以来，通过市区街三级协调机制强化顶层设计和分层落实，以《天津金街步行街改造提升方案》《天津市加快建设国际消费中心城市行动方案（2023—2027年）》为引领，推动改造提升工作落地见效，协同推进硬件建设、产业创新、治理赋能，形成"更新改造+业态优化+治理升级"三位一体的传统商圈转型模式。

（一）科学布局：老商圈迎来新机遇

按照《天津金街步行街改造提升方案》《天津市加快建设国际消费中心城市行动方案（2023—2027年）》要求，金街明确定位、科学规划、完善机制，持续推进改造提升规划方案落地落实，使老街区展现新面貌。

一是明确定位。按照《天津金街步行街改造提升方案》和《天津市加快建设国际消费中心城市行动方案（2023—2027年）》，金街商业街定位是"国际知名、全国领先、彰显新时代繁荣繁华的中心商业区；中西合璧、古今交融、传统与现代交相辉映的历史文化活力区；品牌集聚、文旅融合、展现现代化大都市形象的高品质消费示范区"。按照这一功能定位，金街步行街牢牢把握"消费支撑"这一关键词，不断强化中心商业区功能，不断促进产业融合、业态优化、品牌提升，凝聚城市最核心的优质资源，提供适应新消费需求的新业态、新场景、新载体，满足人民日益增长的美好生活需要；同时，紧紧围绕文化传承发展这一重要任务，在保护性利用的基础上，努力发掘文化底蕴，提升文化遗产价值创造能力，传承城市文化品质。

二是科学规划。在2018年改造提升阶段，形成以《天津金街步行街改造提升方案》为引领，以《关于加快推进金街步行街市容景观改造提升工作的实施方案》《金街步行街改造提升项目交通专题研究》等专项方案为支撑的"1+N"改造提升规划体系，金街步行街从环境设施、功能品质、智慧水平、文化特色、管理机制等多个方面进行系统化提升改造。《天津市加快建设国际消费中心城市行动方案（2023—2027年）》发布后，和平区委出台《和平区培育建设国际消费中心城市标志区实施方案（2022—2025年）》及细则，从商业载体打造、夜间经济发展、文旅商融合发展、基础设施供给升级、管理职能优化等方面对金街进行全面整体提升。

三是完善机制。通过体制机制创新不断激发市场主体经营活力，推动金街可持续发展。不断优化"政府+市场"的管理机制，先后成立金街管委会和金街共建共享理事会。在企业与政府之间搭建起有效的互动平台，在助企纾困方面发挥了积极作用，在商圈整体化规划、精准化招商、一体化发展等方面实现"政府把握战略方向+市场优化资源配置"的最优结合，探索出一条政府职能部门与企业家携手推进商业街区高质量发展的新路径。同时，充分发挥产业组织作用，建立金街产业联盟，通过企业自治持续优化商圈经营环境、提升商圈管理效率和市场化水平。在此基础上，进一步规范管理机制，对相关制度文件进行汇总梳理，形成《金街步行街管理制度汇编》，内容涉及突发事件应急处置机制及食品安全、环境卫生、知识产权、消费者权益、市场公平竞争等，对于维护街区秩序发挥了重要作用。

（二）更新提升：旧街区焕发新生机

金街步行街改造提升规划区域商业建筑面积约为114.2万平方米，[①] 通过风貌建筑保护性利用、基础设施全面更新、载体商业系统优化等，进一步激发市场活力，提升要素配置效率，提升价值创造能力和商圈综合竞争力。

一是保护性开发利用历史风貌建筑。天津是中国唯一一个享有"万国建筑博览会"美称的城市，分布坐落了大量近代以来建成的具有不同国家

---

① 资料来源：《天津金街步行街改造提升自评报告》，由天津市和平区政府提供。

风格的历史风貌建筑。金街也是天津历史风貌建筑的集聚区之一，拥有各级各类文物保护单位和不可移动文物39处。其中，天津劝业场大楼为全国重点文物保护单位。为科学保护和合理利用这些城市历史文化遗产，金街改造提升坚持"保护为主、抢救第一、合理利用、加强管理"的原则，编制"四有"档案，划定保护范围和建设控制地带，设置保护标志和说明简介，明确管理责任，加强常态化的管理与看护。在此基础上，引入现代化消费元素，打造满足消费需求的新场景、新业态、新载体。例如，市级文物保护单位张学良故居，结合当代青年消费群体偏好打造沉浸式剧本体验场景，一度成为金街消费新热点。

二是持续优化商圈空间布局。结合金街区位、业态、商业载体等特征，规划"一核、三轴、两翼、七横、四组团"的蜂巢式空间布局，突出"一核引领、三轴支撑、四组团联动、两翼七横协同"，打造满足综合消费、时尚消费、大众消费、生活消费等多样化消费需求的复合型现代化高端化商业街区。全街以时间线为轴，通过百年天津、摩登时代、印象天津三大主题街景讲述天津商业的时代故事，分别展示金街初建时期的深厚历史底蕴、20世纪30~40年代的流行风尚和现代化大都市的时代风貌，打造"穿越百年、繁华依旧、古今交错"的个性化消费空间。

三是美化亮化街区环境。对街区内中心公园、园林景观、街道路面、建筑立面、文化雕塑、城市灯光等多种元素分类开展翻新、维修、改建、美化、提升等工程，形成常态化环境保护与治理机制，打造特色突出、整洁大气、高端靓丽的步行街商业街景。其中，绿化改造提升增加绿化面积600余平方米[①]，形成了金街步行街绿化观赏网络，很好地满足了消费者对消费环境生态化绿色化的需求。夜景灯光设计主打金色调，强化金街特色；运用现代灯光和多媒体技术亮化美化建筑群落，展现"古今交融、中西碰撞、动静相宜"的多元化城市特色繁华夜景。

四是提升交通可达性和便利度。实施金街步行街与交通干道隔离措

---

① 资料来源：《天津金街步行街改造提升自评报告》，由天津市和平区政府提供。

施，加强金街步行区域非机动车管控，合理设置出租车停靠点、非机动车停放点和共享单车停放点，改善街区交通秩序和出行环境；重要路段增加公共泊位，平均每100平方米商业建筑面积配套停车位1个；实施绿色交通改善项目（和平区）试点工程，打造包括地下通道、过街天桥、人行横道等在内，覆盖八横九纵主要交通网络的慢行交通系统，构建具有国际水准的慢行出行环境；完善由3条城市轨道交通、72条公共车辆交通共同构成的500米范围内可达站点的便捷化公共交通网络[①]；通过复古"铛铛车"和双层敞篷观光车等公共交通设施的运营，满足消费者个性化游览的消费需求。

五是提升智慧化服务水平。在提升改造中广泛应用新一代信息技术、大数据、人工智能等提升传统基础设施，打造适应高端商圈需求的现代化智能街区管理体系。推进5G网络、无线网络全覆盖，实现安防、交通等职能智慧协同，打造5G智慧金街；利用大数据赋能智慧街区管理系统，实现监控、分析、预测实时更新；依托大数据和智能化技术建设包括智能灯光、智能公厕、智能垃圾箱等在内的智能化公共设施系统，为消费者提供高品质服务；建立统一的信息发布、导购促销、重大活动等信息服务平台以及统一的街区经营情况和消费分析大数据管理平台，提供面向经营主体和消费者的"线上+线下"融合型服务平台系统，持续提升街区智慧化服务水平。

（三）业态优化：新场景满足新需求

在基础设施提升改造的同时，金街商圈坚持创新引领、先破后立，淘汰不适应现代消费需求的老旧主体和老旧业态，下大力气引进和培育新型市场主体，推动业态更新供给升级，全力打造集主题百货、潮流服饰、文旅体验、环球食肆、室内娱乐、高端影院、精品超市、运动健身、个人护理等多元化业态于一体，体现生活新理念、引领消费新潮流、展现文化新魅力的一站式体验中心。

---

① 资料来源：作者据公开资料自行统计。

一是引进和培育新型市场主体，打造商圈转型发展新引擎。坚持以主体培育为根本，以业态优化为目标，连续打出创新招商引资机制、持续优化营商环境、全方位提升服务质量的组合拳，加大培育和引进新型市场主体的力度。仅2023年就引进优质企业136家，盘活载体面积10.2万余平方米，引入500强、央企、上市公司投资企业10家，引入京冀项目11个。[1] 改造提升后的和平印象城、友谊新天地以及华北最大的华为旗舰店先后正式开业，響live house等53家首店、旗舰店、主题店相继引进落地，有效提升商圈能级及周边商业氛围，为金街繁荣发展注入源源不断的外在活力和内生动力。

二是汇聚多样化新业态，构建全域经济新格局。推动多业态复合发展，形成主体街区—拓展区—辅路—后街空间全覆盖、优势互补协同发展格局，打造集购物、体验、休闲、娱乐于一体的多样化消费场景。和平路—滨江道主街以大型商业综合体为主，其中，营业面积1万平方米以上的20家、超10万平方米的4家，年销售额10亿元左右的5家，汇集国内外知名品牌1400余个、城市首店旗舰店品牌54家以及诸多知名老字号总店，呈现文化传承、经典时尚、奇特新颖、品质个性的多样化经营新格局。弹性拓展区引入金麒麟、领跑汽车、西餐厅等特色品牌店，形成了特色鲜明的品牌业态群落。辅路区域主要以中小型企业门店为主，如津门一绝狗不理、宴宾楼、瓷房子博物馆、张学良故居等门店数量累计千余个，形成了满足不同消费群体需求的多个特色化消费场景集聚区。[2] 依托狗不理总店、天津烤鸭店、宴宾楼等民族餐饮企业集中优势，建设津门传统特色餐饮街区，增加餐饮体验性业态比重，提升业态及品牌的品质与特色。依托赤峰道法式风貌建筑旅游资源集中优势，整合精品服饰、休闲酒馆、特色简餐等业态，打造尚品街，形成新引流热点。后街区域发挥生活便利化优势，鼓励有条件的里巷建筑发展成为青年旅社、精品酒店、经典民宿等特色住宿，特色零售，潮流体验店聚集区，推动形成后街经济新格局。同时，依托百年金街悠久历史文化，通过

---

[1] 资料来源：天津市和平区金街管委会提供。
[2] 资料来源：天津市和平区金街管委会提供。

景观提升、新型商业管理模式与传统老字号的创意融合，打造集都市商业、休闲、娱乐等多种业态于一体的商旅文融合发展文化旅游区，并于2019年获批为国家4A级旅游景区。

三是丰富供给模式，持续增强商圈活力。聚焦百年商圈资源禀赋，不断优化全地域、沉浸式、体验式消费场景，调动市场主体积极性主动性，推动文旅商融合供给，连续多年举办跨年狂欢夜、大展宏"兔"逛金街、星空咖啡·金街青柠市集、"喜迎华诞献乐祖国"主题音乐快闪、"梦回国潮"文化节、"龙凤呈祥瑞"跨年活动等大型现场活动；引入"City Walk"、"阳台音乐会"、现场直播、互动问答、现场倒计时等具有超强感染力和氛围感的活动形式，实现活动展示与交互体验的效果叠加，为传统"商圈经济"不断创造"新花样"。

（四）治理升级：大都市展现新魅力

在创新"政府+市场"管理机制的基础上，不断提高政府部门政务服务水平，提升商圈软实力，营造一流营商环境和消费环境。

一是提升服务质量，营造一流营商环境。良好的营商环境不仅是商业主体生存和发展的条件，同时也是供给质量和水平提升的基础。金街商圈以创新"市场+政府"管理机制为动力，以健全"管委会+理事会+运营公司"的新治理结构为突破口，全面提升政府服务市场主体的能力和水平，切实解决市场主体发展中遇到的难题。2023年，金街共享理事会走访42家包联企业宣传惠企暖商政策，协调相关部门解决欧乐广场原承租方闹访等商企"急难愁盼"问题数十件。金街管委会通过"双万双服"天津政企互通信息化平台走访企业143次，问题解决率达100%，受到商户一致好评。[①]

二是加强部门协同，形成治理合力。以金街步行街改造提升和国际消费中心城市标志商圈建设为契机，金街管委会联合多个职能部门实现有机协

---

① 资料来源：天津市和平区金街管委会提供。

调,逐步形成常态化协同治理机制,在金街日常管理、助企纾困解难、关键节庆活动秩序维护等方面发挥了重要作用,不仅使商企在经营过程中有更多的认同感、安全感,也使百姓在消费过程中有更多的幸福感、获得感。例如,金街管委会紧扣商企"急难愁盼"问题,精心做好重大项目协调服务工作。针对和平印象城提升改造遇到的停车场建设审批难、路面照明设施管理主体纠纷等问题,区城管委、区住建委与地铁公司、路灯管理处等单位积极协调,第一时间推动解决,确保项目如期开业,取得开业当日商铺招商率95%、开业率88%、首店率60%、客流量27.6万人次、销售额超1000万元的好成绩,带来了良好的经济效益和社会效益。[1]

三 辉煌重现:在蝶变中探索高质量发展之路

经过艰难探索和转型,金街步行街从被动升级到主动引领,完成了老旧商业街向国际化、现代化、高端化消费新地标商圈的转变,展现了天津积极应对高质量发展转轨需求、顺应新时代消费迭代升级趋势、牢牢把握国家扩内需战略方向,坚持以供给侧结构性改革拓展高质量发展空间,持续探索高质量发展新路径的创新精神和改革勇气。

(一)成功逆袭:金街复活带动津门消费新高潮

转型后的金街迎来恢复消费的关键节点,其多样化业态、便捷化现代化消费环境、高品质消费体验均成为引流热点,在引领津门消费新高潮的同时也成为全国消费者心目中的理想目的地,火遍全国。2023年国庆期间举办的"喜迎华诞 献乐祖国"主题音乐快闪活动,受到新华社、津云等各级媒体关注报道,全网阅读量超550万次、点赞量近5万次、转发量超1万次。[2] 2024年元旦假期间,金街打造"龙凤呈祥瑞"跨年活动,活动现

---

[1] 资料来源:天津市和平区金街管委会提供。
[2] 资料来源:天津市和平区金街管委会提供。

场美轮美奂、人头攒动，充满无限喜悦与希望，商圈累计接待游客近200万人次，综合收入达2.76亿元，充分释放经济发展潜力和消费活力。2024年春节期间，"津韵不倒翁"演艺在金街"大铜钱"精彩亮相，结合"万事兴龙"新春市集、非遗舞龙舞狮、变脸演出等丰富多彩的活动，以及龙灯美陈、街景亮化等氛围营造，金街日均客流达50万人左右，日均营业额突破1亿元，①商圈消费盛况被中央电视台《新闻联播》关注报道，入选抖音全国五大热门商圈。

在天津持续推动高质量发展多项重大举措的共同作用下，包括金街在内的一批传统商业载体的转型发展很好地满足了人民群众的新消费需求，成为天津扩内需促消费的重要支点，形成本地消费、区域消费、国际消费三级市场体系支撑的内需格局。古文化街、意式风情街、五大道风景区、津湾广场等经提升改造纷纷新装亮相，成为享誉全国的网红打卡地，共同串联成"贯穿全年，点亮四季"的城市特色消费群链，带动天津文旅市场强劲反弹，为消费支撑经济高质量发展注入全新动力。携程大数据显示，春节期间，天津旅游订单同比增长133%，门票订单同比增长3倍多。据天津市文化和旅游局统计，2024年春节假期，天津市共接待游客1383.94万人次，同比增长95.1%，实现旅游收入123.45亿元，同比增长181.9%，成为南方游客最喜欢的十大北方消费目的地之一。

（二）守正创新：坚持走高质量发展之路

金街步行街的转型发展既是金街自身改造提升的结果，也是天津扩内需促消费政策组合拳有效性的体现，最根本的还是天津加快转变发展方式、实现经济增长由投资驱动向投资消费双轮驱动转变的最好例证。总结天津金街转型发展的经验，对于帮助国内众多传统商圈特别是二、三线城市老旧商圈实现更新升级具有积极作用。

一是坚持战略思维。对于金街提升改造工作，天津市委市政府一直高度

---

① 资料来源：天津市和平区金街管委会提供。

关注，坚持从建设国际消费中心城市这一国家发展战略高度、推动天津高质量发展全局出发，强化顶层设计，推动金街提升改造工作融入扩大内需、京津冀协同发展等重大国家战略及"一带一路"节点城市建设，充分利用好关键战略机遇期，最大化释放政策红利。同时结合天津实际，推动金街改造提升工作与天津"十二次党代会"提出的"四高大都市建设"目标、恢复发展需求、高质量发展"十项行动"相结合，形成政策合力，加快转型步伐，提高发展效益。

二是坚持改革发力。在扩大内需成为我国经济发展战略基点的背景下，习近平总书记多次强调提升供给体系质量和水平对于扩大内需的重要性，指出"要坚持供给侧结构性改革的战略方向，提升供给体系对国内需求的适配性，打通经济循环堵点，提升产业链、供应链的完整性，使国内市场成为最终需求的主要来源，形成需求牵引供给、供给创造需求的更高水平动态平衡"。天津顺应国内经济发展方式转变的要求，将推动经济高质量发展的战略重点转向扩内需促消费，坚持将扩大内需与供给侧结构性改革相结合，弘扬改革开放排头兵精神，以体制机制创新解决发展中的问题，着力提升供给体系质量和效益，在满足快速变化的消费需求的同时，为高质量发展提供新动力。

三是坚持需求导向。习近平总书记强调，"要把扩大消费同改善人民生活品质结合起来，适应不同收入群体实际需要，以高质量供给提高居民消费能力和意愿"。天津始终将满足人民群众美好生活需要作为扩内需促消费的出发点和落脚点，坚持将扩大内需促进消费与满足人民群众高品质生活相结合，以传统商业街区改造升级为载体，着力提升人民群众对供给的满意度。同时，坚持扩内需促消费以提升人民群众收入水平为支撑，协同推进完善投资政策、产业政策、就业政策，形成提升人民群众收入水平—扩内需促消费—推动高质量发展的良性循环。

四是坚持党建引领。在金街转型发展的过程中，坚持党建引领，一方面，加强各级政府部门党建工作，强化政治担当、责任意识、部门协同，充分发挥基层党组织在凝心聚力、把握方向、担当实干中的作用，为高质量发展提供坚强的政治保障。另一方面，加强新型市场主体党的建设，发展壮大两新党组织，使党建在市场主体发展过程中更好发挥引领作用，让党建成为政府和市场的新桥梁。同时，注重充分发挥党建引领基层治理创新优势，健全党组织领导的自治、法治、德治相结合的现代商业街区治理体系。

（三）未来可期：打造走向世界的天津名片

百年金街重现辉煌，其转型的经验探索给予我们许多启示。但是，面对风云变幻的国内外环境、日益白热化的区域消费竞争以及不断提速的消费需求变化，包括金街商业街在内的天津主要消费商圈要推动高质量发展行稳致远仍如逆水行舟、不进则退。针对当前传统消费商圈转型发展中存在的经营理念相对滞后、背街小巷改造提升难、业态固化严重、主体创新不足、体制机制障碍仍有待破除等问题，亟待进一步加大改革创新力度，以新质生产力赋能结构调整，以全面改革开放赋能空间拓展，以文化传承发展赋能业态创新，以城市治理现代化、精细化赋能消费环境建设，着力提升供给体系适应消费需求的能力，在打造国际化消费名片的同时，为高质量发展提供源源不断的动力。

一是进一步强化商圈更新提升的顶层设计，坚持统筹规划和系统思维，推动优质商业资源串珠成链、聚点成面，形成合力，提升区域商业整体竞争力。

二是继续深化体制机制改革，创新"政府+市场"作用路径，充分利用"外脑"，加快引入专业运营公司，推动相关经营载体权属改革，激发市场主体活力，营造公平、开放、竞争的市场环境。

三是大力推进闲置资源盘活利用，充分运用大数据系统，建立闲置资源台账，通过科学分析，分级分类推进闲置资源盘活利用，通过引入新型主体、新兴业态提升闲置资源价值创造能力，真正实现盘而能活与可持续发展。

参考文献

习近平:《论把握新发展阶段、贯彻新发展理念、构建新发展格局》,中央文献出版社,2021。

岳付玉、廖晨霞:《我市春节文旅消费"热辣滚烫"》,《天津日报》2024年2月18日。

廖晨霞、张帆:《新春文旅兴天津"龙抬头"》,《天津日报》2024年2月18日。

B.15 广州外贸高质量发展的经验、问题与对策研究

谢宝剑 曾曼憶*

摘　要： 外贸高质量发展已成为中国发展的重要战略目标之一，在全球化背景下，对外贸易在促进国家经济增长方面起着至关重要的作用。作为超大型城市，广州市在历史底蕴、地理位置、冷链物流和企业竞争力等方面存在优势，这些优势是其外贸高质量发展的重要助力。广州市在深入实施外贸高质量发展战略中积累了丰富经验，如促进跨境物流贸易、帮助企业减负增效、促进外贸创新发展、通过贸易数字化转型促进外贸高质量发展。应该客观地看到，广州外贸高质量发展仍面临一些难题：企业缺乏自主品牌，国际影响力不强；贸易融资门槛高，手续复杂；外需走弱结构转型不易；产业竞争力偏弱。面向未来，本文提出广州外贸高质量发展的应对策略：推动外贸体制创新，健全贸易体系；培育打造高能级科研平台；增强企业国际竞争力；引进产业高端人才，壮大产业人才队伍；因地制宜发挥优势，鼓励外商外贸投资。

关键词： 广州　外贸　高质量发展

对外贸易是推动我国国民经济发展的重要力量，也是我国开放型经济的重要组成部分，在畅通国内国际双循环上起着关键的枢纽作用。外贸高质量发展已成为中国发展的重要战略目标之一，在全球化背景下，对外贸易在促

---

* 谢宝剑，博士，暨南大学经济学院特区港澳经济研究所副所长、教授、博士生导师，主要研究方向为区域经济与开放经济、港澳经济与粤港澳大湾区发展；曾曼憶，暨南大学经济学院硕士研究生，主要研究方向为区域经济。

进国家经济增长方面起着至关重要的作用。广州是中国改革开放的前沿城市之一，在改革开放政策刚实施时，广州就率先探索开放经济的道路。广州外贸始终处于改革开放的前沿，率先实施了一系列的改革措施，如推行外贸企业自主经营、积极引进外资、积极推动与周边地区的合作，并且设立了南沙自由贸易试验区等多个开放合作区，开展对外贸易合作，成为中国对外贸易的重要窗口，为中国外贸体制改革提供了宝贵经验。

一 广州外贸发展现状与优势

（一）广州外贸发展现状

习近平总书记强调，高质量发展已成为全面建设社会主义现代化国家的首要任务。改革开放以来，我国经济实现了从经济落后到高质量发展的变化，外贸也长期保持高速增长。广州作为中国重要的外贸城市之一，外贸总额一直居全国前列。近年来，随着全球化进程的加快和我国对外开放政策的不断深化，广州外贸发展取得了长足的进步，成绩斐然。

1.广州外贸总体规模

广州凭借着独特的区位优势，对外贸易规模在最近几年中总体呈现增长的趋势。数据显示，广州外贸持续突破：2012年进出口额超过7000亿元、2014年达到8000亿元、2017年突破9000亿元，直至2021年首次达到万亿元大关，2023年为1.09万亿元，连续三年突破万亿元。除了2020年有所下降，2015~2023年广州海关进出口总额总体上表现出增长的趋势（见图1）。

2.广州外贸市场结构

作为我国主要的对外贸易门户之一，广州拥有57个一、二类口岸（包括视同口岸管理的车检场）以及70个监管作业场所。此外，还有14个海关集中作业场地。① 广州关区以其点多线长、业务量大、门类齐全的特点而闻名。

---

① 资料来源：广州海关网站。

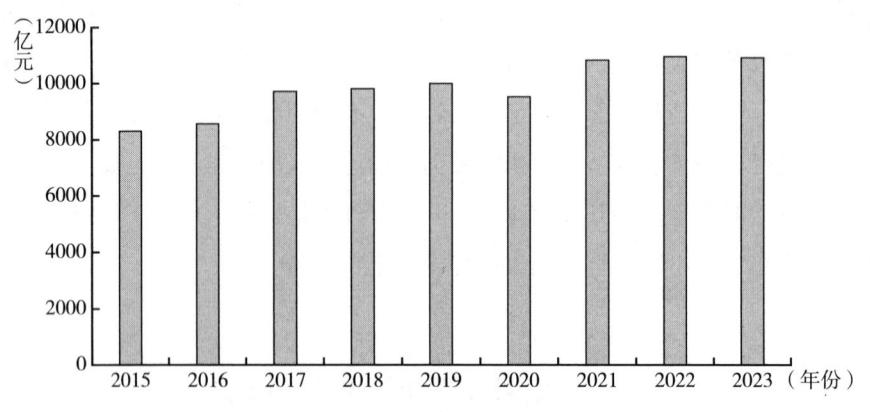

图1 2015~2023年广州海关进出口总额

资料来源：广州海关。

从出口商品结构看，如图2所示，2023年广州主要的出口集中在亚洲，出口占比45%，欧洲、北美洲、拉丁美洲、非洲、大洋洲分别占比20%、17%、8%、7%、3%。

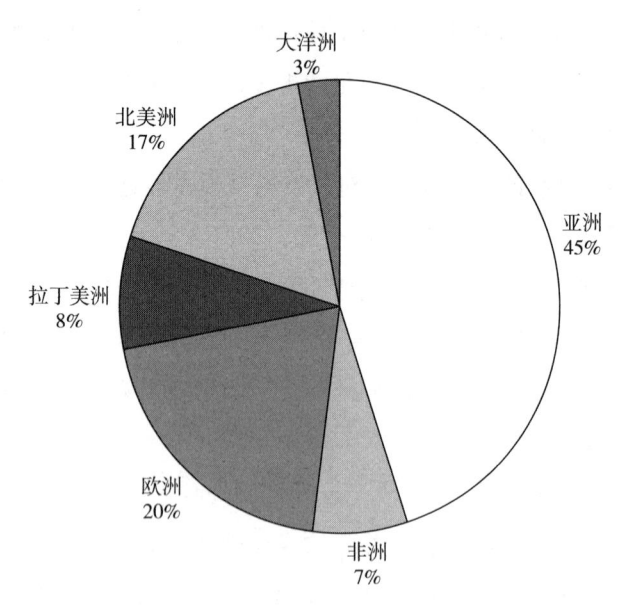

图2 2023年广州出口地区占比

资料来源：广州海关。

从进口商品结构来看，如图3所示，2023年进口最多的地区是亚洲，占比46%，其次是欧洲，占比27%，北美洲、大洋洲、非洲、拉丁美洲分别占比10%、9%、4%、4%。说明广州的进出口均集中于亚洲和欧洲，约占70%，也就是说广州的外贸市场相对来说比较集中。在"一带一路"倡议下，其他地区的潜在市场比较广阔，开拓市场的同时也可跟进外贸高质量发展的步伐。

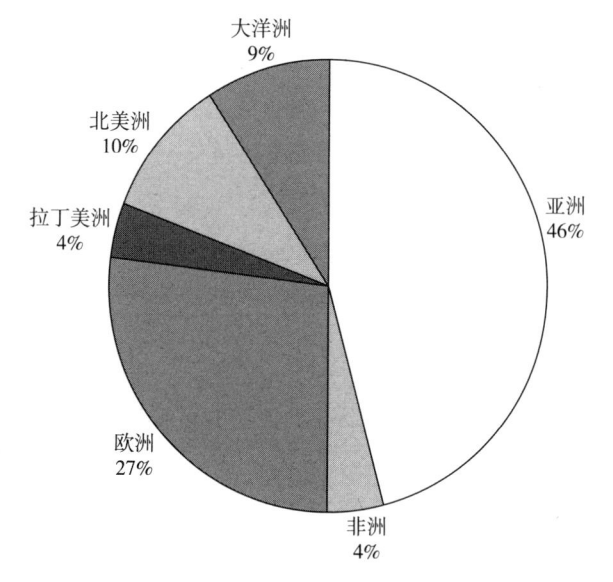

图3 广州2023年进口地区占比

资料来源：广州海关。

3.广州外贸商品结构

表1与表2为2023年广州出口以及进口前15位商品类别，从出口来看，2023年出口最多的商品类别是机电产品，其次是高新技术产品、文化产品、服装及衣着附件，说明广州的出口以劳动密集型产品为主。从进口上看，由于广州的产业主要是以工业为主，进口商品主要是初级产品以及工业半成品。总体上看，广州技术密集型产品存在较大的增长空间，可以进一步为外贸高质量发展转型冲刺。

表 1　2023 年广州出口前 15 位商品类别

单位：万元

商品类别	金额
机电产品	30076050.7
高新技术产品	7249557.4
文化产品	5326194.6
服装及衣着附件	3104628.3
贵金属或包贵金属的首饰	2746459.9
塑料制品	2004429.1
箱包及类似容器	1662111.9
纺织纱线、织物及其制品	1533302.8
家具及其零件	1285776.3
鞋靴	1101747.6
农产品	917720.1
成品油	836724.4
电动载人汽车	794469.3
食品	750040.5
美容化妆品及洗护用品	702544.7

资料来源：广州海关。

表 2　2023 年广州进口前 15 位商品类别

单位：万元

商品类别	金额
煤及褐煤	3039302.1
焦炭及半焦炭	651704.7
成品油	412248.8
氧化铝	253956.8
稀土及其制品	202392.9
基本有机化学品	192325.2
医药材及药品	166482.2
肥料	149713.5
合成有机染料	136987.8
美容化妆品及洗护用品	122418.7
烟花、爆竹	114859.3
塑料制品	93779.5
橡胶轮胎	87169.7
皮革、毛皮及其制品	72685.4
箱包及类似容器	59454.7
木及其制品	45459.2

资料来源：广州海关。

（二）广州外贸高质量发展优势

1. 深厚的历史底蕴

广州作为一座历史悠久的城市，自秦朝统一岭南后，便成为南海郡的重要郡城，即番禺县（广州城）。早在东汉时期，广州就已是东方海上丝绸之路的重要门户。当时的海船将中国商人的丝绸、瓷器等商品从广州运往马六甲海峡，经过苏门答腊岛抵达印度，再采购所需原材料返回中国。自魏晋时期起，广州就被明确指定为海上丝绸之路在东方的起点。广州的对外贸易范围囊括了十五个国家和地区。唐朝以后，广州已变为"中国海外贸易的第一大港和世界贸易的东方第一大港"，是东方最璀璨的海上明珠。广州大力建设基础设施和修建内外交通道路网络，其辐射范围得到了广泛的拓展，同时也为对外贸易的顺利开展提供了坚实的硬件支持。加上历朝共同修建的灵渠使长江水系和珠江水系相通，广州可以直接通过水路与北方的商业和政治中心相连。

2. 优越的区位优势

广州位于中国南部，毗邻香港和澳门，是珠江三角洲地区的核心城市之一。广州靠近东南亚国家，因此便利了与东南亚、南亚、中东等地区的贸易往来。广州港是广州的重要出海口，已发展成为世界级大港，其集装箱吞吐量和货物吞吐量排名全球前十，是我国原材料、能源物资运输以及交流南北商品的重要交通枢纽。航空上，乘客能够经由广州白云国际机场抵达国内外230多个航空点、40多个国家和地区，12小时的航行可以抵达全球各地的主要城市；陆地上，截至2023年上半年，中欧班列开行已达到493列，形成了28条常态线路，可通至中亚、欧洲和东南亚；海岸上，广州港拥有超过200条集装箱航线，其中有超过150条外贸集装箱班轮航线，覆盖了国内及世界主要港口。[①] 由于其得天独厚的区位优势和现代化产业的集聚，再加上多式联运技术的运用，包括海路、铁路和公路在内的多种运输方式相互衔

---

① 资料来源：广东新闻联播微信公众号，2023年12月1日。

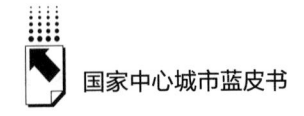

接，广州成为中国外贸和物流的重要枢纽。发达的交通网络让广州与世界各地紧密相通，真正实现了"链"接全球。

3. 超级"冷储"的优势

在广州港南沙港区，建有全国最大的临港冷链物流仓库，有"亚洲最大冰箱"之称。据不完全统计，广州的冷库容量约为 211 万 m³，占全省的 18.54%，其中 3000m³ 以上的冷库有 99 座。[①] 广州全力打造了全国首个集服务行业、服务政府、服务企业、服务社会于一体的第三方公共服务管理平台——广东冷链公共服务管理平台，该平台也是广东唯一被认可的对接商务部的省级冷链平台。

依托粤港澳大湾区"菜篮子"工程和国家骨干冷链物流基地，综合考虑了各种地理、环境等因素，广州在核心枢纽地区设立了产品配送中心，该中心具有加工、包装、转运和冷链仓储等功能，从而吸引聚集了海鲜、冻肉和生物医药等各种冷链产业，再结合冷链班列及冷链城市配送体系，探索供港蔬菜肉类等生鲜物品一关三检体系，形成内外联通的国家冷链物流骨干通道网络，既形成了具有区域性和国际影响力的大型冷链产业平台，又实现了产业的规模集聚效应。来自世界各地的新鲜水果运抵南沙港后，在这里中转和承运，仅需 24 小时的时间，就能够抵达国内的每一个角落。

4. 企业竞争力稳步提升

截至 2023 年 4 月，广州拥有超过 22 万家的新一代信息技术企业，包括"专精特新"企业 600 多家，高新技术企业将近 2000 家，国家级专精特新"小巨人"企业 19 家。与 2019 年相比，2022 年全市新一代信息技术企业数量翻了一倍多，占全市企业总量的比重同比增加了 1.8 个百分点，企业的有效发明专利数已达 1.3 万项。在广州百强工业企业中，计算机和其他电子设备制造业企业共占了 16 个席位。此外，网易、唯品会、三七、虎牙等 9 家企业进入了我国互联网百强榜，数量排名全国第 3。与此同时，广州企业的自主创新能力不断增强，为新一代信息技术产业的快速发展提供了有力支

---

① 资料来源：物流时代周刊微信公众号，2024 年 3 月 19 日。

撑，例如，奥翼电子是全球仅两家电子纸显示器供应商之一；京信通信凭借着技术创新多次打破欧美企业技术垄断，在一些细分领域市场上居于世界领先地位。

二 广州外贸高质量发展的经验与成效

（一）广州促进外贸高质量发展的典型经验

1. 促进跨境物流贸易

首先，在跨境物流畅通效率方面，广州海关持续加强便利措施的应用，并积极探索将这些便利措施扩展至航空口岸，以进一步促进物流畅通。同时，为服务粤港澳大湾区立体物流枢纽建设，广州海关出台了多项措施，推进"一港通"改革，提升口岸通关的现代化和便利化水平。在持续提升口岸物流保通保畅水平的同时，广州海关全面推广真空包装等高新技术货物布控查验模式，提高高新技术设备通关效率。

其次，为跨境贸易便利化，广州海关在7个地市开展关于促进跨境贸易便利化的专项行动，用世界银行营商环境新评估体系的要求严格执行，联合各地相关部门提升公共服务质量，提高进口口岸通关的效率并降低相关费用；进一步推动"智慧海关"与"智慧口岸"对接的建设，支持优化与完善提供相关航空物流信息的平台功能建设，持续提升航空口岸的无纸化水平，推动实现电子设备交接单和提货单的全覆盖应用。另外，广州海关还建设了"单一窗口"平台，丰富海关与企业的数据交互类型，提高海关对企业服务的数字化和智能化水平。

2. 帮助企业减负增效

广州海关以"关长联系企业""问题清零"等为主旨服务企业长效机制，实时开展调研，及时了解和处理企业在生产经营和通关中的难点痛点。为推动构建法治化和国际化的营商环境，广州海关针对多个领域提出了一系列相应的措施，支持企业利用税收优惠政策，扩大农产品和食品的进出口，尝试多元化进口优质食品，使能源、矿产等大宗商品的通关更便捷更有保障，支持"跨境科研用物资正面清单"试点，便利试点单位办理减免税业务。同时，广州海关依托家电、新能源汽车、陶瓷等技术措施研究评议基地，加大力度调研国外措施对我出口公司的影响；持续开展知识产权保护专项行动，加强相关知识产权的政策宣讲和风险提示，帮助企业开拓国际市场，营造良好的"中国制造"的海外形象。

3. 促进外贸创新发展

首先，海关要重点关注和充分利用税收优惠政策，促进主动披露政策的实施，支持食品扩大出口，推动优质食品进口多样化，并采取措施确保能源和矿产等大宗商品的便捷通关。针对进口铁矿、原油等产品，实施"先放后检"的监管措施，同时优化实验室检测项目，以保障能源和矿产产品的进口畅通。

其次，进一步完善跨境电商网购的保税监管制度，规范其管理措施，推动关区实现跨境电商零售进口税款的电子支付，以进一步优化企业的税款缴纳流程。此外，优化海外仓的备案流程，全面推广出口海外仓模式的无纸化备案，并实施"一地备案、全国通用"的政策。

4. 通过贸易数字化转型促进外贸高质量发展

首先，推进制造数字化转型。分别从工序数字化、设备端数字化、接口端数字化、应用端数字化、分析端数字化和柔性化生产五个方面将产品的加工贸易加以优化，从而能够实现产品的降本增效，促进外贸高质量发展。

其次，推进研发数字化转型。一是企业利用数字化工具实现产品研发整个生命周期中全部资源的数字化。二是采用数字化模型技术，对新研发产品进行全过程的数字化表达。三是梳理研发过程中所需的全部类别的知识，以智能匹配的方式融入整个研发活动中，从而达到研发的全部流程都由数字化知识支撑。四是支持企业建设研发协作综合管理平台，实现需求、设计、开发、运营等研发全生命周期的在线化管理、人员协同，力求做到跨区域协作和快速响应。

再次，推进营销数字化转型。支持加工贸易企业依托国内国际大型搜索引擎平台进行营销，拓宽外贸交易平台与渠道，促进广州外贸的发展。

最后，在服务环节，鼓励并支持贸易企业建立智能、实时且互相连通的数字化供应链体系。鼓励企业利用人工智能、云计算以及大数据等先进技术实现通关流程的全面数字化。此外，支持企业运用物联网、生物识别、人工智能和区块链等数字化技术，构建高效的支付连接系统。同时，通过云计算、物联网、大数据以及增强现实（AR）等技术手段，打造能够提供远程售后维护服务的云平台。通过这些措施，实现精准服务，提升服务质量，从而推动贸易的长期稳定发展。

（二）广州外贸高质量发展取得的显著成效

广州市的新能源汽车出口行业蓬勃发展，展现出强劲的出海态势。随着南沙汽车口岸出口新能源汽车数量的大幅增长，广州正逐渐成为国际新能源汽车市场的领头羊。数据显示，2024年春节期间南沙汽车口岸顺利完成5艘次外贸滚装船出口作业，作业量约8000台，创下春节期间出口外贸车新高。其中，新能源汽车约占1/4，同比增长190%。2024年1月，南沙汽车口岸外贸汽车出口超2万辆，同比增长67%，刷新单月外贸出口业务量纪录。新车、二手车出口"两条腿"并进，成为广东省整车出口的特色。

政府也在提供相应的措施助力二手车外贸发展。2023年11月，广东省商务厅等相关部门联合制定并印发《广东省促进二手车出口若干措施》，将广东省二手车出口退税办理时间压缩至最短3个工作日内，支持龙头企业在南沙港、小漠港、新沙港、东莞港等汽车口岸建设二手车出口基地，并建立省市共促政策体系。为帮助企业做好企业申报和出口许可证申领等工作，广东省各市商务局要牵头推进落实《广东省促进二手车出口若干措施》，鼓励企业积极参加国际性展会从而开拓国际市场，将重点放在东南亚、中亚、东欧、南美等地区，并且建设营销网络和建立售后服务网点；支持行业组织、龙头企业培育二手车出口品牌，鼓励有能力的企业建设二手车出口基地；鼓励企业建立关于二手车出口综合服务的平台，探索并开展了M2C等二手车跨境出口新模式。在广东省政策的大力支持下，新车、二手车出海之路更为顺畅，有助于鼓励缺乏海外资源的经销商努力走出国门。广州以12家整车制造企业和1200多家汽车零部件和贸易企业而闻名，被誉为汽车之城。广州市已成立市级工作专班来统筹推进汽车出口工作，以确保其在国际汽车市场上的竞争力和影响力不断提升。这一系列积极举措表明，广州正在致力打造世界一流的汽车出口基地，为中国的新能源汽车行业国际化发展作出了积极的贡献。

作为华南地区规模最大的汽车滚装码头集群，2023年广州南沙汽车口岸汽车外贸出口达到18万辆，同比增长68%。当前，广州南沙汽车口岸航线覆盖波斯湾、东南亚、中北美等国家和地区，出口货物种类丰富多元。随着我国汽车出口市场发展趋势稳健向上，南沙汽车口岸借外贸出口的强劲势头，向高质量服务品质冲刺。总体而言，广州二手车外贸正处于蓬勃发展的阶段，拥有巨大的市场潜力，有望成为广州汽车产业新的增长点。未来，广州将进一步加强合作与交流，提升产品质量和品牌知名度，以实现二手车外贸的可持续发展和国际化。

三 广州外贸高质量发展存在问题与应对之策

（一）广州外贸高质量发展存在的问题

1. 企业缺乏自主品牌，国际影响力不强

一是企业自身的技术实力有所欠缺，创新水平不高，拥有自主知识产权的商品稀缺，依然需要引进外部的核心技术运用在高端商品上。二是部分内地品牌知名度不如国外品牌，市场推广能力不足。也有不少企业长期以来一直为国外公司进行代工生产，鲜有自主品牌推广，缺乏海外销售渠道，往往无法直接接触最终客户，导致贸易利润被中间商大量吞噬。三是企业整体上规模较小，贸易自主权受限。广州制造业产品大部分仍然由国外品牌方提供设计，国内承担加工，不仅利润低，且消费者只认品牌国，忽略制造国。国内极少数外贸企业走品牌化路线，行业充斥着"性价比策略"，更多外贸企业只顾埋头生产，忽略打造自主品牌。当企业无法做到创新时，只能通过不断降低成本活下去，导致广州外贸出口的同质化程度高，甚至出现恶意竞争的现象。

2. 贸易融资门槛高，手续复杂

对大多数广州外贸企业来说，无论融资业务的规模大小、融资产品的风险水平高低，都必须经过结算、风险管理等多个部门的审查。审批流程烦琐，耗时较长，不符合大部分中小企业的贸易融资需求。当前的审批程序无形中提高了中小企业融资的门槛，把许多综合评级不高但国际业务发展良好的企业排斥在外。

3. 外需走弱结构转型不易

自古以来，广州便是中国主要的对外通商口岸，全球批发贸易集散之地，进出口活动频密。从出口结构来看，尽管高新技术产品出口有所增色，广州外贸出口的绝大部分产品仍是机电产品等劳动密集型产品，因此许多企业不仅缺乏品牌化战略，而且面临着成本上升的挑战。广州产业体系完备，拥有41个工业大类中的35个，门类虽多但产业规模和竞争力有限。由于外需减少，外贸企业普遍面临着中短期订单增多而长期订单减少的问题，当前稳定外贸仍然受到较大压力。

4. 产业竞争力偏弱

一是技术后劲不足，导致部门内技术生产和经营能力薄弱。二是企业缺乏合理布局、定位和合作关系。三是企业无法有效进行跨国经营，无法利用国外优势资源进行技术创新。四是大多数产业处于国际产业链的低端位置，其出口产品的附加值较低。广州劳动力丰富，但资本、技术、知识供给有限，导致其处于国际产业链中的低端行列。传统加工贸易仍是主导，增值部分有限，出口产品多为初级加工品，企业竞争主要集中在价格上，而企业争相降低价格导致那些需要长期发展的优质潜力企业被迫退出市场。在服务贸易上，包括金融、技术、信息等现代服务业在国际上的竞争力仍然有所欠缺。

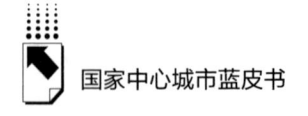

（二）广州外贸高质量发展的应对之策

1. 推动外贸体制创新，健全贸易体系

在体制创新上，面对全球经济一体化的挑战，一是综合利用好国际和国内这两个市场，积极推进市场的双向开放，推动各种要素的自由流动，提升资源的配置效率从而推动商品贸易的充分竞争。二是促进外贸主体的多样化。积极鼓励国有、私营、混合所有制和外资企业参与国际市场竞争，支持国内大型企业以广州为总部开展外贸业务，为中小企业和私营企业拓展海外市场提供支持服务。

在贸易体系上，一是建立健全贸易机制，包括官方、民间机构以及半官方组织等各种主体机构体系，明确和规范各方的权利与责任。二是转变贸易扶持的方式，相较于以往只是简单直接地依赖各种出口优惠政策的扶持，要更加倾向于使用间接的方式鼓励贸易，比如创造企业满意的外贸环境。三是完善政策性金融信贷服务，改进相关的出口信用保险制度，完善相关出口金融扶持准则，更合理地利用出口政策的信贷服务。四是健全贸易信息网络，更好地为外贸企业提供国际贸易法律、规则、环境形势、进出口数据等信息的咨询服务。五是积极发展会展行业，既可以借机拓展海外市场，也可通过体制创新推动外贸的可持续发展。

2. 培育打造高能级科研平台

加大对企业中长期研发的支持力度，注重产品带来的远期利益，积极培育和打造"链主"企业高能级创新平台，推动"绿色低碳、科技创新、链主产业"的发展。在企业的转型升级上，关键是创新，尤其是制造业，更需要通过技术创新来提升核心竞争力。应着重攻克关键环节的核心科技水平，为企业的高质量发展和科技创新持续提供新动力。目前，我国一些工业企业的技术水平和产品附加值仍低于发达国家同类别的产业，高端材料制造业尤为典型。在这种产业复杂多变的格局下，广州多年来围绕"走出去"战略，放眼全球市场精心布局，将国内先进技术推广至海外，同时引进国外的高端技术。需要统筹考虑高新技术平台的各个建设环节，加大对行业

"链主"企业科研平台和新型科研实验室建设的扶持力度，鼓励中长期研发，拉长关键产品的研发周期，并完善激励机制，积极培育打造"链主"企业高能级创新平台。

3. 增强企业国际竞争力

目前广州经济社会受经济全球化的影响进一步加深，企业想要进一步发展就必须将重心集聚在市场、技术和能源这三个要素上。同时在战略上，企业必须放弃以往简单节约生产成本和提高生产规模的方式，而是要在综合考虑规模经济、利润、技术创新、市场营销战略和可持续发展的基础上发展新的模式。要培养国际化企业，增加研发和营销投入，提升企业自主创新能力，注重企业品牌的管理，积极参与跨国公司的全球研发、生产和销售网络。同时，推动企业在海外建立高技术研发和测试中心，充分运用海外的人才资源优势，学习海外的研发模式，提升研发实力从而进一步打开国际市场，进而开拓广州企业在国际市场承揽重大项目的新渠道。

4. 引进产业高端人才，壮大产业人才队伍

人才是决定产业能否持续发展的关键因素，供给不足会制约技术产业的发展，尤其是高端技术产业领域人才的缺乏，意味着高新技术产业发展缺乏动力，难以为继。这也是广州乃至我国各地亟待解决的难题。因此要将视野聚焦到顶尖产业的人才需求上，尤其是高端产业的关键领域，通过领先的创新平台、项目和产业园区等面向更广阔的人才群体，引进高技术领域的优秀企业家、优秀创新团队和前沿科技人才。同时，企业可以与科研院所、高等院校等各类组织机构合作，通过定向培养高端产业需要的技术人才、与各类机构顶尖专家合作进行项目研发、直接向高校征用优秀的技术人才等渠道，发展高技术产业，从而推进我国产业贸易国际化。

5. 因地制宜发挥优势，鼓励外商外贸投资

从外贸市场结构看，受中美贸易关系等国际因素影响，广州要稳定和扩大欧洲市场，要运用足、利用好《区域全面经济伙伴关系协定》（RCEP），充分释放减免税、原产地 AEO（经认证的经营者）等政策效能，进一步开拓共建"一带一路"国家市场等。广州可在日韩等原有优势市场上充分发

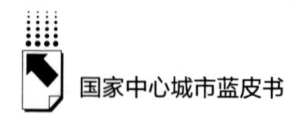

挥汽车、石化、皮革等领域优势，助力"专精特新"企业"走出去"，再进一步向欧美市场拓展。要引领珠江—西江经济带打造全球制造业"最高性价比"黄金带，提升相关产业和重资产环节根植性。重点引导外商投资制造业，鼓励外资充分发挥资本和技术优势，加大对制造业和高新技术、生产性服务业的投资力度。

参考文献

广东省人民政府办公厅：《关于推进跨境电商高质量发展若干政策措施》，2021年11月19日。

广州市商务局、广州市公安局等：《广州市进一步提升二手车出口便利化促进外贸高质量发展的若干措施》，2023年7月18日。

彭波：《中国外贸正由高速增长转入高质量发展》，《国际商务财会》2024年第1期。

万丽：《"双循环"背景下广州外贸高质量发展的对策分析》，《对外经贸实务》2022年第6期。

B.16
重庆提振文旅消费的经验举措及对策建议

廖玉姣 彭劲松*

摘　要： 重庆推进文化和旅游全方位发展，打造与城市形象互塑的特色文旅IP，推动假日经济、夜间经济、演艺活动等发展，不断挖掘文旅消费新亮点，推进川渝文旅共建共荣，强化基础设施建设和市场推广，通过一系列措施推进重庆文化和旅游蓬勃发展。但重庆文旅消费仍存在文旅基础设施不平衡、欠完善，"流量"变"留量"的动力不足，新场景新业态供给不足，文旅融合需进一步深化，川渝合作还处于探索阶段的问题。重庆文旅消费的提振需要在基础设施提升、重点文旅景区建设、文旅进一步融合、文旅数字化发展、川渝进一步合作、制度保障的构建等方面加强探索。

关键词： 文化旅游　文旅消费　文旅融合　重庆

　　党的二十大报告指出："把实施扩大内需同深化供给侧结构性改革结合起来"，"着力扩大内需，增强消费对经济发展的基础性作用"。中央经济工作会议提出，2024年要着力扩大国内需求，激发有潜能的消费，培育壮大新型消费。旅游业是拉动消费的重要动力，重庆旅游业市场广阔、旅游消费具有较大挖掘潜力，重庆可寻找文旅消费新的增长点，大力提振文旅消费，助力推进扩大内需。

---

*　廖玉姣，重庆社会科学院城市与区域经济研究所副研究员，研究方向为文化旅游与城市发展；彭劲松，重庆市社会科学界联合会副院长、研究员，研究方向为城市与区域经济。

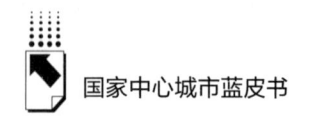

一 重庆提振文旅消费的举措及成效

（一）全方位发展旅游新格局初步形成

近年来，重庆依据"十四五"文化和旅游发展规划，深入挖掘并全方位发展旅游，全市文化和旅游得到比较全面的发展。统筹发展都市旅游和乡村旅游，既注重都市旅游的高质量发展，也注重乡村旅游的多点开花。协调发展"一区两群"文化和旅游，依据各区域地理条件和旅游资源禀赋，着力打造大都市、大三峡、大武陵三大旅游品牌，打造形成"主客共享、近悦远来"的世界知名旅游目的地。按照着眼国际、领先国内的要求，推进长江三峡旅游、民俗生态旅游、红色旅游、温泉旅游、乡村旅游等核心旅游产品重点发展。2023年全市130家重点监测的A级景区接待游客达1.53亿人次，同比增长98.9%；[1] 2024年春节期间，上述A级景区累计接待游客1068.5万人次，整体旅游热度位列全国第七，其中洪崖洞、磁器口、武隆喀斯特旅游区游客接待量位列全市前三，重庆已成为全国最热门旅游目的地之一。[2]

（二）打造与城市形象互塑的特色文旅IP

坚持"以文塑旅、以旅彰文"，推进重庆文旅深度融合发展，建立融合机制、加快供给侧结构性改革，充分挖掘红岩文化、抗战文化等文化资源，打造重庆特有文化产品、厚植旅游产品文化底蕴，以此提振文化和旅游消费市场。重庆凭借魔幻的地理风貌、丰富的历史文化资源、厚重的人文底蕴，打造出了诸多特色文旅IP，如依山沿江而建的巴渝建筑群洪崖洞、体现红岩精神的话剧《红岩魂》、大型红色舞台剧《重庆·1949》等红色文化IP，

---

[1] 资料来源：《2023年重庆市旅游业统计公报》。
[2] 资料来源：重庆市文化和旅游发展委员会网站。

体现重庆山水文化的十八梯、磁器口、轻轨索道等山水文化IP。与此同时，重庆推动文旅品牌与城市形象互塑，独特的洪崖洞、轻轨索道等热门打卡地烘托重庆城市文化大IP，每逢节假日或旅游旺季，重庆以让出一座跨江大桥供游客观景打卡、倡导市民"宅家"畅通旅游交通等宠客方式持续优化旅游服务，使得美好的城市形象与文旅品牌形象深入人心。《2023年全国旅游城市品牌影响力报告》显示，重庆凭借魔幻立体城市爆红网络，并因"最宠游客城市"多次出圈，一度被评为中国人最想去的旅游城市。

（三）充分挖掘文化和旅游消费新亮点

打造假日经济，每逢节假日，相关部门组织开展消费节活动、引导商家开展惠民促销活动，景区游、近郊游业态纷呈，市民文化活动、演艺节目、展览活动等丰富多彩，持续提升文化旅游市场公共服务能力，激发了假日消费活力。打造夜间经济，聚焦"夜味""夜玩""夜购"等夜间业态，结合重庆特色，推出丰富的夜间业态。重庆印发了《关于加快夜间经济发展促进消费增长的意见》（渝商务〔2020〕227号），推进夜间经济示范区创建、夜间经济集聚区建设，推出一批夜间消费新地标、市级夜市街区、特色消费场景，以"不夜重庆"为主题，连续举办多次"夜市文化节"，升级举办多次"不夜重庆生活节"，其中2023年活动期间，发动38个区县开展夜间消费活动，联动20万户商家参与，整合多个消费平台，推动线上线下场景联动，"不夜重庆"IP持续升温。重庆在"2023年中国夜间经济城市发展指数排行榜"上占据首位，通过夜间经济打造已连续3年蝉联"中国夜经济十大影响力城市"榜首。推出各种形式的文艺演出、艺术精品，京剧《双枪惠娘》、山水实景演出《印象武隆》、川剧《江姐》、舞台剧《重庆·1949》和话剧《红岩魂》等富有重庆历史人文底蕴的文艺精品，既展现了重庆文化魅力，也进一步激发了重庆文旅消费潜力。

（四）推动川渝两地文旅共建共荣

川渝两地在"巴蜀文化旅游走廊建设"的引领下，按照打造"双核、三带、七区、多线"巴蜀文化旅游走廊的建设思路和川渝两地项目化、清单化的工作推进思路，共同推进川渝文旅向纵深发展，签合作协议、成立合作联盟、共组文旅IP、互推线路、合办系列活动、共推精品演出，形成两地文旅发展共建共荣的良好效果。据《重庆日报》报道，2020年以来，两地签订各类合作协议100多份，成立川渝博物馆联盟等合作联盟约30个。2023年两地加速推进重大文旅项目14个，联合发布主题精品线路70余条，推出巴蜀文化旅游走廊十大主题游，"宽宏大量""资足常乐""美石美刻"等文旅组合IP应运而生，联合承办了中国诗歌节、中国西部动漫文化节、川剧节等活动，川剧《江姐》、民族歌剧《尘埃落定》等文艺精品在两地推广演出。2024年春节期间，成都、重庆两地旅游人数均超千万，"安逸四川·巴适重庆"文旅品牌更加响亮。

（五）加强文旅融合的基础设施建设

全方位加强文旅融合的基础设施建设，提升旅游目的地、集散地等基础设施建设，完善旅游标识体系，优化游客落地点与景区之间的无缝接驳基础条件和服务。提升旅游接待点数字化智能化水平，推动5G网络覆盖、云计算中心建设等，智能导游、智能购票、智能排队等智能旅游设施为游客提供全新的旅游体验。加快自驾车停车场、充电桩等基础设施的改善，强化酒店、餐饮、购物等方面的服务设施及景区旅游厕所等基础设施的提供与改善，游客舒适的体验感越来越强。重庆旅游基础设施条件得到明显改善，基本建成"三环十射"高速充电网络，已建成充电桩22万个、快充桩3万个，为自驾游客提供更便捷的充电服务。[1] 截至2023年，全市建成"37桥22隧""5横6纵1环3联络"约580公里快速路，全市高速公路运营里程达4142公里，全市公路网里程面积密度、高铁里程面积密度分别为全国第一和西部第一，江北国际机场旅客吞吐量居西部第二和全国第六，国际航线达33条，轨道运营里程居全国第八，重庆交通网络的日益完善为游客提供

---

[1] 资料来源：重庆市能源局网站。

了极为便利的出行条件。① 同时，重庆大力发展邮轮旅游，很好地串联起其他景点，形成独特的旅游基础条件。

（六）强化新时代文旅消费的市场推广

重庆有吸引游客的网红旅游产品、美丽的重庆城市形象，提升了旅游热度，此外，强化新时代的市场推广也是重庆迅速提高知名度和影响力的重要因素。重庆通过"走出去"和"邀进来"的方式，在国内外多城市参加或举办文旅推广活动，迅速打开国内外市场，如与共建"一带一路"国家等加深交流与合作、加强文旅品牌的营销推广，打造国际性文旅节会品牌。邀请明星肖战、殷桃等为重庆代言做宣传推广，引起了网友广泛关注和热烈讨论，重庆魅力、重庆游一时成为热门话题。全民参与、全民营销，自媒体短视频传播成为市场营销利器，媒体网络平台的多方式参与是快速打开旅游消费市场的重要助力。"重庆文旅"运用抖音平台发布多条短视频宣传重庆文化和旅游，并号召各区县文旅集体呼应，秀美景、晒美食，重庆一度荣登抖音热门旅游城市第一位。

二 重庆提振文旅消费存在的问题

（一）文旅基础设施不平衡、欠完善

由于受资金投入有限、财力不平衡及地理环境等因素的影响，重庆文旅基础设施不平衡，都市旅游基础设施提供优于乡村旅游、"一区"优于"两群"、重点景区优于一般景区。如交通方面，较偏远的区县虽然有优质旅游资源，但游客到达不便捷影响旅游热度；旅游公共设施方面，重点景区较完善，非 A 级景区基本的基础设施较缺乏或较滞后；旅游接待设施智能化方面，普及率还不高。另外，文旅基础设施承载能力有限，尤其是旅游旺季，

---

① 资料来源：重庆市住房和城乡建设委员会网站。

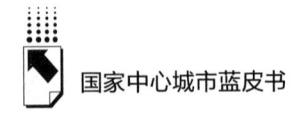

景区公共空间、住宿、交通、旅游厕所等方面均呈现人员非常拥挤的现象，影响旅游服务质量与旅游产品品质的提升。

（二）"流量"变"留量"的动力不足

2024年春节期间，重庆130家纳入重点监测的A级旅游景区累计接待游客1068.5万人次，其中过夜游客接待量为238.29万人次，占比为22.3%。[①] 2023年国庆中秋"双节"期间，重庆游客接待量在全国热门旅游城市中排名第一，但旅游收入、人均消费均排名较靠后。由此说明，来重庆旅游的游客"流量"较大，而"留量"占比相对较小，重庆因洪崖洞、轻轨、索道等网红景点对游客有足够的吸引力，而让游客作长久停留提升人均消费水平的吸引力还不够，让巨大的"流量"变为巨大的"留量"的动力不足。

（三）新场景新业态供给不足

Z世代正逐渐成为中国旅游市场消费主体，新异的、体验感十足的旅游产品较受年轻一代的青睐，创新与提供文旅新场景新业态已成为文旅市场竞争的热点。在挖掘消费潜能方面，重庆持续发力打造品质消费地标和特色沉浸消费场景，不断涌现消费新场景新模式，同时大力培育数字消费"住业游乐购"全场景，对促进全市消费起到了重要作用。但是在文旅消费方面，都市旅游还是以洪崖洞、磁器口、索道、两江游等网红景点为主，大型的吸引游客长久停留的文旅新场景新业态提供不多，重庆贰厂文创街区、十八梯传统风貌区也仅是吸引游客打卡，而像西安的长安十二时辰那样供游客沉浸式体验的大型场景提供不足。

（四）文旅融合需进一步深化

随着众多游客文化素养的提高和旅游消费理念的转变，他们更加青睐富有历史文化内涵的文旅融合产品。重庆有丰富的历史文化、山水文化、红色

---

① 资料来源：重庆市文化和旅游发展委员会网站。

文化等文化资源，且山水旅游资源富集，文旅融合发展取得一定成效，但文旅融合的深度和广度还需进一步拓展。诸如有些文化资源与旅游产品的融合单纯停留于字面或滞留在观赏层面，山水自然资源、民族风情、特色地域风物等深度融合开发还不足，乡村农事体验、红色研学、康养等文旅产品还不够丰富，大型文艺演出、非遗观光、沉浸式互动式体验、艺术鉴赏游、休闲养生游、书店茶肆游、文物文博游等文旅融合新业态需持续挖掘与创新。

（五）川渝合作还处于探索阶段

巴蜀文化旅游走廊建设顺利、进展快，但由于时间短、牵涉到跨区域合作，还有较大提升空间，可以说文旅方面川渝合作还处于探索阶段。首先，川渝两地文旅合作的行政壁垒依然存在，跨区域共建共享机制还不完善、不健全，影响文旅资源要素的优化配置。其次，两地行政区文旅经济发展水平不一致，各行政区在旅游基础配套、景区建设运营等方面不均衡，导致文旅产品供给规模与品质有差距，难以在市场化、标准化等层面形成合力。最后，两地在文旅品牌培育、市场推广、产品创新等方面还存在步调不一致的现象，没有形成客源集散及市场营销渠道互联互通、共建共享机制，导致共同品牌培育、线路打造等方面还比较滞后。

三 进一步提振重庆文旅消费水平的对策建议

（一）持续推动文旅消费设施提档升级

推动文旅消费设施提档升级，增强文旅消费的便捷性、舒适性，提高文旅消费的吸引力。一是推进文旅基础设施均衡发展。推进文化旅游消费设施建设资金向文化旅游资源较好的乡村倾斜、向区县以及基础薄弱地区倾斜，补齐旅游基础设施建设短板，打通旅游景区交通"最后一公里"，完善旅游景区基本旅游设施配备，并逐步推进全市文旅基础设施智能化升级。二是推进提升旅游便捷性的交通设施建设。完善航线容量提升工程，根据发展需要改扩建现有机场，加快推进新机场建设工作、提升支线机场综合保障水平。加速推进"米"字形高铁网、高速公路加密、客运进出通道拓展等工作，加速落实"城景通""景景通"工程。进一步完善港口、码头建设，持续提升水路旅游客运航线条件。推进中心城区旅游集散中心提档升级，完善各区县旅游集散中心建设，完善旅游景区交通服务设施建设。持续完善公交轨道一体化设施建设、山城步道等漫游系统建设。三是推进加强旅游舒适性的服务设施建设。加强旅游咨询服务网络建设，建设和完善市—区县—景点三级服务网络，完善相关场所旅游咨询区的设置，完善旅游相关的信息咨询、预订、投诉等服务功能，打造"一站式"旅游综合服务体系。持续完善景区景点标识、道路标识等，加强旅游景区无障碍设施建设，推进旅游景区厕所标准化建设。加强景区停车位供应，加强大型停车场的规划建设，合理利用景区周边闲置地、可开发的小地块等能用之地建设微型停车场，科学增设或计划限时停车位、错时停车位，切实满足旅游旺季游客停车需求。

（二）推进打造一批重点文旅景区

节假日期间重点文旅景区带动的门票收入及其他消费收入对该地旅游收入的贡献作用较大。重庆有必要高质量打造一批重点文旅景区，将重庆旅游巨大的"流量"转化为巨大的"留量"，以提振旅游消费水平。一是确定重点打造文旅的景区。从重庆优质的文旅资源中选出几处作为重点打造的对象，如11个5A级景区以及钓鱼城、温泉景区等A级及以上比较有历史文化内涵或重庆特色的景区，集中力量进行高质量打造，大幅度提升景区知名度，打造一批来重庆必去景区，大量引流重庆主城的游客，提振重庆旅游消费。二是极力提升被重点打造景区的品质。随着消费升级和消费需求的变化，特色旅游、品质旅游成为消费热点、消费主流，景区旅游品质的全面提升成为必然。要打造重庆特色景区、高品质景区，规模上扩大、设施设备及服务上提升，在基本设备设施完善的基础上推进景区旅游设施智能化升级、数字化改造；关注游客需求，适时调整优化旅游线路、持续提升旅游服务，提升旅游产品品质。三是突出重庆特色、丰富业态内容。景区业态的打造、产品的提供既要结合景区既有文旅资源基础又要体现重庆特色，特别是要讲好重庆故事、景区必来之由，体现新异感、避免同质化。要因不同的景锻造相应的旅游产业链，丰富相应的业态产品供给，形成旅游产业的集聚效应。推出或持续丰富景区具有重庆气韵的大型演艺项目，适时推出特色活动项目。

（三）构建新时代重庆文旅融合新优势

随着人们生活水平及综合素质的提高，人们对精神文化生活的需求增加，富含历史文化的文旅融合产品越来越受到消费者欢迎。重庆要立足特色、塑造优势，构建新时代重庆文旅融合新优势，不断满足人们的文化生活消费需求。一是打造更具文化内涵的旅游景区。深挖与梳理巴渝文化、革命文化、三峡文化等重庆特有文化资源和景区自然资源，赋予现有景区更深厚的文化内涵，促进文化资源与自然资源有机融合，并培育新的文旅融合场景，讲好重庆故事，展示重庆特色。二是深化都市旅游精神文化内涵建设。将都市旅游景区、城市景观打造与城市文化展示相结合，加强景观设计、商业设施与城市文化资源的有机联动，依据各景点的地理特点、文化资源，打造各具特色的文化项目。三是丰富景区特色文化活动和特色产品。拓展热门景区空间，以景区为载体展示更加丰富的大型特色文化活动，推进"展览+旅游""演出+旅游""音乐+旅游"等业态加快发展，增加富有体验感的文化活动供给。以景区及其周边为载体，展示重庆特色产品、重庆本土消费品，加强"重庆生活""重庆制造"的传播和推广。四是推动文旅融合产品多元化发展。迎合市场需求为消费者提供更多户外运动、研学旅游、康体养生等体验感丰富和参与度强的多元化文旅融合产品。产品经营者要改变传统的单一业态经营模式，更加注重文旅融合的多元化产品规划，寻求更多业态的合作与融合。基于现有文旅资源，结合研学游、拓展游、养生游、品鉴游等旅游热门产品，融合文化历史等元素进行产品开发和创新。推动"文旅+"或"+文旅"融合业态加快发展，如文商旅、农文旅、文体农旅等融合业态。

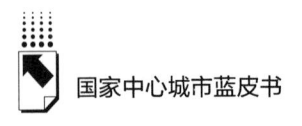

（四）运用数字赋能文旅高质量发展

随着科学技术的迅猛发展与广泛应用，数字化智能化文旅产品更受欢迎、更能抢得市场先机。要加快数字经济与文旅产业的融合，运用数字赋能提升文旅产业的品质和水平，推动全市文旅高质量发展，通过数字文旅建设将重庆打造成具有国际竞争力和影响力的数字文旅目的地。一是运用前沿技术全面提升旅游参观体验。基于人工智能、虚拟现实等前沿技术的支持，开发旅游导览、线上预订、虚拟旅游、智能导游等一系列便捷高效的文旅应用，为游客提供更加丰富、多样化、个性化、沉浸式的文化旅游体验，促进线上转线下的旅游消费。二是以数字赋能推动文旅产业发展与文化资源传承和保护。运用数字技术推动重庆文旅产业与其他相关产业加速深度融合，推动产业链的延长与升级发展，推动文旅产业创新发展以产生更多经济效益。通过数字文旅建设为文化传承和创新注入新的活力，数字化保护和传承重庆优秀文化遗产，使文化遗产在利用中得到更好的保护、在保护中产生更多的经济价值。三是以数字赋能提供更加舒适高效的文旅服务。加快人工智能、大数据、VR、AR等系列技术在文旅行业的应用，推动文旅服务更加数字化、智能化、网络化。加快推进智慧旅游建设，提高服务设施的智能化水平，打造一批智慧旅游沉浸式体验新空间。如通过技术的应用为游客提供停车预约、智能导览、信息查询、机器人服务、智慧步道服务等，让景区管理者实时掌控旅游景区相关情况以提高管理和服务质量，从而使得文化旅游业服务更加高效、便捷和个性化。

（五）合力共建富有巴蜀特色的国际消费目的地

巴蜀文化旅游走廊是川渝两地的产业经济共同体，是典型的"经济区经济"，川渝两地要创新文旅协同发展模式，推动建设"文旅经济区"，在此背景下合力将两地建设成为富有巴蜀特色的国际消费目的地。一是彻底消除行政体制机制的障碍。建立由川渝党政主要领导任组长、各相关区县党政一把手为成员的川渝文旅协同发展领导小组，选择重点区域成立相关的工作推进机构，推进本区域文旅协同工作。根据相关规划要求，进一步明确两地文旅协同互动、共建共享的合作机制，并制定工作规范和专项考核办法，由相关部门对推进工作进行考核，逐步形成权责与属地适当分离的体制机制。二是建立要素畅通的保障体系。创新利益分配机制，运用转移支付、发展补贴等手段，适当照顾经济能力较弱的行政区，实现以多补少、利益均沾、共同发展。打通经济发展不平衡导致的跨区域文旅发展区一体化协同的"堵点"，坚持政策一致，综合运用引资、引才、信贷等优惠政策，形成统一标准，建立共享通道。三是营造川渝文旅共同体发展生态。共同开发区域内文旅资源，共建文旅产业，建立合作基金以保障重大项目建设。品牌宣传推广方面，在区域内部通过在各景区景点、各城区宣传渠道等载体互设宣传阵地，在区域外部通过共同举办活动、共设精品线路等方式共同开展营销。

（六）强化文旅融合消费的制度保障

文旅融合消费提升的各方面举措需要相应制度的保驾护航。一是推进形成文旅发展的合力。市、区形成统筹推进文旅发展的领导机制，以联席会议的形式，集合市、区级相关部门对文旅发展进行协力推动和联合监管，推进各相关部门在文化旅游产业及消费市场方面的数据共享，优化文旅消费数据监测。二是切实推进文旅消费全局统筹。根据市场需求调整优化供给、增加新型消费供给，系统推进需求与供给两端扩容升级。结合全市文化旅游建设目标任务，持续提升景区品质、优化文旅消费环境。持续保障文旅消费年度专项支持资金，为文旅消费活动及专项扶持提供保障。三是推进重大项目建设质效提升。文旅重大项目的建设支持面向全球招商引资，扩大建设资金来源渠道，鼓励金融机构创新金融产品和金融服务推动存量项目建设，探索实施文旅重大项目统筹调度、专家评估机制，确保项目建设质量和成效。四是强化资源要素保障。强化文旅相关项目质效提升的用地保障、资金支持、金融服务等，支持盘活存量用地、利用老旧厂房，保障政府资金投入、优化投融资服务、鼓励社会资本参与。加强文旅产业相关人才的培养，强化普通高校、职业院校对旅游学科的专业设置及人才的招生与培养，以"请进来"

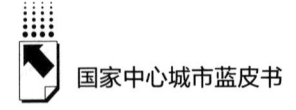

"走出去"等方式强化专业人才的培训与交流合作，切实提升文旅消费服务专业化水平。

参考文献

陈波、涂晓晗：《旅游休闲街区消费场景的模式类型与文旅融合策略》，《南京社会科学》2023年第8期。

宋瑞、杨晓琰、谢朝武等：《新阶段文旅消费潜力释放与持续健康发展的建议和对策》，《河北大学学报》（哲学社会科学版）2024年第2期。

汪霏霏：《人民城市理念下文旅产业赋能城市更新的机理和路径研究》，《东岳论丛》2023年第5期。

于婕：《智慧流通对文旅消费的带动效应探讨》，《商业经济研究》2024年第6期。

B.17 奋力前行，繁荣兴盛：成都国家中心城市建设实践与探索

黄寰　彭思蕾　胡川婷　徐于钦[*]

摘　要： 国家中心城市是国家综合实力的重要标志，国家中心城市建设是我国经济社会高质量发展的主要阵地。成都市作为西部地区最具影响力和战略性的城市，承担着国家中心城市建设的重要使命。近年来成都市聚焦国家中心城市建设，重实践、建新功，不断增强内生发展动力，不断完善经济发展环境，奋力谱写中国式现代化成都新篇章。本文围绕高质量发展的首要任务，从营商环境、绿色低碳、智慧蓉城等方面总结阐述成都国家中心城市建设的案例实践，展示成都国家中心城市建设的有关成效，也为其他国家中心城市建设提供生动的实践经验。

关键词： 国家中心城市　成都　高质量发展

国家中心城市是国家综合实力的重要标志，国家中心城市建设是我国经济社会高质量发展的主要阵地。成都市作为西部地区最具影响力和战略性的城市，承担着国家中心城市建设的重要使命。近年来成都市聚焦国家中心城市建设，重实践、建新功，不断增强内生发展动力，不断完善经济发展环境，奋力谱写中国式现代化成都新篇章。

---

[*] 黄寰，博士，成都理工大学商学院和数字胡焕庸线研究院二级教授、博士生导师，中国人民大学长江经济带研究院高级研究员，四川高校社会科学重点研究基地成渝地区双城经济圈科技创新与新经济研究中心主任，四川省人民政府参事室特约研究员；彭思蕾，成都理工大学硕士研究生，研究方向为工业工程；胡川婷，成都理工大学硕士研究生，研究方向为工业工程；徐于钦，成都理工大学硕士研究生，研究方向为区域经济。

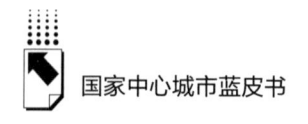

一 强化涉外法治建设，护航高水平对外开放

为了全面提升国际商事纠纷化解能级，成都打造服务保障企业的"全生命周期"工作体系，健全中外企业服务问需和保障机制，以在"一带一路"建设背景下，满足国内外企业对国际商事领域不断增加的司法需要，为推进高水平对外开放保驾护航。

一是创新"一带一路"国际商事争端解决机制。为进一步提升国际商事审判质效，成都市在设立国际商事法庭的基础上，进一步建立了天府中央法务区和成都国际铁路港涉外商事"一站式"多元解纷中心，形成了"一庭两中心多点"的多元化、多平台国际商事争端法律服务平台体系，为依法治理国际商事争端、畅通解纷渠道提供了重要基础。为满足市场主体跨国投资和来蓉在川经营企业发展的司法需求，召开了优化营商环境的座谈会，发布数条暖企惠企举措和企业经营法律风险提示。举办全国性涉外法治座谈会，邀请全国各地国际商事法庭和涉外审判先进法院交流治理经验、研讨时事热点。

二是确保优质高效审判，提高涉外民商事裁判的公正度、公信力和影响力。遵循国际商贸活动中通行的诚实信用原则，办理涉外独立保函止付、驳回不合理申请。通过保障金融机构的国际信誉、积极维护国家司法主权等方式来树立示范导向。提高与相关职能部门沟通的频率，及时发布与民商事相关的典型案例以及工作报告，全面立体展示相关工作的审判情况，发挥司法数据的"晴雨表"作用。鼓励高校积极参与国家、省级课题研究，以期为经济社会发展提供更多的司法服务和保障研究。

2022年全年成都国际商事法庭共受理涵盖涉外、涉港澳台、公司、仲裁、合同等领域的案件4723件，结案3893件[①]。围绕高质量保障成都国际

---

① 资料来源：《创新"一带一路"国际商事争端解决机制》，http://sc.china.com.cn/2023/yingshanghuanjing2023_ zhanbo_ 1010/511437.html。

门户枢纽建设的有关工作获得批示肯定。打造了国际商事法治工作矩阵，服务和保障国际化营商环境建设的相关工作获得推广宣传，其具体做法被新华社、人民日报、人民法院报等近百家媒体广泛宣传。深度参与最高法院司法研究重大课题"人民法院为'十四五'时期经济社会发展提供司法服务和保障研究——从营商环境司法服务保障视角出发"通过最高法院考核并获评优秀。与四川大学、成都市司法局、四川天府一带一路商事调解中心、深圳市蓝海法律查明和商事调解中心签订人才培养、诉调对接等合作框架协议。联合四川大学完成四川省法学会法治实践创新专项课题"提升天府中央法务区涉外法治服务水平路径研究"。

二 深化智慧蓉城建设，引领城市精细化管理

成都积极推进以新发展理念为核心的公园城市示范区建设，以此作为城市发展的引领和标杆。坚持智慧蓉城的发展思路，大力推动城市品质提升，以城市治理现代化为抓手分别从治理模式、治理体系、治理能力、治理方式等方面进行优化重构，加快提升城市精细化管理效能。

一是切实推动智慧城市建设，着力做好基层惠民惠企工作，加快实现超大城市治理现代化。全市各部门在"1+4+2"工作框架的指引下，统一进行规划和部署，推动实现"一网统管"。搭建市级统筹、部门联动的城市运行综合管理平台，成都市在智慧蓉城建设方面，已初步形成独具特色的"王"字型城市管理结构框架，推动城市治理领域决策指挥、综合执法、应急管理、民生服务等重点工作在平台上统一管理和应用。加快推进数据资源实现"一网通享"，逐步打通政府各部门、各区县与市级部门间的数据共享壁垒，促进公共数据资源开放共享。致力于实现社会诉求的快速响应机制，即"一键回应"。建立完善社会诉求平台，更加及时有效地响应社会诉求。作为智慧城市国际标准试点城市，成都市不断加深城市智能化设施和智慧化管理水平，各方面工作取得阶段性成效。截至2023年12月31日，成都市已建成5G基站超8万个，超10万家上云企业，开放公共数据2.85亿条，共

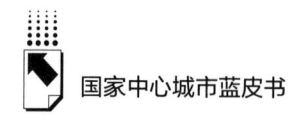

享公共数据1622亿条①。

二是全面提升超大城市敏捷治理、科学治理水平。从数据质量出发提升工作质量，以数字基础设施支撑城市智慧运行，重点规划部署了多个重点片区以及城市治理中的重点环节，科学布局物联网感知源，构建城市感知体系，建设城市敏捷治理的"神经末梢"。在治理方式上着力推动线上线下相互融合，以数智化技术和管理机制创新共同驱动智慧蓉城与"微网实格"的相互协作，加快形成并完善"感知+预警+处理"的快速响应工作闭环，为进一步构建开放协作的超大城市治理生态和提升城市精细化治理水平发挥了重要作用。进一步制定并完善了智慧蓉城建设的目标绩效制度，重视管理责任意识和工作长效机制，实行多方位目标考评。着力提升优化司法、审计、网信等重要部门的监督、审核职能，加强智慧蓉城建设中关键环节和重点项目的实时管理，保障过程廉洁、实战有效。

在探寻主动变革和数字化赋能的发展实践中，成都市城市治理提能增效取得显著成果。2023年全国数字百强市排名成都位列第五，成功创建了一系列"蓉易+"服务品牌，打造了天府市民云、蓉易办、蓉易享等覆盖广、功能全的智能服务平台，社区（村）治理、民生服务、应急管理等智慧应用场景不断走深走实，申请类政府服务事项基本实现了"最多跑一次"以及"全程网办"的预期目标，智慧民生保障体系不断优化和完善。

三 深入实施创新驱动，构建现代化产业体系

成都市始终坚持科技引领、创新驱动，加速推进现代化产业体系建设，致力于构建更加智慧、高效的经济发展模式，以应对未来挑战并实现长期可持续发展目标。

一是科技创新动力强劲。西部（成都）科学城和成渝（兴隆湖）综合

---

① 资料来源：《代表"代"言 | 全面布局和发展数据要素市场 提质打造智慧蓉城》，https://baijiahao.baidu.com/s? id=1789771485287277606&wfr=spider&for=pc。

性科学中心的建设步伐正在加快，国家高端航空装备技术创新中心也正式亮相，同时，跨尺度矢量光场等五项重大科技基础设施的建设工作已全面启动。全国首个民航科技创新示范区建成投运，首批4家天府实验室实体化运行，新增国家级科技创新平台7家、总数增至146家。出台了28条关于科技成果转化的相关政策措施，以"揭榜挂帅""赛马"等方式实施关键核心技术攻关项目114个，全社会研发经费投入增长16%，先进技术成果西部转化中心在蓉揭牌，中试平台和概念验证中心首批建设备案40家，技术转移联盟、技术经理人协会组建成立，技术合同成交额增长10%。

二是先进制造业提档升级。出台制造强市建设"1+1+6"政策体系和"工业上楼"专项政策，成功举办世界显示产业大会、中国质量（成都）大会，规模以上工业企业增至4408家，新增国家级专精特新"小巨人"企业84家，全国先进制造业百强市排名第9。"制造强市"战略下的招商引智行动正在深入实施，百日攻坚计划稳步前行，新引进制造业重大项目281个、产业链关键配套项目332个，西门子工业自动化智造基地、沃尔沃纯电新车型、红旗新能源汽车等重大项目签约落地。产业发展质效明显提升，国内首条量产级和标准化绿氢电极产线在蓉投产，航空大部件、生物技术药入选国家级中小企业特色产业集群，规模以上装备制造、医药健康产业分别增长8.1%、10.1%，规模以上工业增加值增长4.1%，中国软件名城排名提升至第6位。"千企数改升级"加快推进，新增2家国家智能制造示范工厂，累计上云企业超10万家，成功孵化出本土首个国家级跨行业、跨领域的工业互联网平台，为产业发展注入新动力，获评首批国家中小企业数字化转型试点城市，成都智算中心、国家超算成都中心成功入选人工智能国家级算力平台。①

四 坚持全面深化改革，激发高质量发展活力

近年来成都市不断探索创新，持续深化改革开放，推动改革走深走

---

① 资料来源：成都市科学技术信息研究所，《2023年成都市科技创新发展运行简报》，https://www.cdkqs.cn/news/17155.html。

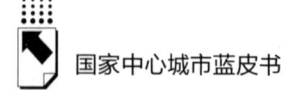

实，不断丰富全面深化改革的制度成果、实践成果，有力助推经济繁荣。

一是重点领域改革纵深推进。在四川天府新区、4个省级新区、达州高新技术产业园区等9个区域开展集成授权改革试点，下放或委托省级权限25项，给予省级支持事项249项。积极融入全国统一大市场，深入推进经济区与行政区适度分离改革等重点任务，推进成渝地区双城经济圈市场一体化协同发展，实施建设行动计划。深入实施要素市场化配置改革，电力交易中心注册用户突破4.8万家，审慎稳妥推进农村集体经营性建设用地入市试点。在财税金融、科技创新等重点领域及关键环节，所实施的改革已经取得了显著的积极成果，国企改革三年行动重点改革任务评估连续2年获评A级。

二是营商环境持续改善提升。针对民营经济发展，制定了"1+2"政策体系，以提供全面支持。动态更新电子"政策明白卡"，累计推送政策信息31万余条。积极推进县域民营经济改革试点的深化工作，并对民营经济的发展进行了全面的综合评估，法治化营商环境建设经验在全国推广，全省营商环境民营经济指标评价优秀市达14个。为了促进公平竞争的市场环境，对阻碍公平竞争的现有政策规定进行了全面的清理和废止工作。全面推行"四到"服务，持续拓展"企业开办一件事""企业简易注销一件事"办理事项，"歇业一件事"实现全程网办，实施了超过860亿元的减税降费及退税缓费措施，以进一步减轻企业经济负担，新登记各类经营主体149.6万户、实有经营主体突破900万户。2023年成都持续推动了142项国家试点任务，迭代升级营商环境建设5.0版政策，经济主体数量超387.7万户，双机场旅客吞吐量达7300万人次、货邮吞吐量超75万吨，国际友城和友好合作关系城市达110个。①

---

① 资料来源：四川省发展和改革委员会，《关于四川省2023年国民经济和社会发展计划执行情况及2024年计划草案的报告》，https://www.sc.gov.cn/10462/10464/10699/10701/2024/1/31/397c523289d14b3490107c7b2eefca5e.shtml。

五 坚持抓整体促全局，系统推进绿色低碳发展

成都市聚焦实现碳达峰碳中和目标，坚持系统观念、统筹绿色发展与协调，协同推进降碳、减污、扩绿、增长，推动社会进入绿色、低碳的发展轨道，促进经济社会全面绿色低碳转型。

一是创新货币政策工具运用，助力绿色低碳企业发展。人民银行成都分行创新再贴现货币政策工具，推出碳减排票据再贴现（"川碳快贴"）政策产品。通过"额度优先"，引导金融机构运用央行再贴现资金，加大对具有碳减排效应的重点企业的融资支持力度；通过"办理优先"，引导金融机构优化对碳减排项目的信贷审批流程和信贷管理机制；通过"利率优惠"，引导金融机构合理定价，降低企业融资成本。深化市场化机制改革，通过简政放权、优化服务，吸引更多的投资和人才参与到绿色低碳产业中，加大政策支持力度，推动产业的良性循环发展。

二是促进废旧物资循环利用、创新固体废物处理技术助力碳中和，推动绿色低碳经济的健康发展。大力促进科技成果转化和产学研融合，与四川大学共同建设了"固废高值化利用联合实验室"。加快绿色减碳新技术新材料的研发，实现低值可回收物高值化利用。四川银谷碳汇通过创新数字化回收技术来实现碳足迹核算，推动了绿色低碳领域的关键共性技术研发，推动实现产业的技术升级和创新驱动发展。积极发展林业碳汇，打造了成都龙泉山城市森林公园，通过募集生态公益资金、实施重大项目，引导重点区域集中布局，支持优势企业在绿色低碳产业区域集聚发展。

三是大力发展低碳交通技术的推广和应用，创造支持绿色低碳产业发展的良好环境。立体、低碳、高效、多层次的绿色交通体系，不仅符合城市交通结构调整战略，更有利于加速促进城市的绿色低碳转型，同时也将更好地服务于成渝地区双城经济圈建设。

四是构建以绿色低碳为核心的经济体系。成都市大力发展绿色相关产

业，延伸绿色低碳产业上下游，连通清洁能源、节能环保、新能源汽车等领域的合作发展。进一步加大对绿色产业的政策扶持力度，鼓励企业加大技术创新和研发投资的力度，从而推动绿色产业的快速发展。注重发展战略性新兴产业，如人工智能、大数据、生物医药等前沿领域，培育新的经济增长点。增强城市内生增长动力，营造国内一流营商环境，强化"一带一路"建设，推动制造企业生产转型，注重优化产业结构，积极推广清洁能源的使用。依托西部（成都）科学城，建设具有全国影响力的科技创新中心，培育壮大科技研发平台，孵化具有科技创新能力的企业，促进人才高质量引育和就业。

以大运会举办为契机，不断推动完善城市交通运输网络，提升交通出行效率，把握成都作为超大城市在交通运输结构、能源等方面的现实需求和发展趋势，充分践行绿色、低碳、智慧的资源配置利用原则，在保障交通运力、减少交通拥堵的同时实现对环境污染的有效控制。积极倡导绿色低碳出行理念，市民通过参与活动的方式来获取积分，可用于公交、地铁、共享单车等交通工具的优惠使用，进一步引导群众参与到绿色出行的实际行动中。不断强化"轨道+公交+慢行"三网融合发展与高效衔接，推动绿色交通成网成势，积极支持发展大数据行业，以数字化和智能化手段为清洁能源产业赋能。通过政策支持和技术引导，推动新能源汽车领域以及动力电池的技术创新突破，满足不断增长的清洁能源需求，加速清洁能源应用产业的发展。

截至2023年4月，人民银行成都分行累计办理业务3685笔、交易金额超100亿元，贴现加权平均利率为1.9%，支持59家企业实现碳减排87万吨。[①] 截至2023年5月，成都市已开设近100家可再生资源回收站点，累计处置回收可再生资源1.85万吨，减碳量约7.5万吨。建成全省首个会议碳中和林，捐赠4万吨林业碳汇助力第31届世界大学生夏季运动会绿色低碳

[①] 资料来源：《点赞！成都5个"双碳"典型案例上榜！》，https://baijiahao.baidu.com/s?id=1775994060737423607&wfr=spider&for=pc。

办赛。轨道交通占公共交通分担率超过60%，成为全国轨道交通第四城，城市建成区实现公交站点500米覆盖率100%，共享单车日均骑行约220万人次，绿色出行成为市民通勤新风尚。①

六 扎实推进宜居宜业，促进山水人城和谐相融

成都市致力于推进构建宜居宜业城市典范的进程，以构建人与自然和谐共生的城市环境为总抓手，大力统筹经济和生态的需要，立足于现有环境，深入推进城市空间布局优化，全面实施环境保护政策，确保经济发展与生态环境实现和谐共生。

一是合理构建城市空间与公园形态融合发展。成都市依托龙门山、龙泉山这两座自然屏障，以及岷江、沱江这两条水系，致力于打造完善的城市生态绿地网络，以实现休闲娱乐和满足市民体育健身的日常需求，同时构建城市生态蓝网系统，以强化水资源的保护与管理，并提升水生态的自我修复能力。同时大力推进龙泉山东翼的发展，构建"一山连两翼的"空间发展布局，优化"一山一江三廊多湖"的发展格局。持续优化城市设计，秉承"花重锦官城"的设计理念，对城市风貌进行改造重建，保护具有历史文化风貌的老城区，将绿色生态发展理念融合到新城区的建设中。在编制城市国土空间规划时，全面考虑自然生态、农业生产与城市发展等多重因素，确保生态保护红线、永久基本农田保护红线以及城镇开发边界这三条关键控制线得到科学划定与有效实施。制定出既符合生态环境保护要求，又满足农业生产与城市可持续发展需要的国土空间规划。

二是多方位增进公园城市民生福祉。成都市积极促进农业转移人口市民化进程，深化户籍制度改革，并推动城镇基本公共服务的普及与均衡化，全方面增强养老托育服务与医疗教育服务，完善住房保障体系。在打造公园城

---

① 资料来源：《首个全国生态日丨四川在行动！从"减污降碳"看过去》，四川新闻网，http://huanbao.newssc.org/system/20230815/003439707.html。

市示范区的过程中，始终坚持以人为本的发展理念，致力于打造宜居环境，提升民众的生活品质，从而进一步增进公园城市的民生福祉。优化居住、商业、文化、教育等公共服务设施的布局，使市民能够享受到更加便捷、舒适的生活环境。通过建设各类公园绿地，如城市公园、社区公园、郊野公园等，为市民提供多样化的休闲、娱乐、运动场所。同时，成都市还注重公园绿地的功能性和文化性，将公园绿地与文化、教育、体育等多元功能相结合，满足市民多样化的需求。

2022年，成都绕城绿道全线贯通，总长达100公里，横跨12个行政区，并与121个独具特色的公园相互连接。此外，各级绿道的建设成果显著，已累计建成5327公里的绿道网络。在"百个公园"示范工程项目中，包括凤凰山体育公园、新金牛公园等在内的80个重点项目已顺利完工，同时完成了184个各具特色的公园和小区的建设，进一步丰富了城市绿地的多样性。[①]

七 多措并举协同发展，共建成渝地区双城经济圈

成都市贯彻执行成渝两市的战略合作协议部署要求，在经济、基础设施、交通、科技创新等方面同重庆市开展深入合作交流，加快推动"双核"任务落地。

一是共建世界级先进制造业集群。成都市在产业定位、产业布局、科技创新、人才培养、国际合作和营商环境等方面与重庆市持续加强合作，选取一批重点领域和重点项目进行培养，围绕工业"5+1"等战略，聚焦建体系、育集群、强主体的方向，联合编制共建世界级先进制造业集群的行动方案。围绕智能终端、电子材料、集成电路等产业领域，共同突破关键核心技术，联合重庆举办电子信息产业类的高峰论坛活动，协同培育世界级电子信

---

① 资料来源：《通"绿脉"佩"绿环" 共建清洁美丽成都》，https://baijiahao.baidu.com/s？id=17348794604561143358wfr=spider&for=pc。

息产业集群。联合编制汽车产业合作图谱，加快建设成渝"氢走廊""电走廊""智行走廊"，共同培育世界级汽车产业集群。搭建供需对接平台，协调企业完成供应链保供。两地深化产业协作与分工、构建创新体系、优化产业布局、加强人才培养和引进、推进绿色制造。

二是共建综合交通运输体系。完善综合运输通道布局，提高国际大通道建设水平，促进与重庆市交通运输物流企业签署合作协议，共同打造成渝跨境运输平台，开通港澳线、东盟线、中亚线等运输路线。重点建设高速铁路、普速干线铁路等快速通道，加强与重庆的快速联通，强化综合交通枢纽的辐射带动作用，大幅度提高各干线路网的运输效率。优化交通枢纽布局，打造分工明确、有机衔接的综合交通枢纽体系。持续提高航空枢纽建设水平，有效统筹成渝区域的航空运输需求量，衡量两地航空运输水平，以提高国际枢纽竞争力为目标，科学有效地制订支线机场计划，持续完善机场建设布局，提升航空枢纽服务水平和保障水平。

三是共建现代化国际都市。成都市联合重庆出台《成渝地区双城经济圈教育协同发展战略规划》，全力推动川南、川东北、渝东北、渝西等地区教育资源的深度融合，旨在优化高等教育资源的布局与配置，共享教师发展优质资源，加强教育人才交流与合作，促进两地学校结对进行教学交流活动，搭建教研科研共建共享平台。不断深化两地医疗合作，积极探索成渝两地电子健康卡"一码通"的应用，实现成都市与重庆市电子健康卡的互通互用。持续加强人力资源和社会保障服务方面的合作，联合印发《成渝双核人社合作三年行动计划（2022—2024年）》，使两地的基本养老保险转移接续手续实现全程线上办理，推进社保卡"一卡通"应用协同。

成都市同重庆市在教育、产业、交通、基础设施等方面不断加强合作交流，有效实现了资源共享和优势互补，促进了区域的协同发展，推动了产业的转型升级。

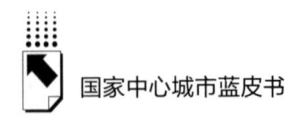

八 多点发力同城共进，加快推进都市圈互联互通

成都市不断深化与德阳、眉山、资阳的合作交流，全面强化中心城区在区域发展中的核心功能，以此引领周边城市及县城的协同发展，从而增强其辐射效应。构建以极核为引领、轴带为串联、多点为支撑的现代化都市圈空间发展格局，以实现区域经济的协调可持续发展。

一是加快推动基础设施建设。着重于"构建外部通道、织密内部网络、协同构建枢纽"，以构建一个多维度的交通体系。加强成都双流国际机场和成都天府机场的运营效能，提升城市铁路与高速公路的互联互通水平，提升全国铁路枢纽功能。优化"三主三辅"的交通枢纽布局，进一步完善"1+1+7"的运输网络架构，以确保区域交通的高效运作与协调发展。以成都市为中心构建轨道交通网络，推动公共交通无缝换乘的服务体系，缩短城市间的通勤时间，打造"1小时通勤圈"。推进一系列城市基础设施建设工程，包括道路、桥梁、隧道、排水管网等。建设环成都区域四川电网"北立体双环"网架，增强区域电网能力。整合燃气市场，加快建设氢能设施。完善行政区域交界处的公用设施管理。

二是促进各级城市和城镇协调发展。成都市统筹兼顾都市圈城市的经济、产业、生态、居民生活等要素，协助其进行城市发展转型，形成高质量、高水平的城市发展方式。引导优质的资源向周边延伸，协助德阳、眉山、资阳提升城市宜居功能。深化区域合作，加强与德阳及成都国际铁路港经济技术开发区的协作，进一步凸显物流资源的优势。同时，积极向眉山推介四川天府新区平台的资源，促进科技成果转化及产学研用平台的建设。此外，深入推进成都东部新区与资阳在协同发展方面的合作，在临空经济区和制造业等领域共同提升影响力。

三是推动公共服务同城化发展。持续优化成都市同德阳、眉山、资阳的教育资源共享，组成学前教育及特殊教育联盟，深化城市间的合作办学交流。推动医疗资源共享合作加深，支持都市圈内检查检验结果互认，促进成都、德阳、眉山、资阳4市医疗异地联网覆盖面扩大，提供职工医保关系转移一站式办理服务。促进文体事业协同发展，鼓励成立成都都市圈演艺联盟，对公共文化服务的基础设施设备进行优化升级及布局，提升"惠民一卡通"、公共文化联展一站通等共享服务水平，扩大文化设施在都市圈内的开放格局。

截至2023年底，成都都市圈轨道建设工作稳步开展，全面化进程持续加快，成都境内的运营里程已达到483公里。都市圈内产业协同效应明显，产业合作项目明显增多。公共服务的品质显著提升，常态化教学活动参加人数在12万人以上，形成了数十个医学专科联盟。

参考文献

陶子予、吴佩秀、倪少权：《区域轨道交通对成都建设国家中心城市的影响研究》，《大连交通大学学报》2020年第5期。

蔡宇：《提升成都国家中心城市发展能级调整优化成都落户政策》，《成都日报》2023年2月28日。

孟浩：《到2027年建设2个千亿级规模世界级商圈》，《成都日报》2023年7月22日。

冯举：《四川成都多方面发力加快建设国际消费中心城市》，《消费日报》2023年8月11日。

刘鲁、余力：《成都正成为潜在的全球数字创意中心》，《成都日报》2023年10月17日。

刘治彦、程皓、冯海珊、徐航：《国家中心城市带动城市群发展成效与机制研究》，《价格理论与实践》2023年第5期。

刘吕红、常红艳：《中国共产党领导国家中心城市建设的进程、逻辑及经验》，《中州学刊》2023年11期。

B.18 长江黄金水道在武汉外向型经济发展中的作用与策略研究

武汉市社会科学院联合课题组[*]

摘　要： 武汉市地理位置得天独厚，是中部崛起、长江经济带、交通强国等国家战略的重要节点，发挥着承东启西的枢纽功能。近年来武汉抢抓机遇，加快打造长江中游航运中心，大力融入国家战略。随着港口资源深度整合，武汉航道运输条件不断优化，多式联运集疏运体系逐步完善，黄金水道效能逐步提升，打造新沿海、构建国内大循环重要节点和国内国际双循环重要枢纽稳步推进。下一步，武汉要加强统筹规划、重塑中部南北大通道、加快完善核心港口功能布局、加快完善区域集疏运体系、加快产业链供应链深度融合、积极完善口岸功能，充分发挥"黄金水道"效能，构筑高水平开放武汉样本。

关键词： 黄金水道　中部枢纽港　武汉样本

2013年习近平总书记视察武汉新港时指出，"长江流域要加强合作，发挥内河航运作用，把全流域打造成黄金水道"。2014年，《关于依托黄金水道推动长江经济带发展的指导意见》明确了武汉"长江中游航运中心"的地位。2016年，《长江经济带发展规划纲要》进一步强化了武汉的核心作

---

[*] 课题组组长：樊志宏，博士，武汉市社会科学院院长，研究方向为产业经济。课题组成员、执笔人：操玲姣，博士，武汉市社会科学院区域经济研究所副研究员，研究方向为区域经济；夏毓婷，武汉市社会科学院城市经济研究所副研究员，研究方向为城市经济；索馨，武汉市物流研究院工程师，研究方向为物流工程。

用。同年，国家发改委正式发布《促进中部地区崛起"十三五"规划》，首次明确支持武汉建设国家中心城市。2018年，习近平总书记在武汉主持召开深入推动长江经济带发展座谈会，再次强调依托黄金水道发挥长江经济带核心城市作用，使武汉在国家战略中的地位越发突出。充分发挥长江"黄金水道"效能，高标准建设武汉航运中心，实现交通区位优势转化为国内国际双循环枢纽链接优势，已经得到各级政府、交通运输部乃至社会各界的高度重视。

一 基本情况

武汉是长江经济带核心城市，是国际性综合交通枢纽，是陆港型、港口型、空港型、生产服务型、商贸服务型国家物流枢纽城市。先后获批国家综合货运枢纽补链强链首批城市、中国快递示范城市、供应链创新与应用示范城市、全国绿色货运配送示范创建城市、国家现代物流创新发展试点城市，拥有3个国家级多式联运示范工程。

（一）黄金水道的效能逐步提升

从货运量指标看，2023年，武汉市公路、水运、铁路运输比例为74.8∶23.8∶1.3，货物运输以公路为主（见图1），结构呈现公路向铁路、水路发展的态势。从不同运输方式货物周转量排序看，武汉运输结构由2019年的"铁、水、公、空"变为2023年的"水、公、铁、空"。其中，2023年排名第一的水运实现货物周转量2133亿吨公里，占比70.8%（见图2），较上年提高1.7个百分点，较2019年提高25.0个百分点。[1]

---

[1] 资料来源：武汉市交通运输局。

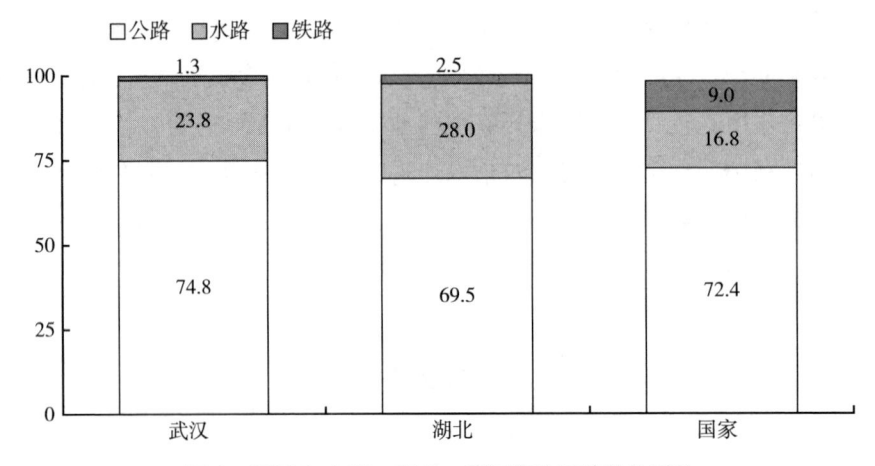

图 1　2023年全国、湖北、武汉货物运输结构对比

资料来源：根据湖北港口集团有限公司、武汉市交通运输局相关数据整理。

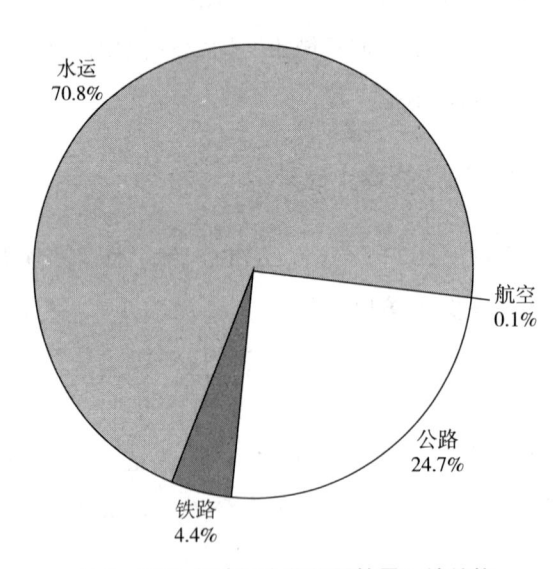

图 2　2023年武汉市货物周转量运输结构

资料来源：根据湖北港口集团有限公司、武汉市交通运输局相关数据整理。

（二）港口服务能力不断增强

自 2015 年《武汉港总体规划（2015—2030 年）》批复实施以来，武汉港共新建生产性泊位 25 个，集装箱、汽车滚装、粮食等专业化码头作业能力显著提升，全港设计年通过能力达到 1.1 亿吨[1]，其中集装箱泊位设计年通过能力 325 万 TEU，阳逻港作业效率达到 29 自然箱/小时，位居长江中上游前列。截至 2022 年底，武汉港共有生产性泊位 191 个，形成 9 大港区的总体布局和左右岸、上下游协同的"1（阳逻港）+3（经开港、花山港、金口港）"的集装箱港口群。

武汉港货物吞吐量连续 5 年增长率达到 10%左右，2020 年实现亿吨大港目标。2022 年，武汉港完成货物吞吐量 1.3 亿吨，在内河港口排名第 10，增速位列内河港口第 2；完成集装箱吞吐量 270 万 TEU，位列全国内河港口第 4（见图 3）。2023 年完成港口货物吞吐量 1.44 亿吨，同比增长 10.04%。集装箱吞吐量大幅提升，2019~2022 年年均增速达到 17%，2023 年完成集装箱吞吐量 279.01 万 TEU。[2]

（三）航道运输条件不断优化

随着长江"645"工程的推进，武汉长江干线通航能力持续提升，常年维护水深提升至 6 米，可以满足 10000 吨级江海船以及 2000~5000 吨级驳船组成的 2 万~4 万吨级船队通航要求。吃水 6 米内的 10000 吨级江海船舶、5000 吨级海船以及 2000~5000 吨级驳船组成的 2 万~4 万吨级船队可常年直达武汉。目前，武汉市共有内河通航河流 24 条，航道通航总里程 668.3 公里，等级航道里程 541.8 公里，高等级航道里程 220.5 公里，均为长江和汉江航道。[3]

---

[1] 资料来源：《武汉市现代物流业发展"十四五"规划》。
[2] 资料来源：交通运输部长江航务管理局、湖北港口集团有限公司。
[3] 资料来源：交通运输部长江航务管理局、湖北港口集团有限公司。

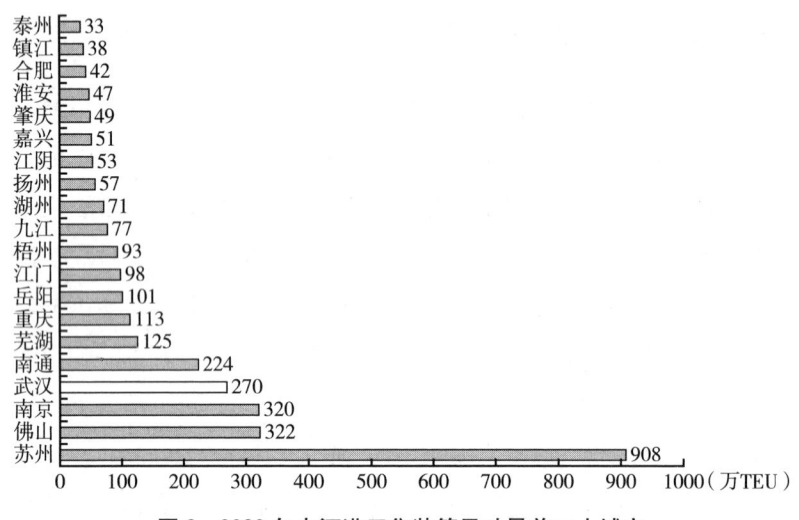

城市	吞吐量（万TEU）
泰州	33
镇江	38
合肥	42
淮安	47
肇庆	49
嘉兴	51
江阴	53
扬州	57
湖州	71
九江	77
梧州	93
江门	98
岳阳	101
重庆	113
芜湖	125
南通	224
武汉	270
南京	320
佛山	322
苏州	908

图3 2022年内河港口集装箱吞吐量前二十城市

资料来源：交通运输部官网。

（四）集疏运体系不断完善

公路方面，武汉市9大港区24个作业区基本实现二级以上公路全覆盖。铁路方面，南北两廊的铁水联运格局初步形成，阳逻港区、青山港区、经开港区、白浒山港区、东西湖港区5个港区均已实现铁路进港，铁路进港率达到55%；江夏港区、林四房港区疏港铁路专用线已纳入综合货运枢纽补链强链重点项目库；阳逻国际港集装箱铁水联运一期、二期工程相继建成投用；中远海运阳逻铁水联运、国家粮食现代物流核心枢纽先后获批国家多式联运示范工程[①]；金控港口物流园等纳入国家货运枢纽补链强链项目库。截至2023年底，全市开辟铁水联运线路50条，其中国际铁海联运线路8条，实现了中欧班列（武汉）与长江黄金水道的无缝衔接，形成长江经济带对接"一带一路"新路径。

---

① 资料来源：《武汉市现代物流业发展"十四五"规划》。

（五）港航企业布局不断增加

全国、全省的龙头港航企业均在武汉布局业务，是武汉港构建"轴辐式"航运网络的核心资源。港口企业方面，全市拥有经营性货运码头企业70余家，其中湖北港口集团是全市最大的公共码头运营商，业务覆盖全市集装箱吞吐量的94.6%、滚装车吞吐量的69.7%。[1] 围绕武汉港特殊的枢纽区位，国内龙头港口企业重点在武汉布局集装箱码头和商品车滚装码头，支撑构建其腹地集疏运网络，包括武汉中远海运码头公司（集装箱）、上港集团（武汉港务集团第二大股东）等；此外还有武钢物流、娲石水泥等货主企业码头。航运企业方面，在武汉注册航运的企业共计63家，其中拥有国内海运运力的企业21家。

二　主要举措和经验

近年来，武汉抢抓机遇，积极融入国家战略，不断推动港口资源深度整合，优化航道运输条件，逐步完善多式联运集疏运体系，强化数智赋能，不断拓展"全产业链"航运服务产业群，加快打造长江中游航运中心，稳步推进构建国内大循环重要节点和国内国际双循环重要枢纽。

（一）抢抓机遇，高位谋划，全力融入国家战略

发展港口经济本身是一个大工程，牵涉面广、投资巨大、建设周期长，必须高度重视政府在宏观规划、决策上的主导作用，充分发挥市场在资源配置中的决定性作用。一是积极对接国家规划，做好顶层设计。强化武汉港的枢纽作用，在融入长江经济带和交通强国等国家战略中，打造以港口为核心的多式联运综合交通中心。[2] 二是积极配合推动谋划重大工程项目。武汉以

---

[1] 资料来源：湖北港口集团有限公司。
[2] 张涛：《中流击水　潮头争先》，《中国水运报》2022年6月27日。

长江、汉江高等级航道为任务重点，配合"深下游、畅中游、延上游"的长江航道开发战略，开展汉江航道整治与支流河道的整体开发，促进干支联网。三是强化政策保障。出台《武汉长江中游航运中心航运航线补贴办法》（武交规〔2023年〕1号）等政策文件，弥补实际运作中铁水联运环节多、联运设施衔接不足的时效和价格短板。

（二）省市联动，整治航道，完善联运集疏运体系

一是协力整治航道。2014年4月，湖北省委、省政府向交通运输部提请建设"安庆至武汉6米水深、武汉至宜昌4.5米水深航道"（简称"645工程"）。2018年12月19日，总投资37.4亿元的武安段工程全面开工建设。"十三五"期间，长江中游荆江河段航道整治工程竣工，武安段6米水深航道等重大工程实施，长江干线1284公里航道得到改善，不少"卡脖子""肠梗阻"河段已经打通。[1] 二是完善联运集疏运体系。全面落实《湖北省推动多式联运高质量发展三年攻坚行动方案》工作任务，加大67个多式联运集疏运基础设施重点项目建设督办协调力度。武汉阳逻港巩固拓展沪汉渝、沪汉陕至新疆的两条铁水联运大通道，开辟东三省、云贵川"北粮南运"的多式联运线路，连接中老铁路，打通至东南亚新货运通道。[2] 三是设立市级物流业发展专项资金，强化集疏运体系。先后在综合货运枢纽、多式联运、交通强国等方面获批10余项国家试点示范。

（三）集约化、规模化，加大港口资源整合整治力度

港口是重要的枢纽性设施，资源聚集程度、港航发展水平是通江达海能力的重要体现。港口整合是实现港口做大做强做优的必然选择。湖北成立了湖北港口集团，重组整合了全省沿江省属企业港口资源，构建了"以武汉港为龙头，鄂东南、宜昌荆州港为两翼，汉江港为延展"的全省港口规划、

---

[1] 廖琨：《长江"水上高速路"诞生记》，《中国水运报》2021年5月16日。
[2] 《奋力加快建设交通强国 努力当好中国式现代化的开路先锋》，《中国交通报》2023年3月31日。

建设、管理、运营一体化发展格局。① 武汉港口资源整合成效显著，核心港区、作业区综合服务水平不断提高。完成武汉港范围内所有经营性码头规划符合性审查，形成"一码头一方案"；取缔非法码头386个，腾退岸线30余公里，补植复绿滩地面积130余万平方米；完成宇丰综合公用码头一期、安吉物流汽车滚装码头一期、金口重件二期、和润物流码头二期等重点港口工程建设；② 规范河砂石开采经营市场，规划砂石集散中心"7+10"的总体布局；开展船舶港口污染防治专项整治行动，汉南港区船舶污染物接收码头、武汉50吨级溢油应急设备库、危险化学品水上洗舱站建成；集装箱铁水联运示范工程列为国家第一批多式联运示范试点项目。③

（四）强化数智赋能，不断拓展"全产业链"航运服务产业群

一是稳步推进智能化、信息化建设。抢抓国家"新基建"有利机遇，以"阳逻智慧港"为重点，智能化系统建设取得突破，武汉花山港5G集装箱水平运输电信智能化体系启动试点建设；武汉港成功推出多式联运"云上多联"智慧供应链综合服务平台，构建智慧共享、智慧协同、智慧供应链三大体系；航运综合服务能力稳步提升，武汉航运交易所运转顺畅。二是鼓励龙头物流企业与现代产业集群联动发展，形成以九州通、国药控股为代表的医药物流，以商贸控股、中百物流为代表的商贸物流，以山绿集团、萃元冷链为代表的冷链物流，以东风物流、安吉物流为代表的汽车物流，以长航货运、华中港航为代表的航运物流等重点领域物流规模化发展，湖北国控供应链集团、湖北楚象供应链集团、湖北华纺供应链公司等在汉揭牌成立，加快构建高质量供应链物流体系，带动上下游企业协同发展，形成"全产业链"的物流集群。

---

① 柳洁：《用好黄金水道资源禀赋》，《经济日报》2023年2月23日。
② 张涛：《中流击水　潮头争先》，《中国水运报》2022年6月27日。
③ 张涛：《中流击水　潮头争先》，《中国水运报》2022年6月27日。

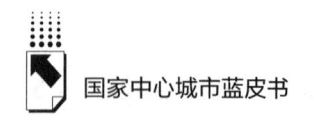

（五）强优势、补短板，持续加大协同联动力度

武汉市聚焦长江中游，打破区域、部门壁垒，持续加大协同联动力度，不断强优势、补短板，不断增强工作合力。一是不断深化都市圈合作。相继出台推动武汉都市圈一体化建设的规划和系列政策，湖北楚象供应链集团、湖北国控供应链集团等供应链重要企业联合推进综合货运枢纽补链强链行动。二是持续强化与长江上下游航运中心合作。积极联动长江沿线相关城市，通过签订协议推动合作。鄂湘赣三省海关以"三关如一关"为目标，签署《鄂、赣、湘三地海关协同工作机制框架协议》《"湘鄂赣跨省一KEY通"项目合作备忘录》等，协同推进长江中游高水平开放。三是大力推动跨区域合作。围绕建立健全一体化运营机制，跨区域联动昆明，签署《昆明市、武汉市国家综合货运枢纽合作备忘录》，加快服务构建"一带一路"立体互联互通网络。组建航线运营联盟，成立"武汉集装箱联合服务中心"，打造长江流域集装箱"水上高速"。

2024年4月，武汉市发布《关于加快推动交通优势转化为国内国际双循环枢纽链接优势的实施意见》，确定发展目标，要高水平建设阳逻枢纽经济示范区（临港），将武汉港打造成为核心水港，充分发挥"黄金水道"优势，加快建设国内大循环重要节点和国内国际双循环重要枢纽。未来可期的同时，武汉也存在一些影响"黄金水道"效能提升的因素，如港口功能资质亟待补齐；集疏运体系仍需完善；航线品牌效应不足，市场挖掘能力仍待加强；航运企业规模偏小等。武汉要在中部率先崛起，必须提升长江黄金水道效能，将区位优势有效转变为服务全国、直航近洋、远通欧亚的交通优势，构筑高水平开放的"武汉样本"。

三 下一步发展的思路和重点

大力推动"江海联运、水铁联运、水水直达、沿江捎带、港城一体"体系建设。优化航道运输条件，聚力提升港口发展功能；锚定"中部地区枢纽港"定位，推动港口资源整合，提能升级、提质增效；聚力打造多式联运的集疏运体系，优化提升港口发展环境；完善口岸功能，构建"大通关"枢纽管理模式；大力发展临港经济，强化供应链产业链资源整合能力，提升开放水平。

（一）加强统筹规划，建立促进水运经济协调发展的长效机制

加强规划指导。依据国家"一带一路"和长江经济带战略规划，抓紧出台《武汉长江中游航运中心发展规划》和《武汉港口经济社会发展总体规划》，依托"汉新欧"国际贸易大通道，以阳逻港、花山港为龙头，科学规划沿江及内河港口群建设，保障港口岸线资源有序开发和合理利用。完善相关法规。抓紧研究出台新的《武汉市港口航道条例》，对当前港口、物流、园区规划宏观统筹不足，港口、航道和渡口等公共设施建设和维护财政资金投入不足等问题作出制度安排。

建立协作机制。按照国务院"建立健全区域间互动合作机制，完善长江流域大通关体制"精神，加强和搞好市级协调，扩大对外交流合作，组建跨区域航线运营联盟，在阳逻港成立"武汉集装箱联合服务中心"，进一步提升长江黄金水道运输效能。积极开展区域合作，强化武汉与长江经济带、京津冀、粤港澳大湾区等国家战略发展区域深度对接。推动与莱茵河、密西西比河流域港口的合作。

强化政策保障。一是加强对现行《武汉长江中游航运中心航运航线补贴办法》的资金保障，在补贴力度不及其他城市的情况下，加快审核及兑付，提高企业资金周转效率。常态化开展政策效果评估，适时优化调整政策；二是针对引育船代、货代、船东等企业，航运金融等航运服务业发展壮大，出台武汉市支持航运服务业高质量发展的措施。

（二）优化重塑中部南北大通道，加快构建完善新发展格局先行区的战略纵轴

以高水平开放、高质量发展为主题，谋划连接南北的新通道、新主轴、

新枢纽，形成南向合作城市枢纽，打造南向开放平台和载体，布局链接东盟的市场、产业、基建等网络。重点建设四条南北主通道。一是建设沿京九线经由武汉、黄冈、九江、南昌、赣州等市至深圳出海口的主通道；二是建设沿京广线由武汉、咸宁、岳阳、长沙、郴州等市至广州出海口的主通道；三是建设由武汉、襄阳、宜昌、长沙、南昌等长江中游城市至湖南怀化，连接西部陆海新通道的主通道；四是建设"汉湘桂"南北水运大通道，经汉水、长江、洞庭湖、湘江、湘桂运河（现代版"灵渠"）、漓江、西江、郁江、平陆运河（在建）、钦江，由北部湾钦州港出海。依托"汉湘桂"南北水运大通道、花湖机场、长江黄金水道和京九、武九铁路等优势，将武汉都市圈打造成更高能级的综合交通枢纽。

（三）加快完善核心港口功能布局，补齐港口资质功能短板

进一步提升港口综合服务能力，推动由散变聚、由弱变强，加快做大规模、做强能级，为全省港口资源整合提供可复制、可推广的经验借鉴。

加大港口资源整合力度。加快构建"一核心三支撑九港区"的总体格局，努力将武汉港打造成为中部地区枢纽港、辐射亚太的港口型枢纽、世界一流内河港口物流枢纽。[①] 以阳逻港为核心，以花山作业区、经开港集装箱码头、金口集装箱码头为支撑，打造特色港口集群，形成中西部地区物流集散转运中心和重要"出海口"。注重生态优先，推动港口提高运营质量和水平，提高武汉的中转效率，优化运输组织，发展壮大"江海国际联运"，突破发展"水水直航"，大力发展散改集，推动城市圈港口一体化发展，努力推动"港城一体"。

补齐港口资质功能短板。提升危化品作业能力，根据市场需求，探索增加阳逻港3、4类危化品的装卸、堆存资质，拓展危化品服务品类。在阳逻东港区范围内选择合适区域，谋划建设危化品集装箱集中堆存场地，提高阳逻港危化品堆存能力及安全管理能力。支持阳逻港三期和花山港申请危险货

---

① 资料来源：《武汉市现代物流业发展"十四五"规划》。

物装卸作业资质，建设冷危集装箱堆场，作为武汉港危险品集装箱物流备用通道，满足新兴产业原材料及新能源产品等进出口需求。规范堆存管理，坚持统筹发展和安全，杜绝安全隐患。

（四）加快完善区域集疏运体系，畅通中部陆海国际通道网络

着力推进武汉国家综合货运枢纽补链强链，做强货运枢纽节点，发展壮大国家多式联运示范工程。加快构建形成衔接日韩、联通欧洲、连接东盟、通达全球的"四向十通道"陆海国际通道网络。[①]

优化疏港公路体系。完善阳逻港各作业区联通道路，加快推进电厂北路、杏花路、西港路、平江大道北沿线、杏花路北沿线等项目建设，启动阳逻港平江大道城区段高架化改造前期研究工作，提升公铁水联运转换衔接效率，实现"客货分离"。

完善铁水联运体系。加快推进武汉经发粮食物流产业投资有限公司铁路专用线、武汉工业港铁路专用线改造工程、武汉化工新区铁路专用线新建北湖工业站等项目，谋划推进金口港区铁路专用线、新沟至经开疏港铁路等项目，全面构建南北两廊铁水联运体系。完善花山港至北湖工业站短驳通道，并作为港区内专用通道管理，优化花山港铁水联运体系。密切沿海与内陆腹地的水路连接，强化武汉、岳阳、九江之间中三角航线服务，大力发展"沿江捎带"，联合上海、南京等港口开展"联动接卸"等业务，为长三角城市提供经济、便捷的水上物流通道。

拓展国际物流通道。积极推动阳逻港东西港区一体化运营，实现铁水联运资源共享共用，彻底解决阳逻港"最后一公里"问题。推动近洋直航航线进一步与中欧班列（武汉）对接，拓展"日本、韩国–武汉/蒙古"等国际中转双向通道，支持武汉国家级中欧班列区域型枢纽节点建设。

（五）加快产业链供应链深度融合，打造高端航运服务业集聚区

发挥自贸区和综合保税区联动效应，建设航运服务集聚区平台，推动航

---

① 资料来源：《武汉市现代物流业发展"十四五"规划》。

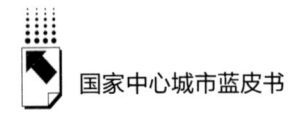

运服务业发展，提升产业链供应链融合水平，促进形成独特的航运物流产业集群优势。

引进培育头部企业。做大做强全国供应链创新示范企业。支持本土培育和引进的全国供应链创新示范企业发展壮大。积极引进具有全球影响力和行业竞争力的生产制造型、商贸流通型、网络平台型供应链龙头企业。招引中国医药、中国诚通等央企物流在武汉设立物流总部，推动中远海集团区域总部、全球数据处理中心落户武汉。[①] 引导外地航运企业在武汉设立区域法人公司，加快引进中储钢超总部，加快上港集团阳逻物流基地建设，谋划推动中远海运集团区域总部落户等。

打造高端航运服务集聚区，引导形成行业合力。面向未来城市及产业发展需要，依托武汉丰富的科教资源，培育吸引涉及绿色智能航运、智慧港口的技术密集型、资本密集型企业和研发单位，引领长江流域及中西部地区的港航物流业高质量发展。建设国家绿色智能船舶研发、设计、建造集群，形成更多新质生产力。支持国际性航运组织或国家级海事领域行业协会在武汉开展相关业务。

建设跨行业和跨区域的武汉航运中心综合信息共享平台，实现航运信息平台互联互通和航运信息共享。加快建成集码头、集装箱运输、物流、仓库、堆场、CFS、铁水联运中心等功能于一体的现代化物流集疏运中心。以数字技术赋能智慧港口建设，以科技创新实现绿色低碳转型。

（六）积极完善口岸功能，加快发展"大通关"服务体系

通关服务是影响航运效率的重要因素。港航企业、货主企业、航运服务企业乃至联检单位等对通关时效性要求越来越高。

完善口岸开放功能。加快推动花山、经开、金口水运开放口岸通过验收，完善港口开放体系。支持阳逻综保区发挥水运优势，加快推进粮食保税加工项目等，培育保税加工业务运、产、销全产业链。大力推进"智慧口

[①] 资料来源：《武汉市现代物流业发展"十四五"规划》。

岸"建设，打造智慧化场景，大力实施"智慧申报+"报关模式。进一步完善阳逻港区"一站式"服务，加快建立以"一单制"为核心的便捷多式联运体系。围绕形成"一次申报、一次查验、一次放行"大通关模式，加快推进通关"单一窗口"改革。持续拓展"中欧班列+黄金水道"优势，全面实施"车边验放"等便捷通关模式。围绕建设区域通关中心目标，加强与沿江、沿海、沿边地区口岸通关协作。

加快建设一批特色开放平台。依托湖北自贸试验区武汉片区建设一批特色服务出口基地，打造外向型特色产业集群，建设跨境电商产业园，支持湖北自贸试验区武汉片区争创"数字贸易示范区"；依托武汉药检所申报首次进口药品和生物制品口岸；在海外设立离岸创新中心和离岸产业孵化中心，全力争创国家服务贸易创新发展示范区。

参考文献

国务院：《关于依托黄金水道推动长江经济带发展的指导意见》，2014年9月12日。

国家发展和改革委员会：《长江经济带发展规划纲要》，2016年9月。

刘涛、彭东方、刘均卫：《长江干线宜昌至武汉段航运发展对策分析》，《水利水运工程学报》2019年第1期。

湖北省人民政府：《关于加快武汉长江中游航运中心建设的实施意见》，2016年6月26日。

程稳：《武汉长江中游航运中心竞争力评价》，硕士学位论文，大连海事大学，2015。

谢燮：《推进内河集装箱铁水联运大有可为》，《中国远洋海运》2021年第8期。

B.19 基于"三链"融合发展的郑州航空港助力郑州国家中心城市建设研究

陈西川 李明璐 陈麦趁*

摘　要： 郑州国家中心城市建设正在不断加速，郑州航空港区作为其发展的核心引擎，发展面临着一系列挑战。郑州航空港区聚焦人才链、产业链、创新链融合发展，通过政策引导和数字化转型两大支撑，构建国际一流航空经济区；通过强化人才链，吸引和培养了大批高素质专业型人才，为航空港的发展提供了坚实的人才支撑；通过优化产业链，促进了产业集聚和升级，提升了航空港综合竞争力；打造创新链，推动科技创新和成果转化，为航空港区持续发展注入新动力。这一系列举措的实施，为郑州国家中心城市的建设奠定了坚实基础。郑州航空港区将继续深化"三链"融合发展，为郑州乃至整个区域的经济发展贡献更大的力量。

关键词： 郑州国家中心城市　航空港区发展　三链融合发展　数字化转型

郑州航空港经济综合实验区（以下简称"航空港区"）作为郑州国家中心城市建设的核心引擎，通过强化人才链、产业链、创新链融合发展，以政策引导、数字化转型为抓手，致力于打造一流的航空经济区、一流的营商环境，并取得显著成效。

---

* 陈西川，博士，南阳农业职业学院教授，研究方向为科技政策、科技行政管理、精益管理等；李明璐，博士，郑州工程技术学院讲师，研究方向为整合品牌数字营销、区域品牌传播、数字化转型等；陈麦趁，广东药科大学附属第一医院助理研究员，研究方向为卫生健康管理、医保管理等。

基于"三链"融合发展的郑州航空港助力郑州国家中心城市建设研究

一 国家中心城市建设面临制约

郑州航空港区位于河南省郑州市，是我国重要的航空物流枢纽和内陆开放高地，港区依托郑州新郑国际机场的航空区域优势，大力发展临空经济综合体，吸引了众多国内外企业入驻，构建了包括航空物流、高端制造、现代服务业等多领域多元化产业集群，同时还积极推动与周边地区的产业协同化，构建区域经济发展的新格局。在郑州国家中心城市的建设中，航空港区作为关键节点，承载着促进经济腾飞和国际化发展的重任。

人才链、产业链、创新链融合发展为打造航空港区提供了有力支撑，但航空港区在助力郑州国家中心城市建设方面仍面临一些困境。

（一）基础设施建设投入占比高

2024年航空港区的基础设施建设预算达200亿元，其中道路建设占比40%，供电和供排水设施各占20%，[1]其余部分则用于其他配套设施的建设。然而，实际资金筹措情况却远不能满足这一需求，导致许多基础设施建设项目进度严重滞后，航空港区的整体运营效率受到严重影响。

（二）高精尖产业链发展短板仍存在

航空港区的产业结构已初步形成多元化格局，并通过打造汽车城和物流城等特色区域，拉动航空港区产业链整体发展，但高精尖产业链仍存在短板，关键核心技术和高端产品的自主研发能力有待提升。此外，产业链上下游之间的协同性不强，产业结构单一突出，影响了港区经济发展整体竞争力提升。根据产业分析报告，航空物流、航空制造两大产业占据了航空港区总产值的

---

[1] 资料来源：《郑州航空港经济综合实验区低空经济发展实施方案（2024年—2027年）》。

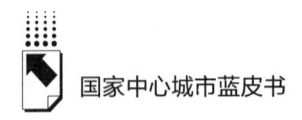

85%，而其他新兴产业如航空金融、航空维修等仅占15%。① 这种高度集中的产业结构使得航空港区在面对市场变化时缺乏足够的应对能力，一旦相关行业出现波动，整个航空港区的发展都将受到严重冲击。

（三）创新链创新资源的整合能力有待提高

港区积极推动发明专利和高水平团队引进，在科技创新方面取得了积极进展，但创新体系打造、创新资源整合能力提高仍有短板。创新成果转化机制不够顺畅，部分创新成果难以有效形成生产力，导致国际竞争压力不断加大。根据国际航空运输协会（IATA）发布的数据，全球范围内新建航空港区数量正以每年12%的速度增长，而我国航空港区在国际排名中的竞争地位并不乐观，多数航空港区排名中等偏下。这不仅使得我国航空港区在吸引国际投资、拓展国际航线等方面面临巨大挑战，也制约了其国际化发展的步伐。

（四）港区发展受制于高端人才短缺

从人才储备的角度来看，郑州市近年来在吸引和留住人才方面举措取得了显著成效，但高端人才短缺仍是制约城市发展的重要因素。特别是航空港区现引进人才中，人才结构不尽合理，未能形成人才梯队，与产业发展需求存在一定程度的不匹配。同时，人才培养和引进机制不健全，对其持续发展竞争力构成了挑战。

郑州航空港区若要成为国际一流的航空经济区，需要进一步加强人才链、产业链、创新链融合发展，突破发展瓶颈制约，提升城市综合竞争力。通过深化改革开放、优化政策环境、加强产学研合作等措施，推动郑州国家中心城市建设的高质量发展。

---

① 资料来源：《航空港区再获发展利好政策，河南培育10个以上千亿级枢纽偏好型产业集群！》，郑州航空工业管理学院航空经济发展协同创新中心，2024年1月8日，http://hkjj.zua.edu.cn/info/1017/2752.htm。

二 "三链"融合发展拉动数字化国家中心城市建设

（一）以人才链为发展基础

人才链作为推动郑州国家中心城市建设和打造一流营商环境的关键因素，其重要性不言而喻。在当前的全球化和知识经济时代，人才是推动城市发展的核心动力，而郑州正致力于通过优化人才链，加速城市的经济转型和产业升级。

2020年以来，航空港区累计出台了30余项关于人才引进的文件，[1] 成立覆盖所有职能部门"一统十联"工作机制领导小组，实现人才引进工作责任全覆盖、一站式。通过引进和培养高端人才，集聚更多的创新资源和智慧力量，为城市的科技创新和产业升级提供有力支撑。这些人才带来的新思想、新技术和新模式，将推动郑州在多个领域实现突破和领先。人才链的优化有助于打造一流营商环境。一个优质的营商环境是吸引人才的重要因素，而人才的集聚又能进一步改善营商环境，形成良性循环。

郑州可以通过完善人才政策、提升公共服务水平、优化创新创业环境等措施，为人才提供良好的工作和生活条件，发挥国家级引智试验区和专家服务基地等的平台优势，发放"人才绿卡"，集中办好人才一件事，为各类市场主体提供坚实的人才保障，使他们能够充分发挥自己的才能和潜力。此外，人才链的建设还有助于推动郑州与周边地区的协同发展，把营造一流营商环境纳入全区各级各单位领导班子和领导干部绩效指标体系，与评先评优、提拔晋级、考核奖惩等挂钩，推动各级"一把手"树牢全区"一盘棋"思想，主动抓、带头干、靠前推。通过加强区域人才合作和交流，郑州能够吸引更多的人才资源，实现资源共享和优势互补。同时，人才链的建设也能够促进产业链和创新链的协同发展，推动区域经济的整体提升。

---

[1] 资料来源：作者据公开数据自行统计。

（二）以产业链为发展核心力量

产业链作为区域经济发展的核心力量，对郑州国家中心城市建设和打造一流营商环境起到了至关重要的作用。特别是在电子信息、高端制造等领域，产业链的完善和优化为郑州的经济增长提供了强有力的支撑。产业链的优化布局促进了郑州国家中心城市的产业集聚和规模效应，航空港区依托自身交通和物流优势，大力发展现代制造业、高新技术产业和现代服务业，形成了一批具有竞争力的产业集群。这些产业集群不仅提高了城市的产业层次和竞争力，也吸引了更多的企业和资本入驻。产业链的完善促进了就业结构的优化和就业人数的增加。据统计，郑州的产业链相关企业数量已超过5万家，为当地创造了大量的就业机会。同时，随着产业链的升级，对高素质人才的需求也在不断增加，推动了郑州人才结构的优化。为了积极留住高新技术企业和科研团队，在入驻办理上更是一站式服务，实施"双对标"优化营商环境行动，从项目建设、企业发展、政务服务、法治保障等方面的具体事做起，提升营商环境保障能力。区政务服务中心为每个入区项目确定辅导联络员（代办专员），进行保姆式兜底服务，已辅导代办项目50个，协调解决问题300余个。

产业链的完善也为打造一流营商环境提供了有力支撑。郑州通过深化"放管服"改革，简化行政审批流程，优化政务服务，提高了政府的办事效率和服务水平。此外，郑州还加强了与产业链上下游企业的合作，推动形成了产业协同发展的良好局面，为企业提供了更加便捷、高效的发展环境。为确保政策有效实施，深化制度层面的保障，使责任得以切实落实，郑州航空港区针对性地构建了"十项保障制度"与"十项敢为敢闯敢干敢首创举措"。同时，明确要求全区各单位、各部门的"一把手"承担起优化营商环境的首要责任，通过科学规划、系统部署，各部门要各尽其责、协同作战，共同解决难题，提升效率，以确保"一统十联"的每一项制度和措施都能真正落地生根、发挥实效。

（三）以创新链为发展内在动力

创新链的完善为郑州国家中心城市的建设提供了源源不断的动力。航空港区作为国家级示范区，尤其注重创新发展和技术提升，通过加强科技创新、产业创新、管理创新等多方面的协同创新，形成以创新为引领的发展新格局。科技创新方面，航空港区积极引进和培育高端科研机构和人才，加强产学研合作，推动科技成果的转化和应用，加强商业秘密和知识产权保护执法工作，保护企业核心竞争力。产业创新方面，注重发展新兴产业和改造传统产业，推动产业链的升级和延伸，特别打造比亚迪新能源汽车产业园、中原医学科学城等。管理创新方面，不断优化政府服务，提升城市治理水平，为创新提供良好的制度环境。

同时，创新链的强化也为打造一流营商环境提供了有力支撑。在创新链的驱动下，航空港区不断推动营商环境的优化和升级。通过深化"放管服"改革，简化行政审批流程，降低企业运营成本，为企业提供了更加便捷高效的服务。此外，还依托航空港区大学城优势资源，积极打造创新创业平台，为创新创业者提供资金、技术、市场等多方面的支持，激发创新创业活力。

郑州航空港区地区生产总值增长率连续保持两位数水平，在全省范围内位居前列。2023年，郑州航空港区实现地区生产总值1295亿元，同比增长13.1%。此外，规模以上工业增加值也实现了10.5%的同比增长，占GDP的比重更是达到了45%，[1] 增长率远超全省平均水平，显示出航空港区强劲的发展势头。同时航空港区在外贸进出口方面也取得了显著成绩。2023年，外贸进出口总值完成4143.62亿元，占全省的比重超过一半。其中，新郑综

---

① 资料来源：《2023年河南郑州航空港地区生产总值增长13.1%，持续领跑全省》，河南省人民政府门户网站，2024年2月21日，https：//www.henan.gov.cn/2024/02-21/2950732.html。

保区累计完成外贸进出口值居全国 166 个综合保税区第 1 位,[1] 显示出航空港区在国际贸易中的重要地位和强劲的发展内驱力。

三 打造航空港经济综合试验区发展有力抓手

（一）政策引领航空港区经济数智化发展

在政策导向层面，郑州航空港区实施了一系列优惠政策和扶持举措，旨在为企业发展筑牢坚实后盾。航空港区通过减轻企业税收负担、提供土地与资金方面的支持以及优化行政审批流程等手段，有效降低了企业的经营压力，进一步激发了市场主体的活力。与此同时，航空港区特别设立了专业化的服务机构，致力于为企业提供全方位的一站式服务，及时解决企业在日常运营中遇到的各种挑战和难题。

航空港区以国际先进标准为标杆，通过实施"2245 双对标"创新行动，正全力推进营商环境的系统性、重塑性改革。在招商引资、项目建设、企业发展及政务服务等方面，全区攻坚克难，致力于构建一流的市场化、法治化、国际化营商环境。目前，已初步达成"四无审批"目标，即清单、大厅、平台、名单之外均无审批，为企业的稳健成长提供了坚实的保障。

积极塑造公平有序的市场环境，引领跨境包机业务开展，将电商商品种类扩充至三万余种。同时，通过实施"企业名称自主申报""个体工商户'秒批'服务""模拟审批""并联审批"等多项改革举措，大幅提升了企业开办的便捷性，实现了营业执照即来即办的常态化模式，当场办结率高达95%。为解决创业者"进门易出门难"的问题，推行了企业注销"一网"服务，有效缩短了企业注销的公示时间，从原来的 45 天减少至 20 天。

在构建开放环境方面，积极与国际接轨。在跨境贸易便利化上，全面实

---

[1] 资料来源：《郑州航空港区：外贸进出口总值 4143.62 亿元，开放让空港"腾飞"｜河南开发区改革启示录》，河南省发展和改革委员会，2024 年 8 月 1 日，https：//fgw. henan. gov. cn/2024/08-01/3030774. html。

施了"7×24"小时预约通关机制,使得新郑海关的进出口通关效率在全国范围内名列前茅。加强了国际贸易"单一窗口"建设,显著提升了跨境平台支撑系统的数据处理能力,从每秒70单跃升至1000单,日处理能力高达3000万单。此外,还实施了口岸收费目录清单制度,确保清单之外无额外收费,进一步提升了营商环境的透明度与公平性。[1]

为让经营者放心、安心发展,实施了政务服务"三集中、三到位"审批制度改革,并致力于达成政务服务"六最"目标。以"六抓六提升"为核心,精心打造了全区政务服务综合体,并加快了"数字化"平台体系的建设进程。全面推行政务服务中心"一个窗口受理、一网通办"服务改革,并落实了"办不成事"反映窗口的兜底服务。针对高频事项清单,积极探索并推出了一批人工智能审批事项,实现了线上24小时在线"秒批"。采用"线上+线下"的业务模式,建立了中介服务网上交易综合性信息化服务和信用管理平台。加强了政府公平、公正、公开招投标体系建设,推动了政府采购全流程电子化。

在司法执法环境保障能力方面也取得了显著进展。一是积极推进诚信政府建设,完善了信用信息归集、信用产品应用和联合奖惩等相关制度。二是建立了完善的"一单两库",持续提升"双随机、一公开"监管覆盖率。三是营造了法治化营商环境,强化了公平竞争政策的实施,并设立了实验区营商环境投诉监督中心。

(二)创新资源助力港区经济可持续发展

在经营落地环节,航空港区积极搭建产学研合作平台,同时深化与国际知名企业的战略合作,从而汇聚了大量高端人才和创新资源。这些优质项目和企业的入驻,不仅显著提升了航空港区的经济效益,更对区域产业的转型升级起到了强大的推动作用。

---

[1] 资料来源:《4月1日起郑州航空口岸7×24小时通关——旅客随到随检 海淘收货更快》,河南省人民政府门户网站,2019年3月29日,https://www.henan.gov.cn/2019/03-29/740554.html。

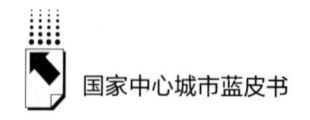

为激发市场经济活力并增强招商引资的吸引力，航空港区出台了《郑州航空港经济综合实验区委托招商奖励办法》（以下简称"《办法》"）。这一政策旨在鼓励和支持市场化招商主体积极参与港区的招商引资工作，从而拓宽招商渠道，并与政府内部的招商力量形成内外互补、协同合作的良好格局，共同构建广泛参与的招商引资新局面。

《办法》详细规定了委托招商的对象、内容、程序、方式、奖励标准以及支付方式等，其主要亮点如下。首先，其覆盖面极为广泛，任何参与或协助航空港区招商引资工作的个人或团体，均可被认定为委托招商对象。其次，程序设置简洁明了，符合条件的个人和团体只需通过推荐或直接递交材料的方式即可申请成为委托招商对象，经审核认定后即可签订《合作协议》。若委托招商对象成功引荐企业投资落地，即可提交奖励资金申请，经招商引资主体初审、区投资促进局同意以及区党工委会审议通过后，即可按照区财务管理规定拨付资金。最后，该政策注重实效，奖励资金兑现迅速，企业在开工阶段即可获得奖励资金。具体奖励标准根据项目投资额的不同而有所区别，投资额在1亿~5亿元、5亿~10亿元和10亿元以上的项目，在实质性开工并取得施工许可证后，将分别获得30万元、50万元和100万元的一次性奖励。此外，在投产阶段还设有固定资产投资额奖励，根据项目实际完成的固定资产投资额的5‰进行一次性奖励，且这一奖励不设上限。

2023年，随着一系列重大项目如比亚迪新能源汽车产业园、中原医学科学城、中原国际会展中心以及郑州航空港站的建成及投入使用，航空港区的发展引起了国内外的高度关注。航空港区不仅实现了产业、人流、物流、商流以及资金流的迅速汇集，同时也带动了对商业配套设施需求的显著增加。为响应这一需求，郑州航空港区特别选定中原医学科学城、高铁会展城和汽车城这三大关键区域作为优先发展的商业配套区域，并针对性地制定了一系列商业发展措施。对于新购置100平方米以上商铺的商户，按照购置合同的10%提供补贴；对于新租赁建筑面积超过30平方米商铺的商户，提供为期三年的租金补贴；同时，对于新租赁建筑面积超过30平方米的商户，还将提供最高50%的装修补贴。此外，对于新注册成立的商业企业在开业的前三年将根据商户对地方经济贡献度的70%给予奖励。这一系列措施旨在推动航空港区的商业配套发展，吸引更多商户入驻，为航空港区经济的繁荣贡献力量。

有了高质量区域经济体后，配套设施的搭建迫在眉睫。航空港区对投资新建的五星级酒店按最高1800元/平方米的标准给予建设补贴，最高补贴7200万元；对投资新建的四星级酒店按最高1166元/平方米的标准给予建设补贴，最高补贴3500万元。对项目竣工且通过星级评定的四星级酒店，一次性给予最高200万元奖励；五星级酒店一次性给予最高600万元奖励；国际知名五星级酒店一次性给予最高1000万元奖励。对通过改建、扩建及提升达到或评定为四星级酒店的，一次性给予最高200万元奖励；五星级酒店的，一次性给予最高600万元奖励；国际知名五星级酒店品牌的，一次性给予最高1000万元奖励。

针对批发、零售、住宿和餐饮行业，郑州航空港区给予最高1000万元奖励，加大招商引资力度，让城市"烟火气"加速升腾，奖励申报简洁高效，凡符合条件的企业，在年初提供上一年度纳税和销售数据，经确认无误，即发放奖励资金，奖励条件包括五个方面。"入库纳统即奖励"——对首次纳入统计的企业，直接奖励12万元，最高奖励100万元。"新注册即奖励"——对航空港区新注册统一纳税、具有独立法人的批零住餐企业，按照销售额，分别奖励15万元、30万元、60万元。"设立总部即奖励"——对港区现有大型商业综合体、批发市场、连锁零售、餐饮企业，新成立总部时，按照销售额的2‰给予最高1000万元奖励支持。"开展零售即奖励"——对食品、服装、家电等重点消费品制造企业，成立独立法人零售企业的，按照年销售额，分别奖励3万元、15万元、30万元。"销售增量排在靠前即奖励"——年销售额增量排在前5位的住宿、餐饮企业，每家奖励30万元；年销售额增量排在前2位的汽车销售企业、排在前5位的批发零售企业，每家奖励50万元。

（三）数字化政务宣传优化航空港区发展环境

数字化政务宣传有助于提升公众对数字化政务的认知水平，让更多人了解并参与到数字化政务的建设和使用中来。宣传数字化政务的便捷性、高效性和透明度，可以增强公众对政府的信任和支持，进一步稳固民心。航空港区共设立了6个官方订阅号，分别以订阅号、小程序、抖音、小红书、百家号、微博为平台，形成矩阵效应，周播放量累计破千万，发挥主流媒体、新媒体、自媒体作用，广泛宣传各项涉企优惠和便民服务举措，提高政策知晓率和执行度。加强舆论引导，增强正面发声，营造亲商敬商安商助商氛围。建立健全出台重大政策常态化征求企业家意见机制，构建亲而有度、清而不疏的新型政商关系。

此外，数字化政务宣传对于加速郑州国家中心城市的建设步伐起到了重要的助推作用。作为全国城镇体系中的核心节点，郑州以其卓越的引领和辐射能力，在国家功能上扮演着重要角色，同时也在国际竞争中展现着大都市的风采。数字化政务的深入实施，不仅能够提升政府服务的品质与效率，更能将"服务于民、服务于政"的核心理念融入数字化政务体系的每个细节之中，从而加快郑州国家中心城市的建设步伐。

对于航空港区而言，数字化政务宣传同样具有举足轻重的意义。通过广泛宣传数字化政务在优化营商环境、提高政府服务效率以及推动产业转型升级等方面的显著成效，能够吸引更多的企业和投资者前来投资兴业，进而推动航空港区的经济蓬勃发展。数字化政务宣传不仅有助于提升航空港区的国际竞争力，还能够为区域经济的持续健康发展注入新的活力。

四 总结及启示

郑州航空港区作为郑州打造国家中心城市的核心引擎，通过强化人才链、产业链、创新链的深度融合以及政策引导、数字化转型和长效经营等手段，成功打造了一流营商环境，取得了显著成效。通过构建现代产业基地，以航空经济为引领，航空港区初步形成了"万亿千亿百亿"的产业发展体系。这一体系不仅促进了当地经济的快速增长，还通过招商引资和项目建设，推动了产业链的完善和升级。航空港区的发展，不仅带动了周边地区的产业发展，也为整个河南省乃至中原经济区向高端转型提供了强大的动力。

郑州航空港区成功吸引了大量高端人才集聚，形成了较为完善的人才链。同时，依托航空运输的便捷性，航空港区积极构建现代化产业链，促进了产业结构的优化升级。此外，通过加强与高校、科研机构的合作，航空港区推动了创新链的形成与发展，为区域经济的持续健康发展提供了强大动力。航空港区强化政策引导，制定了一系列优惠政策和措施，为企业和人才提供了良好的发展环境。

数字化转型方面，航空港区积极推动政务服务、企业管理、政策宣传等方面的数字化改革，提高了行政效率和服务质量。长效经营方面，航空港区注重可持续发展，加强政府的主导作用，真金白银促发展，营商环境持续优化，吸引了大量优质企业入驻，推动了区域经济的快速增长。同时，航空港区的国际影响力不断提升，为郑州打造国家中心城市提供了有力支撑。未来，航空港区应继续深化改革，加强创新驱动，推动高质量发展，为郑州乃至河南的经济发展作出更大贡献。

立足过去，展望未来，为更快实现国家中心城市建设，在产业链发展方面，郑州将进一步深化产业结构调整，优化产业链布局。依托航空港区等核心区域，加强高端制造业、现代服务业和战略性新兴产业的培育和发展，形成具有国际竞争力的产业集群。同时，郑州还将加强与周边城市的产业协作，构建更加紧密的区域产业链，实现共赢发展。

在人才链完善方面，郑州将加大人才引进和培养力度，打造高素质人才队伍。通过实施更加开放的人才政策，吸引更多国内外优秀人才来郑州创新创业。同时，郑州还将加强高等教育和职业教育的发展，提升本地人才培养质量，为城市创新发展提供有力的人才支撑。

在创新链构建方面，郑州将进一步加强科技创新体系建设，提升城市创新能力。通过加大科研投入、建设创新平台、优化创新环境等举措，郑州将推动更多科技创新成果的涌现和转化。同时，郑州还将积极参与国际创新合作与交流，引进国际先进科技资源和管理经验，提升城市的国际创新影响力，实现新腾飞！

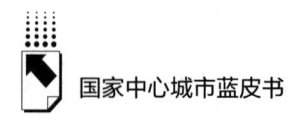

参考文献

《郑州航空港：坚持"四突出四强化" 发力打造一流营商环境》，中原网，2023年5月15日，https://news.zynews.cn/zwspecial/2023/05/15/75477.html。

《奖励"上不封顶" 郑州航空港发布招商新政 "重金"招商背后有何深意?》，大河网，2023年12月23日，https://news.dahe.cn/2023/12-22/1350501.html。

B.20
多元协同推动西安文旅消费高质量发展做法及启示

于远光[*]

摘　要： 随着旅游业的快速发展，文化旅游已成为各地旅游发展的重要组成部分。西安作为中国的历史文化名城，拥有丰富的历史文化资源和旅游资源，吸引着大量游客前来观光游览。为了推动文旅消费高质量发展，西安需要不断创新文旅服务内涵，提升文旅品牌价值，实现多元协同推动。具体来看，可从以下几方面着手：深挖文化内涵，创新文化体验；构建多元业态，促进"文旅+"融合；优化产业结构，发展协同合作；强化政策支持，保障文旅发展。

关键词： 多元协同　文化旅游　高质量发展

西安作为中国历史文化名城，以其独特的地理位置和悠久的历史背景，在文化旅游领域具有得天独厚的优势。近年来，随着旅游业的快速发展，文化旅游消费已成为西安国民经济增长的重要支撑和社会发展的重要动力。然而，单一依赖传统旅游景点和文化遗产的发展模式已越来越难以满足游客需求与市场竞争的不断变化。在这一背景下，如何借助这些宝贵的历史文化资源，多元协同推动西安文旅消费高质量发展，成为地方政府、企业乃至整个社会关注的焦点。

---

[*] 于远光，博士，西安市社会科学院经济所助理研究员，研究方向为资源与环境经济、城市经济。

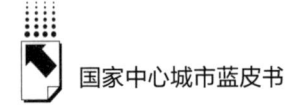

本文将着眼于探讨多元协同推动西安文旅消费高质量发展的做法及启示。本文通过对西安文旅的基本概况、发展现状及特征进行研究分析，提出推动西安文旅消费高质量发展的具体实践路径和可行性建议，以期为推动西安文旅消费朝着更加多元化、创新化和高质量化的方向发展提供有益的参考和指导，为其他城市在文旅消费领域实现可持续发展提供启示，全面提升我国旅游业的整体竞争力。

一 西安文旅发展基本概况

（一）西安区位条件与旅游资源

1. 区位条件

西安位于我国西部，地处黄土高原与关中平原的交会处，地势平坦，南靠秦岭，北依渭水，地理位置优越，是沟通东西、连接南北的重要节点，拥有得天独厚的地理位置。2018年，西安晋升为国家中心城市，成为综合实力强、辐射能力大的城市，逐步具有全国性或区域性的经济中心、政治中心、文化中心、科教中心和对外交往中心的战略地位，使西安的文化旅游产业发展具有了良好的区位优势。

2022年，国家发改委发布了《关中平原城市群建设"十四五"实施方案》，标志着关中平原城市群已进入发展壮大、质量提升的关键阶段。该规划要求以西安都市圈建设为关键牵引，充分发挥西安的辐射带动作用，推动西部大开发，助推全国高质量发展。这一规划的最终目标是进一步发挥中心城市的辐射带动作用，推动西安都市圈发展取得明显进展。这将进一步巩固西安已形成的区位优势，推动西安文化旅游产业发展。

此外，在西安文化旅游产业发展布局方面，西安市政府提出了重点发展"一核三极多板块"策略。其中，"一核"指的是中心城区皇城文旅融合核心发展区；"三极"包括曲江、大雁塔的"文化+旅游"增长极，沪灞、港务的"会展+文体+旅游"增长极，以及临潼全域旅游示范区的秦风唐韵增长极;"多板块"包括未央汉文化板块,灞桥、蓝田白鹿原民俗康养板块、航通文旅板块,高新区时尚休闲板块、西咸秦汉文化板块、沣东及泾河文旅板块,阎良区、航空基地航空科技旅游板块,高陵区农耕文化体验板块,长安、鄠邑、周至山水生态休闲板块等。这一策略为西安文化旅游产业的多元化发展提供了方向和支持。

2. 旅游资源

从历史文化来看,西安拥有约3100年的建城史和1100多年的国都史,使得西安被誉为"四大古都"之首。丰富的文化底蕴和历史积淀给西安留下了遗址、陵寝4000多处,重点文物保护单位300多处,如秦始皇陵、兵马俑、大雁塔、华清池、古城墙等世界级的文化遗产,这些旅游资源为西安文旅产业发展提供了强力支撑。

从西安市旅游资源来看,根据西安市文化和旅游局公布的A级旅游景区信息,西安有91家A级以上景区,其中5A级5家,包括秦始皇帝陵博物院、陕西华清宫文化旅游景区、西安大雁塔·大唐芙蓉园景区、西安城墙·碑林历史文化景区以及大明宫国家遗址公园,4A级27家、3A级48家、2A级11家。横向对比A级以上旅游景区数量,西安市景区数量低于国家中心城市景区数均值。2023年西安市4A级及以上景区数量共计32家,在国家中心城市中并不突出。但从5A级景区数量对比来看,西安市高于国家中心城市均值,在国家中心城市中排名第3(见表1)。

表1 各国家中心城市A级以上旅游景区数量

单位:家

城市	5A	4A	3A	2A	总计
北京	9	70	108	28	215
天津	2	33	50	18	103
上海	4	72	62	0	138
广州	2	36	57	0	95
重庆	11	140	83	37	271

续表

城市	5A	4A	3A	2A	总计
成都	2	50	30	12	95
武汉	3	24	30	0	57
郑州	1	20	18	7	46
西安	5	27	48	11	91
均值	4.34	52.45	54	12.56	123.44

资料来源：各国家中心城市文化和旅游局。

从旅游景点分布来看，西安市整体背靠秦岭，沿渭河流域分布，自然资源丰富。南部旅游景点秦岭七十二峪、翠华山、终南山·南五台、太平国家森林公园等以山区自然风光为主。西安市中心城区旅游景点主要为修复后的历史遗迹景观，如西安城墙、钟楼、大明宫遗址等。其余则以城市景观、民俗文化为主，如西安回民街、大唐不夜城步行街等。

总体来看，西安优越的地理位置、丰富的旅游资源、深厚的文化底蕴以及多元的人文特色，在推进文化旅游产业发展的过程中具有较强的优势，为其文化旅游产业的发展和崛起奠定了良好的现实基础。

（二）西安文旅消费的复苏

《西安统计年鉴2023》显示，2019年西安旅游业创造的收入占西安市GDP的33.47%，对西安市经济发展的贡献十分突出。但2020年以来，受社会大环境影响，西安市旅游业创收整体呈下降趋势，2020年低至1882.42亿元。2021年有所回升，2022有小幅度回落，旅游总收入为2030.17亿元，占GDP的17.67%。此外，数据显示，2022年接待旅游者20882.72万人次，相比2020年的18417.41万人次有所回升，但暂未回归到2019年水平（见表2）。总体看来，旅游总收入仍然占据较大比重，这表明西安市旅游业正在逐步恢复和发展，尽管仍面临一定挑战，但整体发展态势仍然乐观。

表 2 2019~2022 年西安市旅游人数、收入及 GDP 相关数据

年份	接待旅游者人数（万人次）	旅游总收入（亿元）	GDP（亿元）	占 GDP 比重（％）
2019	30110.43	3146.05	9399.98	33.47
2020	18417.41	1882.42	10023.73	18.78
2021	24201.73	2445.27	10751.31	22.74
2022	20882.72	2030.17	11486.51	17.67

资料来源：《西安统计年鉴2023》。

2024年1月，西安市统计局发布《2023年西安市经济运行情况》，报告显示全市服务业增加值比上年增长4.7%。具体行业方面，文化、体育和娱乐业的营业收入增长了22.7%，游览景区管理业的营业收入增长了17.1%，旅行社及相关服务业、电影放映业的营业收入成倍增长。2023年1~11月，全市重点文旅项目完成投资182.75亿元，占年计划投资的99.6%。新增了9家国家3A级以上景区，如秦岭国家植物园、诗经里小镇、易俗社文化街区等。曲江新区入选50个国家文化产业和旅游产业融合发展示范区建设单位名单，大唐不夜城步行街入选第二批国家级旅游休闲街区。从全国来看，西安市在全国城市排行榜中排行前十，有1600家文旅相关企业。这说明2023年西安市服务业整体发展态势良好，文旅相关产业强势复苏，为文旅产业发展注入了新的活力。

2024年春节假期，西安文旅全面复苏。春晚西安分会场的《山河诗长安》火爆出圈，同程旅行公布的旅行消费数据显示，春节假期首日西安旅游搜索热度环比上涨294%，旅游订单量同比增长194%，门票订单量同比增长430%。其中，曲江新区共计接待市民游客约789.73万人次，同比增长了28.69%（按可比口径），省外游客占56.37%。根据美团平台和"游陕西"平台数据，2024年春节假期陕西省文旅消费规模在全国排名第14，日均消费规模同比增长36%。节日期间异地用户消费占比达53.4%，较2023年同期增长94.1%。夜间消费规模占比约58.8%。西安地铁运送乘客达2632.2万人次，日均客运量292.5万人次，较2023年同期增长53.99%，

客运强度多日位居全国第1。这表明2024年春节假期西安旅游热度高涨，消费规模增长明显，旅游市场活跃，吸引了大量游客前来消费，文旅消费成为带动西安市消费增长的重要力量，对西安经济发展和旅游业的复苏起到了积极作用。

二　西安文旅高质量发展现状与特征

（一）西安文旅发展现状

1. 坚持服务优先的服务理念，融入文旅服务供给创新

随着社会的发展和人们生活水平的提高，消费者更加重视个性化和独特的体验，体验经济、博物馆热潮成为文旅发展的新风口。西安将"文旅发展，服务优先"的理念贯穿始终，不断提升文旅服务品质，优化服务内涵。

一是创新体验场景。西安推出城市游览新模式，陆续推出"秦腔主题观光车""唐诗主题观光车""博物馆主题观光车""喜剧巴士主题观光车"，观光空间成为新的文旅场景。此外，打造出大唐不夜城里沉浸式互动文化演出"盛唐密盒"、西安城墙景区的"盛唐天团"以及"长安十二时辰"主题街区等现象级IP。西安通过历史文化与现代创意的深度融合，推动传统文化产业转型升级，不断创新游客旅游体验新场景。

二是完善旅游信息服务系统。西安通过"互联网+文化+旅游"的新思路，以小程序集群模式整合西安优质文旅资源和服务，为游客提供"吃、住、行、游、购、娱"一站式文旅体验。基于LBS技术开发的"文旅地图"服务，精选西安各类旅游线路，同时根据游客的行程安排和位置信息，以地图为全新的文旅交互方式，满足游客便捷搜索景区、酒店、美食及娱乐等需求，更加直观地选择适合自己的文旅产品和服务。

三是加大文旅产业监管和执法力度。西安加大对文旅产业的监管和执法力度，严格落实相关法规和标准，保障游客的合法权益和旅游环境的质量。加大对旅游市场的监测和处罚力度，打击假冒伪劣产品和服务的行为，维护市场秩序和游客的正常消费权益。

2. 打造"文化旅游+"的服务品牌，刺激文旅消费需求

随着收入水平的提高和旅游观念的变化，游客对于旅游产品的需求也在不断演变。游客对于旅游体验的个性化、定制化要求越来越高，追求独特、深度的文化体验。为了满足这一需求，西安的文旅企业积极创新，着力打造各种特色旅游产品。

一是文化旅游+工业。工业旅游成为年轻人追捧的一种旅游形式，西安形成了以陕西钢厂、西安市平绒厂、西安电影制片厂、3511厂（军需毛巾厂）、大华纺织厂、西北第一印染厂为原型的六大工业创意园区，充分挖掘老工业厂的特色和亮点，逐步改变旧的功能、布局和结构，使旧厂区能得以改造和利用。

二是文化旅游+体育。"十四运"带动文旅与体育产业发展，西安持续放大体育赛事的综合效应，积极举办西安城墙马拉松、翠华山万人登山节、秦岭国际越野挑战赛等一系列户外拓展、漂流滑雪、电子竞技活动，创建国家级体育旅游基地，丰富体育休闲类旅游产品。通过赛事活动塑造城市品牌，最大化地发挥赛事的社会与经济效益。

三是文化旅游+夜游。西安延长城市文旅消费链，依托城市亮化景观资源，做大夜间经济，丰富夜间文旅活动。支持大唐不夜城步行街、西安城墙景区、北院门历史文化街区、易俗社文化街区等创建国家级夜间文化和旅游消费集聚区。支持钟楼、老城根、西安大都荟等重点商圈延长开放时间，全面提升夜游经济配套服务。

3. 创新文旅产业的营销模式，提升文旅品牌影响力

在经济快速复苏的背景下，新媒体逐渐成为了营销的新阵地，对于重新定义城市内涵，推动文旅行业创新转型，探索文化旅游产业的新机遇、新形势、新业态具有重要意义。

一是新媒体营销。永兴坊的"摔碗酒"和大唐不夜城的"不倒翁小姐姐"通过短视频平台走红，为西安不断增加旅游热度。以一首《西安人的歌》为背景音乐，展示西安景点的短视频，全网点击量超18亿次，并获得

亚洲中文音乐大奖"最具影响力方言歌"。在社交媒体和短视频的助推下，西安热度持续走高，长期上榜全国十大热门目的地城市。

二是影视联动。影视作品作为重要的社会媒介，在文化传播上具有重要作用。西安联手热播剧《长安十二时辰》打造出中国首个全时段、全生活、全业态、全场景、全体验的沉浸式唐风市井生活街区，这既是一次影视IP的落地，也是一个传统商场的成功改造提升，是文商旅跨界融合的创新产品。此外，西安联合《长安三万里》电影推出6条IP同款暑期研学线路，以寓教于乐的方式，深度传播中华文化。

三是数字化赋能。西安运用数字技术，打造具有故事性、体验性、参与性和互动性的沉浸式文旅体验。西安城墙景区运用无人机+VR技术，远程控制无人机自动飞行，游客可以通过VR设备享受城墙漫游的3D视觉效果。景区基于空间计算+实时云渲染技术的算法，实现虚拟与现实的无缝连接。游客可以通过一键"穿越"，在虚拟世界中探索城墙的历史和文化，真正实现了时间和空间的跨越，增强了游览的趣味性和参与感。

（二）西安文旅发展特征

通过对西安文旅发展现状的研究和分析，本文认为西安文旅发展具有以下特点。

1. 创新性

在供给端，一方面，对传统文化进行创新，大力推动文化创意产品的开发和设计，以丰富市场供给；另一方面，引入先进科技和新兴产业，如虚拟现实、增强现实技术等，结合文化资源和景区，打造沉浸式体验和互动性项目，提升游客的参与度和满意度。在消费端，通过引入线上预订平台、电子导览系统和智能交通等技术手段，提升游客的消费体验；提供个性化的旅游路线和服务，推出定制化的旅游套餐和体验项目，满足不同游客的需求。在宣传端，利用互联网、社交媒体等新型媒体手段，积极推广文旅产品和目的地形象，吸引更多游客的关注和参与；利用大数据分析和个性化推荐技术，实现精准营销和定向宣传，提升宣传效果。

2. 多元化

西安文旅服务的供给呈现多元化发展趋势，除了以著名的历史遗址和古建筑为核心的旅游景点，还积极开发和推广各类主题公园、博物馆和文化衍生品等，形成了以文化创意为代表的多元化旅游产品供给。消费端的多元化表现在游客对于旅游产品和服务的选择上，西安推出了传统观光、休闲度假、文化体验、主题游等多类型的旅游消费产品，满足了不同游客的兴趣和需求。宣传端的多元化表现在全面加强与携程、美团、抖音、小红书等平台的战略合作，精准推介西安文旅产品。

3. 协同融合

西安文旅在供给端注重协同发展，各级政府、相关企业和旅游机构之间积极合作，共同打造优质的旅游景点和文化项目；推动文旅产业与其他产业相互融合，如将文旅与体育、健康养生等结合，形成独特的综合性旅游产品。在消费端，各类景区、旅游企业和文化机构之间加强联动合作，推出组合式的门票和产品包，实现资源共享和优势互补，提高游客的综合消费体验。在宣传端，通过组织大型文化活动和旅游节庆，共同宣传和推广西安的文旅资源；鼓励旅游从业者和相关机构合作，共同打造连锁品牌和联合营销活动，建立起了"旅游推介+文博展览+文艺展演+项目招商"协同融合的旅游推介新模式，提高整体宣传效果。

总体来看，西安文旅产业在供给端、消费端和宣传端都表现出创新、多元和协同融合的特点，多元化是基础，创新性是核心驱动力，协同融合是实现西安文旅创新和多元化的关键。但创新性、多元化和协同融合并不是孤立存在的，它们相互依存、相互促进，才使得西安的文旅产业能够不断适应市场需求变化、吸引更多游客参与，并为西安的经济发展做出积极贡献。

三　西安文旅高质量发展经验与启示

西安作为一个历史文化名城，拥有丰富的文化遗产和旅游资源，通过对其发展基本概况、文旅发展现状和特点的研究，本文认为西安在深挖文化内涵，创新文化体验；构建多元业态，促进"文旅+"融合；优化产业结构，发展协同合作；强化政策支持，保障文旅发展等方面的做法促进了西安文旅消费的高质量发展，这些经验和启示对于其他地区的文旅发展也具有借鉴意义。

（一）深挖文化内涵，创新文化体验

一是立足传统文化资源，对文化遗产进行保护性开发，激发其内在的生命力，充分发挥中国优秀传统文化的力量。首先，通过对历史文化遗址的研究和挖掘，推动博物馆等公共场所的建设，更好地传承和展示传统文化的内涵和价值。其次，充分发挥历史文化街区"活标本"的作用，有效保护其原有的历史风貌，对历史建筑进行合理利用，将本地的古建筑、传统手工艺、民间故事等融入文化活动中，让游客感受到该地的独特魅力，传承优秀民俗文化。

二是创新文化活动，创新融合传统与现代元素，形成独特的创新活动。首先，在传统文化活动中加入现代艺术、科技元素等，使文化活动更具吸引力和互动性。其次，引入多元化的文化表达形式，积极引入街头艺术、音乐节、文化市集以及手工艺市集等活动，为游客提供更多选择和体验。

三是推动文化科技创新，将数字化技术与文化旅游相结合，提升旅游体验和服务水平。应用智能导览系统、虚拟现实技术、增强现实技术等，为游客提供更便捷、更丰富的导览和体验服务。此外，利用数字化技术打造互动体验项目，如全息投影、AR互动游戏等，使游客能够参与其中，增强游客的参与感和体验感。

（二）构建多元业态，促进"文旅+"融合

一是发展文化创意产业，将文化和创意相结合，创造出具有独特魅力的产品和服务，丰富旅游体验。通过与设计师、艺术家、手工艺人等合作，将传统文化元素融入创意产品中，如文创商品、手工艺品等，为游客提供独特的购物体验。鼓励文化创意企业与旅游景区合作，打造具有特色的文创街区

和文创园区，为游客提供更多的文化创意产品和体验项目。

二是打造文化旅游综合体，将文旅产业与其他产业相融合，提供更丰富多元的旅游体验。一方面，打破行业壁垒和行政界限，推动文化旅游与工业、农业、教育、体育、科技等相关产业全面融合、深度融合，形成具有综合性和多元化的旅游目的地。例如，将历史文化景区与购物中心、主题公园、文化演艺等相结合，形成集观光、购物、娱乐于一体的综合性旅游场所。另一方面，打造特色小镇和特色街区，通过整合文化资源、提供特色产品和服务，吸引游客游览，推动当地经济的发展。

（三）优化产业结构，发展协同合作

一是优化产业结构，推动传统文旅产业向高端、特色、创新方向升级。首先，通过整合资源、提升服务质量，提高旅游景区和文化场馆的品质和水平，加强对历史文化遗址的保护和修复，提升其观赏价值和文化内涵。其次，鼓励文旅企业进行技术创新和产品创新，推出具有特色和竞争力的旅游产品和服务，将传统文化与现代科技相结合，推出数字化导览系统、虚拟现实体验等创新项目，提升游客的参与感和体验感。

二是合作共赢，通过与相关产业的合作，实现资源共享和互利共赢。一方面，鼓励文旅企业与本地的文化、艺术、设计等相关产业进行合作，共同开发文旅产品和项目。另一方面，积极与其他地区、其他国家的文旅企业进行合作，开展跨区域、跨国家的文旅项目。通过合作，实现资源共享、市场拓展和品牌提升，实现互利共赢。

三是建设公共平台，提供资源整合和服务支持。通过建设文旅产业交流平台，一方面，为文旅企业提供交流、合作和学习的机会。另一方面，为文旅企业提供相关政策解读、资金申请、人才招聘等服务，帮助企业解决发展中的问题。

（四）强化政策支持，保障文旅发展

一是政策扶持，制定和完善相关政策，为文旅发展提供有力的支持。首

先，制定一系列的文旅产业发展规划和政策文件，明确发展目标、支持措施和政府责任，为文旅企业提供明确的发展方向和政策依据。其次，加大对文旅项目的审批和扶持力度，简化审批程序，提高效率，为文旅项目的开展提供便利。最后，加强对文旅企业的培训和指导，提供专业的咨询和服务，帮助企业解决发展中的问题。

二是资金支持，为文旅项目的发展提供保障。首先，加大对文旅项目的财政补贴和奖励力度，通过给予资金支持，鼓励企业开展文旅项目，提升其竞争力和创新能力。其次，积极引导社会资本参与文旅投资，通过引入社会资本，提高资源配置的效率，促进文旅产业的发展。最后，积极探索金融创新，为文旅企业提供融资支持，解决其发展中的资金难题。

三是人才培养，为文旅发展提供人才保障。首先，加强对文旅人才的培训和引进，提高人才队伍的专业素质和创新能力。通过开展培训班、举办论坛等形式，提升从业人员的专业水平和综合能力。其次，注重培养创新创业人才，鼓励年轻人参与到文旅事业中来，通过设立奖学金、创业基金等形式，激发年轻人的创业热情，培养新一代的文旅创业人才。

参考文献

国家发展和改革委员会：《关中平原城市群建设"十四五"实施方案》，2022年6月24日。

西安市人民政府办公厅：《西安市现代产业布局规划》，2020年10月21日。

西安市统计局：《2023年西安市经济运行情况》，2024年1月28日。

朱卉平：《西安文化旅游产业融合路径研究》，《美与时代》（城市版）2021年第9期。

苏红霞、郝国华：《"一带一路"视阈下西安文化旅游产品开发层次与提升路径研究》，《现代经济信息》2020年第12期。

西安市人民政府办公厅：《"十四五"文化和旅游发展规划的通知》，2021年11月17日。

探索篇

B.21 城市群中心城市科技创新带动腹地城市创新能力提升的思考

叶堂林 刘哲伟[*]

摘　要： 中心城市和城市群正在成为承载发展要素的主要空间形式，推进中心城市科技创新能力提升带动腹地城市科技创新发展是实现高质量创新的必要一环。本文基于2010~2020年我国东部三大城市群京津冀、长三角和珠三角的面板数据，构建了用来测度创新的借用规模和创新的借用功能的指标，实证考察了我国城市群关于创新领域的借用规模和借用功能现象。研究发现，城市群中心城市科技创新能够通过创新借用规模和创新借用功能带动腹地城市创新能力提升，而且腹地城市创新要素的相对集聚程度以及技术应用水平越高，带动效果越显著。结合研究发现，本文从促进要素流动、发挥比较优势以及打造城市群创新生态系统等角度提出了促进腹地城市创新的政策启示。

---

[*] 叶堂林，博士，首都经济贸易大学特大城市经济社会发展研究院执行院长、教授、博士生导师，研究方向为区域经济，京津冀协同发展；刘哲伟，首都经济贸易大学城市经济与公共管理学院博士研究生，研究方向为区域经济。

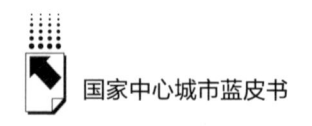

关键词： 城市群　借用规模　借用功能　协同创新

进入新发展阶段以来，我国区域发展战略由经济中心引领的增长极模式向区域协调发展模式转型，在这一过程中，城市群战略地位逐渐凸显并成为我国驱动经济高质量增长的重要抓手。创新作为发展的第一动力，各城市群均将提升整体创新能力放在首位，从创新要素的整体分布情况看，城市群普遍面临中心城市过度集聚大量优质创新资源与腹地城市创新要素供给不足导致动力不强的结构性矛盾以及城市间关于创新资源过度竞争带来的效率损失难题。在这种发展背景下，推动中心城市与腹地城市实现协同创新成为破解城市群创新发展难题的核心思路。创新要素具有集聚的发展趋向，赋予了中心城市较高的创新资源密度，将中心城市打造成为城市群创新高地，随着统一大市场建设推进、中心城市与腹地城市间创新要素流动便利程度极大提升，高端创新要素在中心城市集聚进一步强化，由此引发讨论：在创新要素不断向中心城市集聚的过程中，中心城市科技创新能力的提升能否带动腹地城市创新能力的提升。

一　基于借用规模和借用功能理论视角的机理分析

借用规模指的是小城市能够依托其相对区位优势，通过"借用"与其相近的大城市中更大的市场规模、更优质的公共服务供给，超越自身城市功能和资源禀赋所能达到的发展水平，而且在享受大城市空间溢出效应的同时在一定程度上避免了拥挤效应等负外部性的影响。刘修岩和陈子扬（2017）研究指出小城市依托借用规模可以嵌入一个更为广阔的劳动力市场，意味着邻近大城市的小城市能够借用大城市的劳动力资源，扩展小城市的劳动力市场。但是部分学者研究发现存在一些相反的现象，例如邻近大城市的小城市中的消费场所可能比不邻近的小城市更少（Meijers et al.，2016）。学者将这一现象用"借用功能"来形容，指的是大城市集聚效应带来的结构优势会对小城市产生虹吸效应和"空间剥夺"（Camagni et al.，2015），使得小城市逐渐失去某些功能。

城市群作为城市发展的最高空间形式，是生产力发展、生产要素集聚以及区域界限淡化共同作用的产物，这就给予了腹地城市通过创新的借用规模以及借用功能实现自身创新能力显著提升并突破自身发展能级限制的宝贵机遇。从创新要素的分布来看，中心城市集聚了大量高端的创新要素，如专业化的科研机构、相对雄厚的基础研究能力以及广泛的创新成果应用场景，而腹地城市有机会通过借用规模和借用功能弥补自身有效规模不足带来的限制。具体来看，一方面，在借用规模上主要表现为中心城市在科技创新领域具有明显的先发优势，而腹地城市由于创新要素的相对稀缺，能够通过模仿等方式，利用中心城市基于创新集聚产生的丰富经验，降低研发风险，提高自身创新要素的利用效率。另一方面，在借用功能上主要表现为中心城市已经集聚了大量专业化的创新资源，包括聚焦某一特定技术领域寻求技术突破的创新者、为创新者提供创新服务的专业化服务机构、高端前沿的科学大设备装置等，这些高端创新要素正是腹地城市所缺乏的，腹地城市能够增加与专业研发机构的技术交流，享受这些高端要素集聚带来的效率提升。基于此，提出本文第一个研究假说。

假说一：腹地城市能够向中心城市借用创新规模以及借用创新功能实现自身科技创新能力的提高。

腹地城市能否成功实现借用创新规模和借用创新功能，与其自身的发展条件是密不可分的。从中心城市和腹地城市关于创新资源的差异上看，一方面，中心城市在高端研发、前沿技术等领域具有明显的比较优势，而腹地城市成功借用创新规模和借用创新功能持续地突破自身资源约束的关键在于将借用的创新规模和功能不断内化为自身创新能力，意味着腹地城市自身的创新水平会对借用规模和借用功能的效果产生关键的影响作用，腹地城市的创新水平越高越能够充分利用中心城市的优质创新要素。另一方面，创新是多领域交叉、多方向延伸的复杂过程，腹地城市由于缺少足够的要素支撑，即使能够实现借用规模和借用功能，也不可能借用中心城市中每一个创新环节或者每一个技术创新方向的规模与功能,这就意味着,相较于中心城市多样化创新的发展方向,腹地城市的创新发展将呈现相对专业化的发展特征,由于不同腹地城市选择的科技创新突破方向存在差异,而中心城市恰好存在部分因为拥挤效应被挤出的创新资源,这部分资源会基于自身创新特性向与之匹配的腹地城市汇集,匹配程度的高低取决于腹地城市与中心城市的创新要素对接程度,创新要素集聚程度越高的腹地城市,越有机会与中心城市外溢的创新要素形成强链接,由此在一定程度上补充了腹地城市科技创新所需要的要素资源,有利于其实现更高水平的科技创新。基于此,提出本文第二个研究假说。

假说二:创新要素集聚水平相对较高的腹地城市更能够发挥借用规模和借用功能的效果。

创新最终将用于服务生产能力的提升,直接体现在科技创新实现产业化的过程,而这一过程需要有技术成果应用能力作支撑。对于腹地城市而言,需要整合才能应用向中心城市借用的创新规模与功能,一般而言有两种整合思路:一是专业化的创新服务机构利用其广阔的技术视野以及超前的市场敏锐度,为腹地城市提供支持,提高腹地城市的科技创新吸收与应用能力;二是产业的自发选择,具有较高技术创新能力的企业对中心城市的科技创新具有更高的敏锐度,有能力结合自身业务需要明确所需的具体技术领域,这类企业越多意味着该区域技术成果应用能力越强,也就意味着能够更高效地筛选中心城市产生的科技创新成果,从而提升借用规模和借用功能的效果。对于第一种整合思路,高端的创新服务主要集中在中心城市,是腹地城市所缺少的功能,因此对于大多数腹地城市而言,通过产业自发选择提高借用规模和借用功能的效果成为更可行的路径。基于此,提出本文第三个研究假说。

假说三:技术应用能力相对较高的腹地城市更能够发挥借用规模和借用功能的效果。

二 模型构建与研究设计

（一）模型构建

为验证三个假说猜想，本文设定基准回归模型形式如下：

$$innovate_{it} = \beta_0 + \beta_1 borrowed\_s_{it} + \beta_2 borrowed\_f_{it} + \beta_3 hucap_{it} + \beta_4 fdi_{it} \\ + \beta_5 fissci_{it} + \beta_6 emplo_{it} + \varepsilon_{it} \tag{1}$$

$$innovate_{it} = \beta_0 + \beta_1 borrowed\_s_{it} + \beta_2 borrowed\_f_{it} + \beta_3 hucap_{it} + \beta_4 fdi_{it} \\ + \beta_5 fissci_{it} + \beta_6 emplo_{it} + \beta_7 agglo_{it} + \beta_8 borrowed\_s_{it} * agglo_{it} \\ + \beta_9 borrowed\_f_{it} * agglo_{it} + \varepsilon_{it} \tag{2}$$

$$innovate_{it} = \beta_0 + \beta_1 borrowed\_s_{it} + \beta_2 borrowed\_f_{it} + \beta_3 hucap_{it} + \beta_4 fdi_{it} \\ + \beta_5 fissci_{it} + \beta_6 emplo_{it} + \beta_7 applic_{it} + \beta_8 borrowed\_s_{it} * applic_{it} \\ + \beta_9 borrowed\_f_{it} * applic_{it} + \varepsilon_{it} \tag{3}$$

其中，$innovate$ 表示腹地城市的科技创新能力，$borrowed\_s$ 表示腹地城市向中心城市关于创新的借用规模，$borrowed\_f$ 表示腹地城市向中心城市关于创新的借用功能，$hucap$ 表示人力资本水平，fdi 表示资本充裕程度，$fissci$ 表示政府对科技创新的支持力度，$emplo$ 表示劳动力市场规模，$agglo$ 表示创新要素集聚水平，$applic$ 表示技术应用能力。借鉴李兰冰等（2019）的做法，将城市群中的直辖市、省会城市视为城市群中心城市。本文重点关注腹地城市向中心城市关于创新的借用规模、借用功能的效果，因此在回归中剔除中心城市，能够增强样本同质性，降低样本异质性引起的偏误。

（二）变量说明与测度

1. 被解释变量的说明

专利产出是学界关于创新成果测度的主要指标，考虑到外观设计专利、实用新型专利以及发明专利在科技创新程度上的差异，最终选择累计发明专利授权量作为衡量城市科技创新能力的指标。

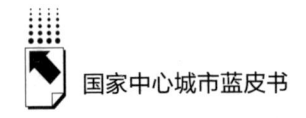

2. 创新的借用规模的测度

借鉴刘修岩和陈子扬（2017）提出的关于借用规模和借用功能的测算方法，考虑到本文的研究对象是腹地城市对中心城市关于创新的借用规模与借用功能，因此，对该公式进行改进，创新的借用规模测度方法如下：

$$borrowed\_s_i = \sum_{m=1}^{n} \frac{tescale_m}{w_{dest_{i,m}}}, \forall i \neq m \tag{4}$$

其中，i 和 m 代表不同的城市，$tescale$ 表示城市科技创新规模矩阵，利用科学研究和技术服务业在营企业的累计注册资本表示；W_{dist} 表示基于欧几里德法测度的城市群内两两城市之间的地理距离平方项。

3. 创新的借用功能的测度

首先是创新功能专业化程度的测算。已有研究多以高端职业就业人数占全部劳动力的比重表示城市创新功能的专业化程度（齐讴歌、赵勇，2014），借鉴这一思路，结合本文研究的主要话题以及考虑到数据可得性，利用不同创新环节所属行业的注册资本规模表示，具体如下：

$$functions_i = \sum_{k=1}^{3} \frac{functions_{i,k}}{allscale_i} \tag{5}$$

其中，i 表示城市，当 $K=1,2,3$ 时，分别表示研究和试验发展业、专业技术服务业以及科技推广和应用服务业的规模，用其在营企业的累计注册资本表示；$allscale$ 表示该城市全行业在营企业的累计注册资本。因此，创新的借用功能具体公式为：

$$borrowed\_f_i = \sum_{m=1}^{n} \frac{functions_m}{w_{dest_{i,m}}}, \forall i \neq m \tag{6}$$

公式（6）中的 $function$ 是基于公式（5）计算得出的各城市的创新功能矩阵。

4. 创新集聚水平的测度

关于创新集聚水平的测度将基于区位熵的计算思路来测度，具体公式如下：

$$agglo_i = \frac{sci_i/allscale_i}{sci_N/allscale_N} \qquad (7)$$

其中，sci 表示科技研究与技术服务业在营企业的累计注册资本规模。$agglo_i$ 表示城市 i 科学研究与技术服务业规模占全行业的比重相较于城市群中所有城市的科学研究与技术服务业规模占全行业的比重。

5. 技术应用能力的说明

先进技术与前沿领域是中心城市科技创新相较于腹地城市最大的区别，因此关于技术应用能力变量的选择主要从对新技术、前沿技术的使用程度来说，整体来看，高技术产业是科技创新转化的主要载体，高技术产业规模的大小能够从侧面说明该城市整体技术应用能力的强弱，因此选择高技术产业在营企业累计注册资本规模来表示城市的技术应用能力（$applic$）。

（三）数据来源

本文所用数据来自《中国城市统计年鉴》、《中国区域统计年鉴》、龙信企业大数据平台。以上样本构成了涵盖2010~2020年的京津冀、长三角和珠三角城市群的面板数据。

三 实证结果分析

表1识别了腹地城市向中心城市创新的借用规模、借用功能与腹地城市创新能力的因果关系。模型（1）汇报了创新的借用规模与腹地城市创新能力的回归结果，模型（2）汇报了创新的借用功能与腹地城市创新能力的回归结果。可以看出，腹地城市向中心城市创新的借用规模与借用功能均与腹地城市创新能力的提升存在1%水平上的显著正相关关系，意味着腹地城市能够通过借用规模和借用功能提升自身科技创新能力，与预期一致，验证了假说一的合理性。

表 1　验证假说一的回归结果

被解释变量	腹地城市的科技创新能力	
模型	（1）	（2）
borrowed_s	0.46 *** （0.17）	
borrowed_f		0.24 *** （0.05）
个体固定	Yes	Yes
时间固定	Yes	Yes
控制变量	控制	控制
样本量	451	451
拟合优度	0.37	0.39
Hausman 检验	Chi^2 = 86.15 P = 0.000	Chi^2 = 46.71 P = 0.000

注：***、**、*分别表示在1%、5%、10%的显著性水平；（）为标准误。回归结果由 stata16 汇报。

表 2 汇报了腹地城市创新要素的相对集聚程度与创新的借用规模和借用功能效果的回归结果。模型（5）和模型（6）中分别加入了创新要素的相对集聚程度与创新的借用规模和借用功能的交互项，回归结果显示，腹地城市创新要素的相对集聚程度与创新的借用规模和借用功能效果均在1%水平上呈显著正相关关系，这意味着，随着腹地城市创新要素的相对集聚程度的提升，其向中心城市创新的借用规模与借用功能对其自身科技创新能力的影响也会提升，与预期一致，验证了假说二的合理性。

表 2　验证假说二的回归结果

被解释变量	腹地城市的科技创新能力			
模型	（3）	（4）	（5）	（6）
borrowed_s	0.46 *** （0.17）		0.40 *** （0.09）	
borrowed_f		0.235 *** （0.046）		0.29 *** （0.06）

续表

被解释变量	腹地城市的科技创新能力			
模型	(3)	(4)	(5)	(6)
agglo	0.75*** (0.18)	0.64*** (0.21)	0.81*** (0.18)	0.69*** (0.22)
borrowed_s×agglo			0.23*** (0.05)	
borrowed_f×agglo				0.23*** (0.05)
个体固定	Yes	Yes	Yes	Yes
时间固定	Yes	Yes	Yes	Yes
控制变量	控制	控制	控制	控制
样本量	451	451	451	451
拟合优度	0.40	0.42	0.48	0.44

注：***、**、*分别表示在1%、5%、10%的显著性水平；( )为标准误。回归结果由stata16汇报。

表3汇报了腹地城市技术应用能力与创新的借用规模和借用功能效果的回归结果。模型（9）和模型（10）中分别加入了腹地城市的技术应用能力与创新的借用规模和借用功能的交互项，回归结果显示，腹地城市的技术应用能力与创新的借用规模和借用功能效果均在1%水平上呈显著正相关关系，这意味着，随着腹地城市的技术应用能力的提升，其向中心城市创新的借用规模与借用功能对其自身科技创新能力的影响也会提升，与预期一致，验证了假说三的合理性。

表3 验证假说三的回归结果

被解释变量	腹地城市的科技创新能力			
模型	(7)	(8)	(9)	(10)
borrowed_s	0.50*** (0.21)		0.60*** (0.20)	
borrowed_f		0.27*** (0.08)		0.22*** (0.06)

续表

被解释变量	腹地城市的科技创新能力			
模型	(7)	(8)	(9)	(10)
applic	0.67** (0.28)	0.78*** (0.19)	0.72** (0.35)	0.91*** (0.31)
borrowed_s×applic			0.37*** (0.02)	
borrowed_f×applic				0.24*** (0.05)
个体固定	Yes	Yes	Yes	Yes
时间固定	Yes	Yes	Yes	Yes
控制变量	控制	控制	控制	控制
样本量	451	451	451	451
拟合优度	0.41	0.43	0.45	0.46

注：***、**、*分别表示在1%、5%、10%的显著性水平；()为标准误。回归结果由stata16汇报。

以上回归结果在选择累计发明专利申请量来替换累计授权发明专利量后依然显著。

四 考虑城市群异质性的分析

城市群正在成为承载发展要素的主要空间形式，由于城市群禀赋以及发展水平差异在一定程度上导致城市群间科技创新能力呈现较为明显的结构性差异，探讨不同城市群中腹地城市是否能够通过向其中心城市创新的借用规模和借用功能来实现自身创新能力的提升具有实践意义。

具体来看，在表4的模型（11）（12）以京津冀城市群为样本的回归结果中，创新的借用规模、借用功能与腹地城市的科技创新能力均在1%的水平上显著为正。在模型（13）（14）以长三角城市群为样本的回归结果中，创新的借用规模、借用功能与腹地城市的科技创新能力均在1%的水平上显著为正。在模型（15）（16）以珠三角城市群为样本的回归结果中，创新的借用规模、借用功能与腹地城市的科技创新能力均在1%的水平上显著为正。这意味着，即使在充分考虑到城市群科技创新规模和科技创新结构差异的情况下，腹地城市向中心城市的创新借用规模、借用功能均会提升腹地城市的科技创新能力，即中心城市科技创新能力能够带动腹地城市科技创新能力的提升，假说一依然是显著成立的。

表4 假说一异质性分析的回归结果

被解释变量	腹地城市的科技创新能力					
城市群	京津冀		长三角		珠三角	
模型	(11)	(12)	(13)	(14)	(15)	(16)
$borrowed\_s$	0.58*** (0.19)		0.41*** (0.10)		0.47*** (0.15)	
$borrowed\_f$		0.44*** (0.14)		0.314*** (0.131)		0.25*** (0.10)
个体固定	Yes	Yes	Yes	Yes	Yes	Yes
时间固定	Yes	Yes	Yes	Yes	Yes	Yes
控制变量	控制	控制	控制	控制	控制	控制
样本量	110	110	253	253	88	88
拟合优度	0.48	0.39	0.39	0.22	0.40	0.42

注：***、**、*分别表示在1%、5%、10%的显著性水平；( )为标准误。回归结果由stata16汇报。

在表5的模型（17）（18）以京津冀城市群为样本的回归结果中，创新的借用规模、借用功能通过腹地城市创新要素的相对集聚程度对腹地城市的科技创新能力产生促进作用的影响均在1%的水平上显著为正。在模型（19）（20）以长三角城市群为样本的回归结果中，创新的借用规模通过腹地城市创新要素的相对集聚程度对腹地城市的科技创新能力产生促进作用的影响在1%的水平上显著为正，创新的借用功能则在5%的水平上显著为正。在模型（21）（22）以珠三角城市群为样本的回归结果中，创新的借用规模通过腹地城市创新要素的相对集聚程度对腹地城市的科技创新能力产生促进作用的影响在10%的水平上显著为正，创新的借用功能则在1%的水平上显著为正。模型（17）~（22）的回归结果还显示，腹地城市创新要素的相对集聚程度对腹地城市的科技创新能力的影响在1%的水平上显著为正，即对于样本期内的东部三大城市群的腹地城市而言，其创新要素的集聚是以集聚经济为主导的，对科技创新能力提升具有显著的促进作用。

表5 假说二异质性分析的回归结果

被解释变量	腹地城市的科技创新能力					
城市群	京津冀		长三角		珠三角	
模型	（17）	（18）	（19）	（20）	（21）	（22）
$borrowed\_s$	0.54** (0.23)		0.31*** (0.09)		0.36* (0.18)	
$borrowed\_f$		0.28*** (0.07)		0.33*** (0.08)		0.40** (0.161)
$agglo$	0.48*** (0.12)	0.52*** (0.14)	0.32*** (0.10)	0.34*** (0.08)	0.51*** (0.17)	0.57*** (0.12)
$borrowed\_s×agglo$	0.33** (0.16)		0.33*** (0.10)		0.22* (0.11)	
$borrowed\_f×agglo$		0.22*** (0.07)		0.27** (0.12)		0.32*** (0.08)
个体固定	Yes	Yes	Yes	Yes	Yes	Yes
时间固定	Yes	Yes	Yes	Yes	Yes	Yes
控制变量	控制	控制	控制	控制	控制	控制
样本量	110	110	253	253	88	88
拟合优度	0.22	0.27	0.30	0.35	0.28	0.28

注：***、**、*分别表示在1%、5%、10%的显著性水平；（）为标准误。回归结果由stata16汇报。

在表6的模型（23）（24）以京津冀城市群为样本的回归结果中，创新的借用规模通过腹地城市技术应用能力对腹地城市的科技创新能力产生作用的影响在5%的水平上显著为正，借用功能则在1%的水平上显著为正。在模型（25）（26）以长三角城市群为样本的回归结果中，创新的借用规模、借用功能通过腹地城市技术应用能力对腹地城市的科技创新能力产生促进作用的影响均在1%的水平上显著为正，相较于京津冀具有更高的显著性水平。在模型（27）（28）以珠三角城市群为样本的回归结果中，创新的借用规模、借用功能通过腹地城市技术应用能力对腹地城市的科技创新能力产生促进作用的影响均在5%的水平上显著为正。总体来看，腹地城市技术应用能力是中心城市带动其科技创新能力提升的关键作用路径之一，再次验证了假说三是成立的。模型（23）~（28）的回归结果还显示，腹地城市技术应用能力对腹地城市的科技创新能力的影响均在1%的水平上显著为正，说明对于各城市群的腹地城市而言，科技创新能力的提升是需要有技术产业化能力作支撑的。

表6 假说三异质性分析的回归结果

被解释变量	腹地城市的科技创新能力					
城市群	京津冀		长三角		珠三角	
模型	（23）	（24）	（25）	（26）	（27）	（28）
$borrowed\_s$	0.41*** (0.12)		0.57*** (0.111)		0.43* (0.23)	
$borrowed\_f$		0.42*** (0.13)		0.31*** (0.08)		0.21*** (0.06)
$applic$	0.78*** (0.22)	0.74*** (0.26)	0.67*** (0.21)	0.72*** (0.17)	0.54*** (0.18)	0.63*** (0.19)
$borrowed\_s \times applic$	0.32** (0.13)		0.28*** (0.08)		0.35** (0.10)	
$borrowed\_f \times applic$		0.36*** (0.09)		0.46*** (0.10)		0.42** (0.16)
个体固定	Yes	Yes	Yes	Yes	Yes	Yes
时间固定	Yes	Yes	Yes	Yes	Yes	Yes
控制变量	控制	控制	控制	控制	控制	控制
样本量	110	110	253	253	88	88
拟合优度	0.21	0.25	0.31	0.34	0.38	0.33

注：***、**、*分别表示在1%、5%、10%的显著性水平；（ ）为标准误。回归结果由stata16汇报。

五 研究结论与政策启示

（一）主要研究结论

进入新时代以来，我国经济发展的空间结构正在发生深刻变化，中心城市和城市群正在成为承载发展要素的主要空间形式，推进城市群创新要素资源流动以由腹地城市流向中心城市的"虹吸"为主转变为非线性的多向流动，实现中心城市科技创新能力的提升带动腹地城市科技创新的发展是实现高质量创新的必要一环，对于落实创新驱动发展战略具有重要价值。本文以2010~2020年我国东部三大城市群京津冀、长三角和珠三角为样本，从创新的借用规模和借用功能视角探究了中心城市与腹地城市能否实现创新互动以及如何实现的问题，主要结论如下：第一，通过向中心城市的创新借用规模和借用功能，腹地城市能够受益于中心城市创新要素资源的集聚经济从而提升自身科技创新实力；第二，腹地城市创新要素的相对集聚程度是创新借用规模和借用功能作用的重要路径之一，随着腹地城市创新要素的相对集聚程度的提升，其向中心城市创新的借用规模与借用功能对其自身科技创新能力的影响也会提升；第三，技术应用能力的重要作用不容忽视，随着腹地城市的技术应用能力的提升，其向中心城市创新的借用规模与借用功能对其自身科技创新能力的影响也会提升。

（二）政策启示

第一，提升城市群整体创新效率需要着力推进统一大市场建设，破除制约要素自由流动的行政性壁垒。中心城市和腹地城市在创新要素资源的分布上具有较大差异，推进统一大市场建设，促进要素自由流动有利于推动不同类型和效率的创新要素资源实现城市群范围内的合理配置，在中心城市通过创新集聚提高科技创新能力的同时，还可以借助创新的借用规模和借用功能实现向腹地城市的辐射，从而优化城市群整体创新效率。为此要持续推进城市群内部一体化发展，打破城市间的"信息孤岛"，鼓励进行跨区域的科技创新合作，以科技创新"飞地"等形式强化创新的借用规模和借用功能，避免出现创新"洼地"。

第二，强调发挥自身比较优势，推动城市间由竞争关系向竞合关系转变。为避免城市群内城市之间创新竞争导致创新资源的浪费，中心城市和腹地城市可以基于比较优势确定自身的创新发展方向。中心城市集聚了大量的高端创新要素，其科技创新应以前沿技术、重大关键技术为方向寻求在基础研究领域的技术突破，同时注重利用集聚优势培育发展创新服务产业，为腹地城市向中心城市借用功能提供更大的空间；腹地城市之间应结合自身产业发展优势，因地制宜，避免布局"大而全"的科技创新领域，结合创新分工，形成有序分布、协同互补的科技创新格局，推动城市间由竞争关系向竞合关系转变。

第三，高度重视城市群创新生态系统建设，强化基于借用规模和借用功能的科技创新嵌合关系。城市群创新生态系统是支撑城市群科技创新活动的核心，在这个系统中包含了众多类型的科研机构、高校、企业等科技创新主体以及创新孵化器、风险投资基金等科技创新服务主体，是对城市群范围内创新要素资源的有机整合，同时城市群创新生态系统的发展意味着其内部主体间的协作关系水平获得较大提升，即形成了基于功能互补、融合共生的创新联系，有利于放大创新借用规模和借用功能对城市自身科技创新能力提升的影响，从而更好发挥中心城市对腹地城市的创新带动作用。

参考文献

Meijers E. J., Burger M. J., Hoogerbrugge M. M, "City size, network connectivity and metropolitan functions in Europe," *Papers in Regional Science* 1 (2016).

刘修岩、陈子扬：《城市体系中的规模借用与功能借用——基于网络外部性视角的实证检验》，《城市问题》2017年第12期。

Camagni R., Capello R., Caragliu A., "Static vs: Dynamic Agglomeration Economies. Spatial Context and Structural Evolution Behind Urban Growth," *Papers in Regional Science* 1 (2015).

齐讴歌、赵勇：《城市群功能分工的时序演变与区域差异》，《财经科学》2014第7期。

李兰冰、阎丽、黄玖立：《交通基础设施通达性与非中心城市制造业成长：市场势力、生产率及其配置效率》，《经济研究》2019年第12期。

B.22 推动上海大都市圈产业创新协同迈上新台阶

张学良 杨羊 玄泽源*

摘　要： 推动上海大都市圈区域产业创新协同是推进长三角一体化国家战略的应有之义。当前，上海大都市圈产业跨区域协同具备坚实基础，产业结构合理高级，跨区域产业创新协同具备集群化、网络化特征；但与发达国家都市圈相比，上海大都市圈产业集聚程度仍有较大提升空间，诸多城市间的产业关联程度并不高，创新异地转移转化还面临不小阻力。新时期上海大都市圈建设需在合理定位城市功能的基础上，处理好城市"竞""合"关系，要素"聚""散"关系，发展"质""量"关系，空间"大""小"关系。力争将上海大都市圈打造成为"产业更协同、技术更创新、企业更卓越、链条更完备"的具有全球影响力的世界级产业集群、互融互联的高能级科创网络区域。

关键词： 上海大都市圈　产业协同　创新协同

尽管近年来我国区域协调发展取得了显著成效，但区域发展不平衡不充分问题依然存在（孙志燕和侯永志，2019）。小尺度、跨区域、相对精准的都市圈建设将成为促进区域协调发展向更高质量、更深层次迈进的重要抓手（张学良和林永然，2019；张学良等，2023）。一方面，都市圈可通过有效

---

* 张学良，博士，上海财经大学城市与区域科学学院院长、教授，研究方向为区域经济；杨羊，博士，上海财经大学长三角与长江经济带发展研究院助理研究员，研究方向为区域经济；玄泽源，上海财经大学城市与区域科学学院博士研究生，研究方向为区域经济。

整合区域资源，形成1+1>2的空间协同效应，推动行政边界、经济边界、地理边界、社会文化边界多维耦合，引领区域协调发展体制机制创新。另一方面，以都市圈为主要空间形态的跨区域协同合作有助于打造城市群建设的"强核"，提升城市间的经济联系，强化"城市群经济"效应。

2023年11月，习近平总书记在主持召开深入推进长三角一体化发展座谈会上强调，长三角区域要加强科技创新和产业创新跨区域协同。上海大都市圈[①]作为长三角一体化的核心区域和重要组成部分，推动其产业创新协同是推进长三角一体化国家战略的应有之义。目前上海大都市圈正处于经济快速发展、分工合作日益紧密，但区域结构性矛盾逐渐凸显的关键时期，如何建成具有全球影响力的世界级产业集群和互融互联的高能级科创网络区域是上海大都市圈发展面临的重要课题。在此背景下，本文将系统梳理上海大都市圈产业创新协同的基础，提出亟待妥善处理的几类关系问题，并给出具体可操作的政策建议。

一 上海大都市圈产业创新协同的现状分析

（一）产业呈现"集群化"发展趋势

经济集聚水平全国领先。2022年上海大都市圈地区生产总值约为17.44万亿元，以占长三角地区32%左右的土地面积，集聚了约46%的常住人口，创造了长三角近60%的经济总量和全国约14.4%的GDP。从上海大都市圈各个城市经济发展情况来看（见图1），上海、苏州、杭州、宁波、无锡与南通的地区生产总值均超过1万亿元，占全国24座万亿GDP城市数量的1/4。其中上海的地区生产总值高达44652.8亿元，超过了旧金山、芝加哥等一众全球城市，在世界GDP前十大城市中排名第6。从国内都市圈对比来看

[①] 上海大都市圈包括"1+13"个城市，即上海市、江苏省苏州市、无锡市、常州市、南通市、泰州市、盐城市，浙江省杭州市、宁波市、嘉兴市、舟山市、湖州市、绍兴市，以及安徽省宣城市。

（见表1），无论是经济总量还是经济密度，上海大都市圈与国内其他都市圈相比均更胜一筹，扎实的经济基础为产业创新协同提供了良好的条件。

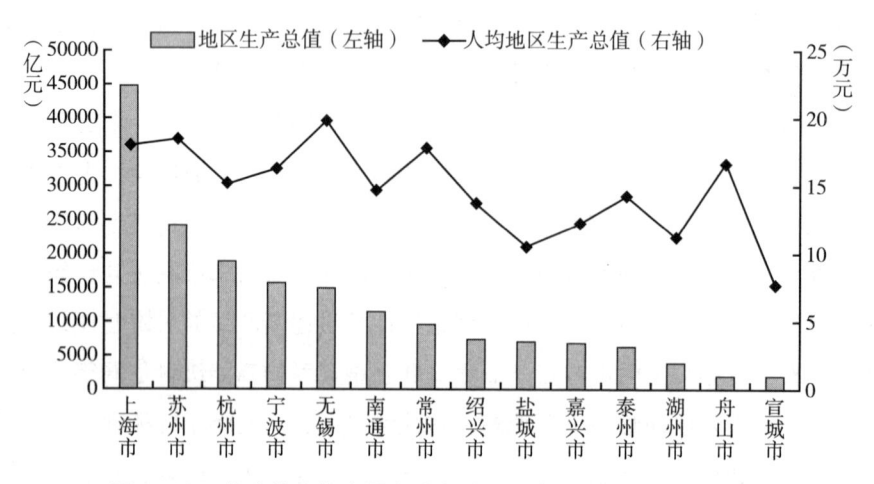

图1 2022年上海大都市圈各城市地区生产总值及人均生产总值

资料来源：根据2023年各市统计年鉴整理绘制。

表1 2022年国内都市圈情况对比

	占地面积 （平方公里）	GDP （亿元）	常住人口 （万人）	人均GDP （元）	经济密度 （万元/平方公里）
上海大都市圈	113173	174417	10943.4	147879	15411.53
南京都市圈	65422	48952.4	3571.2	137075	7482.56
成都都市圈	33000	26218.1	2999.9	87397	7944.88
重庆都市圈	35000	23777.4	2446.5	97189	6793.54
长株潭都市圈	28000	20280.5	1699.4	119339	7243.04
西安都市圈	20677	14525.1	1828.2	79450	7024.76

资料来源：根据2023年各市统计年鉴整理所得。

区域产业结构合理高级。参照干春晖等（2011）的方法，本文分别计算了上海大都市圈产业结构合理化指数和产业结构高级化指数。结果显示，2022年上海大都市圈产业结构合理化指数为0.0086，与均衡合理状态0值的偏离程度较小，远低于全国0.0448的平均水平。近年来，上海大都市圈以上海为龙头，各城市间依托自身产业基础密切协同，强化优势互补，开展错位竞争，跨区域产业分工合作水平不断提升。同时，上海大都市圈产业结构高级化指数为7.143，高于全国6.894的平均水平。上海大都市圈新能源、高端装备制造、人工智能、航空航天及生物医药等先进产业集群和产业链位居全国乃至全球前列，成为支撑地区产业经济发展的重要力量。

区域产业协作十分频繁。根据上海市人民政府合作交流办公室提供的数据，2021年，上海市在上海大都市圈内对其他城市的产业投资总额高达1075.57亿元，占长三角区域总体的62.83%，杭州、苏州、无锡与南通是上海对外投资合作的重点城市。同期，上海大都市圈内其他城市来沪投资金额为863.7亿元，占长三角区域总体的83.77%，杭州、苏州、绍兴与嘉兴是来沪投资的主要力量。参照庄德林等（2017），本文基于中国研究数据服务平台（CNRDS）提供的上市公司总部—分支数据计算了城市间产业关联值。结果发现，2021年上海大都市圈两两城市对中，有83对城市已建立产业关联，占都市圈内部城市对总量的91.21%，表明上海大都市圈内部产业关联网络已经初步形成，其中上海—杭州、上海—苏州是相互关联较强的城市对。

（二）创新呈现"网络化"发展趋势

科技创新"量""质"齐升。创新是引领发展的第一动力，加快建设具有全球影响力的科技创新中心，是上海大都市圈加快推动经济社会高质量发展、提升城市核心竞争力的关键驱动力。根据国家知识产权局和各地级市统计年鉴数据（见表2），2021年上海大都市圈专利授权量为89.79万件，是2017年授权量的2.56倍，并超过粤港澳大湾区的78.3万件。苏州市、上海市、杭州市的专利授权数量显著超越其他城市，占到上海大都市圈授权专利总量的54.23%。另据世界知识产权组织（WIPO）发布的《全球创新指数（2023）》，中国共有24个科技集群（S&T Clusters）跻身世界100强，其中上海—苏州科技集群由于增长强劲的PCT申请位列全球第5，相较2022年上升1位；杭州科技集群位列全球第14。

表 2　2021 年上海大都市圈创新活动情况

城市	专利授权数量（件）	规模以上工业企业R&D经费内部支出（万元）	规模以上工业企业R&D活动人员数量（人）	规模以上工业企业R&D经费内部支出占规上工业总产值的比重(%)
上海市	179317	6983300	136693	1.75
苏州市	185133	7764558	269148	1.85
无锡市	79738	3737435	115835	1.72
杭州市	122520	—	108000	—
嘉兴市	41264	1929000	72825	1.44
宁波市	72390	3285632	129571	1.46
绍兴市	38293	1738978	64271	2.07
常州市	55463	2677469	65998	2.02
湖州市	20216	1038671	39023	1.70
泰州市	25302	1420286.7	39837	1.94
舟山市	3154	270868.9	4556	1.18
宣城市	6921	361230.1	18943	—
南通市	40867	—	—	—
盐城市	27365	—	—	—

资料来源：国家知识产权局网站和2022年各城市统计年鉴，其中"—"代表数据缺失。

区域协同创新网络初步形成。知识和技术的外溢效应是内生增长理论和新经济地理学解释集聚和创新的重要概念，被认为是区域经济增长的重要来源（赵勇和白永秀，2009）。跨区域创新合作，可以促进知识和技术的传播与应用，推动区域经济的持续增长。区域一体化背景下，创新活动的范围不再局限于某一城市范围内。近年来上海大都市圈区域协同创新网络正加速形成，表现出了良好的城市合作潜力。根据国家知识产权局网站提供的专利数据，上海大都市圈跨城专利合作数量为6651项，占长三角区域跨城专利合作总量的45.93%。都市圈各城市间创新合作联系密切，形成了以上海市、苏州市、杭州市为核心，宁波市、无锡市和常州市为区域中心的协同创新网络化格局。

创新异地转化能力不断提升。随着交通通信基础设施的不断完善，区域创新及应用模式正发生迅速变革。都市圈内部"创新研发在核心城市、应用生产在外围城市"的趋势特征愈发明显。近年来，上海正凭借"技术+金融+市场"优势，努力打造"技术转移之都"。在上海大都市圈内部，众多企业初步形成了以上海为创新孵化源头、苏浙两地为转化—中试—生产的区域性产业布局模式，多地政府也在积极探索通过正反向飞地推进本地创新发展。以虹桥商务区、张江科学城等为代表的科创园区已成为区域创新服务的重要平台，上海大都市圈区域协同创新发展快速推进，科创共同体建设成效显著。

（三）产业创新协同"优中有忧"

产业集聚度仍有提升的空间。2022 年，上海大都市圈的经济密度为 1.54 亿元/平方千米，远低于同期东京都市圈的 3.19 亿元/平方千米和纽约都市圈的 4.38 亿元/平方千米。作为全球卓越都市圈的代表，东京都市圈和纽约都市圈在产业链的高端环节集聚了大量的优质资源，形成了高度密集的经济活动区，上海大都市圈与之仍存在显著差距。集聚能力不足导致上海大都市圈难以形成区域整体优势，限制了核心城市辐射能力发挥，不利于区域内产业链、创新链整合。

一些城市间产业关联度不高。上海大都市圈有 5 个城市对的产业关联值超过 300，占比 5.49%；有 10 个城市对的产业关联值超过 200，占比 10.99%；而有 46 个城市对关联值低于 20，占比超过 50%，可见上海大都市圈部分城市之间的产业关联性并不强，嘉兴—舟山、嘉兴—泰州、泰州—宣城、泰州—舟山、宣城—舟山彼此间产业关联度还有待进一步提升。另据中国研究数据服务平台（CNRDS）的上市公司供应链数据，2020 年上海大都市圈两两城市对仅有 50%的城市对建立了供应链关系，还有近半数的城市对在样本数据范围内未观测到供应链关系，说明上海大都市圈供应网络也尚不完善。

创新资源的分布相对不均衡。上海大都市圈创新资源的空间分布呈现明显的分异特征。根据教育部、财政部、国家发展改革委印发的《关于公布世界一流大学和一流学科建设高校及建设学科名单的通知》，2022年上海大都市圈拥有双一流高校24所（见图2），整体实力突出。但从国家重点实验室和双一流高校分布上看，沪苏两市合计占比超过60%，而湖州、嘉兴、舟山、宣城等城市则相对缺乏。这种空间极化的创新资源分布形态导致一些城市难以承接周边城市创新资源的溢出，不利于创新资源的自由流动和跨区域优化配置，进而影响创新链的优化整合和全域创新能力的提升。

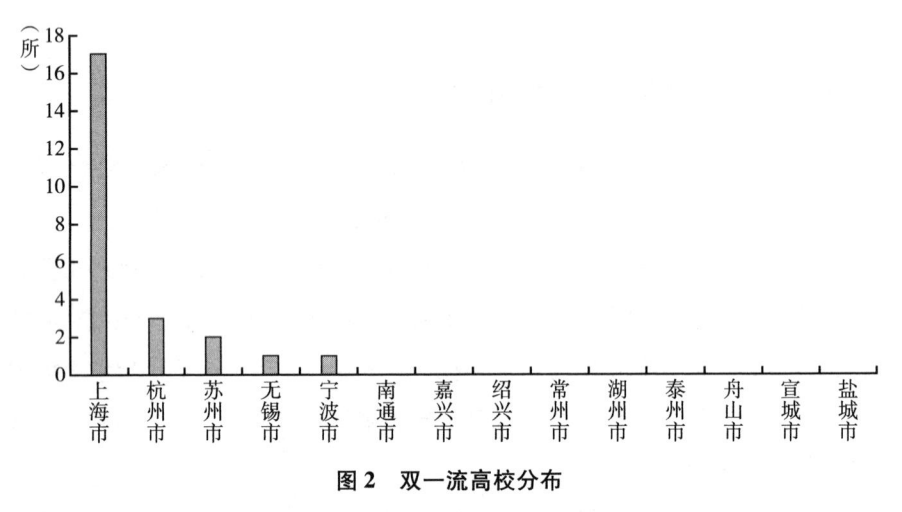

图2 双一流高校分布

资料来源：《关于公布世界一流大学和一流学科建设高校及建设学科名单的通知》。

创新转移转化面临诸多限制。根据国家知识产权局提供的数据，2022年，上海大都市圈内专利转移的数量为4.03万项，仅占专利授权总量的5%。行政管理壁垒对要素流动和区域整体创新能力存在一定程度的制约，上海大都市圈缺乏"政策贯通、管理协调、专业分工、利益兼顾"的跨区域创新协调主体，难以支撑形成"多方参与、开放共享、联合攻关、互动创新"的协同创新网络。在高校、科研机构以及金融、投资等机构参与成果转化和技术创新过程中，多主体沟通协调能力仍显不足，科技成果从研发到市场的有效通道还需进一步打通。

二　推动上海大都市圈跨区域产业创新协同需处理好几类关系

（一）城市"竞""合"关系

竞争机制作为市场经济运行的基本机制之一，其底层逻辑在于有利于优化资源配置和促进效率提升。上海大都市圈覆盖"1+13"个城市，在行政管理上具有的相对独立性和自主权。相对宽松的竞争环境促进了产业集聚和经济效益的提升，有利于集聚经济效应的发挥和区域分工的形成。但各地区为了迎合市场需求和争取发展机会，同质化竞争和市场保护也屡见不鲜（余东华和张昆，2020）。为追求地方利益最大化，各地对有发展前景的产业往往一拥而上，并造成了大量资源浪费。因此，上海大都市圈建设要着力找准各个地区的发展定位，从竞争关系走向竞合关系。一方面要尊重各地区现有产业发展现状，考虑都市圈整体范围的一般需求，加强政策协调和规划衔接，实现各地区互补合作，形成区域发展合力。另一方面也要发挥地区比较优势，因地制宜，充分调动各地区的积极性和主观能动性，在区域良性竞争中营造独特的城市产业优势。

（二）要素"聚""散"关系

都市圈这一城镇化空间形态的形成和发展本身即为要素向大城市集中，再向周边扩散的结果。大城市要素集聚所带来的分工优化和规模经济效应能够促进产业链创新链的整合和技术效率的改善，提升经济效率（范剑勇等，2014），进而形成要素进一步集聚的正反馈。而要素过度集聚导致的拥挤效应又促使大城市要素向周边扩散（白永亮等，2016），使得大城市与周边中小城市逐渐实现功能一体。因此，上海大都市圈要处理好要素集聚与扩散的关系，既需要强化核心城市产业集聚，又需要推动核心城市功能向周边适当疏解。一方面，要通过优化核心城市营商

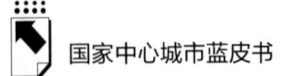

环境和人居环境，不断吸引企业投资入驻，进一步提升劳动力、资本、创新等要素集聚水平。另一方面，也要鼓励核心城市面向中小企业共享生产要素、开放创新资源并提供人才支持，探索"总部+基地""终端产品+协作配套"等发展模式，采取"园区对园区"结对、"区中园"、共建产业飞地等方式，形成大中小企业产业创新协同、大中小城市协调发展的新型都市圈生态。

（三）发展"质""量"关系

与国内其他都市圈相比，上海大都市圈经济发展和产业创新协同发展水平均处于前列。但是与东京都市圈、纽约都市圈等发达国家都市圈对比，上海大都市圈仍有所差距。对照长三角城市群"强劲活跃增长极"定位，上海大都市圈发展已经从量的提升转到了质、量共抓的新阶段。一方面，要完善梯次培育和全链条培育机制，打造大都市圈科技型中小企业、高新技术企业、创新型领军企业梯队，形成若干有国际竞争力的区域型、创新型领军企业群。另一方面，要促进创新主体高效协同，积极构建创新要素资源对接共享机制。以上海、杭州等核心城市创新策源地为中心，以周边产业功能区为载体，加速高校科研院所科技成果向周边区域转移转化，以区域协同创新提升经济发展质量。

（四）空间"大""小"关系

以都市圈为依托构建大中小城市协调发展格局，有利于形成多中心、多层级、组团式区域增长动力源，推动高质量发展。因此，在空间上从分割走向融合，形成全方位、多层次、立体化的空间布局，是上海大都市圈空间协同的重点。大尺度上，上海大都市圈要统筹谋划空间分工，可构建"一核四翼"空间结构，其中"一核"为上海及毗邻县，"四翼"包括：长江口区域可探索建立都市圈跨省协作示范区；环太湖区域可重点推动虹桥国际开放枢纽建设，提升环太湖区域开放水平；杭州湾区域可谋划建设生态智慧、开放创新的世界级湾区；舟甬沿海区域可推进自贸区联动协同，推进海上合作区建设，培育海洋创新源头。小尺度上，上海大都市圈可打造若干临沪产业协作示范区，推动毗邻地区贴边发展取得新成效，加快推动跨区域的精准产业创新协同合作，为上海大都市圈产业创新协同合作打造政策试验田，探索从区域项目协同走向体制机制协同。

三 推动上海大都市圈产业创新的政策建议

（一）强化产业分工协作，推动产业链深度融合

一是合作共建都市圈产业"链主"。提升"链主"企业辐射带动力，加大资源聚焦和政策支持力度，打造一批具有核心竞争优势、产业链带动作用明显的"链主型"企业，强化行业领导力和市场号召力，推动产业链纵向延伸、供应链横向配套。二是携手共促产融对接。通过贷款贴息、风险投保补贴等方式对产业链、价值链相关领域和项目予以支持。加大金融创新力度，鼓励上海大都市圈金融机构协同开展产品创新和服务创新，推动信贷资源跨区域流动，为都市圈产业创新型企业提供全生命周期科技金融服务。三是打造产业协同发展平台。以打造"园区联动、项目联动、产业联动、功能联动"的合作园区为目标，建立跨区域的产业联盟，发挥行业协会和各类专业机构的桥梁作用，举办产业与创新会议、论坛，对接分散的创新成果供给和需求，加速创新成果有效转化。四是编制上海大都市圈产业链招商指导目录，以产业链图谱为指引，通过大数据技术精准挖掘产业链各环节核心企业，引进一批竞争性强、成长性好、关联性高的产业链引擎型项目。

（二）做强创新发展引擎，建设协同创新都市圈

一是构建沪宁、G50、G60、杭绍甬、沿江五大创新走廊。其中，沪宁走廊聚焦产业创新功能，G50 走廊聚焦科创培育功能，G60 走廊聚焦科创服务，杭绍甬走廊聚焦智能制造与创新服务，沿江走廊聚焦智造研发。二是提升原始创新能力。实施创新型企业梯队壮大计划，完善梯次培育和全链条培

育机制，形成若干有国际竞争力的区域型、创新型领军企业群，促进高层次融合创新和颠覆性创新。三是促进创新主体高效协同。鼓励都市圈大院大所设立异地分支机构、研发中心、孵化器，鼓励和推动各类跨区域协同创新联盟建设发展，搭建政产学研跨领域交流平台，积极构建要素资源对接共享机制。四是强化科技成果异地转化。强化各地技术交易所和技术市场运营机构对接合作，优化技术交易咨询、知识产权运营、产权评估、投融资等专业化集成化服务，建立区域技术转移服务统一规范。积极合作举办各类技术要素对接活动，推动都市圈技术成果统一挂牌、技术需求统一张榜，合力打造全国枢纽型技术交易中心。

（三）发挥小尺度优势，打造临沪协作示范区

一是加快布局示范区的新型科技创新联合研发机构。集中规划建设一批重大科技基础设施、重点实验室、科技成果转化基地，大力引进高端科研机构，高水准建设一批孵化平台，共建一批高水平研发机构和产业创新中心。二是谋划建设临沪区域产业合作新平台。深化临沪区域开发区、服务业集聚区等与上海重点产业平台对接合作，以虹桥国际开放枢纽为依托进一步推动昆山、太仓等地区积极融入以虹桥商务区为起点延伸的北向拓展带，推动平湖等地重点发力融入南向拓展带。三是持续深化临沪区域人才一体化发展。探索建立统一的人才评价体系，开展人才管理改革试点，完善吸引海外高层次人才的制度机制，创新临沪示范区人口服务和管理制度，加快实施户籍制度改革和居住证制度，促进人口在示范区内部有序流动。

（四）优化制度保障体系，建立协同发展长效机制

一是建立以政府为主导的定期协商机制。面向顶层设计和统筹规划，协调各地方政府研究建立第三方协作机制机构，统筹研究解决上海大都市圈产业创新协同发展重大问题。二是探索建立"统计分算、税收分成"的利益分享机制。推动都市圈跨区域投资新设企业形成的产出增量实行跨区域分享，分享比例按确定期限根据因素变化进行调整。三是完善人才、创新等高

端资源共享机制。推动都市圈建立国家重点实验室、大科学装置、高等院校等基础科研资源共享、互联、互通机制，搭建大型科研仪器设备共享服务平台。四是建立健全都市圈全生命链条知识产权保护体系。构建覆盖创新全过程的知识产权保护机制，包括专利申请、审查、授权、维权等各个环节。加大知识产权法律法规的执行力度，提升企业和科研机构的知识产权保护意识。探索建立跨区域知识产权纠纷解决机制，推进知识产权保护与科技成果转化的深度融合，促进知识产权成果转化为新质生产力。

参考文献

白永亮、石磊、党彦龙：《长江中游城市群空间集聚与扩散——基于 31 个城市 18 个行业的劳动力要素流动检验》，《经济地理》2016 年第 11 期。

董晓峰等：《都市圈理论发展研究》，《地球科学进展》2005 年第 10 期。

范剑勇、冯猛、李方文：《产业集聚与企业全要素生产率》，《世界经济》2014 年第 5 期。

干春晖、郑若谷、余典范：《中国产业结构变迁对经济增长和波动的影响》，《经济研究》2011 年第 5 期。

孙志燕、侯永志：《对我国区域不平衡发展的多视角观察和政策应对》，《管理世界》2019 年第 8 期。

余东华、张昆：《要素市场分割、产业结构趋同与制造业高级化》，《经济与管理研究》2020 年第 1 期。

张学良、韩慧敏、许基兰：《省际交界区空间发展格局及优化路径研究——以鄂豫陕三省交界区为例》，《重庆大学学报》（社会科学版）2023 年第 1 期。

张学良、林永然：《都市圈建设：新时代区域协调发展的战略选择》，《改革》2019 年第 2 期。

赵勇、白永秀：《知识溢出：一个文献综述》，《经济研究》2009 年第 1 期。

庄德林等：《基于战略性新兴产业的长江三角洲城市网络结构演变研究》，《地理科学》2017 年第 4 期。

B.23
成都城市创新空间的演进与治理路径研究[*]

罗若愚 何枫[**]

摘　要： 本文以成都高新技术企业为城市创新空间的主要表征，借助Python及ArcGIS软件，对成都城市创新空间的演进特征和影响因素进行了分析。研究发现：成都城市创新空间总体格局为"一核引领、两轴拓展、多中心并存"；多层次的各类创新要素在城市空间内协同而成了网络化的创新空间组织形式；成都城市创新空间方向上具有明显的朝东南扩展的趋势；创新活动的空间格局具有分散与集聚并存、圈层式发展的态势；创新空间已基本形成"核心—边缘"格局，并表现出由中心城区向郊区新城溢出的趋势；创新空间具有显著的相关性和集聚性特征。就影响因素而言，顶层设计的引导、城市内部变革的驱动、创新网络及保障的支撑的共同作用推动了成都城市创新空间的演进。同时，本文也针对性地提出了关于创新驱动下成都有效治理城市空间的路径。

关键词： 创新空间　空间演进　空间治理　协同创新　高新技术企业

一　引言

在知识经济时代，知识创新已成为推动城市发展与空间演进的关键因

---

[*] 本文为教育部人文社会科学研究规划基金项目"西部城市社区分异下公共服务均等化研究：空间有效配置与精细化治理视角"（19YJA630051）的阶段性成果。
[**] 罗若愚，电子科技大学公共管理学院教授、博士生导师，主要研究方向为城乡公共治理、公共政策等；何枫，电子科技大学公共管理学院硕士研究生，主要研究方向为城乡公共治理、公共政策。

素（Clark J.，et al.，2010）。创新型城市建设作为我国经济高质量发展的重要路径，对构建创新型国家具有深远意义。在此背景下，城市创新空间作为承载知识创新与科技创新的核心载体，其发展与布局显得尤为重要。城市产业空间演变也催生了对于创新空间的新要求，促进了包括产业园区、高新技术企业、双创载体、科研院所等在内的多样创新空间的涌现。然而，城市生产空间难以匹配城市高质量发展要求的问题也仍然存在，创新空间有效治理也成了实施城市更新行动的必然选择。成都作为国家中心城市，是成渝地区双城经济圈的重要极核，也是国家创新型试点城市，还是公园城市示范区。成都正处于成渝地区相向发展的关键时期，也正处于推动城市高质量发展的重要阶段，基于时代背景及成都的重要战略意义，为成都城市创新空间的演进与治理路径提供理论支撑和开展实证研究，对于成都及其他城市创新空间政策的科学制定和创新空间的有序发展具有重要的参考和借鉴意义。

  国内外学者对创新空间的研究尚处探索期，多基于理论分析现有空间现象，或用空间计量法实证分析其分布特征，也产生了部分创新空间影响因素方面的研究成果。关于创新空间研究对象的选择，学者们多选择高校和科研机构（Pancholi S.，et al.，2014）、城市街道（Wang J.，et al.，2020）、高新技术企业（栾惠等，2019）、园区（郑德高、袁海琴，2017）等载体，以从微观视角开展研究。同时，也有部分研究基于专利数据刻画城市创新空间格局（Moreno R.，et al.，2005；王纪武等，2020）。国内外对创新空间分布特征的研究内容和方法较为丰富，Singhal 等（2019）运用标准差椭圆法测度了创新的扩散效应。陈嘉平等（2018）基于专利授权情况，使用标准差椭圆、区位 Gini 系数分析了广州创新空间的演变特征。路旭等（2021）、唐永伟等（2021）以高新技术企业为创新空间的主要表征，使用核密度估计法分析了武汉的城市创新空间分布特征。宋云等（2021）使用核密度估计和 Moran's I 指数等方法，测算了广州市各类创新要素数据，结果表明创新活力高值区表现出地域上的邻近性。关于创新空间格局的研究多基于单一时间节点，对于历史及阶段演变关注的相对较少。张鸣哲等（2019）选取2018年杭州众创空间的截面数据，严慧慧（2021）基于2019年武汉市创新资源与空间数据，对城市创新空间演变展开了探讨。段德忠等（2015）基于北京与上海1991~2014年的论文、专利等创新产出数据，对两座城市的创新空间演进特征进行了分析。国内外学者对于创新空间影响因素的研究，大多结合案例分析、实地调研、文献梳理等方法从定性层面予以解读。王晶、甄峰（2016）基于实践案例探讨了我国众创空间的产生机制。陈军等（2017）基于存量空间视角，从政府、产业、高校、科研机构等方面，分析了北京创新空间的增长机制。关于创新空间影响因素的研究，大多学者采用空间统计学方法或构建模型展开探讨，并结合政策、产业、市场等视角展开研究。严德成、吴建伟（2017）运用层次回归分析得出商务和休闲空间、政策条件等显性要件对创新企业的作用程度大于生活便利因素这一隐性要件。通过核密度分析和地理探测器等方法，孙鹜等（2021）研究了西宁市创新企业的空间分布情况，并发现区位、高校和环境承载力等因素对创新企业在城市内的聚集有一定的影响。程开明、章雅婷（2018）基于产业发展视角分析了城市创新空间的溢出因素。陆建城等（2022）从制度变迁视角研究了杭州创新空间演化机制的影响因素。

综上所述，目前国内外学者对于创新空间的研究集中于创新空间格局及影响因素方面，在研究尺度、研究对象及数据的选择上，多选择单一的城市行政区划、某一具体创新主体以及具体的时间点。在研究区域的选择上，多关注于东部发达城市，对于西部地区的研究还相对较少。因此，本文选取成都高新技术企业作为城市创新空间的主要表征，并结合创新创业载体、高等院校、产业园区等重要创新要素，对成都城市创新空间的演进特征及其影响因素进行研究，同时针对性地提出城市空间治理路径，从而为城市转型升级与创新驱动下的城市空间有序发展和有效治理提供参考。

二 研究区概况、数据来源与研究设计

（一）研究区概况

成都市行政区划具体包括12个市辖区、5个县级市、3个县，地区圈层分为中心城区和郊区新城2个层次。中心城区包括成都市所辖的12个区，成都高新区（含高新南区、高新西区），四川天府新区成都直管区（以下简称"天府新区"）。郊区新城包括所辖的5个县级市、3个县以及成都东部新区（以下简称"东部新区"）。成都是国家中心城市，成渝双城经济圈"双核"之一与成都都市圈核心。成都产业发展基础领先中西部地区，涵盖汽车、空天、电子信息等先进制造业及信息、科技金融、物流等现代服务业。近年来体制机制改革与创新政策的完善，也推动了成都创新空间的集聚发展。

（二）数据来源

本文所使用的数据主要包括成都市高新技术企业、高等院校、创新创业载体、产业园区4类创新要素，主要通过中国研究数据服务平台（CNRDS）高新技术企业（HTED）研究数据库、成都市科学技术局网站、前瞻产业研究院网站、四川省教育厅网站查询获取，各创新要素的地理坐标通过高德地图API接口获取，并使用Python实现了地理反编码技术及纠偏修正，其中高新技术企业数据的采集时间为2022年12月，其余3类创新要素的采集时间为2023年2月。

（三）研究设计

本文将微观层面的成都市高新技术企业数据作为样本和城市创新空间的主要表征，以探寻成都城市创新空间演进特征及其影响因素。本文依据高新技术企业基本信息数据中的成立日期信息划分出7个时间阶段，研究城市

创新空间的分布及演化特征，并将其他3类创新要素作为研究的辅助支撑。本文借助ArcGIS对成都城市创新空间演进特征及规律进行研究，研究设计如图1所示。首先，使用核密度估计（KDE）法分析出创新空间的分布格局，并对不同时空尺度下的高新技术企业空间分布特征进行分析以刻画成都城市创新空间格局的动态演化过程；其次，运用标准差椭圆（SDE）法刻画创新空间的覆盖范围、扩展方向和变化趋势；最后，通过空间自相关分析（ESDA）法，探求成都城市创新空间分布的空间自相关性和空间组织形式，并对其空间集聚演化的趋势和速度进行相关分析。

图1 研究设计

资料来源：作者自绘。

根据前期样本调查，成都市各类创新要素2010年以前主要分布在中心城区内，近年来呈现向郊区新城蔓延的态势。因此，在将研究区域选定为成都市域的同时，本文将成都市中心城区范围视作成都城市创新空间由中心城区向郊区新城溢出的判定边界。

三 成都城市创新空间演进特征及规律分析

（一）创新空间的总体格局

本文借助核密度估计法对成都市高新技术企业的空间集聚态势进行了量化评估与呈现。随后以此为基础，深入剖析了成都的城市创新空间格局，并依据核密度分析结果，发现成都城市创新空间总体呈现"一核引领、两轴拓展、多中心并存"的格局。具体而言，"一核"即城市创新极核，主要为天府软件园周边地带；"两轴"象征着城市创新发展脉络，是沿城市主要交通干线延伸的两条创新轴，包括羊西线（西芯大道—蜀西路）城市创新轴、人民南路—天府大道中段城市创新轴，两轴交会于成都城市中心天府广场，轴带范围辐射至成都主城五区、高新西区以及郫都区与天府新区的部分区域；"多中心"则意味着成都城市空间内散布着多个创新活跃节点及中心，这些中心大多以产业园区与双创载体的形式存在，广泛分布于成都中心城区各处。

（二）创新空间的组织形式

城市空间的演进与优化升级有赖于各个创新要素合力形成的创新网络的助推，为了进一步探讨各类创新要素之间的关系与组织形式，在对高新技术企业进行核密度分析的基础上，本文对城市空间内的其他3类创新要素进行了核密度估计，并对所有的4类要素进行了空间自相关分析。多层次的创新要素构成了城市空间重要的创新节点，各个类别的创新主体在城市范围内相互作用后，在价值链和创新链的基础上交织而成为了创新网络。研究发现，成都市产业园区集中分布在中心城区及城市六环路内，产业园区的高密度核心区为高新西区西北部、位于郫都区的成都现代工业港；创新创业载体在城市空间中主要集中分布于城市六环路及中心城区范围内，双创载体的核心集聚区为高新南区的天府软件园，与高新技术企业核心集聚区一致；成都市高等院校主要集中分布在中心城区，核心分布区域为城市一环路内的西南部。通过进一步对比发现，成都市高新技术企业、产业园区、创新创业载体与高等院校在空间分布格局上，彼此之间均具有较高的相关性，集中体现在各类创新要素主要分布于城市中心城区、团块状及轴带式格局的趋同，以及由中心城区向郊区新城有溢出但溢出程度较低的分布特征上。因此，成都城市空间中的创新要素之间在空间中相互交织、相互作用，呈现较为明显的网络化特征。

空间要素间普遍展现出空间依赖性与自相关性，为直观评估成都城市空间内多元创新要素分布的空间自相关性，本文运用了 ESDA 法的 Moran's I 指数以量化分析这些创新要素的空间关联强度。本文选定 1km 作为测度的理想阈值，得出表 1 所示的成都各类创新要素的空间自相关 Moran's I 指数结果。所有要素的 Z 得分均大于 2.58，且 p 值均小于 0.01，表明了成都市创新要素呈现显著的空间集聚特征，且这种集聚是有序的。具体而言，高新技术企业、创新创业载体、高等院校及产业园区这四大类创新要素，其 Moran's I 指数均为正，揭示了其在空间上存在正相关，且在网格内趋向于空间邻近。其中，高新技术企业的指数值最大，表明其在城市空间中的集聚程度最高；紧随其后的是创新创业载体与产业园区，这两类要素在城市空间上的集聚性为分布更为集聚的高新技术企业提供了集中式服务，有效契合了成都城市的创新发展需求。相比之下，高等院校的 Moran's I 指数虽为正但数值较低，这或可归因于其通常占地面积较广，使得 1km 的度量尺度难以全面捕捉其集聚效应。这一发现也间接反映了成都市大学城建设虽取得了一定成效，但在高度集聚方面仍有提升空间。

表 1　成都各类创新要素的空间自相关 Moran's I 指数

创新要素类别	创新要素个数	Moran's I	Z-score	p-value
高新技术企业	9343	0.387365 ***	200.253924	0.000000
产业园区	1122	0.141676 ***	72.190625	0.000000
创新创业载体	279	0.155155 ***	82.747122	0.000000
高等院校	78	0.032481 ***	16.600756	0.000000

注：*** 表示 999 次随机试验，p<0.01。

（三）创新空间扩展的方向性趋势

为了探讨成都城市创新空间在时间尺度上的扩展方向性趋势和总体演化特征，本文采用标准差椭圆（SDE）法直观地反映以高新技术企业为主要表征的成都城市创新空间的覆盖范围、扩展方向及总体特征。本文根据各个年份上高新技术企业数据点的空间落位的初步分析结果，以高新技术企业的成立年份为划分依据，划分了7个时间阶段进行研究。经过测算，得出如表2所示的成都高新技术企业在各个时间阶段内的标准差椭圆参数变化，并对标准差椭圆及中心点进一步测度后，本文确认了椭圆中心点所在街道，以较为全面地反映成都城市创新空间总体格局演化及中心迁移路径。

表2 成都高新技术企业标准差椭圆参数变化

年份	1990以前	1991~1995	1996~2000	2001~2005	2006~2010	2011~2015	2016~2022
中心点经度	104.053	104.010	104.021	104.006	104.018	104.037	104.042
中心点纬度	30.673	30.657	30.655	30.653	30.643	30.618	30.591
x轴标准差	0.195	0.202	0.206	0.205	0.209	0.168	0.133
y轴标准差	0.134	0.156	0.164	0.166	0.158	0.142	0.160
椭圆方位角	130.765°	69.238°	80.097°	86.268°	80.343°	103.609°	140.700°
椭圆面积	0.082	0.098	0.106	0.107	0.104	0.075	0.067
椭圆长轴长度	1.041	1.127	1.165	1.169	1.158	0.977	0.921
中心点所在地	少城街道	光华街道	光华街道	红牌楼街道	红牌楼街道	肖家河街道	石羊场街道

1990年以前的成都高新技术企业的标准差椭圆覆盖范围较小，主要为西郊、东郊工业区之间的区域，呈现较为明显的城市中心区域集聚性，其中心所在地反映出城市创新空间的初始中心位于城市一环路内的青羊区少城街道。1991~2005年的3个时间阶段内，成都城市创新空间的标准差椭圆面积在持续扩大，在方向性特征上开始缓慢向东南发展。2006~2022年的3个时间阶段内，成都城市创新空间的椭圆面积逐渐变小，充分反映出成都城市创新空间在该时间段内更具有集聚特性。城市创新空间的平均中心由武侯区红牌楼街道迁移到高新南区肖家河街道，最后迁移到如今的高新南区石羊场街道，同时在政策引导和周边区域经济发展的推动下，产生了朝东南方向扩散的趋势且持续加强。总体来看，成都城市创新空间的总体空间格局在各个时间阶段的差异不大，覆盖范围主要包括成都主城五区及周边部分区域，同时城市创新空间总体上呈现明显的朝东南（天府新区、龙泉驿区、东部新区）

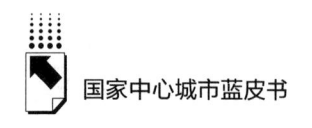

方向移动与扩展的趋势，中心点所在地由青羊区迁移到武侯区后，再迁移到高新南区。

（四）创新活动的空间格局演变

城市范围内不同行业的空间分布情况与城市发展阶段具有较高的协同性，行业分布格局也在一定程度上体现了城市创新空间的动态演化特征。为了进一步探讨成都城市空间中创新活动的动态演化特征，以通过对创新活动的空间组织形式来更为全面地分析城市创新空间的演进态势，本文通过空间落位对成都六大行业门类的高新技术企业空间分布格局进行了分析，发现成都创新活动的空间分布格局表现出分散与集聚并存的特性，且具有圈层式发展的态势。

首先，创新活动的集聚性与行业对于知识及技术、人才等创新资源的依赖性具有高度相关性，六大行业门类均表现出明显的中心城区范围内的集聚态势。其次，成都城市中的创新活动的空间格局具有圈层式发展态势，除制造业外的其他五大行业门类与成都城市创新空间的总体格局基本一致，中心城区为其核心集聚区，由中心区域向周边扩散的态势呈现随距离远近变化而更为分散或集聚的圈层式发展态势。

（五）创新空间的扩散与极化过程

为对成都城市创新空间演进过程中的微观特征进行更详细的研究，以分析其创新空间的扩散与极化过程，本文进一步运用核密度估计法对1990~2022年成都高新技术企业的空间密度分布情况进行了测度，以更为直观地展现各个时期的创新空间密度分布情况，并便于从时间维度上进行对比分析。

通过对1990~2022年成都高新技术企业分布特征核密度的测算，本文发现成都市高新技术企业的规模呈逐年递增趋势；成都城市创新空间在21世纪初已经基本形成了"核心—边缘"格局，同时开始具有较为明显的由中心城区向郊区新城溢出的趋势，但郊区新城区域仍以点状式集聚为主；在

2011~2015年形成的城市创新空间格局已经与现在基本一致。成都城市创新空间核心集聚区由最开始一环路内的旧城中心区域逐渐演变至高新南区,以高新南区为核心的城市创新空间极化特征持续增强。同时,2011~2015年这一时间段内天府新区范围内开始出现较为明显的城市创新空间集聚区域,且在2016~2022年快速形成了以成都科学城为核心的天府新区城市创新空间集聚区。

(六)创新空间的关联与集聚演化

为了对成都城市空间中的高新技术企业分布的空间自相关性进行计算,本文采用ESDA法对成都城市创新空间的关联与集聚演化特征进行分析,在7个时间阶段的高新技术企业数据的基础上,计算出在所有时间段内成都高新技术企业的全局空间自相关Moran's I指数,如表3所示。

表3 成都高新技术企业的空间自相关Moran's I指数变化

时间阶段	高新技术企业数	Moran's I	Z-score	p-value
1990年以前	91	0.074319***	34.983314	0.00000
1991~1995年	170	0.117476***	55.170824	0.00000
1996~2000年	467	0.243455***	116.796230	0.00000
2001~2005年	1099	0.258928***	126.857751	0.00000
2006~2010年	1505	0.327580***	155.136936	0.00000
2011~2015年	2865	0.382125***	182.236461	0.00000
2016~2022年	3271	0.338647***	176.175749	0.00000

注:*** 表示999次随机试验,p值<0.01。

由表3可得,首先,7个时间阶段内成都高新技术企业的Moran's I指数均为正值,p值趋于0,说明所有时间阶段高新技术企业在空间上均具有显著的空间正相关性,即高新技术企业在空间分布规模相当区域内的空间组织形式上呈集聚态势。其次,以高新技术企业为主要表征的成都城市创新空间的集聚性呈现先增强再减弱的趋势。2015年之前，Moran's I指数呈逐个时间阶段上升的态势，表明随着创新驱动与城市经济发展，各类创新资源在成都城市空间范围内也同样产生了集聚，成都城市创新空间的集聚性也在其推动下一直增强，高新技术企业之间的关联性也较强。2016~2022年，成都城市创新空间的Moran's I指数发生了下降，表明在该时间阶段内成都城市空间中的知识和技术产生了较为明显的溢出效应，使得城市创新空间的空间集聚性有所降低，进而表明城市创新空间的集聚速度放缓，逐步迈向稳定发展阶段。

四 成都城市创新空间演进的影响因素分析

（一）引导因素：顶层设计

城市空间生产政治性愈发增强，政府通过战略与政策干预资源配置影响空间发展与演化（潘泽泉、刘丽娟，2019）。国家战略及政策、区域发展战略和城市总体规划等，从顶层设计层面引导了成都城市创新空间的发展。改革开放之前，成都受益于"一五"计划、"三线建设"时期的国家战略扶持，城市范围实现快速扩张，现代工业体系得以确立。计划经济下职住一体模式导致空间格局区域差异明显，城市创新空间产生了较明显的集聚性。改革开放后，国家火炬计划、扩大内陆地区开放战略等政策推动了成都高新区、经开区的设立，促进创新要素在高新区与经开区范围内的快速集聚，创新空间由城市中心向其所在的城市东翼与南侧扩展。2017年，成都实施主体功能区战略，优化了空间与产业布局。国家提出创新型国家目标，成都作为首批试点，积极贯彻相关政策，推动区域创新体系发展，营造良好环境，优化创新空间，助力创新型城市建设。此外，近二十年以来针对成渝地区的区域规划，以及城市新区的建设，也引导着成都城市创新空间向中心城区南部、东部扩展。成都城市创新空间也在成都历次城市总体规划的进一步作用下，受空间扩散引导和区域功能调整而发生着演变。

（二）驱动因素：城市内部变革

城市发展逻辑、管理体制改革从城市内部变革的角度对成都城市创新空间的演进产生了驱动作用。工业化进程中，我国存在片面追求经济发展与土地财政的问题，致使城市环境与资源负担较重，人与城市的发展均受阻。传统城市发展逻辑重生产而轻生活，产业发展及其空间盲目扩张，人口向城市中心居住区过度集聚，造成职住分离、服务不足，城镇化滞后于工业化。新型城镇化时期，成都城市发展逻辑由工业导向下的"产城人"转变为"人城产"，以人为本的发展路径也加快了成都探索产城融合发展模式的步伐，对传统产业园区职住分离的现象进行了修正，以产业功能区的规划建设推动了城市创新空间的重塑。2017年首次提出设立产业功能区，截至2023年成都已建58个产业功能区，均衡了城市创新空间分布，促进了多中心创新格局的形成，回应了城市创新发展新需求。同时，市管县、高新区管委会、产业功能区管理体制的探索等城市内部管理体制的改革，也推动了城市创新空间在城市范围内的规模效应，以及在不同区域形成了较为明显的集聚密度差异。

（三）支撑因素：创新网络及保障

创新网络组织、制度及基础设施保障，对成都城市创新空间格局的稳定与持续发展有着重要的支撑作用。高等院校、产业园区、高新技术企业、创新创业载体等创新要素的联动，为城市范围内形成多个结构稳定的创新网络提供了要素支撑，促进城市创新要素和资源的有效配置，创新要素、人才分布的空间差异也在一定程度上导致了城市创新空间在区域分布上呈现不均衡的特征。成都积极推动多种创新要素联动以构建稳定的创新网络，促进资源配置与产学研融合，提升创新能级。高新技术企业与创新创业载体偏好布局在交通、政策、人才等要素相对发达的高新南区及西区，高等院校集聚性也影响着产业布局。此外，产业发展、科技成果转化、人才引进等相关政策是否健全，以及基础设施建设的完善程度也影响了城市创新空间的格局与演化。

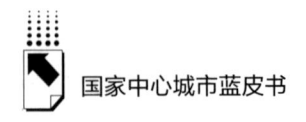

五 成都城市创新空间的治理路径研究

（一）加强成渝地区的区域协同创新发展

《成渝地区双城经济圈建设规划纲要》提出将成渝建设为具有全国影响力的科创中心，成都作为成渝地区的"极核"之一，需推动区域创新协同与市场一体化。成都应强化沟通协调，提升创新治理效率，通过专项工作组促进顶层设计、规划、城市更新及创新资源共享，避免重复建设。同时，引导创新要素与重庆对接，促进高校、企业、科研机构合作，打通资源流通渠道。此外，探索市场一体化方案，统一市场基础设施、流通环境、制度和监管，加强对创新需求的调研，促进两地政企沟通。最后，完善创新链条，共建西部科学城，优化创新要素布局，推动产学研一体化，形成高度协同的创新共同体。

（二）充分发挥国土空间规划的指导作用

在"多规合一"背景下，我国空间规划体系正经历深刻变革，也将进一步促进城市空间治理优化。国土空间规划作为治理现代化工具，对空间管控及政策重塑至关重要。成都需结合创新需求发挥规划引领作用，柔性管控重点区域，激活创新空间潜力，平衡生态与经济发展。同时，应加强部门合作，协调规划编制，确保创新空间专项规划有效实施。此外，成都还应积极探索土地复合使用机制，破除职住分离，提升土地利用效率，提升创新空间活力，为成都创新城市建设提供坚实支撑。

（三）依托产业功能区建设推进产城融合

经济新常态下，成都存在的空间配置不均、产业同构等问题亟待解决。为改变此种局面，成都实施"东进、南拓"等战略以优化空间布局和匹配区域发展。同时，推进产业功能区建设，促进产城融合，提升城市能级。但建设过程中仍存在管理机制不足、协同度低等问题。对此，成都需完善管理体制，强化功能区管委会职能，促进跨区域协同，构建产业生态圈交流机制，并统筹创新要素供给。此外，优化产业空间布局，明确主导产业，完善配套设施，引导企业入驻，促进产业生态协同发展。新区规划方面，成都应重点整合现有资源，推动差异化发展，以全面推动城市高质量发展。

（四）立足城市更新活化存量空间创新功能

高质量发展下城市空间面临着新挑战，城市更新能有效重塑与变革城市空间，以促进城市存量空间活化，并加速形成创新集聚，提升城市发展能级。成都可依托创新驱动和五大功能区规划，有序推动城市更新："西控"重环保与绿色产业，"中优"升级老旧园区，"北改"转型低效产业，"南拓"增量发展科学城，"东进"拓展新区创新空间。同时，成都应盘活存量空间，建立交易机制，保护更新老工业区，改造闲置厂房为创新载体，整合城市空间，激发创新动能，促进高质量发展。

（五）营造集聚多元创新要素的协同创新网络

创新网络的成功构建能高效配置创新要素，提升城市科创实力与促进经济发展，推动转型升级（何鹤鸣、张京祥，2022）。城市创新空间生产需多元主体协同（刘炜、郭传民，2022），需政府引导、多主体协同，构建协同创新网络。一是建立创新平台，联结高校、企业及园区，促进信息共享与技术交流，增强高校创新扩散，支持研发机构建设，提升资源开放度，促进创新空间扩张。二是提升创新服务，优化发展环境。支持科技服务机构整合资源，提供专业服务，促进成果转化与资源交易，推动产业链与创新网络建设。加强数据存储分析，建设服务平台，提升机构能力。推进双创载体建设，促进专业化发展，优化城市创新生态。

（六）完善制度保障体系与基础设施建设

创新网络的构建是推动城市创新发展的关键，也需要多主体的协同。成都政府部门应积极引导高新技术企业、高校、产业园区等形成集聚效应,通过创新平台联结各创新主体,促进信息共享与技术交流,构建协同发展网络。成都应完善各类制度保障,支持研发机构建设,提升创新资源开放度,联动高校与地区发展,吸引企业入驻城市新区,推动创新空间扩张。同时,提升创新服务水平,支持科技服务机构发展,推进双创载体建设,优化创新生态环境,确保创新网络有序健康发展,进而提升城市科创实力,促进经济转型与升级。

六 结论

本文深入探讨了成都城市创新空间的演进特征与治理路径,以高新技术企业为主要表征,运用空间计量方法分析了成都创新空间的演变特征及规律。研究发现,首先,成都城市创新空间呈"一核引领、两轴拓展、多中心并存"格局,且多要素协同形成有组织的空间集聚,同时创新空间与城市发展相协同,表现出明显的扩散与极化趋势,现已进入稳定发展期。其次,顶层设计、城市内部变革与创新网络支撑共同发力影响着成都城市创新空间的演进。国家战略、区域规划与城市总体规划为创新空间勾勒出总体框架与扩展路径;城市发展逻辑的转变加速了产城融合,管理体制的改革促进了创新空间在功能区的集聚;创新网络的构建与政策制度的支持,则为空间资源的高效配置与有序发展提供了坚实保障。针对治理路径,本文认为成都应从成渝区域协同、国土空间规划、产业功能区建设、城市更新、创新网络构建等角度实现城市创新空间的有效治理。

参考文献

Clark J., Huang H. I., Walsh J. P., "A typology of 'innovation districts': what it means for regional resilience," *Cambridge Journal of Regions, Economy and Society* 3 (2010):

121-137.

Pancholi S., Yigitcanlar T., Guaralda M., "Urban knowledge and innovation spaces: concepts, conditions and contexts," *Asia Pacific Journal of Innovation and Entrepreneurship* 8 (2014): 15-38.

Wang J., Liu N., Ruan Y., "Influence factors of spatial distribution of urban innovation activities based on ensemble learning: a case study in Hangzhou, China," *Sustainability* 12 (2020): 1016.

栾惠、吕拉昌、黄茹:《从腾讯公司的成长看深圳创新型城市建设路径》,《特区经济》2019年第2期。

郑德高、袁海琴:《校区、园区、社区:三区融合的城市创新空间研究》,《国际城市规划》2017年第4期。

Moreno R., Paci R., Usai S., "Spatial spillovers and innovation activity in European regions," *Environment and planning A* 37 (2005): 1793-1812.

王纪武、孙滢、林倪冰:《城市创新活动分布格局的时空演化特征及对策——以杭州市为例》,《城市发展研究》2020年第1期。

Singhal S., Anand A., Singh O., "SDE based generalized innovation diffusion modeling," *International Journal of Mathematical, Engineering and Management Sciences* 4 (2019): 697.

陈嘉平、黄慧明、陈晓明:《基于空间网格的城市创新空间结构演变分析——以广州为例》,《现代城市研究》2018年第9期。

路旭、曹静静、栾晓帆:《武汉市创新城区的空间格局演化研究》,《沈阳建筑大学学报》(社会科学版)2021年第1期。

唐永伟、唐将伟、熊建华:《城市创新空间发展的时空演进特征与内生逻辑——基于武汉市2827家高新技术企业数据的分析》,《经济地理》2021年第1期。

宋云等:《广州市创新空间格局特征及影响因素》,《测绘科学技术学报》2021年第1期。

张鸣哲、张京祥、何鹤鸣:《基于协同理论的城市众创空间集群形成机制研究——以杭州市为例》,《城市发展研究》2019年第7期。

严慧慧:《武汉市创新产业空间布局规律分析及潜力空间识别》,面向高质量发展的空间治理——2021中国城市规划年会论文集(14区域规划与城市经济),2021,第1025~1033页。

段德忠、杜德斌、刘承良:《上海和北京城市创新空间结构的时空演化模式》,《地理学报》2015年第12期。

王晶、甄峰:《城市众创空间的特征、机制及其空间规划应对》,《规划师》2016年第9期。

陈军等:《存量空间视角下北京市创新空间增长机制及其对策研究》,《北京规划建设》2017年第3期。

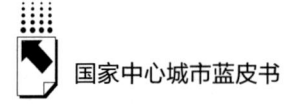

严德成、吴建伟：《区位条件对创新导向型企业社会网络的影响——兼论企业选址决策》，《华东经济管理》2017年第5期。

孙鹜等：《西宁市创新企业的空间分布格局与影响因素研究》，《科技促进发展》2021年第2期。

程开明、章雅婷：《中国城市创新空间溢出效应测度及分解》，《科研管理》2018年第12期。

陆建城、罗小龙、王雨村：《制度变迁视角下大都市区创新空间演化机制——以杭州市为例》，《经济地理》2022年第12期。

潘泽泉、刘丽娟：《空间生产与重构：城市现代性与中国城市转型发展》，《学术研究》2019年第2期。

何鹤鸣、张京祥：《链接型空间在产业区创新网络建构中的作用——以无锡、衢州为例》，《城市规划学刊》2022年第6期。

刘炜、郭传民：《基于创新空间生产的城市更新策略：理论、方法与国际经验》，《科技管理研究》2022年第16期。

B.24
建设武汉新城与打造世界光谷

秦尊文 张 宁[*]

摘　要： 湖北省委、省政府决定建设以武鄂黄黄为核心的武汉都市圈，武汉市要抓住机遇，加快建设武汉新城、打造世界光谷，增强辐射带动力，提升国家中心城市能级。本文提出武汉以世界光谷高质量发展全面提升城市能级的主要路径：推进科技自立自强，提升创新能级；聚焦世界前沿科技，提升产业能级；优化要素资源配置，提升枢纽能级。

关键词： 武汉新城　光谷　城市能级　高质量发展

2022年，湖北省委、省政府决定建设以武鄂黄黄为核心的武汉都市圈，批准设立武汉新城；2023年，湖北省委、省政府决定依托武汉新城，打造世界光谷。武汉市要牢记中央嘱托，加快"复兴大武汉"，提升武汉国家中心城市能级，书写中国式现代化武汉篇章。

一　武汉新城建设目的是提升城市能级

习近平总书记十分关注我国城市能级的提升，2018年11月视察上海时明确提出"加快提升城市能级和核心竞争力"的要求。建设武汉新城，就是为了加快提升城市能级，增强武汉作为国家中心城市的核心竞争力。

---

[*] 秦尊文，博士，中国区域经济学会副会长，湖北省社会科学院研究员，研究方向为区域经济、城市经济；张宁，湖北省社会科学院长江流域经济研究所助理研究员，研究方向为区域经济、产业经济。

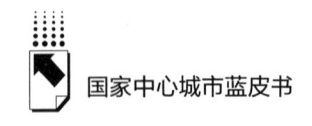

（一）各地高度重视提升城市能级

2018年6月，上海市委出台《关于面向全球面向未来提升上海城市能级和核心竞争力的意见》指出："到2035年，把上海基本建成与我国综合国力和国际地位相匹配的卓越全球城市，令人向往的创新之城、人文之城、生态之城，具有世界影响力的社会主义现代化国际大都市，具有全球影响力世界级城市群的核心引领城市。"

2019年12月，浙江省委明确要求杭州从经济整体竞争力、区域辐射带动力、城市综合承载力和城市形象软实力四个维度提升城市能级。

2020年10月，《济南市黄河流域生态保护和高质量发展规划》发布，提出："全面提升城市能级，推动济南在更大范围和更深层次上优化要素配置，带动省会经济圈一体化高质量发展，助力山东半岛城市群更好发挥黄河流域龙头作用，打造黄河流域高质量发展核心增长极。"

《深圳市海洋发展规划（2023—2035年）》正式出台，并指出："全力推进全球海洋中心城市建设，是深圳加快构建新发展格局、推动高质量发展、提升城市能级的一次重大机遇。"

广州在2024年《政府工作报告》中指出："近年来，资源要素加速在广州集聚，源源不断辐射到全省乃至全国，充分激发了高质量发展新动能，体现了国家中心城市的责任担当，也为广州进一步增强城市能级和核心竞争力提供了重要支撑。"

（二）城市能级主要取决于中心城区

城市能级通常由城市建成区的面积和人口来表征。重庆市行政区域面积为8万多平方公里，上海市行政区域面积为6340平方公里，但后者城市能级高于前者，一个重要原因是后者建成区面积大，从而带动能力强。国际上有一个经验公式：1平方公里的建成区可以带动50~80平方公里周边地区的发展。如果城市建成区面积只能带动本行政区域的发展，通常是"地区性城市"，超出本行政区较多的是"区域性中心城市"。级别更高的是国家中心城市和国际化大都市,当然这样的城市不单是靠建成区面积,也要靠科技、金融、交通、信息等强大的辐射力,但建成区面积仍然是最基本的判别标准。

恩格斯在《大城市》一文中对19世纪的伦敦有这样的描绘:"像伦敦这样的大城市,就是逛上几个钟头也看不到它的尽头何在,而且也遇不到表明快接近开阔视野的田野的些许征象。——这样的城市是一个非常特别的东西。"①

恩格斯所考察的伦敦城市扩张绝非个案,同时期的巴黎、柏林、曼彻斯特、伯明翰等城市在资本主义经济的强势拉动下都先后进行了城市扩张。就城市物质增量而言,19世纪的城市扩张意味着一个拥有更加广阔城市疆域、更加庞大人口数量以及更加复杂城市基础结构的"大城市"的产生。然而,"大城市"并非几个"小城市"量的叠加,正如恩格斯所指出的:"这种大规模的集中,250万人这样集中在一个地方,使这250万人的力量增加了100倍。"② 这生动地显示出城市能级的提升即量的积累带来质的变化。

(三)武汉新城就是做大"中心城区"

武汉新城规划面积约719平方公里,管控范围拓展至环梁子湖区域,共约1689平方公里。③ 建设武汉新城是湖北省委、省政府的重大决策,并被写入了2023年的省《政府工作报告》:"纵深推进以武鄂黄黄为核心的武汉都市圈发展,高标准启动武汉新城建设。"2023年2月7日,湖北省发改委公布《武汉新城规划》。2024年1月30日,湖北省《政府工作报告》再次强调"加快建设武汉新城"。建设武汉新城是武汉提升城市能级、建设国家中心城市的需要,也是湖北建设中部崛起重要战略支点的需要。

---

① 《马克思恩格斯全集(第2卷)》,人民出版社,1957。
② 《马克思恩格斯全集(第2卷)》,人民出版社,1957。
③ 赵贝:《武汉新城规划发布 横跨武汉鄂州两市 武鄂黄黄中心将崛起科创高地》,《楚天都市报》2023年2月8日。

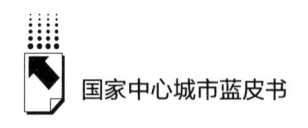

二 建设武汉新城是打造世界光谷的"起手势"

"光谷"是武汉东湖新技术开发区的别称。2001年开始被称为"中国光谷",2023年开始被湖北省政府赋予建设"世界光谷"的重任。武汉新城建设,正是打造世界光谷的"起手势"。

(一)中国光谷从"武汉地图两厘米外"起步

1988年东湖技术密集经济小区成立,管委会租用672医院一栋红砖瓦小楼临时办公,首批工作人员只有40多人。1992年获批国家高新技术开发区。2001年4月,13名在汉全国政协委员联合提案,26名院士联名呼吁,科技部、国家计委先后批复建设武汉国家光电子信息产业基地,"中国光谷"一名落锤。在20世纪90年代印制的武汉市城区地图中,根本没有"光谷"的位置,被人们笑称在武汉地图最右边"两厘米外"的地方。通过"东扩南进"等6次托管,开发区面积从24平方公里扩大到518平方公里,从1个技术密集经济小区扩展到8个产业园区,管辖8个街道、119个社区(村)。经过30多年的艰苦创业,东湖新技术开发区取得不俗战绩,在历年的中国高新区排行榜TOP50中稳居前列。从首批国家级高新区、第二个国家自主创新示范区、第三批自贸区,到全国第五个科创中心核心承载区,中国光谷始终把创新摆在事关发展全局的核心位置,牢牢把握全球科技变革先机,在自主创新中主动求变、不断聚变,诞生了全国第一家科技企业孵化器、第一家专业化科技园区、第一个工业化试验基地、第一根实用光纤、第一个光传输系统、第一批A股上市企业、第一支产业发展引导基金等一系列第一,创新发展的动能不断积聚。中国光谷在六个方面发展迅猛,成绩亮眼。

"光"产业。建成全球最大的光纤光缆制造基地,光纤光缆国际市场占有率超过25%,国内市场占有率超过60%,连续多年销量居世界第一;[①] 建

[①] 资料来源:《"一束光"让世界看到"中国光谷":12秒诞生一部手机或电脑》,中国青年网,2023年8月1日,https://v.youth.cn/dsp/202308/t20230801_14689242.htm。

成全球最大的光模块研发生产基地,光器件国内市场占有率超过40%,国际市场占有率超过12%。建成全国三大激光设备生产基地之一,激光上市企业营收约占全国激光上市企业的30%。

"芯"产业。聚焦我国"缺芯"难题,聚力建设国家存储器基地,打造总投资超2000亿元的长江存储,推动新思科技、华为海思等一批芯片产业链巨头落户,高德红外、聚芯微电子等本土芯片企业加快成长,以存储芯片为核心的芯片产业链加速崛起,芯片产业产值突破400亿元,集成电路圆片产量达到156万片,实现了数量级的跃升,一举成为国家集成电路第四极。

"屏"产业。联合华星光电、深天马等龙头企业,累计筹集各类投资超过1000亿元,建成6条中小尺寸显示面板生产线,低温多晶硅平板面板出货量全球第一,低温多晶硅笔记本面板出货量全球第二。

"端"产业。从台式电脑、数码相机、自动贩卖机、投影仪拓展到智能手机、平板电脑、智能监控、智能穿戴、智能医疗设备、智能汽车等多元化、多品牌产业布局,平均每12秒就有一部手机或平板电脑诞生,每天10万部手机从光谷下线,销往全球160多个国家和地区。2022年全区电子计算机整机产量达到1339万台,智能终端产业年产量达5000万台。

"网"产业。集聚80多家知名互联网头部企业第二总部,建成国内首个人工智能计算中心、国内五大工业互联网标识解析国家顶级节点之一。2022年数字经济核心产业增加值超过900亿元,占比达到33.8%。

"药"产业。抢抓生物产业加快兴起机遇,谋划建设光谷生物城,推动生物产业从无到有、从小到大。截至2023年底,200多个1类新药管线在研、50多个进入临床,规上工业产值超300亿元,光谷生物城成为中部地区影响力最大、创新能力最强、产业体系门类最齐全、人才集聚效应最显著的生命健康产业聚集区,综合竞争力升至全国第4。

(二)世界光谷从武汉五十公里外着眼

如果说中国光谷是从"武汉地图两厘米外"起步,那么世界光谷从武汉五十公里外着眼——那里有鄂州、黄冈、黄石主城区。2022年12月30日,

《武鄂黄黄规划建设纲要大纲》提出建设"武汉新城",其总体定位为武鄂黄黄(武汉、鄂州、黄冈、黄石)城市中心,武汉都市圈高质量发展主引擎。

根据规划,武汉新城分为八个片区。一是新城中心片区,打造中央商务区和科技服务中心,全面提升高端要素、核心功能、规模人口的集聚能力,重点发展现代金融、高端商务、数字经济、科技服务等功能。二是光谷片区,三是葛华片区,两者共同打造高端制造业及科技创新的综合性片区,建设高精尖产业承载地和技术创新策源地、新兴产业集聚区和未来产业先导区。四是龙泉山片区,打造科学研究承载区和文化旅游休闲区。五是滨湖半岛片区,打造国际会客厅和生态绿心。六是红莲湖片区,打造数字创意宜居区。七是花山片区,打造健康智慧宜居区。八是梧桐湖片区,打造科教文化宜居区。其中,葛华片区、红莲湖片区、梧桐湖片区为鄂州市所辖地域,另外鄂州市庙岭镇部分区域被纳入"新城中心片区"。在武汉新城719平方公里的规划面积中,鄂州市约占290平方公里。

(三)省市委擘画"世界光谷"宏伟蓝图

2022年6月28日,习近平总书记考察武汉时指出,湖北武汉东湖新技术开发区在光电子信息产业领域独树一帜,[①] 并提出殷切希望。湖北省委、省政府牢记领袖嘱托,从建设全国构建新发展格局先行区、打造武鄂黄黄高质量发展主引擎的高度,赋予武汉新城"两高地、两中心、一样板"(即世界级科技创新策源高地、国家战略性新兴产业高地、全国科创金融中心、国际交往中心、中国式现代化宜居湿地城市样板)的战略定位,明确要求塑造独树一帜的光电子信息产业新优势、加快建设"世界光谷"。

2023年4月25日,湖北省举行的一场《关于加快建设全国构建新发展格局先行区的实施意见》新闻发布会透露,武汉新城实行"建设指挥部、用地和规划委员会"的管理体制。其中,安排常务副省长担任省建设指挥

---

① 《习近平在湖北考察时强调:坚持新发展理念打好"三大攻坚战" 奋力谱写新时代湖北发展新篇章》,《中国日报》2018年4月28日。

部指挥长，分管副省长、武汉市市长、鄂州市市长分别担任副指挥长，省发改委、财政厅、自然资源厅等10家单位主要负责同志作为指挥部成员，指挥部办公室设在湖北省发改委。

2024年武汉市《政府工作报告》强调："做大市域发展能级规模。推动主城区转型提质，支持7个中心城区做强数字经济、楼宇经济、总部经济、枢纽经济，实施'工业上楼'，促进产业集约集聚发展。推动4个副城产城融合，支持东湖高新区加快建设武汉新城，大力发展独树一帜的光电子信息产业，打造世界光谷。"

三 以世界光谷高质量发展全面提升城市能级

2018年11月18日，中共中央、国务院出台《关于建立更加有效的区域协调发展新机制的意见》，明确要求"建立以中心城市引领城市群发展、城市群带动区域发展新模式，推动区域板块之间融合互动发展"，并点名武汉引领长江中游城市群发展。武汉新城是武鄂黄黄八大组团的第一组团，负责带动其他七个组团的发展，进而带动武汉都市圈乃至长江中游城市群的发展、落实国家战略。要通过建设武汉新城、打造世界光谷，全面提升武汉城市能级，真正完成国家中心城市的历史使命。

（一）推进科技自立自强，提升创新能级

2022年6月28日，习近平总书记第三次考察光谷，强调高水平科技自立自强。加快实现高水平科技自立自强，是推动高质量发展的必由之路。要坚持"四个面向"，加快实施创新驱动发展战略，推动产学研深度合作，着力强化重大科技创新平台建设，支持顶尖科学家领衔进行原创性、引领性科技攻关，努力突破关键核心技术难题，在重点领域、关键环节实现自主可控。[1]

---

[1]《习近平在湖北考察时强调：坚持新发展理念打好"三大攻坚战" 奋力谱写新时代湖北发展新篇章》，《中国日报》2018年4月28日。

2022年武汉获批建设具有全国影响力的科技创新中心，国家实验室实现"零"的突破。武汉新城分布了一些国家重点实验室，未来要打造出新的国家重点实验室。要坚持创新在现代化建设全局中的核心地位。充分融入新型举国体制，加入国家战略科技力量，优化配置创新资源，助力优化国家科研机构、高水平研究型大学、科技领军企业定位和布局，加强科技基础能力建设，强化科技战略咨询，提升创新体系整体效能，进而提升武汉城市能级。

（二）聚焦世界前沿科技，提升产业能级

2024年2月12日，美国白宫科技政策办公室（OSTP）发布了2024年最新版《关键和新兴技术清单》，这份清单涵盖了对美国巩固世界科技霸主地位、保持其军事威慑力等方面的关键技术。与2022年版本相比，删除了核能等技术，增加了2项技术（一是数据隐私、数据安全和网络安全技术，二是定位、导航和授时（PNT）技术）。① 这份清单所列技术特别是新增的两项，武汉是有基础的，武汉新城在中美激烈的科技竞争中要为国争光。武汉要发挥光电子信息核心领域的引领带动作用，加快培育和完善集成电路、光通信、新型显示、激光、光电传感、智能终端、软件及信息服务、数字健康、智能网联汽车、数字建造等细分产业链条，形成在全国乃至全球具有话语权的产业板块，塑造更多发展优势，汇聚形成具有全球竞争力的光电子信息产业链。加强"光谷""车谷"联动，加快引进国内外知名智能网联汽车和全场景智慧互联解决方案企业，突破发展基于车用无线通信技术（5G+V2X）的毫米波雷达、激光雷达、激光摄像头、高精度地图等感知系统，加速推出L4级及以上自动驾驶系统，开发车载智能信息服务系统、交通智能感知系统等"人—车—路—云"协同技术产品，打造"感—芯—软—图—舱"智能网联汽车产业链。

数字建造板块。推动数字技术与实体经济深度融合突破发展数字建造系

---

① 资料来源：《美国最新版〈关键和新兴技术清单〉透露出哪些信息？》，https://www.thepaper.cn/newsDetail_forward_26430006。

统软件，强化数字孪生、人工智能等技术应用，研发具有自主知识产权的系统性软件与数据平台、集成建造平台。延伸发展面向协同设计、智慧工地、智慧运维、智能审查等典型场景的数字化应用解决方案。

6G通信。突破基于Polar编码机制的下一代信道编码及调制技术，集中攻克动态组网、信令路由、全服务化调用等关键技术，拓展可信数据服务、全局AI、安全感知等智能化服务。突破太赫兹频段通信技术瓶颈，攻克高性能多功能太赫兹收发机芯片、无源器件及基片集成波导，构建高频、低损耗、宽带互连技术。支持企业、科研院所、行业组织等参与空天地海一体化信息网络建设及未来6G国际标准制定。

脑科学。聚力攻关高分辨率大脑结构解析、大范围和深穿透度在体高分辨光学成像等脑成像前沿技术，加快绘制全脑神经图谱。突破神经信号编码与解码、类脑多模态感知与信息处理等核心技术，发展下一代人机交互、神经假体与模拟、类脑计算等类脑产品和服务。

元宇宙。聚焦沉浸式连接交互前沿方向，加快发展位置感知、人机互动、感官触达、环境支持等技术，推动VR/AR/MR/XR等技术集成升级，面向工业生产、虚拟社交、沉浸式娱乐等领域开发差异化终端产品。

区块链。突破共识机制、智能合约、跨链协议等区块链底层技术，发展区块链通用应用及技术拓展服务。推动区块链技术在防伪溯源、数据共享、供应链管理等场景创新应用，打造一批技术先进、带动效应强的区块链应用产品。

量子科技。建设国际一流的量子精密测量和量子导航应用技术系统，突破量子探测、量子激光器、量子雷达等关键核心技术。加快量子通信基础应用网络、量子通信装备、量子计算机及其衍生产品研制和产业化。探索开展基于相干光场的光量子存储技术研究。

新一代人工智能。强化算法、算力、数据三大要素支撑，推动武汉人工智能计算中心和超算中心扩容升级，搭建AI开源算法平台和AI产业赋能中心，大力发展分布式云及云计算解决方案，推动计算机视听觉、生物特征识别、新型人机交互、智能决策控制等人工智能技术创新应用。

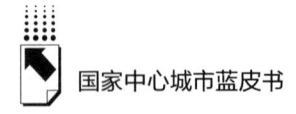

开源指令集架构（RISC-V）。围绕人工智能、物联网、智能网联汽车、元宇宙等应用场景需求，推进基于 RISC-V 的处理器内核 IP 开发及商业化，布局基于 RISC-V 的芯片、开源处理器基础组件、开源处理器操作系统等关键技术，支持 RISC-V 通用工具软件、核心基础软件、跨层优化框架等开发，鼓励开源社区建设。

（三）优化要素资源配置，提升枢纽能级

1. 人力资源配置

深化校地人才联合培养。高水平建设华中科技大学卓越工程师学院，深入推进工程硕博士培养改革专项试点，举办全球光电子信息卓越工程师大赛，培养一批扎根光谷、具有突出技术创新能力和善于解决复杂工程问题的卓越工程师。支持高校院所建设高水平特色学院、未来技术学院、现代产业学院，推进国家集成电路产教融合创新平台建设，采取校企合作、产教交替模式，加紧培养产业紧缺人才，推进跨学科、跨专业的复合型创新人才培养。

围绕科技和产业发展服务需求，引进集聚一批能链接市场资源的头部投资人、能把握未来科技发展趋势的科技咨询人才、具有科学研究背景的复合型技术经纪人、具有国际视野的高素质涉外法律人才、通晓国际规则且精通前沿科技知识的知识产权人才、具备跨国经营能力的人力资源人才等创新服务人才。

大力发展人力资源服务业。发挥光谷人才集团作用，完善人才环球猎聘、安居工程、园区运营等"引育留服"的全过程服务。

发布"光谷招贤令"，深入实施人才"注册制""积分制"，优化人才评定、评价和激励机制。支持国家实验室、湖北实验室深入探索人才举荐制。畅通人才跨体制流动渠道，加大"科技副总"选派力度、"产业教授"培养力度。完善有利于科技创新的人才评价机制，给予"专才""怪才"竞争机会。打造光谷国际客厅，建成集全球创新资源汇聚、国际创新人才交流合作、多元文化交融体验、国际人才政务服务等功能于一体的服务平台。完

善移民事务服务中心功能,打造外籍人才"一站式"服务平台。积极创建"国际化社区",争取外籍人士占比达到5%。

2. 金融资源配置

发展科技金融、供应链管理、人力资源服务、总部经济等业态,建设区域科技金融资源配置体系,深化信贷产品服务创新,打造全国科创金融中心;通过积极融入"一带一路"建设,推动全球高端要素聚集、资源优化配置,发挥面向世界的专业金融和科技交往功能,打造国际交往中心。

加快建设光谷科创金融城,引导银行、证券、保险等机构集聚。加快培育法人持牌金融机构,支持设立专注于服务科技创新企业的科技银行、保险公司。支持各类金融机构在东湖高新区设立总部直属科创金融专营机构。做大做强本地金融控股集团。支持各类金融机构在东湖高新区设立理财子公司。打造中部地区风投创投中心,加大政府引导基金投入,引进集聚一批全国知名创投机构,培育一批全国知名本土创投机构。

打好"财政政策+金融工具"组合拳,深化融资租赁资产证券化、中小企业债权融资风险补偿、应急转贷引导基金等模式创新。深入开展合格境外有限合伙人境内投资(QFLP)试点。建设光谷金融数据专区,深化"政策沙盒+光谷金融大脑"建设模式,联合金融机构及核心企业构建产业数字金融应用场景。完善政府、银行、保险、担保等多位一体的科技融资支持体系,打造科创金融协同发展新模式。

借助资本市场学院等智力支持,深入实施上市"金种子"培育工程,壮大上市企业后备库,联合各部门、金融机构、交易所等各方力量夯实上市服务团队,为企业上市提供全方位全过程服务。抢抓资本市场改革红利,紧密围绕后备企业上市过程中的痛点难点问题,推动企业提高知识产权保护意识,创新知识产权证券化产品。加强与上交所联动,探索建立科创板上市"绿色通道"机制,为上市后备企业登陆资本市场提供有力支撑。

高质量建设东湖科技保险示范区。做强东湖科技保险发展促进中心,鼓励保险机构研发符合科创企业特点的专项保险产品。大力发展贷款保证保险、首台(套)重大技术装备保险、新材料首批次应用保险、产品研发责任保险、知识产权保险和出口信用保证保险产品。加强与保险总部机构的战略合作，引导保险资金投向重大基础设施和重大产业项目。

加强新增债券、再融资债券支持。引导社会资本与财政资金联合支持重大前沿科研项目，鼓励非政府引导基金出资的社会私募基金投资光谷科技创新项目。按照"一集群一基金"的思路，以市场化方式，组建产业基金群。发挥省集成电路基金和国家集成电路产业投资基金协同功能，支持企业对接国家新兴产业创业投资引导基金、制造业转型升级基金、中小企业发展基金进行股权融资。

3. 土地资源配置

加大土地空间规划统筹和土地资源要素保障力度。落实省委省政府《加快"世界光谷"建设行动计划》决策，将东湖高新区新增建设用地指标、林地占用指标、耕地占补平衡指标纳入省级统筹保障，优化调整东湖科学城基本农田布局。

加快推进集成电路、激光、新型显示、数字经济、生物创新药等产业基地建设，强化土地资源供给与科学配置，优先保障科技领军企业、"专精特新"企业、重大创新平台等用地需求。加强先进制造业空间设计技术指引。推进标准地、新型工业用地（M0）供应，确保重大产业项目即引即落。

4. 区位资源配置

借助优越的区位、交通条件，坚持硬联通与软链接相结合，实施"双自"联动，形成竞争优势。链接中欧班列，联动天河机场、花湖机场，拓展光谷货站"口岸功能"，加快花山港一类口岸验收，加大花山港集装箱、航线政策支持力度，着力打通多式联运出海通道。充分发挥自贸区武汉片区、综保区等平台优势，武鄂黄黄城市中心的区位优势，东湖科学城的创新优势，加快武汉新城总部经济区建设，进一步增强国际资源集聚功能。高水平举办具有全球影响力的东湖科学论坛、中国5G+工业互联网大会，擦亮世界级"光博会"名片，搭建更多国际交往平台，打造中部地区高水平对外开放的重要窗口，全面提高区域辐射带动能力。

参考文献

《马克思恩格斯全集(第2卷)》，人民出版社，1957。

赵贝：《武汉新城规划发布 横跨武汉鄂州两市 武鄂黄黄中心将崛起科创高地》，《楚天都市报》2023年2月8日。

《习近平在湖北考察时强调：坚持新发展理念打好"三大攻坚战" 奋力谱写新时代湖北发展新篇章》，《中国日报》2018年4月28日。

B.25 西安提升交通水平促进特大型城市高质量发展探索[*]

王铁山 孙 鑫[**]

摘 要： 加快建设国家中心城市是新时代国家赋予西安的重要战略使命，其高质量发展对畅通内部大循环具有重要的意义。本文聚焦西安市区交通发展现状，并分析西安交通存在的问题及其对高质量发展的影响。随后，借鉴其他特大型城市交通建设助力高质量发展的举措，从完善顶层设计与政策引领、推进交通设施建设、统筹交通与城市协调发展、推进智能化交通管理体系建设等入手，提出西安提升交通水平促进特大型城市高质量发展的路径及相关措施，为西安打造国际综合交通枢纽城市夯实基础，进而促进城市治理体系和治理能力现代化，为推动经济社会高质量发展注入新动力。

关键词： 城市交通 特大型城市 国内大循环 高质量发展

西安属于特大型城市，其城市交通发展水平对支撑区域经济社会协调发展，构建以国内大循环为主体、国内国际双循环相互促进的新发展格局具有重要意义。大力提升西安城市交通发展水平，不仅是缓解大城市病、改善居

---

[*] 本文为陕西省社会科学基金项目"数字经济驱动陕西乡村产业振兴的内在机理与实现路径研究"、陕西省哲学社会科学研究专项"新质生产力推动陕西新能源汽车产业高质量发展路径的统计测度研究"、西安市科协决策咨询课题"西安自贸试验区带动对外开放影响对策研究"的阶段性成果。

[**] 王铁山，博士，西安工程大学管理学院院长助理、副教授、硕士生导师，研究方向为区域经济与产业经济；孙鑫，西安工程大学管理学院硕士研究生，研究方向为管理科学与工程。

民生活质量的现实需求，还有利于以城市交通高质量发展推动特大型城市建设，发挥国家中心城市的增长极作用，为区域乃至全国发展注入动力，引领带动经济社会高质量发展。

一 西安交通在国内大循环和区域经济发展中的作用

（一）西安交通在国内大循环体系中具有战略价值

西安是国家中心城市之一，在畅通国内大循环方面具有得天独厚的战略区位优势。它不仅处在我国东中西部地理接合部，而且是陆路"一带一路"和海陆空多式联运大通道的交汇点，是连接内外循环的重要枢纽。依托独特的区位优势，西安已初步形成连接东中西、贯通南北的"米"字型现代化交通网络框架，有望打造成为内陆型国际物流集散中心、开放门户和国家战略支点城市。

近年来，西安加快基础设施建设步伐，在发挥西安区位优势的基础上，打造通畅高效的交通体系，并已初步构建起国内外通路畅达、区域多向辐射的综合运输通道网络。如表1所示，2023年西安的货、客运输量都有较大增长，尤其是旅客运输量增长呈现"井喷"现象，公路、铁路、民航三种方式的旅客运输量都有大幅增长，民航方式的旅客运输量甚至增长了两倍。运输量的增长离不开持续建设和改善的交通基础设施，据统计，2023年末西安国际航线总计达108条，比上年末增加4条，全年境外航班通航6389架次。

表1 2023年西安客货运输量及其增长速度

指标	单位	绝对数	比上年增长（%）
货物运输总量	万吨	29745.56	10.9
公路	万吨	29075.00	11.1
铁路	万吨	643.98	-0.2

续表

指标	单位	绝对数	比上年增长(%)
民航	万吨	26.58	28.8
旅客运输总量	万人次	15185.72	148.6
公路	万人次	4023.12	84.2
铁路	万人次	7025.48	173.4
民航	万人次	4137.12	205.1

资料来源：《西安市2023年国民经济和社会发展统计公报》。

（二）西安交通对保障国内大循环具有重要意义

西安交通作为贯通东中西部的经济通道，能够促进资源要素高效流动，也能够推动并支撑欠发达地区融入国内大循环，实现区域优势互补和均衡协调发展，还能助力西部战略通道畅联海外，连接国内国际双循环，推动形成新发展格局。因此，高水平推进西安现代化交通体系建设，是畅通西北地区进入国内大循环的关键一环，也是保障国家安全和区域协调发展的重要基础。

西安国际综合交通枢纽既是基础设施的集中体现，也是支撑现代服务业发展的重要载体。西安建设综合交通枢纽城市，将进一步提升城市综合实力，强化对内对外双向联通功能，更好发挥区位优势，提高对周边区域的辐射带动能力，助力形成新发展格局。同时，还将带动现代物流、商贸服务、会展旅游等产业快速发展，促进产业转型升级，为城市高质量发展注入新动能。

（三）西安交通对促进区域经济发展具有重要作用

西安交通不仅包括对外联通程度，还包括内部通畅程度，对于促进消费传导、推动区域发展，进而实现经济高质量发展以及国内大循环的畅通具有重要作用。一是促进消费。交通便利性直接影响消费活动的便捷性。优化交通网络，可以激发汽车、成品油等大宗消费，以及餐饮、会展、网络等服务消费。良好的交通条件可以吸引更多的消费者，提高商品流通速度，提高商业活动效率，刺激消费增长。二是促进城市协同。城市交通是城市协同的基础，对于城市群发展有支撑作用。建设高效的交通网络，可以加强城市内部各区之间的联系，促进资源共享和区域协调发展。三是促进高质量发展。城市交通是构建经济发展体系的组成部分，是城市高质量发展的重要支撑，能够提升城市的综合竞争力，吸引更多投资，促进产业升级，推动经济结构优化。四是促进国内大循环畅通。交通网络畅通是实现国内大循环的关键，能够提升交通效率，促进商品和服务流通，加快经济循环，实现区域经济均衡发展。

二 西安交通发展现状、存在的问题及对特大型城市发展的影响

（一）西安交通发展现状

据《2022年西安城市交通发展年度报告》，2022年，西安市在城市交通发展方面取得了显著成就，重点交通项目稳步实施，同时在城市交通基础设施建设、智慧交通建设、绿色交通发展等方面取得了积极进展，为城市交通治理提供了有力保障。具体交通状况如下。

1. 城市机动车保有量与交通运行效率

2022年末，西安机动车保有量达到485.45万辆，同比增幅为9.0%。在2023年第一季度，西安市机动车保有量已超过493万辆，更加接近500万辆。2022年新能源车总量达到25.98万辆，这显示出西安在推动绿色交通发展方面取得了显著进展。[1] 西安已接入市级平台的新能源充电站共有897个，中心城区公共充电基础设施900米覆盖率增长至80.8%。公交新能源和清洁能源占比达到100%，为城市交通的可持续发展作出了积极贡献。

---

[1] 资料来源：《2022年西安城市交通发展年报》。

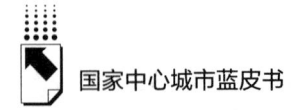

2022年，西安全年推进公共停车场建设项目102处，建设公共泊位约2.2万个。经过对全市的停车资源进行梳理，发现现有停车场约17.6万处，小汽车泊位约334.7万个。在2024年的规划中，西安市将继续推进公共停车场的建设，计划开工建设公共停车位1.5万个，这将进一步缓解市区的停车压力。但车辆与车位供需不匹配的问题依旧严峻。除了车位不足的问题，还存在11.1万个占用道路资源的路内泊位，对道路系统的有序运行造成了影响。

随着机动车数量增加，道路交通拥堵管理水平、智能交通系统建设、公共停车设施建设、城市停车资源利用效率、交通运行效率、交通碳排放等方面的问题显得越发突出，这也影响着可持续发展城市的交通目标的实现。

2. 居民交通出行状况

西安市居民出行范围主要集中在中心城区，外围区县也有较多出行需求，尤其是未央区、莲湖区、新城区、碑林区与雁塔区之间的通勤联系最为紧密。随着城市轨道交通的不断完善和自行车、步行等绿色出行方式的推广，居民交通出行方式呈现多样化特点。轨道交通和非机动车出行比例的增长说明在日常出行中，居民更倾向于使用公共交通工具。在公共交通利用率方面，2022年中心城区居民公共交通机动化出行分担率为55.6%，公共交通出行比例为33.6%，而绿色交通出行比例高达73.2%，[1] 这表明大多数居民倾向于使用公共交通工具。这种趋势体现了城市交通规划在促进可持续发展和提高居民生活品质方面的重要作用。

西安采取多项措施积极推动绿色交通发展。建成自行车专用绿色通勤示范段，完成启航通道建设，举办绿色出行宣传月和公交出行宣传周活动，推动建立绿色出行评价指标体系。此外，轨道、公交和慢行三网协同增效，使得中心城区轨道站点800米范围内的人口与岗位覆盖率提升至42.3%。这些举措体现了西安在提升居民生活品质和推动绿色交通发展方面取得的积极进展。

然而，西安仍需继续关注和改进交通网络的覆盖范围、交通拥堵问题以及促进绿色交通出行方式推广，以进一步提升居民出行体验和城市的可持续

---

[1] 资料来源：《2022年西安市城市交通发展年报》。

发展水平。

3.城区交通拥堵情况

西安城区人口已超过800万人，且近两年人口持续增加，使得市中心地段人口激增。而西安机动车保有量的增长速度又远高于人口和道路资源的增长速度，使得西安市区道路面积与人均道路面积远低于国内发达城市水平。

如表2所示，2023年西安通勤高峰拥堵指数在全国排名第8，中心城区干线公路拥堵时段平均车速仅为27.07km/h。西安道路车速较慢的区域主要分布在明城墙内、碑林区、高新区、曲江新区以及纺织城部分片区，拥堵热点地区包括小寨、胡家庙、金花路等，这些地区通常是重要的商业和居住区，交通流量大，交通设施不足。

表2 2023年度通勤高峰交通拥堵榜TOP13

排名	排名同比升降	城市	通勤高峰拥堵指数	通勤高峰实际速度(km/h)	信控路口通行延误(s)
1	1	北京	2.125	24.26	40.11
2	-1	重庆	1.995	25.05	35.96
3	4	广州	1.956	28.4	36.71
4	-1	上海	1.928	25.43	47.45
5	5	武汉	1.927	24.57	32.12
6	-1	长春	1.92	24.77	50.11
7	-1	南京	1.8	27.64	38.04
8	0	西安	1.791	27.07	41.78
9	0	沈阳	1.791	25.22	47.11
10	36	兰州	1.745	25.84	28.9
11	5	济南	1.743	28.3	42.89
12	3	大连	1.736	25.56	37.06
13	-9	杭州	1.718	27.6	45.79

资料来源：百度地图《2023年度中国城市交通报告》。

西安市绕城高速的南北段流量较东西段高，显示出南北向的交通流量较大。曲江收费站和六村堡收费站是进出流量排在前两位的收费站，这可能与周边地区的商业活动和居民出行需求有关。对于绕城高速和收费站的管理和

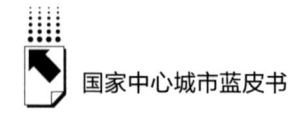

优化，需要进一步研究交通流量的分布和需求，以提供更高效的交通服务。

随着西安市文旅业的全面复苏，节假日客流激增严重影响了当地居民生活和游客的正常出行。因此，如何纾解景区游客激增的问题，以及如何进一步融合西安地域特色提升旅游交通效率，成为需要重视的问题。在节假日客流管理方面，如何推出合理的交通组织方案、提供便捷的公共交通服务和鼓励游客使用绿色出行方式，以减少交通压力和提升旅游交通的效率，提高游客以及居民的满意度，促进旅游业持续发展，也是亟须解决的问题。

交通拥堵不仅造成交通时间成本上升、能源浪费，还带来噪声、尾气污染等环境问题，影响市民生活质量。交通拥堵不仅仅存在于个别路段，而是一种整体系统性问题。西安主城区空间相对狭小，机动车保有量快速增长与道路供给严重失衡，公共交通系统有待完善，加之城市用地布局不够集约紧凑，这些都是导致交通拥堵的重要原因。如不采取有力举措从根本上解决，将严重制约城市发展活力。

4. 货运物流情况

西安作为区域物流中心，其货物运输总量持续增长，凸显在物流领域的重要地位。据统计，2023年西安的货物运输总量达到了29745.56万吨，同比增长10.9%。这不仅反映了西安现代产业体系持续壮大，也彰显了城市经济发展的活力。

西安积极推动交通信息服务的创新和应用。智慧停车综合服务平台和综合交通信息服务平台的投用为货运物流提供了更加便捷的信息服务，取得了显著效果。这些平台通过提供停车信息检索、泊位诱导、ETC便捷支付等服务，极大地提高了货车司机的停车效率和便利性，减少了货物运输过程中的时间和成本。此外，增强交通气象灾害的监测、预报和预警能力，还能够有效应对不可预见的情况，如交通拥堵和恶劣天气等，为货运物流行业提供更为可靠的交通信息，帮助企业和驾驶员做出更科学的运输决策。

这些交通信息服务平台不仅提升了货运物流行业的运输效率和安全性，还推动了城市交通精细化管理。通过更好地整合和利用交通信息，货运物流企业能够更加精确地规划路线、优化运输方案，进一步提高物流运输效率和可靠性。

5. 交通配套供给状况

首先，西安加快国际性综合交通枢纽的建设步伐。机场三期工程稳步推进，蓝田通用机场基本建成。此外，西十高铁、西康高铁的建设也在加快进行。这些项目的实施将大大提升西安的区域连接能力和交通服务水平，为城市的经济发展和物流运输提供了有力支持。

其次，西安在道路建设与改造方面取得明显成效。京昆高速改扩建、鄠周眉高速建设的顺利进行，以及外环高速南段的全面建成和外环高速全线贯通，将有助于缓解城市交通拥堵问题，提高道路通行效率，进一步改善西安的道路网络。

再次，西安与周边城市区域互联互通不断加强。西安咸阳一体化进程加快，区域互联互通道路建设有序实施。这不仅促进了西安与周边城市的交通一体化，也为区域经济发展提供了强有力的交通支持。

最后，西安不断加强对基础设施的改造与升级。针对中心城区交通拥堵等问题，全市共完成了83处堵点治理和89个交叉路口的标准化升级；打通了59条"断头路"，建成了120条次支路，并开放了54处封闭大院；背街小巷提升改造完成了599条，同时打造了20处完整街道示范建设，使中心城区建成区路网密度达到了6.2公里/平方公里。这些措施提升了城市交通的流畅性和便捷性。

综上所述，西安在交通配套供给方面取得了显著进展。通过综合交通枢纽的建设、道路建设与改造、区域互联互通和城市交通优化等方面的努力，西安不断提升交通服务能力和城市交通的质量，为城市的可持续发展和居民的出行提供了便捷、高效和环保的交通环境。

（二）西安交通存在的问题及对特大型城市发展的影响

随着西安城市化进程加速，市区常住人口不断增加，人们对交通需求也呈现递增式增长，随之而来的经济发展与区域道路交通建设不能很好匹配，使得交通问题日益显现，交通建设与经济社会发展之间的矛盾逐渐加深，也

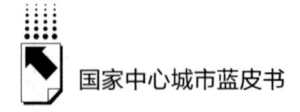

影响着城市高质量发展进程。

1. 车路供需不匹配及其影响

西安市道路资源供给与日益增长的车辆需求之间存在显著差距。如图1所示，西安市机动车保有量每年都在不断增长，总体增速在10%左右。2022年西安市机动车保有量达到485.45万辆，个人汽车拥有量为392.5万辆，较上年增加6.3%；新能源车辆达到25.98万辆，较上年增加66.3%。西安市民购车热情高涨，尤其是居民对于新能源汽车更加偏爱。这反映出居民生活水平提高、消费能力增强和个人对出行的需求增加，说明更多的居民选择私家车作为主要出行方式。

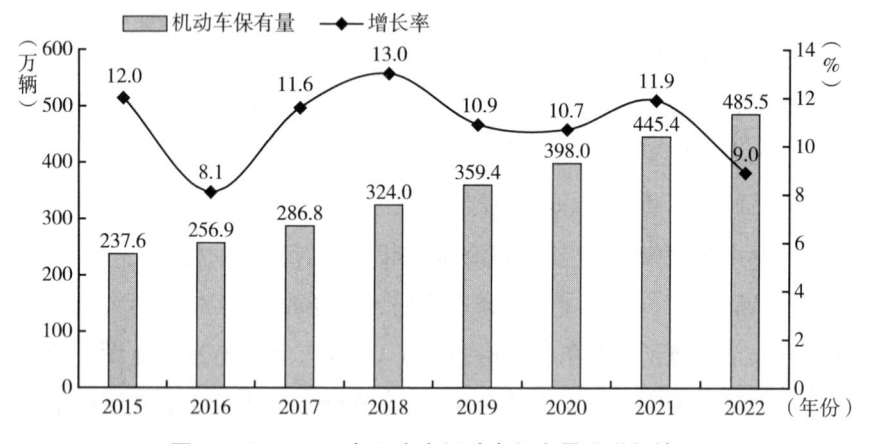

图1 2015～2022年西安市机动车保有量及增长情况

资料来源：《2022年西安市城市交通发展年报》。

西安虽然加大了道路基础设施投入，但由于起步较晚，以及城市快速扩张，路网的总量和布局都与出行需求严重不匹配，造成道路供给没有跟上车辆增长，尤其是在早晚高峰时段，导致城市主要道路的交通压力剧增，交通流动性下降，影响城市的交通效率和运输效能，交通事故也随之增加，加剧能源消耗和环境污染，对居民健康产生不利影响，阻碍城市的商品和服务的顺畅流通，降低经济效益，给商业活动带来负面影响，制约城市整体的高质量发展。可以预见，西安在未来几年继续扩张的背景下，如果规划和建设不当，道路供给不足的问题将更加突出。

2. 公共交通不充分发展及其影响

公共交通是缓解特大城市交通压力的重要出路。然而，西安在大力发展轨道交通的同时，其他公交系统建设较为滞后，整体仍未能形成完善高效的公共交通网络。具体表现为地铁建设落后于城市发展进程，公交配套设施建设缺乏保障，公交与轨道衔接不畅，"最后一公里"出行问题没有得到彻底解决，影响乘客出行效率和公交出行体验。

2022年，西安常规公交出行比例持续走低，而小汽车、轨道交通、非机动车出行比例进一步增加。公共交通出行比例为33.6%，绿色交通出行比例为73.2%。小汽车（含摩托车）出行比例每年都在逐步提高，已提高至21.0%（见表3）。其原因是公共交通无法高效疏导交通压力，不足以满足市民的出行需求，也导致市民对私家车出行的依赖度居高不下，造成道路交通量增加，交通拥堵问题加剧，进而又加重了道路负担，也抑制了绿色低碳出行方式的发展。

表3 中心城区出行方式结构

单位：%

年份	小汽车（含摩托车）	出租车（含网约车）	常规公交	轨道交通	非机动车（含共享单车）	步行
2022年	21.0	5.8	15.1	18.5	14.8	24.8
2021年	20.9	6.1	15.8	18.1	14.1	25.0
2020年下半年	18.5	5.9	20.3	16.0	14.3	25.0
2020年上半年	17.6	3.9	19.9	15.8	17.5	25.3
2019年	16.4	8.2	23.2	13.7	14.1	24.4

资料来源：《2022年西安市城市交通发展年报》。

西安公共交通系统线路布局不合理、行车间隔时间长等问题普遍存在，给市民带来诸多不便。同时，消费也需依赖便利交通，公交发展不足将阻碍西安消费升级步伐。西安作为著名的旅游城市，公共交通发展水平直接影响着城市经济活力和效率。高效便捷的公共交通系统可以极大地促进人员流动

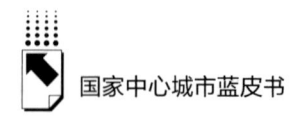

和商品流通，为商贸旅游等服务业发展创造有利条件，对拉动经济增长具有重要作用。

总体来说，公共交通服务发展不充分的矛盾日益凸显，已成为制约西安缓解交通压力的关键性短板。只有切实加大公交建设力度、提高服务质量和吸引力，才能真正为城市交通解困。

3. 交通规划不合理及其影响

西安作为全国城市化历史最为悠久的城市之一，其城市布局和道路交通格局在长期发展过程中形成了一些特有的结构性矛盾。西安交通拥堵严重的原因在于城市规划和路网结构不够合理，市区内的历史文物古迹和历史保护景点在一程度上制约了城市的道路规划，同时基础设施的大规模修建，导致西安市整体路网通行能力大幅下降。交通管理能力不足、城市快速主干道少、停车位严重短缺等问题也影响了西安交通情况。[1]

现代城市发展需要道路、管网、绿地等基础设施相互衔接、协同配套。但如果规划布局存在诸多盲区和遗漏，将造成各类设施分隔和冲突，极大制约综合承载能力。最明显的问题是西安旧城区的道路系统布局存在诸多缺陷，外加一些老旧社区基础设施老化失修，与新城区的基础设施系统难以有效对接。作为中国城市化发祥地，西安老城原是中国最具代表性的象城格局，这种多城门、多护城河的环形布局造成老城道路系统严重拥堵，阻碍基础设施协同。

近年来，西安加快新城区开发扩张步伐，却未能合理布局交通系统。新区与旧城中心区的衔接常出现空白地带，道路供给滞后于开发进度，造成"岛屿效应"，加大地区之间的差异。因此，新老城区有机融合发展是西安必须解决的长期规划课题，融合发展能否实现也将直接决定交通拥堵能否彻底解决。

4. 交通管理手段不力及其影响

西安交通拥堵的另一个重要原因在于智能管理与疏导的滞后。西安在交

---

[1] 刘婕、聂祥波：《我国部分城市交通拥堵治理现状研究及对策分析》，《时代汽车》2023年第13期。

通管理方面存在不足。虽然西安已经采取了一些措施，如实施单双号限行、优化交通信号灯控制系统等，但对于交通的精细化管理仍需进一步加强。在应对恶劣天气、大型活动等情况时，预案谋划和精准管控能力还不够完善。另外，在常态交通疏导方面，西安路网监控系统的覆盖率较低，人工调度效率欠佳，高峰时段无法根据实时路况做出灵活调节。

西安违停乱停等交通乱象普遍，管理力有待加强，产生不良影响。一是严重影响交通运行效率。管理手段不足造成的交通拥堵不仅造成时间和能源的巨大浪费，而且会极大降低整个城市的交通运行效率。西安一些主要干道和路口常年拥堵，很大程度上源于管理手段简单落后，如信号设置不合理、违停管控不力等，导致路网通行能力无法充分释放。二是制约城市货物流通。顺畅的物流是畅通城市大循环的重要环节。但若干道路和路口长期拥堵，将使货运车辆行驶效率大幅降低，直接影响企业生产和商贸物流，提高企业运营成本，阻碍产业有序循环。三是降低市民生活品质。交通拥堵无疑会严重影响市民的出行体验和生活幸福感。西安不少地区的居住区、医院、学校都受周边道路经常拥堵的困扰，市民通勤、就医、上学都受到很大影响，生活质量和幸福指数大打折扣。四是影响城市发展活力和吸引力。频发的交通拥堵会让西安在产业发展、人才引进、城市品牌等方面的竞争力和吸引力大幅下降。缺乏高效便捷的交通体系，难以激发城市活力、提升发展质量，进而制约高质量发展进程。

三 提升交通水平促进特大型城市高质量发展的经验借鉴

（一）北京：大力发展轨道交通网络

北京多年来致力于构建高效便捷的城市轨道交通系统，在缓解道路压力方面成效显著。根据《北京市轨道交通线网规划（2020年—2035年）》，到2035年，北京通过轨道交通优化出行结构，促进交通出行人均碳排放下降20%~30%。北京市轨道交通网络的发展对于缓解城市交通拥堵、提升公共交通服务水平起到了显著作用。密集的轨道线网已初步形成了较为完善的城市骨干交通系统，使北京居民出行半径在10公里以内，1公里步行距离内均可达轨道交通站点，在很大程度上满足了市民高效便捷出行的需求，减轻了地面道路的压力，也使得地面交通变得顺畅。该规划的实施将大幅提升北京轨道出行比例，推进北京轨道交通高质量发展，优化城市空间结构及功能布局，助力城市绿色低碳可持续发展。北京通过打造"轨道上的京津冀、轨道上的北京城"，推动整个区域内联系及人员流动，进而助力整个区域协同发展。可见，城市轨道交通是现代大城市交通的发展方向，是解决大城市病，建设绿色城市、智能城市，促进城市高质量发展和居民生活水平提高的有效途径。

（二）广州：建设步行和自行车优先绿色交通体系

在机动车快速增长的城市中，广州树立绿色交通发展理念，落实"碳达峰、碳中和建步行和自行车友好城市"，大力推广步行和自行车出行，初步形成了行之有效的发展模式。①广州市正积极发展其绿色交通网络，以促进低碳排放和实现碳达峰目标。到2035年，广州计划在现有城市轨道交通的基础上，提升公共交通在所有出行方式中的占比至60%，同时确保轨道交通在公共交通出行中的占比达到80%，符合所谓的"6080"客运目标。此外，广州也在努力成为一个更加适宜步行和骑行的城市。城市规划将侧重于对小街区和密集路网的设计，旨在打造一个充满吸引力的步行交通系统，并计划将生活性道路中的步行和自行车空间比例提高到超过50%。

可见，建设方便安全的步行和自行车交通环境，不仅可有效遏制私家车过快增长，更有助于提高城市发展质量，催生与之相关的新型消费和服务需求，有利于释放新的消费潜力。同时，绿色交通系统建设也将带动配套基础

---

① 杜娟：《建步行和自行车友好城市》，《广州日报》2021年4月21日。

设施、智能管理等相关新兴产业和业态的发展，不仅有利于改善市民生活质量，还有利于提升城市软实力和品牌形象，增强对人才、资本、产业的吸引力，为经济社会高质量发展持续注入新的动力和活力。

（三）重庆：立体交通规划与区域内外交通有效衔接

重庆市正全方位推进交通基础设施建设，打造现代化、高效的综合立体交通网络，实现轨道交通、公路、水运、航空和邮政的均衡发展，构建"绿色便捷、互联互通、畅通内外"的交通体系，以此更好地服务当地的社会经济发展。这种发展模式充分利用重庆主城区山环水系格局，利用隧道、高架桥等工程打通了城市交通立体走廊。同时，重庆还高度注重内外部交通有机联系。《重庆市综合立体交通网规划纲要（2021—2035年）》提出，着力推动城市内外交通有效衔接，以成渝地区双城经济圈重庆区域为重点，推动高速铁路、城际铁路、市域（郊）铁路、城市轨道交通融合发展，建立运营管理和服务"一张网"。轨道交通、城际高铁和枢纽机场的规划布局保障了重庆对外高效疏解交通压力。[1] 长期以来，重庆面临地形地貌带来的发展挑战，却依托独特的山城格局，打造立体交通网络，打通内部交通瓶颈，疏导城区交通压力，提升城市运行效率。建设轨道、公路等多种运输方式互联互通的综合交通体系，实现人流物流高效循环，降低企业物流成本，提升城市竞争力。可见，立体交通网络重视与外部交通体系的高效衔接，强化与周边城市群、全国主要城市的联系，实现要素资源高效流动；通过航空、水运等增强与国内外的联通能力，为招商引资、开放发展注入新动力；交通网络的完善不仅畅通了内部循环，也促进了产业要素在地区经济圈的集聚流动，有利于形成产业集群和专业分工协作体系，构建高质量发展新格局。

（四）成都：大数据智能管理提高交通服务效率

成都作为一个人口超过2000万的特大城市，着眼解决发展过程中的交

---

[1] 杨永芹：《重庆交通强市建设助推城市能级跃升》，《重庆日报》2023年11月14日。

通运输痛点，积极推进"智慧蓉城"，通过全面整合多源数据，强化智慧治理场景建设，打造智慧交通体系，实现了城市交通的精细化智能化运行。通过建设智慧交通的"强悍大脑"——成都市交通运行协调中心（TOCC），实现了全市交通运行状况的实时监测。到2025年，成都将打造一个安全可靠、统一开放、实时共享的交通大数据中心。[①] 而成都市TOCC的建设，着眼于破解超大城市的痛点难题，进一步增强城市交通运输保障功能，形成现代化、智慧化的交通运输管理框架，在掌握海量信息数据的基础上，可以进行对人流、车辆、事件等的综合分析，助力提升城市交通总体的道路交通水平。可见，借助大数据和人工智能技术，能够实现对路况、交通流量、事故等的智能识别，实时监测全市交通运行状况，基于大数据分析进行交通流量预判和智能调度，通过精细化管控缓解道路拥堵，最大限度提高现有交通基础设施的利用率和运行效率，提升人流物流的顺畅度，从而优化城市资源配置。

四 西安提升交通水平促进特大型城市高质量发展的路径

（一）完善顶层设计，发挥政策引领

1. 健全交通发展规划和法规政策

一是稳步推进《西安市"十四五"综合交通运输发展规划》，至2025年建成交通强国典范城市；通过打造一体化交通运输网来实现西安都市圈1小时通勤、城市群2小时通达、全国主要城市3小时覆盖的交通出行圈。[②] 加速区域流动，推动区域高质量发展。

二是制定全市具体建设的专项规划，统筹线路、车站等布局，兼顾近期

---

① 田程晨：《智慧交通的"强悍大脑" 3151亿条交通数据一屏看清》，《成都日报》2022年2月11日。
② 文艳：《"十四五"期间 西安交通格局将是这样》，《西安日报》2021年8月10日。

和中远期发展需求。出台公交、轨道等交通优先发展的政策措施，优化供给结构和服务质量，以满足居民日常生活以及发展需要。

三是在法规政策方面加大完善力度，结合实际情况制定完善本地公共交通、轨道交通、枢纽建设等方面的法规政策，为交通体系优化提供制度保障。研究制定城市交通枢纽等领域发展的地方性法规，加强统筹管理和政策引导作用。完善相关管理办法，规范站场建设、客运服务、枢纽运营等各环节。

2. 与时俱进，遵循政策导向原则

一是紧密跟随国家战略，与省区交通建设相协同。按照《交通强国建设纲要》《国家综合立体交通网规划纲要》和《陕西省"十四五"综合交通运输发展规划》的总体要求，并结合西安市的地理位置、经济发展水平和交通现状，制定具体的纲要规划与发展措施。紧跟国家交通强国战略以及省区交通建设步伐，全面落实相关要求，根据国家和省级的宏观规划，确定稳步推进自身未来道路发展的具体目标和措施，确保国家战略与省区规划协调稳步推进，推动西安市交通建设与周边城市形成互联互通。

二是推动交通建设与消费升级互动。消费是经济增长的"稳定器"和"压舱石"，促进消费是推动经济实现良性循环的内在要求。汽车作为大宗商品，市场综合体量大，带动效应强。如今相当一部分产品的使用年限较长，能耗排放较高，质量安全也存在隐患，所以，汽车的换新升级潜力巨大。[1] 西安要紧跟国家政策步伐，推动新一轮消费品以旧换新，尤其是开展汽车的以旧换新，持续推进城市公交车电动化替代，支持老旧新能源公交车和动力电池更新换代。推动汽车换"能"，着眼于新车、二手车、报废车、汽车后市场等汽车全生命周期各环节，同时出台相关优惠政策，加大政策支持力度，畅通循环堵点，强化改革创新引领，全链条促进汽车相关设施设备的更新换代。

三是坚持把交通方面的以旧换新作为拉动消费的重要抓手，推动交通设施建设的更新换代。针对老旧路段和交通设施，进行维护升级。在政策层

---

[1] 刘志强、刘温馨：《促进投资消费 挖掘内需潜力》，《人民日报》2024年4月12日。

面，大力促进交通基础设施建设与消费升级的良性互动。着力激发道路交通领域的消费潜能。坚持问题导向，针对本地交通发展的实际需求，积极创新政策工具。比如，在轨道交通建设、智慧交通发展、绿色出行推广等方面，主动对接相关政策，在丰富交通建设经验的基础上，进一步扩大投资规模、强化项目实施、引导居民增加消费、全面提升发展水平。

3.创新运营管理模式

一是深化交通运输领域投融资体制改革，创新运营管理模式，提高服务质量和效率。探索社会化运营模式，将不同业务环节委托给专业化企业运营，以提高管理和服务水平。鼓励公共交通、轨道交通与互联网企业开展合作，创新订票、支付、信息发布等智慧出行服务。

二是积极推广政府购买服务，引入市场竞争机制。对公交等公共交通采取"政府支持、企业运营、公众参与"的模式，注重社会效益和资源整合。鼓励中心城区和新城新区探索市场化运作模式。

（二）稳步推进城市交通建设

1.推动现有交通基础建设

西安要顺应城市交通多元化发展趋势，全面推进公交、地铁、城际铁路等"公铁合作"，加快构建多式联运的综合交通网络，提升城市运输组织效率。在客运方面，大力发展城际铁路和轨道交通等方式，减轻公路压力，降低交通拥堵成本和能耗排放。以轨道交通为主导，整合不同运输方式，实现多式衔接换乘。推进市域、都市圈范围内公交、轨道交通和铁路的换乘无缝对接。加强枢纽设施、运营组织、票务系统等方面的协同联动，真正实现"一票到底"的联程服务。在货运方面，鼓励多式联运发展，充分利用铁路、公路等优势运输方式的协同效应。规划建设城市内部铁路物流场站，构筑与外部铁路干线的快速联通通道。发展城市配送物流园区，整合公路运输、新能源车辆、无人配送等新模式和末端网络，提高城区配送效率。

2.打造现代化综合客运枢纽

以轨道交通枢纽站、综合交通枢纽为载体，打造层次分明、人车分流有序、设施完善的立体化综合交通枢纽群。通过科学设计优化客流组织,实现无缝换乘和高效流转。在站场设施建设上,要按照"零换乘距离"的高标准规划建设,无缝对接地铁、公交等不同交通方式。分区域设置安检、值机、行李处理等服务功能,有序组织客流分散和流转。同时配套商业、餐饮等辅助服务设施,为旅客提供一站式体验。在运营组织上,统一枢纽各项业务流程,打通数据通道,构建"一站式"联程服务。建立智能化监控调度系统,结合大数据分析优化运能配置和客流组织,提升运营效率和服务水平。

(三)统筹交通与城市的协调发展

重视交通规划与城市总体规划的深度融合,系统谋划交通发展与城市发展的协调联动,为城市高质量发展提供有力支撑。

1. 推进老区更新改造与新区功能建设

一方面,在老城区更新改造中,以政策为引领,围绕新型城镇化建设,统筹考虑交通需求和城区建设,加快建筑设施领域的更新,推进旧城区和老旧小区改造升级;合理调整路网结构,拓宽、疏通、打通道路,缓解交通阻塞状况,形成功能优化、设施完善的道路交通网络。同时,积极推进人行步道、自行车道建设,构建绿色低碳的慢行交通环境,提升城市的交通组织效率和环境质量。另一方面,在新区建设中,提前做好交通系统规划设计。将交通规划作为重点内容,提前做好轨道交通线网、道路体系、服务设施等方面的规划设计,确保交通网络能够满足新区的发展需求,实现交通与城市一体化。同时,积极推动新区的智慧交通建设,应用物联网、大数据等技术手段,构建更加智慧高效的交通管理和服务体系。

2. 注重公交优先和绿色出行导向

在城市新区建设和旧城改造中,充分体现"公交优先、绿色出行"导向,构建以公共交通为主体、步行和骑行为补充的绿色出行体系。一是加大轨道交通线网建设力度,做到主城区90%人口15分钟轨道交通覆盖,构建现代化的无缝换乘公交系统。在新区规划建设和旧区改造中,要优化调整道路结构,预留快速公交和常规公交专用路段;在人行和自行车出行密集区,应限制机动车通行和占用道路。二是大力推进步行和自行车系统建设,构建15分钟社区生活圈。提高人性化设计水平,加强人行横道、无障碍通道等设施建设。加强市区自行车专用道网络,在交通干线和居住小区预留自行车道和停放点。同时因地制宜推广"公交+慢行"等低碳出行新模式。三是在道路交叉口设计、停车场设置等方面,要体现公交优先和步行优先理念,限制过度依赖机动车通行导致的大量路权和土地占用。充分利用政策、经济、技术等手段,倡导大众自觉选择步行、骑行等绿色健康出行方式。

3. 推动交通规划与土地利用的协调

合理的土地利用模式是实现交通与城市协调发展的关键,在交通规划时要与土地利用相协调。一方面,对重点主城区、开发区、高新区等人口密集区域加大交通设施配套力度。要限制交通建设对生态空间的占用和碎片化破坏。通过整体统筹,做到交通规划与土地利用模式相互支撑、紧密协同。另一方面,要坚持集约节约利用土地,推动土地混合复合利用。在制定土地利用规划时,要充分考虑交通可达性影响,人口和就业密集区域要与轨道交通站点无缝对接,减少公交换乘和中转环节,提高公共交通出行比例。遏制过度蔓延和过快的城市扩张,避免过度分散化造成的交通投资无度扩张和效率低下。

(四)建设更具智慧的交通管理体系

1. 发展先进智能交通管理系统

要加快智能化交通基础设施建设步伐,打造智慧化城市交通管理体系,提高交通感知、决策、管控的自动化水平。一是构建集约高效的交通大脑系统。整合建设西安市交通大数据中心平台,汇集交通数据并深度开发利用,打造"'人工智能+'公众出行服务平台""一体化交通感知与监测平台""交通管理决策与人工智能分析平台""道路交通智能调度与控制平台"等子系统,完善智慧平台及系统功能建设。[①] 运用人工智能等技术手段,提高

---

① 高兵兵:《人工智能驱动下的西安市智慧交通治理优化模式与创新机制》,西安市科学技术局,2021。

交通态势感知和实时预警能力，科学制定交通组织策略。通过智能交通大脑系统，西安将实现精细化、智能化交通运行管理，极大提高交通组织效率。二是加快推进"车路云"一体化发展。实现车载智能辅助系统与道路设施的无缝连接。利用物联网等技术，实时感知道路状况并自动优化信号控制，提高交通通行效率。三是建设立体化城市智能交通管控平台，对道路、场站的车流、人流等数据实施可视化监控和人工智能管控。建立完善的交通数据中心，提供决策辅助，实现精准调度和应急处置。先进的交通管理系统可缓解交通拥堵、降低出行时耗，整合优化交通资源配置，为公众带来便捷高效的出行体验，推动形成高品质、可持续的城市交通新生态。在未来，进一步整合港口、机场、车站、公路、轨道等多元数据，通过 AI 大数据分析，实现对交通流量的实时感知和智能调控，缓解拥堵，提高运行效率，打造一流的枢纽城市级智能交通系统。

2. 构建智慧枢纽综合服务体系

构建智慧枢纽综合服务体系是提升城市交通管理水平的重要途径。要充分发挥西安枢纽城市作用，必须构建现代化的智慧枢纽综合服务体系。西安可以通过应用先进的信息技术和智能化系统，搭建综合交通运行协调指挥平台，实现对道路交通、轨道交通、航空交通等交通数据的精准监测和智能调度，提供涵盖公交、地铁、航空等多式联运的一体化综合服务。实现交通数据的精确监测和管理，提供高效便捷的货运物流和客运交通服务，提升货运物流、客运交通等一体化服务，满足不断增长的交通需求，提升城市的交通运输效率和服务水平，推动西安枢纽城市的发展。

参考文献

刘婕、聂祥波：《我国部分城市交通拥堵治理现状研究及对策分析》，《时代汽车》2023 年第 13 期。

杜娟：《建步行和自行车友好城市》，《广州日报》2021 年 4 月 21 日。

杨永芹：《重庆交通强市建设助推城市能级跃升》，《重庆日报》2023 年 11 月

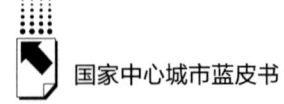

14日。

田程晨：《智慧交通的"强悍大脑" 3151亿条交通数据一屏看清》，《成都日报》2022年2月11日。

文艳：《"十四五"期间 西安交通格局将是这样》，《西安日报》2021年8月10日。

刘志强、刘温馨：《促进投资消费 挖掘内需潜力》，《人民日报》2024年4月12日。

高兵兵：《人工智能驱动下的西安市智慧交通治理优化模式与创新机制》，西安市科学技术局，2021。

B.26
打造合肥都市圈高质量发展共同体研究

胡 艳 黄传霞*

摘 要： 以中心城市带动周边市县共同发展是我国培育打造现代化都市圈的发展方向。当前，合肥都市圈发展已进入重构提升的新阶段。《安徽省国土空间规划（2021—2035年）》明确，在整体上，合肥都市圈以合肥市为中心，由联系紧密的周边县（市、区）共同组成；在战略定位上，合肥都市圈作为长三角辐射带动长江中上游乃至中西部地区发展的重要枢纽，推动与长三角地区、中部地区其他都市圈高效联动，将建成全国具有重要影响力的国际化现代都市圈。本文分析了合肥都市圈发展的演进历程、基本态势，在与长三角其他都市圈比较的基础上，剖析了合肥都市圈发展存在的劣势及其原因，指出走出一条展现"合肥特色"的都市圈成长路线的基本思路与主要路径，并从树立高度一体化理念、完善都市圈领导协调机制、培育构建策源创新体系、因地制宜推动都市圈建设、完善产业链协同机制、设立都市圈发展基金、推进要素市场化配置综合改革试点、打造高效服务的一流营商环境八个方面提出了打造合肥都市圈高质量发展共同体的对策建议。

关键词： 合肥 都市圈 高质量发展

党的二十大报告作出了"以城市群、都市圈为依托构建大中小城市协调发展格局"的重要决策部署。都市圈在推动区域经济协调发展过程中，

---

* 胡艳，安徽大学创新发展战略研究院/长三角一体化发展研究院副院长、教授，合肥区域经济与城市发展研究院院长，研究方向为城市化、都市圈与城市群研究；黄传霞，安徽大学创新发展战略研究院客座研究员，研究方向为产业政策、区域经济、创新发展等。

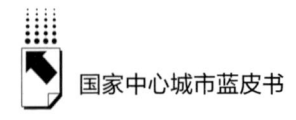

所处的地位作用举足轻重。合肥都市圈是长三角城市群五大都市圈之一，近年来，聚焦政策机制、产业布局、交通设施、公共服务等领域，着力打造都市圈合作新高地，已成为现代化美好安徽建设的强劲引擎和有力支撑。

根据《安徽省国土空间规划（2021—2035年）》，安徽省要构建"一圈两屏三带五区"国土空间总体格局，其中，一圈即为合肥都市圈，并确定合肥都市圈以合肥市为中心由联系紧密的周边县（市、区）共同组成，推动合肥都市圈与长三角地区、中部地区其他都市圈高效联动，将建成全国具有重要影响力的国际化现代都市圈。这无疑明确了合肥都市圈重构建设的方向。

本文基于合肥都市圈的战略定位，梳理了合肥都市圈发展的演进历程，剖析了合肥都市圈发展的基本态势，提出了合肥都市圈在新形势、新变化、新要求下，进一步发挥核心城市辐射带动作用，增强对新质生产力要素的集聚功能，加快形成链主在合肥、链条在都市圈的产业合作模式，打造合肥都市圈高质量发展共同体的思考建议。

一　合肥都市圈的发展演变

（一）合肥都市圈发展的演进历程

合肥都市圈始于2006年，先后经历了"省会经济圈""合肥经济圈""合肥都市圈"等不同名称，在空间上也多次发生变化，经历了崛起、发展、扩容与瘦身重构的发展历程。

1. 崛起阶段

2006年，安徽省委、省政府在省第八次党代会上首次提出合肥要"提高经济首位度，形成具有较强辐射带动力的省会经济圈"。2007年安徽省十届人大五次会议确定省会经济圈以合肥为中心，以六安、巢湖为两翼开展规划建设。

2. 发展阶段

2008年8月，安徽省委、省政府印发《关于加快合肥经济圈建设的若干意见》，把"省会经济圈"更名为"合肥经济圈"，同时将淮南市和桐城市纳入经济圈范畴；同年9月，合肥经济圈建设领导小组成立，省委书记、省长担任双组长，省发改委主任、合肥市市长任办公室双主任，领导小组和办公室规格之高创造了安徽史上之最。2011年8月，因巢湖市行政区划调整和定远县加入，合肥经济圈范围发生了变化。2013年底，滁州市整体加入。

3. 扩容阶段

2014年《国务院关于依托黄金水道推动长江经济带发展的指导意见》首次将合肥市定位为长三角城市群副中心城市。2016年2月，安徽省十二届人大六次会议提出加快合肥经济圈向合肥都市圈战略升级。2016年6月，《长江三角洲城市群发展规划》明确提出构建"一核五圈四带"空间格局，合肥都市圈被列为"五圈"之一。2018年长三角一体化发展上升为国家战略，合肥都市圈战略地位大幅提升，安徽及合肥正式成为长三角的一员。同年12月，安徽省政府办公厅印发《长江三角洲城市群发展规划安徽实施方案》，提出扩容升级，增加芜湖、马鞍山，建设合肥都市圈形成区域增长新引擎。至此，合肥都市圈包括合肥、淮南、六安、滁州、芜湖、马鞍山和桐城市，总面积5.69万平方公里，总人口2809.3万人。[1] 2019年9月，蚌埠市加入合肥都市圈。

4. 瘦身阶段

2024年4月，经国务院批准，安徽省政府印发《安徽省国土空间规划（2021—2035年）》，提到构建"一圈两屏三带五区"国土空间总体格局和"两圈两带两区"的多中心网络化开放式集约型城镇空间格局。合肥都市圈以合肥为中心，由联系紧密的周边县（市、区）共同组成。根据2023年12月编制上报国家发改委的《合肥都市圈发展规划》，都市圈范围包括合肥市

---

[1] 资料来源：《长江三角洲城市群发展规划安徽实施方案》。

全域、淮南市的寿县、滁州市的定远县、六安市的金安区和舒城县、马鞍山市的含山县、芜湖市的无为市、安庆市的桐城市，呈现的是大带小的"1+7"模式。从区位看，居皖之中的合肥都市圈立足核心城市，采用"1+7"的八爪鱼式框架结构，辐射全省、连接皖北皖南，联通长江淮河，以通江达海。规划范围为2.49万平方公里（国家发展改革委要求国家级都市圈面积须控制在3万平方公里以内），总人口约1500万人。

（二）合肥都市圈发展的战略定位

1.长三角一体化重要承载体

合肥都市圈自建立以来，由于其独特的区位，无论在省层面还是在国家层面，其发展一直颇受关注。此次都市圈范围重构，虽然精简了规模，但战略定位仍然是作为长江经济带的重要枢纽，占据着区域协调发展中的重要战略地位。精简之举，既界定了都市圈"1小时通勤圈"的空间范围，也清晰了都市圈以1个特大城市为核心的空间结构，彰显了都市圈本质上是提升区域竞争优势的助力器和作为区域整体概念对资源的优化配置和集中利用的发展态势。结合新出台的全国首个跨省域都市圈国土空间规划《上海大都市圈国土空间总体规划》，其"1+13"成员中囊括了苏锡常、杭州都市圈的全部，宁波都市圈的部分以及南京都市圈的宣城市，这一举措显示出未来的长三角将是上海、南京、合肥三大都市圈呈鼎立之势，其中，南京都市圈一边连着长江经济带的龙头——上海大都市圈，一边连着中西部的门户——合肥都市圈。合肥都市圈作为承东启西、连南接北的区位枢纽，理应有更大担当。

2.安徽省经济发展核心增长极

合肥都市圈作为长三角城市群五大都市圈之一，经过数十年的建设治理，已经取得很大进展。据合肥都市圈联席办数据，截至2023年底，合肥都市圈实现地区生产总值15625亿元，以全省17.8%的面积和24.5%的常住人口，贡献了全省经济总量的33.2%，一般公共预算收入为1089亿元、占全省的27.7%，社会消费品零售总额为6693亿元、占全省的38.9%，已成为安徽经济发展的核心增长极。

二 合肥都市圈的发展现状分析

（一）合肥都市圈的发展成效

1. 顶层重视加速提质发展

安徽省委、省政府高度重视合肥都市圈发展，2023年10月省委常委会专门赴合肥都市圈现场办公，要求增强大局意识和主责意识，把能干的事先干起来。合肥市及相关各市迅速学习领会、全面贯彻落实。高位调度推动。合肥市统筹都市圈办公室拟定"贯彻落实任务清单"，明确基础设施、产业协同、科创协同、生态治理、公共服务等八大领域推进都市圈一体化发展的具体举措。同年12月20日，合肥市与省发改委联合举办合肥都市圈产业对接会，推动签署合六（金安）园区合作战略框架协议、合滁（定远）园区合作战略框架协议。2024年7月，合肥市政府常务会通过深化与滁州、马鞍山产业合作协议，内容包含共建巢含产业合作集聚区、推进合肥经开区与全椒经开区广泛合作等。推进规划上报。《合肥都市圈发展规划》在经省同意后已上报国家发改委审定，并得到国家发改委正式函复，新的合肥都市圈范围为"1个中心城市+7个县域"，总面积约2.49万平方公里。完善协调机制。建立完善与圈内城市常态化沟通协调机制，每年合作编制年度重点工作计划，明确各自任务、责任单位和完成时限，每月跟踪落实、每季调度推进、每年会商协调，确保落实有力有效。重点推进合六同城化建设事项，共建革命老区，初步明确协调均衡的国土空间布局、优势互补的现代产业体系、资源共享的创新驱动发展、互联互通的基础设施网络等7个方面25项具体工作。2023年，合肥都市圈以全省17.8%的面积贡献了全省经济总量的33.2%，一般公共预算收入占全省的27.7%，社会消费品零售总额占全省的38.9%，推动经济体量与发展质量切实提升、同步壮大。[1]

---

[1] 资料来源：合肥都市圈联席办。

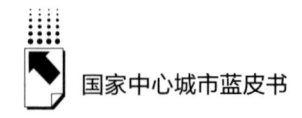

2. 产业共兴加速能级跃升

全面深化城市间专业化分工和产业链协作，不断提升都市圈产业一体化水平。提速建设合作园区。新桥科技创新示范区（合淮合作区）、合六金安、合滁定远合作园区建设提速，合六经济走廊、合淮产业走廊加快推进。合肥高新区霍邱现代产业园获批全省首批长三角省际产业合作示范园区，寿县蜀山现代产业园连续两年规上工业产值同比增长超15%。组织开展产业对接。圈内城市齐招共引，加速产业转移。成功举办合肥都市圈场景创新峰会暨独角兽发展论坛等活动，发布3批次市级场景清单。合肥都市圈已形成完整的新能源汽车产业链，汇聚了江淮、奇瑞、蔚来、大众安徽、合肥比亚迪等8家整车企业和1200余家零部件企业。2023年，合肥市新能源汽车产量达74.6万辆、同比增长1.43倍，占全国总量的比重超8%，产量跃居全国城市前5位。[1]

3. 科技共进加速发展新动能

以合肥综合性国家科学中心为牵引，一体贯通"原始创新—技术创新—产业创新"，培育壮大新质生产力。推动创新资源对接。促进综合性国家科学中心、大科学装置等与圈内高校院所、企业合作对接。推动186家重点企业与院校组建都市圈工业产业（链）联盟，协同开展关键核心技术攻关。建成运营安徽科技大市场六安、芜湖等10家分市场。举办科里科气科创荟活动10余场，促成59家企业在都市圈内落地中科大密码服务平台、非接触心电图等重点项目。加大转化载体建设。提速建设"科大硅谷"，设立全国首个城市场景创新促进中心，每年就地转化圈内制造业科技成果1000项以上、打造"新技术新产品新模式"应用场景100个以上。

4. 交通共联加速要素流通

全力推进"一小时通勤圈"建设，促进基础设施互联互通，打造更高能级综合交通枢纽。打造便捷通达公路网。明巢高速合肥段、S329合六南通道等全线通车，滁合周高速合肥段、S92滁合支线等全面规模化施工，合

---

[1] 资料来源：合肥都市圈联席办。

肥高速公路总里程达574公里,"两环十七射"高速公路网加速形成,由合肥出发的高速公路已覆盖都市圈内所有市、县。打造轨道上的都市圈。加密与都市圈其他城市间铁路班次,每日到淮南市、六安市开行班列近80班次。打造区域航空水运枢纽。新桥国际机场开通航线131条、通航81个大中城市。引江济淮水运大通道全线贯通,内河航道通航里程近600公里,合肥港年综合通过能力达60万标箱,获批生产服务型国家物流枢纽。

5. 服务共享加速民生互惠

着力构建利企便民的政务服务"一张网",把都市圈建设成为优质生活圈。突出合肥教育医疗资源优势。推动合肥九中与桐城中学签订拔尖创新人才培养战略合作协议,常态化选派优秀高考、中考学科老师到霍邱、寿县等地开展教学研讨。选派合肥市妇幼保健院专家团队赴都市圈城市开展帮扶工作,每年门诊坐诊超100天次、接诊超3000人次、手术60余台次。[①] 搭建都市圈用工信息平台。发布重点企业用工需求信息300余条次,常态化赴淮南市开展"两皖对接"专场活动。整合各市旅游资源。拓宽文旅营销渠道,串珠成链谋划以红色文化、现代都会为特色的"一程多站"旅游精品线路,合肥—舒城县万佛湖风景区、合肥—寿县古城旅游公交专线正式开通运营。

(二)合肥都市圈的劣势

目前,合肥都市圈一体化发展已进入新阶段,正处于新一轮战略机遇期。但相较于长三角其他都市圈,合肥都市圈发展仍存在显著差距,表现在中心城市能级仍较弱,圈内各城市经济联系不紧密,跨界互联互通仍不足,同城化、一体化水平不高,国际化程度也较低等方面。尤其是面对南京都市圈、上海大都市圈等的冲击压迫,合肥都市圈处境明显被动尴尬。

1. 中心城市体量不大

中心城市合肥(1267 3.8亿元)经济体量仍不够大,与长三角其他都

---

① 资料来源:合肥都市圈联席办。

市圈的中心城市南京（17421亿元）、杭州（20058亿元）、宁波（16452.8亿元）[1]等存在一定差距。圈内发展协调性不强，合肥与六安、淮南联系较为紧密，西向发展较好，合作交流频次相对较高，东向发展还需进一步深化推进，存在"西多东少"现象。

2. 合作机制不健全

长期以来，都市圈办公室是省里与合肥市"双头"领导，主体责任不确定，合肥未能充分发挥推进主体的实质作用和领导力，难以有效推动合肥都市圈工作的深入开展。同时，合作机制重点偏向政府层面，市场导向不足，政府与企业的合作机制以及都市圈内社会组织间的合作机制均有待完善。

3. 统一的市场体系尚未形成

都市圈内各类要素的跨区域流动不畅，一些制度性的堵点仍然存在，行政区色彩仍过浓，类似大项目合作共建、土地、能耗等资源（指标）缺乏分成机制，人才认定也未统一标准，很难支撑形成统一的市场体系，导致市场细分不够，产业合作滞后，不同城市间缺乏合理的产业分工，无法有效构建科学的产业分工体系进而形成差异化发展格局。

4. 交通互联互通不畅

目前，离合肥最近的南京都市圈"轨道上的都市圈"已经建成，杭州都市圈各市已实现"半小时高铁圈"和"1小时交通圈"。相比之下，合肥与周围县市间交通基础设施在新建、扩建和改建过程依旧面临资金不足、标准不一、"断头路"等问题。

5. 公共设施一体化水平不高

在教育方面，合肥市基础教育和高等教育占据优势，对周边城市优质师资的虹吸效应明显。在医疗方面，合肥市高水平医疗机构数量较多，服务水平较高，对于都市圈内患者更具吸引力，这不但加大了合肥市医疗机构的运营压力，也挤压了其他城市医疗机构的生存空间。在养老和社保方面，都市圈内各城市对接力度不够，无法实现都市圈居民对相关服务的完全共享。

---

[1] 上述各市GDP均为2023年数据。本文其他援引数据也截至2023年底。

三 合肥都市圈发展的路径建议

合肥都市圈应把握自身发展特点,认清发展劣势,发挥好在长三角和长江中游城市群中的链接作用,立足安徽、服务全国、放眼世界,走出一条展现"合肥特色"的都市圈成长路线,加快推动区域协同创新,促进资源要素高效流通和配置,高质量统筹推进城乡融合发展,推动合肥都市圈在高质量一体化发展道路上越走越广。

(一)基本思路

坚持以习近平新时代中国特色社会主义思想为指导,深入学习贯彻党的二十大和二十届二中全会精神,深入贯彻落实长三角一体化发展战略,认真落实习近平总书记关于安徽工作的重要讲话重要指示精神,进一步落实省委、省政府关于"做强合肥都市圈,在提升辐射带动力上取得进展""在做大做强合肥都市圈上迈出新步伐"等部署要求,充分发挥合肥市的辐射带动作用,突出重点、全面推进,不断深化各市务实合作,推动基础设施互联互通、创新体系协同共建、产业专业化分工协作、公共服务便利共享、生态环境共保联治、安全保障一体联动、对外开放协同共进,形成分工协作、优势互补的协调融合发展格局,建设具有重要影响力的创新型现代化都市圈。

(二)主要路径

坚持一体规划。紧扣"区域协调、城乡融合",加快构建"一核两轴三环"空间布局,通过全方位的战略对接和持续的深化合作,建成以城带乡、城乡互动的融合发展新体系,打造"一核引领、点轴推进、圈层结构、均衡发展"的都市圈高质量发展共同体,形成与长三角全面对接、辐射中西部的开放空间新格局,进一步提升区域的发展效率和竞争力。加快同城步伐。发挥创新活跃强劲优势,围绕做好合肥"皖中之坚",提升圈内各节点县(市、区)能级,坚定下好创新先手棋,以科技创新变量催生新成果,

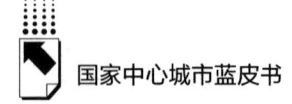

加快形成新质生产力，推动创新链与产业链深度融合，建设打造未来产业先导区，加快构建区域科技创新攻坚力量体系和科技成果转化应用体系。坚持联动发展。发挥区位独特优势，深化板块链接，促进联动发展。对内协同皖江、皖南、皖北三大板块；对外加强与南京都市圈协同发展，强化与上海大都市圈对标对接，深化与苏锡常、杭州、宁波都市圈互动互助，助力推动长三角一体化高质量发展再上新台阶。

（三）对策建议

1.树立高度一体化理念

加快编制落实合肥都市圈规划，优化资源配置和产业布局，彻底打破行政区划对都市圈发展的限制，促进区域内的城乡一体化和绿色发展；秉持各城市发展目标兼容、功能定位互补、项目布局合理、产业协调发展的原则，逐步形成都市圈的核心发展目标，重点推进合作平台、科创产业、营商环境、数据资源、公共服务等领域深度合作，逐渐在各领域全方位设立一体化合作发展的具体目标，持之以恒、循序渐进地推动各项工作朝着一体化的高级阶段发展，打造高度一体化发展先行示范区，最大化提升合肥都市圈在全国区域协调和城乡融合发展中的战略地位。

2.完善都市圈领导协调机制

经省委省政府批准，合肥都市圈党政领导联席会议制度正式建立，研讨协调都市圈建设过程中的共性与关键问题，其机制设定与上海G60科创走廊的联席会议制度非常接近，如联席会议下设办公室作为常设机构，并负责日常对接、承办具体事务、推动规划落实。办公室人员集中办公，由各市分别选派且2年一轮换。同时由各市发改委负责人和省发改委相关处室负责人担任联络员。为提高协同性，建议在职能上明确市场作用与宏观调控的界限区分，一方面，促进各市相关部门负责人的挂职流动，建立双向交流合作机制，增强工作推动的实效性。另一方面，树立企业投资和技术创新主体地位，发挥市场在都市圈建设中的作用力量，探索建立链接协同"政产学研"等各类要素资源的社团组织或理事会机构。

3. 培育构建策源创新体系

合肥都市圈作为长三角城市群的重要载体之一，肩负着基础研究源头创新的国之重任。应依托合肥综合性国家科学中心、未来大科学城、科大硅谷以及新桥科技创新示范区等建设，坚持"四个面向"，加大大科学装置的建设和使用力度，强化核心引领，结合各市之间的协同分工，鼓励互设协同创新区域或创新飞地，建设高能级科创平台，推进科学与技术相互促进、创新资源共享。通过政策引导和项目支持，在圈内率先实践国家层面的相关政策措施，聚合产学研力量，持续推动大院大所大校在都市圈共建研究院、设立分支机构或技术转移转化基地，探索设立合肥都市圈重大科技专项，争取国家重大科研任务落户，接轨"卡脖子"领域联合攻关，聚力破除技术壁垒，形成一批基础研究和应用研究的原创性成果，做大做强统一科技大市场，以集聚核心区的创新要素实现合肥的"创新"功能提升，从而提升经济发展的集聚能力和体量规模，增强辐射功能，加快实现科创协同。

4. 因地制宜推动都市圈建设

深入推进规建治一体化，探索建立基础设施建设、产业协同布局、公共服务共建共享等的多层次合作机制。落实落细圈内各区域功能分工，利用现有近邻城市的经济发展热点区域，坚持一体化发展与分工协作相结合，强化区域一体化进程，以点带面、串点成轴、联轴成网，逐步实现核心城市与交集区域的一体化。以市际毗邻合作区建设提升为载体，统筹都市圈生态生产生活空间，注重第三产业的发展，推动实现圈内经济发展与社会发展之间、产业发展与生活功能之间、居住与就业之间的平衡。以交通设施互联互通为突破口和连接线，推动空间规划、产业布局、要素资源、公共服务一体化发展，打通"断头路"、拓宽"瓶颈路"，重点解决都市圈内交界地之间的道路修建、不同运输方式互不衔接和能力不配套等问题，畅通都市圈轨道交通体系，完善都市圈"强辐射、全覆盖"的立体交通网络。推进生态环境联防联治，构建绿色生态网络，建立生态环境协同共治机制，实施生态系统保护和修复工程，加快生态环境监测网络一体化建设。增强城市功能和品质，整合都市圈文旅、养老、医疗资源，推进文化旅游、健康养老、医疗卫生等

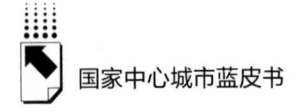

公共服务领域共建，实现民生便利服务共享。

5. 完善产业链协同机制

基于外围城市的特色产业以及对外连接其他城市的便利优势，秉承优势互补、链式协同，通过建立不同空间尺度的市际经济园区，不断推进链主在合肥、链条在都市圈的产业合作机制，推动形成都市圈产业协作补链成群，做强合肥都市圈，在提升辐射带动力上取得更大进展，实现行政区划和经济园区的"双轮驱动"。开展"一区多园"合作，鼓励支持共建园区，以"基金+产业""基金+项目""基金+基金"等多种产业基金为抓手，引导实现高技术创新在合肥、低技术创新在周边县（市、区），创新成果转化在合肥、生产配套在周边县（市、区），建立产业协同创新互补机制。加快合淮产业合作区、合六产业园区、合滁合作园区等市际毗邻区建设，加快合肥、淮南申创国家级临空经济示范区步伐，推进合滁合作园、推动高新区霍邱现代产业园、寿县蜀山现代产业园继续上台阶；完善各市园区统一的招商平台，探索联合招商，共享招商资源，共建招商联动机制。成立专项产业联盟，组织园区企业"走出去"，瞄准海外行业龙头和科技型中小企业、研发机构，与境内外企业开展产能合作，精准化、差异化谋划对接项目，形成"头部企业+中小企业"生态圈，着力提高圈内企业整体的竞争优势和产业的国际竞争力。

6. 设立都市圈发展基金

由都市圈各市共同发起设立高质量发展基金，各市可按照财政状况约定出资比例，省投、产投、科创投等也可进行出资，主要用于合肥都市圈合作与发展过程中跨区域、有共性的基础设施、重大项目的建设以及重大课题、重要规划、重点方案的研究等，建立共同投入和利益分享机制，形成多个专项领域的深度合作。鼓励社会资本参与都市圈建设与运营，吸引私募基金、风险投资支持种子期、初创期科创企业，引导资金投向先进制造业发展领域，缓解初创期、成长型、轻资产制造企业的融资难融资贵等问题。

7. 推进要素市场化配置综合改革试点

积极争创国家级综合改革试点，探索建立土地等要素（指标）流通共享机制，激活要素保障的动力活力。深化"要素跟着项目走"的配置机制，提高增量土地利用效率，盘活存量建设用地，推动土地空间利用结构的优化。深化产业用地市场化配置改革，推动不同产业用地类型合理转换。统一技术标准，推动技术要素在都市圈互认，建立多层次知识产权交易市场，完善知识产权创造、运用、保护制度体系。成立都市圈金融服务联盟，搭建综合金融服务平台。开展数据资源登记试点，推进公共数据开放和授权运营。统一都市圈人才资源服务平台，推动人才认定标准互认衔接，加大对高层次人才的引进支持力度，放开城镇落户限制，建设统一的社会保障信息平台，加快圈内社会保障接轨衔接。整合都市圈市场，打破商品和服务市场地域分割和行业垄断，推进碳排放权、用能权、用水权、排污权等资源环境要素市场化配置改革，清除市场壁垒。建立健全约谈通报机制，着力促进市场一体化发展，为全国统一大市场的顺利形成以及区域协调发展战略的深入实施作出示范。

8. 打造高效服务的一流营商环境

以"互联网+大数据"技术为基础，以安徽（合肥）法务区建设为契机，进一步加强行政审批顶层设计，将各级政务平台数据同国家政务服务平台数据对接，搭建跨部门、跨地域、跨层级共享共通的信息系统，切实解决横亘各级部门间的"数据壁垒"，消除可能存在的"信息孤岛"现象。要摒弃僵化的思维模式和固化的工作流程，勇于变革涉及营商环境的机构设置、业务流程和工作机制，真正做到"一窗办理""并联审批""全网通办"。加强社会信用体系建设，应建立统一的监管信息平台，一方面提高市级政府信息透明度，充分回应市场主体的现实诉求，另一方面要加大对失信主体的惩治力度，保障各类所有制企业及各来源地企业在资质许可、科技项目立项、政府采购及标准制定等方面的公平待遇，尽最大努力提供公平竞争的市场环境。同时，积极推动与长三角都市圈实现更多"圈圈联动"、互惠互利的合作。

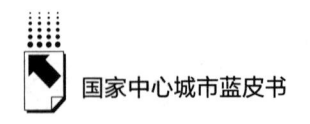

参考文献

《安徽省国土空间规划（2021—2035年）》，安徽省人民政府网站，2024年4月15日，https：//www.ah.gov.cn/public/1681/565317891.html。

《国务院关于依托黄金水道推动长江经济带发展的指导意见》，中国政府网，2014年9月25日，https：//www.gov.cn/zhengce/content/2014-09/25/content_9092.htm。

《长江三角洲城市群发展规划》，国家发改委网站，2016年6月1日，https：//www.ndrc.gov.cn/xxgk/zcfb/ghwb/201606/t20160603_962187.html。

《上海大都市圈空间协同规划》，上海市规划和自然资源局网站，2022年9月28日，https：//ghzyj.sh.gov.cn/gzdt/20220928/398a780306ca4e4fbbb03e38208ab89c.html。

B.27
郑州枢纽经济高质量发展的成效、挑战与对策

喻晓雯 喻新安*

摘　要： 枢纽经济是以交通枢纽为经济要素资源的集疏平台，通过枢纽与产业耦合互动而形成的特色经济。郑州枢纽经济高质量发展是国家中心城市建设的题中应有之义，是构建新发展格局、促进区域协调发展和培育发展新引擎的需要。近年来，郑州国际综合交通枢纽地位不断强化，枢纽偏好型产业发展势头良好，枢纽经济发展助力了城市综合实力显著提升，也为内陆开放高地建设作出了应有贡献。面向未来，郑州枢纽经济实现高质量发展，要直面挑战，进一步强化战略规划引领，加快基础设施建设，打造枢纽产业集群，优化营商环境。

关键词： 郑州　枢纽经济　高质量发展

枢纽经济是以交通枢纽为经济要素资源的集疏平台，通过枢纽与产业耦合互动而形成的特色经济。因交通枢纽类型、能级不同，枢纽城市的主导产业也各具特色，但枢纽经济的共同特征是资源要素集聚性、地理区位独特性、要素商品开放流动性和规则示范引领性。在构建新发展格局背景下，枢纽经济逐步演化成为一种重要的经济新业态。毋庸置疑，作为一座"火车拉来的城市"，枢纽经济是郑州最大的发展优势。近年来，郑州依托"天地

---

* 喻晓雯，河南财政金融学院讲师，研究方向为国民经济；喻新安，河南省社会科学院研究员，研究方向为区域经济、产业发展。

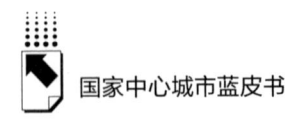

之中"、都市圈圈层紧密联系等枢纽优势,传统铁路干线枢纽、米字形高铁枢纽、国际航空枢纽、高速公路枢纽与信息枢纽五重叠加的综合性现代枢纽正在加速形成,枢纽经济高质量发展呈现新的生机与活力。

一 郑州枢纽经济高质量发展意义重大

(一)郑州枢纽经济高质量发展是构建新发展格局的需要

加快构建以国内大循环为主体、国内国际双循环相互促进的新发展格局,是把握未来发展主动权的战略性布局和先手棋。加强创新链和产业链对接,完善现代产业体系和商贸流通体系,推动交通布局优化,实现更高水平对外开放,都需要以交通枢纽为核心要件的枢纽经济发挥先行作用。各种要素资源在国内国际双循环,也必然通过一定的功能性战略通道实现。郑州要切实扛起经济大省挑大梁的责任担当,充分发挥独特的交通枢纽作用,为构建双循环发展格局、建设全国统一大市场提供有力支撑。

(二)郑州枢纽经济高质量发展是促进区域协调发展的需要

贯彻落实黄河流域生态保护和高质量发展重大战略,郑州作为龙头城市,使命光荣,责任重大。加快郑州枢纽经济高质量发展,是提升首位度、增强经济和人口承载力的重要战略举措。此外,以发展枢纽经济为契机,加快沿黄河通道建设,也有利于加强黄河流域水生态环境保护修复及联合防治、联合执法,为协同推进高质量发展和传承弘扬黄河文化提供强大的交通条件支撑。站位中部地区加快崛起,放眼中原城市群发展,坚持以枢纽经济为依托,加强内融外联、板块互动,推动郑州都市圈高质量发展。

(三)郑州枢纽经济高质量发展是建设国家中心城市的需要

"国际化现代化综合交通枢纽"是建设国家中心城市的重要抓手。交通是现代城市的血脉,血脉畅通,城市才能健康发展。提高交通枢纽通达能力,培育壮大枢纽经济,完善贸易服务功能,大力推进交通枢纽优势向枢纽经济优势转变。建设协同高效、以人民为中心、发展和安全双轮驱动的城市综合交通体系，也是郑州国家中心城市建设的题中应有之义。做好综合交通体系建设工作，促进枢纽经济高质量发展，不仅能够改善民生，满足人民群众美好生活需要，也能为推动城市高质量发展打下坚实基础。

（四）郑州枢纽经济高质量发展是培育发展新引擎的需要

枢纽经济是新经济、新业态、新模式的典型代表，是交通枢纽与经济融合模式创新的重要体现，是培育发展新引擎的重要来源，也是郑州经济发展新旧动能转换的迫切需要。枢纽经济的本质是优化经济要素的时间空间配置，其核心要义是重塑区域产业分工体系，以提升经济运行效率为最终目标。枢纽经济高质量发展，一方面，可以不断提升郑州的极化效应，提升城市能级；另一方面，将提升其辐射效应，增强郑州对周边城市的辐射带动作用，促进区域经济协同发展。

二 郑州枢纽经济高质量发展成效明显

（一）国际综合交通枢纽地位不断强化

近年来，郑州先后被确定为国际性综合交通枢纽城市、国际铁路枢纽、国际航空货运枢纽、全球性国际邮政快递枢纽，入选首批国家综合货运枢纽补链强链城市。层级分明、相互衔接的综合交通运输体系加速成型。国际航空货运枢纽建设突飞猛进，郑州-卢森堡"双枢纽"带动河南全省航空货运量加速增长。2012~2023年，郑州机场货邮吞吐量由15.1万吨增长到60.8万吨，年均增长率为13.5%。[①] 郑州国际铁路枢纽功能显著提升，获批我国中东部地区首个中欧班列集结中心，入选中欧班列集结中心示范工程。2023年，中欧班列集结调度指挥中心试运行，超额完成2800班任务。截至2024年2月，郑州

[①] 资料来源：2012~2023年《郑州市国民经济和社会发展统计公报》。

重要国际邮件枢纽口岸累计开通41个国家（地区）52个城市直封关系，实现疏运国际邮件时效居全国第2位。2023年，河南邮政口岸国际进出口邮快件量848万件，同比增长17%。① 此外，郑州国际陆港建设也值得期待。

（二）枢纽偏好型产业发展态势良好

郑州市坚持以现代物流为牵引，大力发展枢纽偏好型产业，枢纽经济总体规模不断壮大。高效便捷的现代物流体系基本形成。以枢纽经济先导产业交通运输仓储和邮政业为例，2012年实现增加值321.8亿元，2022年，增长到782.7亿元，年均增长9.3%。2023年，全年交通运输业各种运输方式完成货物周转量807.5亿吨公里，增长4.4%；完成旅客周转量305.5亿人公里，增长141.1%；邮电业务总量440.9亿元，增长20.1%。② 以电子信息产业为主导的临空产业初具规模。2016~2022年，郑州航空港地区生产总值从628.64亿元增加到1208.01亿元，年均增长11.5%；社会消费品零售总额从94.64亿元增加到153.60亿元，年均增长8.4%（见表1）。2023年，郑州航空港经济综合实验区电子信息产业产值为5334亿元，构建起从关键核心器件到整机的全产业生态，以电子信息为引领的临空经济产业体系初具雏形。2023年，富士康郑州科技园助推郑州新郑综保区完成进出口值4072.78亿元，位列全国166个综合保税区第1。2024年4月3日，总投资超过475亿元的郑州国际大宗商品交易中心项目落户郑州航空港。

表1　2016~2022年郑州航空港经济发展主要指标

单位：亿元

年份	地区生产总值	社会消费品零售总额	一般公共预算收入	一般公共预算支出
2016	628.64	94.64	32.96	64.47
2017	700.09	113.16	36.27	74.13

---

① 资料来源：《疏运时效全国第二！郑州国际邮件枢纽口岸2023年处理848万件》，https://www.henan100.com/news/2024/1193425.shtml。
② 资料来源：《2023年郑州市国民经济和社会发展统计公报》。

续表

年份	地区生产总值	社会消费品零售总额	一般公共预算收入	一般公共预算支出
2018	800.24	126.94	42.37	101.37
2019	963.36	142.49	46.72	88.69
2020	1041.18	133.04	65.37	91.99
2021	1145.36	139.48	68.49	86.16
2022	1208.01	153.60	68.56	107.57

资料来源：2017~2023年《河南统计年鉴》。

（三）枢纽经济助力城市综合实力显著提升

近年来，郑州的城市枢纽性显著增强，助力城市综合竞争力持续提升。2024年5月30日，第一财经新一线城市研究所发布"新一线城市魅力排行榜"，郑州城市魅力指数为57.48，位列15座新一线城市第10，其中，城市枢纽性得分57.46、位列15座新一线城市第8，未来可塑性得分62.50、位列第9，商业资源集聚度得分58.87、位列第9。中国社会科学院财经战略研究院发布的《中国城市竞争力第19次报告》显示，郑州的竞争力指数为0.614，位列全国第21。赛迪顾问发布的《2023中国数字城市竞争力研究报告》显示，郑州位列数字百强市第13。2022年12月，中国社会科学院城市与竞争力研究中心课题组出版的《中国城市统一发展经济学》，以《郑州："建设现代高端服务新城，提升国家中心城市功能"》为题，收录了郑州在新城新区建设方面的新鲜经验。

（四）枢纽经济促进内陆开放高地建设

在枢纽经济带动下，郑州作为河南开放发展的龙头，地位日益巩固。2023年，郑州市全年新设立外商投资企业107个，同比增长46.6%，实际使用外资金额2.4亿美元。2023年，郑州市货物进出口总值5522.3亿元，占全省的68.1%。① 郑州航空港保持高速发展势头。2023年，郑州机场完成货邮吞吐量60.8万吨，在全国排第6位；完成旅客吞吐量2535.8万人次，增长175.0%；实现起降200933架次，增长112.8%（见表2）。

表2 2023年全国民用运输机场吞吐量排名（节选）

机场	旅客吞吐量 名次	本期完成（万人次）	增速（%）	货邮吞吐量 名次	本期完成（万吨）	增速（%）	起降架次 名次	本期完成（架次）	增速（%）
广州/白云	1	6316.8	142.0	2	203.1	7.8	1	456104	71.1
上海/浦东	2	5447.7	284.2	1	344.0	10.4	2	433867	112.3
北京/首都	3	5287.9	316.3	4	111.6	12.9	4	379710	140.9
深圳/宝安	4	5273.5	144.6	3	160.0	6.2	3	393073	66.8
成都/天府	5	4478.6	237.3	15	24.6	201.1	5	329559	174.0
重庆/江北	6	4465.7	106.0	8	38.8	-6.5	7	314697	66.9
上海/虹桥	7	4249.3	188.8	10	36.3	96.8	11	266813	117.5
昆明/长水	8	4203.3	97.9	11	35.0	13.0	6	318586	64.4
西安/咸阳	9	4137.1	205.1	13	26.6	28.8	8	310547	146.7
杭州/萧山	10	4117.0	105.5	5	81.0	-2.4	9	300361	57.8
北京/大兴	11	3941.1	283.5	17	24.4	91.4	10	293143	176.8
成都/双流	12	3013.8	69.1	7	52.7	-0.6	13	208710	30.6
南京/禄口	13	2734.0	125.2	9	38.4	1.5	12	222487	76.7
长沙/黄花	14	2724.8	117.8	21	17.7	13.5	16	201880	76.9
武汉/天河	15	2586.2	122.8	18	20.6	-30.9	14	206440	79.4
郑州/新郑	16	2535.8	175.0	6	60.8	-2.7	17	200933	112.8
乌鲁木齐/地窝堡	17	2508.9	150.4	23	15.5	65.6	20	176801	97.2
海口/美兰	18	2434.0	118.1	22	17.5	40.6	21	172454	63.2
厦门/高崎	19	2410.4	138.1	12	31.4	20.0	19	179518	79.8
三亚/凤凰	20	2177.6	128.9	32	9.5	49.7	28	136351	78.2

资料来源：中国民用航空局《2023年全国民用运输机场生产统计公报》。

① 资料来源：《2023年郑州市国民经济和社会发展统计公报》。

三 郑州枢纽经济高质量发展面临挑战

(一) 枢纽经济区域竞争日趋激烈

以北京、天津、上海、广州为代表的枢纽城市全球辐射能级不断提升，以南京、杭州、武汉、西安为代表的枢纽城市国际门户作用日益增强，枢纽经济发展竞争日趋激烈。郑州枢纽经济高质量发展面临激烈竞争，不进则退，慢进亦退。例如，成都市加快建设国际门户枢纽城市，着力增强五大枢纽能力；武汉市以发展枢纽经济为抓手，积极创建综合型现代流通战略支点城市，着力构建"枢纽+通道+网络+平台+产业"的枢纽经济发展新范式。具体到航空经济而言，郑州航空枢纽优势有所减弱。近几年，西安、武汉、长沙、南昌和济南等周边省会城市纷纷加强机场基础设施建设，配套出台多项货运补贴政策，航空运力和货源的竞争日益激烈。2022年，郑州市交通运输、仓储和邮政业实现增加值782.7亿元，占地区生产总值的比重为6.1%，与其他国家中心城市相比总量偏小、占比偏高（见表3）。

表3 2022年国家中心城市交通运输、仓储和邮政业增加值及其占比

单位：亿元，%

城市	交通运输、仓储和邮政业增加值	地区生产总值	占地区生产总值的比重
北京	879.2	41610.9	2.1
天津	302.0	16311.3	1.9
上海	1914.5	44652.8	4.3
广州	1590.7	28839.0	5.5
重庆	1084.0	29129.0	3.7
成都	1021.4	20817.5	4.9
武汉	1043.6	18866.4	5.5
郑州	782.7	12934.7	6.1
西安	324.7	11486.5	2.9

资料来源：各城市2023年统计年鉴。

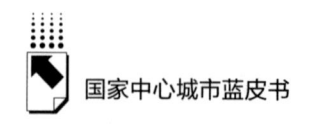

（二）枢纽的流通基础设施有待完善

经过多年的发展，郑州交通基础设施有了明显改善。2023年，郑州交通运输实现了质的有效提升和量的合理增长。交通枢纽优势巩固提升，完成交通基础设施投资167亿元。高速公路重点工程强力推进，安罗高速原阳至郑州段黄河特大桥桥梁主塔成功封顶，焦平、沁伊、郑洛、郑许等7个项目加快建设。2022年，郑州高速公路路网密度为8.37公里/百平方公里（见表4），根据规划，"十四五"末目标是11公里/百平方公里。与广州、武汉等其他国家中心城市相比，郑州高速公路路网密度还不够大，存在提升空间。

表4　2022年国家中心城市高速公路路网密度比较

城市	高速公路里程（公里）	面积（平方公里）	路网密度（公里/百平方公里）
北京	1196	16410	7.29
天津	1358	11966	11.35
上海	851	6340.5	13.42
广州	1133	7434	15.24
重庆	4002	82400	4.86
成都	1240	14335	8.65
武汉	969	8569.15	11.31
郑州	633	7567	8.37
西安	604	10108	5.98

资料来源：2023年《中国城市统计年鉴》和各城市官方网站。

（三）枢纽产业规模水平不高

枢纽偏好型产业整体上处于培育发展阶段，产业总量规模偏小，处于产业价值链中低端。郑州航空港现代产业体系加速构建，但智能终端产业"一家独大"格局尚未根本改变，且大多数企业处于来料加工和组装等初级产品加工环节，产品附加值较低。航空关联产业发展缓慢，在一定程度上导致本地货源匮乏，郑州机场出口货物中省内货源仅占10%左右。与广州、成都等临空经济示范区相比，郑州高新技术产业、战略性新兴产业等产业规模偏小，现代生物医药、精密仪器等产业发展相对滞后。高铁经济拉动效应仍需进一步提升。新兴服务业规模偏小，信息技术、科学研究和技术服务业比重偏低。

（四）枢纽经济服务能力有待提升

枢纽经济发展不平衡、不充分问题仍然比较突出。定制化、个性化、专业化服务供给不足，智能交通技术应用程度和范围有待拓展，部分关键核心产品和技术自主创新能力偏弱。和我国众多枢纽型经济区一样，郑州枢纽经济发展在一定程度上也存在对枢纽通道、资本、产业、生产生活等统筹考量不足的问题。生产性服务业和生活性服务业发展相对滞后，生活、生态等公共服务供给不足；侧重于基础设施硬件建设，而忽视了供应链综合协同能力、资源要素配置能力的提升。此外，郑州还需持续打造市场化、法治化、国际化营商环境。据有关研究报告，郑州市营商环境得分为42.25，与广州、上海、北京和成都等国家中心城市相比，有不小的差距。[①]

四 加快郑州枢纽经济高质量发展的对策建议

（一）强化战略规划引领

要前瞻布局，紧密结合郑州市枢纽经济发展的独特优势，对标对表国际一流城市、一流枢纽，在系统研究发展现状、存在问题的基础上，完善郑州市枢纽经济高质量发展规划，厘清未来枢纽经济高质量发展的战略方向、战略目标、战略任务，以及战略支撑项目、战略举措和保障条件等。在高水平建设传统铁路干线枢纽、米字形高铁枢纽、国际航空枢纽、高速公路枢纽与信息枢纽的基础上，要提高化枢纽经济发展认知水平，努力建设现代化国际

---

① 资料来源：张三保、张志学《中国城市营商环境研究报告2023》。

化科技创新枢纽、现代金融枢纽、算力枢纽。充分借鉴国内外发达枢纽城市的成功经验，不断完善枢纽经济高质量发展的制度供给，出台鼓励枢纽经济发展的扶持政策，打破束缚枢纽经济发展的制度壁垒。

（二）加快基础设施建设

实施优势再造战略，推动交通区位优势向枢纽经济优势转变，把大数据、人工智能等调控技术与郑州拥有的国际航空枢纽、米字形高铁枢纽、高速公路枢纽等融会贯通，培育全球领先的智能化多式联运技术与枢纽经济体系。在后米字形高铁时代，要进一步加快蜘蛛网形高速铁路网建设。打造轨道上的郑州都市圈，推动干线铁路、城际铁路、市域铁路、城市轨道交通融合互通。打破区域局限，发挥多层次、立体交通网络优势，实现人流、物流、资金流、信息流等加速涌动。持续实施郑州、开封、兰考间和郑州市主城区至航空港区间的高速公路主通道免费通行政策，探索实施郑州都市圈高速主通道免费通行政策。

（三）打造枢纽产业集群

树立"枢纽+""+枢纽"发展理念，强化枢纽与产业、企业耦合互动，推动各类要素资源向枢纽集聚布局，持续壮大枢纽产业规模。"枢纽+先进制造业"方面，坚持链群发展，围绕郑州航空港、米字形高铁、综合交通枢纽，大力引进、集聚、培育发展新一代电子信息、高端装备制造、高端新材料等特色产业集群，为枢纽经济高质量发展奠定强大的物质基础。"枢纽+现代物流业"方面，巩固提升冷链、航空、电商等特色物流竞争优势，培育壮大国际物流、应急物流，提高粮食、棉花等大宗商品物流竞争力。"枢纽+现代金融业"方面，优化航空金融服务、跨境金融服务、供应链金融服务，促进枢纽经济领域科技金融发展。"枢纽+文旅产业"方面，要持续实施郑州文化品牌战略，打造"炎黄子孙的寻根之地""中华文化的朝圣之地""中华文明的体验之地"三大文化标识，全面叫响"天地之中、华夏之源、功夫郑州"的城市文旅品牌，推动文化旅游高质量发展。

（四）优化营商环境

抓住黄河流域生态保护和高质量发展的战略机遇，加速推进郑州生态化建设，以优美环境提升城市美誉度，吸引更多年轻优秀人才加入郑州国家中心城市建设，营造"近悦远来"的人才生态。在数字化、智能化、便利化服务上创造新优势，打造优良的云环境。加快人工智能、区块链等新技术的应用，以更加完善的基础设施、更加先进的技术、更加优质的服务，激发枢纽经济高质量发展的潜力和活力。要充分发挥兼容并蓄、海纳百川的中原包容文化优势，以人为本，为客商造福，切实提升营商环境水平。

参考文献

安伟：《大力发展文化软实力持续提升国家中心城市竞争力》，《郑州日报》2022年5月1日。

高传华：《枢纽经济形成与未来发展趋势研究——基于要素集聚与资源整合理论的探索》，《价格理论与实践》2019年第1期。

戈伟伟、王庆国：《建设枢纽经济先行示范区的思路与对策研究——以河南省为例》，《北方经济》2023年第10期。

宫银峰：《关于我国枢纽经济发展的多维思考》，《中州学刊》2020年第5期。

胡美林：《河南打造枢纽经济先行区的关键点与着力点》，载王承哲、完世伟、高璇主编《河南经济发展报告（2023）》，社会科学文献出版社，2023。

李国政：《枢纽经济：内涵特征、运行机制及推进路径》，《西南金融》2021年第6期。

仝新顺：《加快发展枢纽经济促进新旧动能转换》，《河南日报》2019年4月4日。

王彩娜：《多向发力 河南拓展开放发展新空间》，《中国经济时报》2023年12月20日。

文瑞：《中国枢纽经济发展实践与反思》，《区域经济评论》2023年第6期。

向爱兵、黄征学：《枢纽经济：内涵特征、发展逻辑与演化趋势》，《理论与现代化》2022年第5期。

赵伟伟：《枢纽经济及其发展机制——以中国交通枢纽经济为例》，《人文地理》2020年第3期。

附录

2023年国家中心城市主要统计数据汇总

2023年国家中心城市主要统计数据汇总

指标	单位	北京	天津	上海	广州	重庆	成都	武汉	郑州	西安
年末常住人口	万人	2185.8	1364.0	2487.5	1882.7	3191.4	2140.3	1377.4	1300.8	1307.8
城镇化率	%	87.8	85.49	—	86.76	71.67	80.5	84.79	80	79.88
地区生产总值	亿元	43760.7	16737.3	47218.7	30355.7	30145.8	22074.7	20011.7	13617.8	12010.8
同比增长	%	5.2	4.3	5.0	4.6	6.1	6.0	5.7	7.4	5.2
人均GDP	元	200000	122752	189827.7352	161634	94135	103465	145471	104687.8844	92128
第二产业生产增加值	亿元	6525.6	5982.62	11612.97	7775.71	11699.14	6370.9	6800.91	5373.4	4146.92
第三产业生产增加值	亿元	37129.6	10486.15	35509.6	22262.24	16371.97	15109	12736.36	8072.2	7538.64
第三产业占比	%	84.8	62.7	75.2	73.34	54.3	68.4	63.6	59.3	62.77
全社会固定资产投资增长率	%	4.9	-16.4	13.8	3.6	4.3	2	0.3	6.8	0.1
社会消费品零售总额	亿元	14462.7	3824.0	18515.5	11012.6	15130.3	10001.6	7531.9	5623.1	4811.6
消费价格指数	%	100.4	100.4	100.3	101	100.3	100.2	100.4	99.4	100

附录　2023年国家中心城市主要统计数据汇总

续表

指标	单位	北京	天津	上海	广州	重庆	成都	武汉	郑州	西安
地方财政一般公共预算收入	亿元	6181.1	2027.3	8312.5	1944.2	2440.8	1929.3	1601.2	1165.8	951.6
地方财政一般公共预算支出	亿元	7971.6	3280.45	9638.51	2971.66	5304.6	2586.8	2204.08	1519.6	1728.8
金融机构本外币存款余额	亿元	246000.0	44520.56	204429.29	86638.33	53562.75	58074	38483.85	30458.7	34129.33
金融机构本外币贷款余额	亿元	111000.0	44765.03	111766.72	76674.23	56730.17	60498	47517.12	36842.3	35528.47
进出口总值	亿元	36466.3	8004.7	42121.6	10914.3	7137.4	7489.9	3606.2	5522.3	3597.6
实际利用外资投资额	亿美元	137.1	122.63	240.87	68.54	10.53	22.9	26.42	2.4	12.53
旅游人数	亿人次	3.29	—	3.300722	—	1.03	—	3.33	—	2.78
客运总量	万人次	49765.1	14634.28	18185.44	30471.19	31252.26	—	9924.01	10000	15185.72
货运总量	万吨	25754.9	57145.31	153343.69	92861.92	140536.08	—	71299.69	23000	29745.56
城市轨道交通运营里程	公里	836	298.3	831	641.6	494.6	601.7	530.2	311.17	294
卫生机构床位数量	万张	13.9	7.25	—	11.71	25.52	17.6	10.61	11.7	8.96
国家级高新技术开发区、经济技术开发区总数	个	4	7	10	4	2	5	7	1	6
重点高等院校(211,985高校)	个	26	4	10	4	2	5	7	1	6
普通高等院校	个	92	56	68	84	72	65	83	74	63
普通高等院校在校生数	万人	107.3	69.5	83.08	164.15	121.21	120.8	136.99	146.45	103.43
专利授权量	万项	—	5.92	15.91	11.81	5.41	7.0502	7.3936	—	5.1
居民人均可支配收入	元	81752	51271	84834	74954.2344	37595	50585.14	57105	43785	42818
居民人均消费支出	元	47586	—	52508	46630.8844	26515	30431.54345	38372	29501	27414
城镇居民人均可支配收入	元	88650	55355	89477	80501	47435	57477	61693	48740	51178

453

Abstract

The "National Central City Construction Report (2024)" is the seventh blue book on national central cities, organized by the National Central City Research Institute of Zhengzhou Normal University, with the participation of more than 20 domestic and foreign research institutions and nearly 50 experts and scholars. According to the spirit of the Central Economic Work Conference, after the transition in COVID-19 prevention and control, efforts are needed to drive economic recovery and resurgence by overcoming challenges such as insufficient effective demand and bottlenecks in the domestic circulation. To deeply analyze how to better coordinate the expansion of domestic demand and deepen structural reforms on the supply side under the new circumstances, and to fully utilize the role of mega-cities, particularly national central cities, as the driving force and mainstay in the domestic cycle, this book focuses on the theme of "Promoting Domestic Circulation and High-Quality Development of Mega-Cities". It analyzes the current levels and developmental trends of the socio-economic status of national central cities and other mega-cities in 2023. The book also delves into the practices, effects, and strategic measures adopted by national central cities to address bottlenecks in domestic circulation, streamline industrial, supply, and innovation chains, talent pipelines, and foster a virtuous cycle of consumption and investment. By contributing in this way, the book aims to actively contribute to strengthening the foundation of China's steadily improving economy and achieving the expected goals of economic growth.

This book is structured into six parts: the General Report, Evaluation Section, Urban Section, Case Studies Section, Exploration Section, and Appendix. The structure and content are as follows:

Abstract

The General Report. The General Report titled "Report on High-Quality Development in Mega-Cities Driven by Unexpected Factors in 2023" highlights that in 2023 and the first quarter of 2024, the overall development trends of 21 super-large and extra-large cities, particularly the 9 national central cities, have been positive. However, it is also crucial to realize that domestic consumer demand remains insufficient, the real estate sector is on a continuous decline, local debt risks are escalating, and there are still numerous uncertain factors in the unstable external environment, with multiple pressures compounding. To drive high-quality economic development and achieve effective enhancement in both the economic quality and reasonable growth of mega-cities, substantial efforts are required. These efforts involve expediting the nurturing and development of innovative cutting-edge productivity, fostering a symbiotic cycle of consumption and investment, accelerating the establishment of a more globally competitive modern industrial system, enhancing the resilience and competitiveness of industrial and supply chains, improving the business environment for private enterprises, forging new strengths in a higher-level open economy, and hastening the advancement of modern metropolitan circle construction for regional integration.

Evaluation Section. The analysis of the "Analysis of the National Central City Construction Index and Growth Index in 2023" reveals that in 2023, the high-quality development of national central cities saw significant improvement compared to 2022. Results from measuring the construction index of national central cities indicate that Beijing, Shanghai, and Guangzhou have construction indices above 0.5, while Chengdu, Chongqing, and Wuhan have indices ranging from 0.40 to 0.47, and Xi'an, Zhengzhou, and Tianjin have indices below 0.40. The growth evaluation of national central cities shows a notable decrease in growth potential in 2023, with significant changes in urban growth rankings. Functions like comprehensive services, network hubs, and technological innovation exhibit relatively high growth potential. Among them, Chengdu has the highest comprehensive growth index, followed by Chongqing, Xi'an, and Shanghai. Zhengzhou, Guangzhou, Wuhan, Beijing, and Tianjin have also experienced some growth in relevant indicators to a certain extent. Evaluation results for the construction in the other 12 mega-cities show that Shenzhen, Hangzhou, and

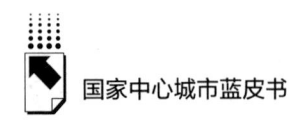

Nanjing have construction development indices above 0.45. Qingdao, Jinan, Changsha, and Kunming fall between 0.38 and 0.43, while Shenyang, Dongguan, Foshan, Harbin, and Dalian range from 0.31 to 0.36.

Urban Section. The reports offer a holistic view of the key practices and outcomes of the nine national central cities in expanding domestic demand, deepening supply-side structural reforms, and fostering rational economic growth. They analyze the inadequacies or challenges faced by each city in the context of profound changes in the domestic and international environment, and put forward policies and measures such as strengthening and optimizing modern industrial systems, fostering and developing new productive forces, expanding the development space of effective demand, and enhancing urban modern governance.

Case Studies Section. In the case study section, a range of distinctive and effective cases from mega-cities, including national central cities, are selected for research. These cases delve into areas such as expanding domestic demand, deepening supply-side reforms, sparking latent consumer potential, expanding effective investments, facilitating smooth economic cycles, overcoming supply bottlenecks, and implementing urban revitalization. Examples include Beijing's efforts in advancing consumer district transformations, Shanghai's promotion of the "production-space coupling" model to boost domestic circulation, Xi'an's collaborative initiatives to drive diverse cultural and tourism consumption, and Tianjin's creation of new international consumption landmarks.

Exploration Section. In the exploration section, discussions and analyses are conducted regarding strategies and measures to expand domestic demand, promote domestic circulation, paths led by technological innovation in modern industrial systems, paths to create livable, resilient, and smart cities, and how mega-cities lead urban cluster construction. Specific strategies and recommendations are put forward to provide tailored guidance and suggestions for urban development, serving as valuable references for city construction efforts.

Appendix. The appendix consists of three crucial documents: Compilation of Major Statistical Data on National Central Cities in 2023, Compilation of Relevant Policy Documents from the CPC Central Committee, the State Council, and Local Governments, and Major Events in the Development of National Central

Abstract

Cities. These resources serve as fundamental information for researchers to track and delve deeper into critical issues concerning the construction of national central cities.

Keywords: National Central Cities; Mega-Cities; High-Quality Development; Domestic Circulation; Economic Growth

Contents

I General Report

B.1 Report on High-Quality Development in Mega-Cities Driven by Unexpected Factors in 2023

Research Team of the National Center City Research Institut,

Zhengzhou Normal University / 001

Abstract: Faced with the impact of multiple unexpected factors, under the strong leadership of the Party Central Committee with Comrade Xi Jinping at its core, mega-cities in 2023 withstood external pressures, overcame internal challenges, focused on expanding domestic demand, optimizing structures, boosting confidence, preventing and resolving risks. This effort drove economic recovery towards improvement, solidly advanced high-quality development, made significant progress in constructing a modern industrial system, achieved new breakthroughs in technological innovation, deepened reform and opening up, ensured effective social welfare, and took solid steps forward in modernization efforts. In the first quarter of 2024, amidst challenges like inadequate domestic demand, overcapacity in some sectors, subdued social expectations, and lingering risks, alongside a more intricate, severe, and uncertain external environment, mega-cities sustained their upward trajectory. Key indicators showed sustained improvement, setting a positive tone. However, it is important to recognize that domestic consumer demand still lags, the real estate market is on a downward trajectory, local debt risks are growing, and external instabilities persist. With multiple pressures compounding, further efforts are needed to sustain and enhance economic recovery.

Keywords: Mega-Cities; Economic Growth; Domestic and International Economic Circulation; Positive Economic Recovery; High-Quality Development

Ⅱ Evaluation Section

B.2 Analysis of the National Central City Construction Index and Growth Index in 2023

Research Team of the National Center City Research Institut,

Zhengzhou Normal University / 038

Abstract: In 2023, the high-quality development of national central cities saw significant improvement compared to 2022. Results from measuring the construction index of national central cities indicate that Beijing, Shanghai, and Guangzhou have construction indices above 0.5, while Chengdu, Chongqing, and Wuhan have indices ranging from 0.40 to 0.47, and Xi'an, Zhengzhou, and Tianjin have indices below 0.40. The growth evaluation of national central cities shows a notable decrease in growth potential in 2023, with significant changes in urban growth rankings. Functions like comprehensive services, network hubs, and technological innovation exhibit relatively high growth potential. Among them, Chengdu has the highest comprehensive growth index, followed by Chongqing, Xi'an, and Shanghai. Zhengzhou, Guangzhou, Wuhan, Beijing, and Tianjin have also experienced some growth in relevant indicators to a certain extent. Evaluation results for the construction in the other 12 mega-cities show that Shenzhen, Hangzhou, and Nanjing have construction development indices above 0.45. Qingdao, Jinan, Changsha, and Kunming fall between 0.38 and 0.43, while Shenyang, Dongguan, Foshan, Harbin, and Dalian range from 0.31 to 0.36.

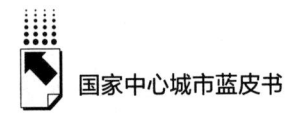

Keywords: National Central Cities; Construction Index; Growth Index; Mega-Cities

Ⅲ Urban Section

B.3 Report on the Construction of Beijing as an International Consumer Center City (2024)

Gao Chenying, Zhao Li / 059

Abstract: Cultivating and constructing Beijing as an international consumer center city is the primary means for Beijing to drive supply-side structural reform and create new demand, as well as an effective approach to actively explore integration into the new development paradigm. Over the past three years, guided by the implementation of the strategic positioning of the capital city as the "Four Centers", Beijing has grasped new trends in consumption. Upholding the principle of "excellence", it has steadily advanced the construction of an international consumer center city, promoting an increase in both the quantity and quality of consumer supply in the four aspects of "new landmarks, new brands, new models, and new environments", thereby steering the city's consumption market from post-pandemic recovery towards continuous expansion. In this new phase, the focus should be on prominent issues such as the level of "internationalization", the driving force of "endogenous" dynamics, the central position, and the effects of "integration". Through top-level design, high-level deployment, and coordinated efforts, Beijing is striving to advance the construction of the International Consumer Center City to new levels, continuously strengthening the foundational role of consumption in driving high-quality economic development in the capital.

Keywords: International Consumer Center; Consumption Supply; High-quality Development; Beijing

Contents

B.4 Construction of Shanghai as a National Central City:
Breakthrough in the Bottleneck of Domestic Circulation

Tian Hongyu, Wu Yuming / 076

Abstract: In 2023, the year that marked the beginning of the comprehensive implementation of the spirit of the 20th Party Congress and the year of economic recovery following three years of COVID-19 prevention and control, the Central Economic Work Conference emphasized the necessity of overcoming various difficulties and challenges to further boost economic recovery. These challenges include insufficient effective demand, overcapacity in certain industries, weak social expectations, numerous risk factors, the escalating complexity, severity, and uncertainty of the external environment, and bottlenecks within the domestic economic cycle. Throughout the development of the national central city, Shanghai has made significant achievements in economic growth, innovation, urban revitalization, and other areas. To deeply implement the strategy of building a manufacturing powerhouse and leverage the manufacturing sector's fundamental support role in the city's economic development and innovation transformation, Shanghai is pioneering the exploration of a new industrialization path characterized by features of the modern era. Efforts are being made to create a hub for high-end manufacturing growth and accelerate the promotion of high-quality development in the manufacturing sector. While constructing the central city of Shanghai, there are still issues at the industrial, demand, and institutional levels. Importantly, as Shanghai leads in national economic development, the problems and solutions it encounters can provide vital experiences for other cities in addressing their own challenges. During the process of constructing the central city, Shanghai has provided important experiences and insights for overcoming bottlenecks in the domestic circulation system. It is imperative to continuously promote technological advancement, build a modern industrial system, expand effective demand, strengthen the role of domestic consumption, focus on improving people's livelihoods, raise the standard of living, enhance urban governance, and increase urban resilience.

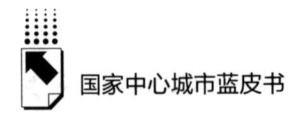

Keywords: Shanghai; Construction of National Central City; Bottleneck in Domestic Circulation

B.5 Tianjin's Achievements, Challenges, and Proposed Strategies for Promoting Economic Growth

Zhou Caiyun, Zhou Liqun / 101

Abstract: In 2023, a year marking economic recovery post the COVID-19 pandemic, Tianjin faced a confluence of challenges. Embracing a strategy of progress within stability, Tianjin earnestly implemented the "Ten Actions" to propel high-quality development, accelerated the construction of a national consumer hub city, and steadily expanded institutional openness. The city witnessed an overall positive economic trend with enhanced quality and efficiency in industrial growth and a burgeoning urban vibrancy. Yet, obstacles such as declining attractiveness for residents and talent, environmental pressures, slow industrial transformation, underutilized port potential, and low local research output conversion rates persist as factors hindering economic advancement. To tackle these issues, Tianjin must look forward and actively promote moderate population growth. It should proactively drive industrial upgrades and transformations, integrate port-industry-urban development, and advance technological innovation. By excelling in these areas, Tianjin can strive to write a new chapter of high-quality economic development for the city.

Keywords: Tianjin; Ten Actions; Green Transformation; High-Quality Development

Contents

B.6 Guangzhou's Achievements and Prospects in Constructing
a National Central City

Qin Jian, Yin Tao / 123

Abstract: In 2023, Guangzhou's economy achieved steady growth, surpassing the milestone of 3 trillion yuan in GDP. The city's population saw positive growth, economic vitality continued to flourish, and its comprehensive urban competitiveness remained solid. Anchoring ambitions as a "pacesetter, leader, and locomotive", Guangzhou is poised to vigorously propel a "second entrepreneurial wave" towards the goal of "rebuilding a new Guangzhou over the next twelve years", aiming for 2035. Looking ahead to 2049 on a global, national, and regional scale, Guangzhou will strategically focus on becoming a city characterized by openness, innovation, maritime prowess, as a hub, a livable environment, a center of human culture, and resilience. The objective is to craft a new exemplary central city on the world stage, lead as the national central city, serve as the core engine of the open Greater Bay Area, and transform into a high-energy provincial capital city, injecting new life into the old city through high-quality development, showcasing a vibrant practice of China's modernization journey.

Keywords: Global City Network; Central World City; National Central City; Revitalizing Old Cities; Guangzhou

B.7 Exploration and Practice of Building Chengdu as a
Mega-City in the Strategic Hinterland of the Domestic
Circulation Strategy

Yang Jirui, Fu Sha and Du Siyuan / 142

Abstract: Chengdu, as a mega-city, has undertaken effective innovative explorations and deep practices in constructing the strategic hinterland for the domestic circulation strategy and serving as a dual-cycle gateway hub for domestic and international exchanges. It has established certain characteristics and experiences. However, Chengdu still faces various challenges such as inadequate momentum, insufficient transformation of innovation advantages, and low levels of industrial development. Therefore, developing new quality productivity to enhance economic quality, optimize economic structure, and build strong circles and chains is undoubtedly the key choice to stimulate and reshape the high-quality development path of mega-cities.

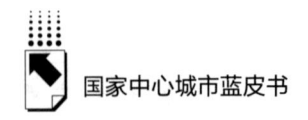

Keywords: Mega-City; Chengdu; Dual Circulation; Modern Industrial System; Building Strong Circles and Chains

B.8 Research on High-Quality Economic Development of Wuhan in the New Development Pattern

Qin Zunwen, Huang Yue / 158

Abstract: The Central Economic Work Conference pointed out that in 2023, China's economy rebounded and showed signs of improvement in high-quality development, but still faced issues such as inadequate effective demand and persistent bottlenecks in the domestic circulation. Wuhan saw a rise in its economic status in 2023, achieving significant milestones in high-tech industries, the digital economy, and new industrialization. As a national central city, Wuhan must address development challenges by adjusting its efforts in shaping the business environment, enhancing industrial development quality, deepening regional cooperation, and upgrading urban management to play a pivotal role in facilitating both domestic and international dual circulation.

Keywords: New Development Pattern; Wuhan; High-Quality Development; Digital Economy

B.9 Issues and Strategies for the Construction of Zhengzhou as a National Central City in the New Development Pattern

Wang Zhongya / 176

Abstract: The national central city serves as the "tip of the spear" in China's urban system, with functional features such as locational hub, comprehensive service, development engine, and innovative leadership. It is entrusted with the mission of leading and driving national strategic implementation and shaping the new development pattern by assuming responsibilities for leading, supporting, and demonstrating exploration. Zhengzhou, with a focus on being a national central city emphasizing "national innovation hub, advanced manufacturing hub, open hub, and talent hub", is making steady strides in its construction. Its economic and social development is showing a trend of steady progress and improvement. With significantly enhanced overall strength, a strong innovative drive, solid industrial support, expanding openness, accelerated promotion of green development, and continuous improvement of people's well-being, Zhengzhou, as a national central city, is facing some new challenges in high-quality development under the new development pattern. These include issues such as a lack of leading status, weak innovation capacity, relatively low level of internationalization, and limited urban carrying capacity. Looking forward, it is crucial to deeply implement the innovation-driven development strategy, resolutely carry out the strategy to expand domestic demand, accelerate the cultivation and development of new quality productivity, steadfastly enhance internationalization levels, continuously strengthen urban comprehensive carrying capacity, and ensure the high-quality advancement of Zhengzhou as a national central city construction. This will contribute to the construction of a modern Henan and the remarkable rejuvenation of the Central Plains.

Keywords: New Development Pattern; National Central City; Zhengzhou

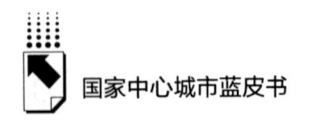

B.10 Challenges and Responses in Enhancing Domestic Demand and Facilitating Economic Circulation in Chongqing

Ding Yao, Zhang Chao, Zhang Jia and Zheng Shuyuan / 190

Abstract: Since 2023, with the comprehensive normalization of social and economic operations, Chongqing has actively positioned itself to integrate into the new development paradigm. The city has been fully committed to boosting confidence, stabilizing investments, expanding consumption, optimizing structures, focusing on innovation, and promoting openness. This has enhanced the city's internal growth momentum and developmental resilience, leading to an upgrade in its economic capacity, an optimization of its structure, a stabilization of its foundations, and sustained development. In the next phase, to further facilitate the domestic economic cycle, enhance the intrinsic growth momentum of the economy, solidify the positive trend of economic recovery, it is recommended to accelerate industrial transformation and upgrading, focusing on nurturing new quality productivity; actively expand new domestic and foreign demand spaces to strengthen economic recovery momentum; deepen the reform of "tackling three tough battles and promoting one healthy development", unlocking economic development vitality promote a people-centric new urbanization process to enhance urban-rural integration levels; strengthen employment, healthcare, education, and other safeguards to foster a stable social outlook.

Keywords: Domestic Demand; Expectation; Cycle

B.11 The Path and Measures for Promoting High-quality Economic Development in Xi'an Through Facilitating the Domestic Circulation

Wang Tieshan, Yang Shuyue / 209

Abstract: As a mega-city and an important engine of regional economic development, Xi'an plays a vital role in promoting high-quality economic development through the smooth operation of its domestic circulation. However, the current domestic circulation in Xi'an faces bottlenecks such as market segmentation and inefficient industrial and supply chains, which constrain the efficient operation of the economy. This article analyzes the bottlenecks in Xi'an's domestic circulation and the limiting factors in economic development, as well as the challenges and opportunities it faces. Subsequently, this examines the pathway to promote high-quality economic development in Xi'an through facilitating the domestic circulation, focusing on aspects such as legal governance, industrial chains, technological innovation, intellectual property rights, domestic demand, and infrastructure. Building on this analysis and considering the practical situation, specific policy measures are proposed to enhance the high-quality development of the Xi'an economy. These measures encompass population size regulation and optimization, economic scale regulation and development, enhancement of urban supporting functions, and the continual improvement of urban efficiency.

Keywords: Domestic Circulation; Consumption; Mega-Cities; High-quality Development

Ⅳ New Development Pattern

B.12 Research on the Policy Pathways and Practical Experiences in Beijing's Advancement of the Transformation and Enhancement of Consumer Districts

Chang Shuo, Zhao Li / 227

Abstract: As one of the leading cities in China to initiate the construction of international consumer center cities, Beijing regards the transformation and enhancement of consumer districts as a key driver to promote the quality and upgrade of consumption, as well as to boost urban economic vitality. From innovative commercial district management models to optimizing the consumer environment, increasing the intelligence level of commercial areas, and improving the business format and capabilities within these districts, Beijing has issued policy documents from multiple perspectives. In 2023, Beijing saw rapid development in new commercial district projects and the renovation of existing ones. The city witnessed significant growth in the area of newly constructed large commercial facilities, foot traffic in key commercial districts, and physical retail sales. Simultaneously, Beijing has accumulated a wealth of practical experience in enhancing consumer district experiences, promoting the development of green and smart commercial districts, creating unique benchmark consumer districts, and enhancing the vitality of consumer districts. These experiences hold valuable lessons for other cities embarking on similar initiatives.

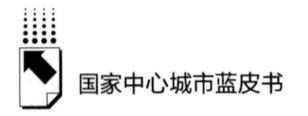

Keywords: Beijing; International Consumer Center City; Commercial District Renovation; Consumer Policies

B.13 Shanghai's "Production-Space Coupling" Model for Promoting Domestic Circulation

Zhen Jie / 239

Abstract: Shanghai, as a mega-city, needs to systematically focus on the close interplay between industry and space to drive the domestic circulation, especially in establishing an effective development model of "production-space coupling" under the balanced influence of institutions. By examining the intrinsic logic of "production-space coupling" embodied in Shanghai's efforts to promote the domestic circulation, this analysis evaluates its achievements in areas such as domestic demand, innovation, and collaboration. It elucidates the key issues existing on both the supply and demand sides within the context of regional integration and specifies Shanghai's emphasis and specific strategies in utilizing the "production-space coupling" model to propel the domestic circulation.

Keywords: Domestic circulation; Consumption; Production-Space Coupling; Industrial park; Shanghai

B.14 Seizing New Opportunities for Consumer Upgrading, Creating an International Consumption Landmark-Exploration of the Practice of High-Quality Development Through the Renewal and Upgrading of Tianjin's Jin Street Pedestrian Street

Wang Kunyan, Liu Xuemin, Li Yujie and Zang Xueying / 254

Abstract: As China's economy enters a phase of high-quality development, the traditional investment-driven domestic economic cycle is gradually being replaced by a new model driven by both investment and demand, with expanding domestic demand to boost consumption becoming a focal point of macroeconomic policies. However, against the backdrop of accelerating consumer upgrades, outdated commercial models, formats, and infrastructure are increasingly unable to meet the demands of higher-level consumption. This has become a weakness hampering the high-quality development of the economy. With the goal of becoming a strategic cornerstone in the domestic circulation, Tianjin is leading the way in constructing an international consumer city. By utilizing supply-side structural reform as a lever, the city is focused on upgrading and transforming old commercial districts by adhering to "international standards". It aims to create new formats, scenes, and models that meet modern consumer demands. Tianjin is exploring a path of traditional commercial district transformation through a holistic approach of "renovation, format optimization, and governance enhancement". This effort aims to revive the historic Jin Street, boost overall consumption in Tianjin, and establish a solid foundation for achieving a higher-level dynamic balance between demand-driven supply and supply-driven demand.

Keywords: International Consumer Center City; Expand Domestic Demand; Urban Renewal and Enhancement

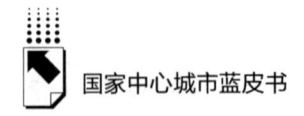

B.15 Research on the Experience, Issues, and Countermeasures of High-Quality Development in Guangzhou's Foreign Trade

Xie Baojian, Zeng Manyi / 270

Abstract: Foreign trade of high quality has become one of the important strategic goals of China's development, playing a crucial role in promoting national economic growth in the context of globalization. As a mega-city, Guangzhou boasts advantages in historical heritage, geographical location, cold chain logistics, and enterprise competitiveness, making it a key driver for the high-quality development of foreign trade. Guangzhou has accumulated rich experience in implementing strategies for high-quality foreign trade development, such as promoting cross-border logistics trade, assisting businesses in reducing burdens and increasing efficiency, fostering innovation in foreign trade, and driving high-quality foreign trade development through the digital transformation of trade. It should be objectively recognized that the high-quality development of foreign trade in Guangzhou still faces some challenges, such as the lack of independent brands and weak international influence among companies, high trade financing thresholds, complex procedures, difficulties in transitioning due to weakening external demand, and relatively weak industrial competitiveness. Looking forward, strategies should be proposed to address the high-quality development of foreign trade in Guangzhou. These strategies may involve promoting institutional innovation in foreign trade, strengthening the trade system, cultivating advanced research platforms, enhancing the international competitiveness of businesses, attracting high-end industrial talent, building a robust industrial talent pool, leveraging local advantages, and encouraging foreign trade investments by tailoring approaches to the specific conditions of the region.

Keywords: Guangzhou; Foreign Trade; High-Quality Development

B.16 Experience, Measures, and Countermeasure Suggestions for Boosting Cultural and Tourism Consumption in Chongqing

Liao Yujiao, Peng Jinsong / 285

Abstract: Chongqing is promoting the all-round development of culture and tourism, aiming to create unique cultural and tourism Intellectual Property (IP) that interacts with the city's image. This initiative seeks to drive the development of holiday economy, nighttime economy, and performing arts activities, while continuously uncovering new highlights in cultural and tourism consumption. It also strives to advance the collaborative and prosperous development of culture and tourism between Sichuan and Chongqing, enhance infrastructure and market promotion, and propel the flourishing development of culture and tourism in Chongqing through a series of measures. However, despite the thriving tourist numbers, tourism consumption in Chongqing is relatively low. Boosting cultural and tourism consumption in Chongqing requires further exploration in areas such as upgrading infrastructure, constructing key cultural and tourism attractions, further integrating culture and tourism, developing digitalization in culture and tourism, deepening cooperation between Sichuan and Chongqing, and establishing institutional safeguards.

Keywords: Cultural Tourism; Consumption; Integration of Culture and Tourism

B.17 Striving Forward for Prosperity and Flourishing: Practice and Exploration of Chengdu as a National Central City

Huang Huan, Peng Silei, Hu Chuanting and Xu Yuqin / 297

Abstract: The national central city is a significant symbol of a country's comprehensive strength, and the construction of a national central city serves as a primary battleground for high-quality economic and social development in China.

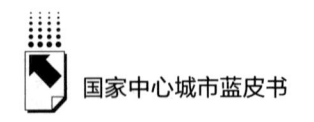

Chengdu, as the most influential and strategic city in the western region, bears the important mission of constructing a national central city. In recent years, Chengdu has been focusing on the construction of a national central city, emphasizing practicality and innovation, continuously enhancing internal development momentum, improving the economic development environment, and vigorously advancing on a new journey of Chinese-style modernization development. This report focuses on the top priority task of high-quality development, summarizing and elucidating Chengdu's case practices in the construction of a national central city in areas such as the business environment, green and low-carbon initiatives, and the smart city of Rongcheng. It showcases the achievements of Chengdu's national central city construction, providing practical experiences that vividly contribute to the development of central cities.

Keywords: National Central City; Chengdu; High-Quality Development

B.18 Study on the Role and Strategies of the Yangtze River Golden Waterway in the Outward Economic Development of Wuhan

Wuhan Academy of Social Sciences Joint Research Team / 310

Abstract: Wuhan enjoys a geographically advantageous location, serving as a vital node in national strategic initiatives such as the rise of central China, the Yangtze River Economic Belt, and the development of a robust transportation network. The city plays a key role in bridging the east and west. In recent years, Wuhan has seized opportunities to accelerate the establishment of the Yangtze River Midstream Shipping Center and actively integrate into national strategies. With the deep integration of port resources and continuous optimization of waterway transportation conditions, along with the gradual improvement of multimodal transport systems, the efficiency of the Golden Waterway has been steadily increasing. Wuhan is making efforts to create a new coastal region, establish important nodes for domestic circulation, and build key hubs for both domestic and international dual circulation. In the next phase, Wuhan aims to strengthen coordinated planning, revamp the major north-south passage in central China, enhance core port functions expeditiously, expedite the enhancement of regional transportation systems, establish a cluster for high-end shipping services, accelerate the development of a comprehensive customs clearance service system, fully exploit the efficiency of the "Golden Waterway", and build a model of high-level openness in Wuhan.

Keywords: Golden Waterway; Central Hub Port; Wuhan Model

B.19 Study on Zhengzhou Airport Economy Zone's Role in Facilitating the Construction of Zhengzhou as a National Central City through Integrated Development of the "Three Chains"

Chen Xichuan, Li Minglu and Chen Maichen / 324

Abstract: The development of Zhengzhou as a national central city is rapidly advancing, with the Zhengzhou Airport Economic Zone serving as its primary engine for growth, albeit encountering various challenges. Focusing on the integrated development of talent, industry, and innovation chains, the Zhengzhou Airport Economic Zone aims to build a world-class aviation economic zone through policy guidance and digital transformation. By strengthening the talent chain, the zone has attracted and nurtured a large number of highly skilled professionals, providing robust human resource support for the development. Through optimizing the industry chain, it has promoted industrial clustering and upgrading, enhancing the comprehensive competitiveness of the zone. By fostering innovation chains, it drives technological innovation and the transformation of achievements, injecting new momentum into the continuous development of the zone. These initiatives have laid a solid foundation for the construction of Zhengzhou as a national central city. The Zhengzhou Airport Economic Zone will continue to deepen the integrated development of the "Three Chains", contributing even more significantly to the economic development of Zhengzhou and the entire region.

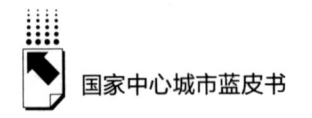

Keywords: Zhengzhou National Central City; Development of the Airport Economic Zone; Integrated Development of Three Chains; Digital Transformation

B.20 Practices and Insights for Promoting High-Quality Development of Cultural and Tourism Consumption in Xi'an Through Diversified Collaboration

Yu Yuanguang / 337

Abstract: As tourism rapidly expands, cultural tourism has emerged as a vital aspect of tourism progression in various regions. Xi'an, renowned as a historical and cultural city in China, boasts abundant historical and cultural resources and tourism assets, drawing numerous visitors for sightseeing tours. To enhance the high-quality development of cultural and tourism consumption in Xi'an, continuous innovation of cultural and tourism services, elevation of the cultural and tourism brand value, and achievement of diverse collaboration are necessary. Unearthing cultural depth, innovating cultural experiences; establishing a variety of business models to promote "culture and tourism +" integration; optimizing industry structures, fostering collaborative growth; reinforcing policy backing to ensure cultural and tourism development.

Keywords: Diverse Collaboration; Cultural Tourism; High-Quality Development

V Exploration Section

B.21 Reflections on How Science and Technology Innovation in Central Cities of Urban Agglomerations Boosts Innovation Capabilities in Hinterland Cities

Ye Tanglin, Liu Zhewei / 349

Abstract: Central cities and urban agglomerations are emerging as the primary spatial forms that encapsulate development elements. Promoting the enhancement of technological innovation capabilities in central cities to drive the development of technological innovation in hinterland cities is a crucial step towards achieving high-quality innovation. Based on panel data from the three major urban agglomerations in eastern China, including the Beijing-Tianjin-Hebei region, the Yangtze River Delta, and the Pearl River Delta from 2010 to 2020, indicators measuring the scale and structure of innovation borrowing were constructed. Empirical investigations were conducted on the phenomena of borrowing scale and borrowing function in the innovation domain within urban agglomerations in China. Research has revealed that the technological innovation in central cities within urban agglomerations can enhance the innovation capabilities of surrounding cities through the scale and structure of innovation borrowing. Moreover, the higher the relative concentration of innovation elements and the level of technological application in hinterland cities, the more significant the driving effect. Drawing from these findings, policy insights to foster innovation in hinterland cities have been put forward, including facilitating factor mobility, leveraging comparative advantages, and cultivating innovative ecosystems within urban agglomerations.

Keywords: Urban Agglomerations; Borrowing Scale; Borrowing Function; Collaborative Innovation

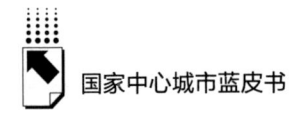

B.22 Advancing Industrial Innovation Collaboration in the Shanghai Metropolitan Area to a New Level

Zhang Xueliang, Yang Yang and Xuan Zeyuan / 364

Abstract: Promoting regional industrial innovation collaboration in the Shanghai Metropolitan Area is an inevitable step towards advancing the national strategy of integrated development in the Yangtze River Delta. At present, inter-regional industrial collaboration within the Shanghai Metropolitan Area is firmly grounded, featuring a rational and sophisticated industrial structure. Inter-regional industrial innovation collaboration is characterized by clustering and networking. However, compared to metropolitan areas in developed countries, there is considerable room for improvement in industrial concentration within the Shanghai Metropolitan Area. The level of industrial interconnection among various cities is not very high, and innovation faces significant challenges in terms of cross-location transfer and conversion. In the new period, the development of the Shanghai Metropolitan Area should focus on appropriately positioning urban functions while navigating the delicate balance between urban competition and cooperation, resource aggregation and dispersal, quality and quantity of development, and the utilization of large and small spaces. The goal is to transform the Shanghai Metropolitan Area into a globally influential world-class industrial cluster characterized by enhanced industrial collaboration, innovative technologies, outstanding enterprises, and a comprehensive supply chain, creating a high-energy science and technology innovation network region characterized by mutual integration and connectivity.

Keywords: Shanghai Metropolitan Area; Adjacent Areas; Industrial Collaboration; Innovation Collaboration

Contents

B.23 Research on the Evolution and Governance Path of Chengdu's Urban Innovation Space

Luo Ruoyu, He Feng / 376

Abstract: This study focuses on Chengdu's high-tech enterprises as the primary representation of urban innovation space. Using Python and ArcGIS software, the analysis delves into the evolutionary characteristics and influencing factors of Chengdu's urban innovation space. The research reveals: The overall pattern of Chengdu's urban innovation space is characterized by "one core leading, two axes expanding, and multiple centers coexisting"; Various levels of innovation elements collaborate within the urban space to form a networked organizational form of innovation space; Chengdu's urban innovation space shows a clear trend of expansion towards the southeast direction; The spatial layout of innovation activities presents a state of coexistence between dispersion and agglomeration, evolving in a tiered development trend; The innovation space has essentially established a "core-edge" pattern and shows a trend of spillover from the central urban areas to the suburban new towns; The innovation space exhibits significant correlation and agglomeration characteristics. Regarding influencing factors, the combined impact of top-level design guidance, driving forces of internal urban transformations, innovation networks, and supportive measures have driven the evolution of Chengdu's urban innovation space. Additionally, this study also presents targeted suggestions on how Chengdu can effectively manage urban space under the influence of innovation.

Keywords: Innovation Space; Spatial Evolution; Spatial Governance; Collaborative Innovation; High-Tech Enterprises

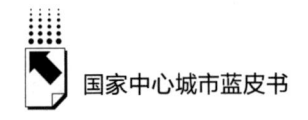

B.24 Constructing Wuhan New Town and Creating the World Optical Valley

Qin Zunwen, Zhang Ning / 393

Abstract: The Hubei Provincial Committee and Government have decided to build the Wuhan Metropolitan Area with Wuhan as its core, focusing on the Wuhan-Ezhou-Hangang-Huangshi region. Wuhan City should capitalize on this opportunity to expedite the development of Wuhan New Town and establish the World Optical Valley, thereby strengthening its influential power and elevating its status as a national central city. The main approach entails advancing self-reliance in science and technology to boost innovation, focusing on cutting-edge global technology to enhance industries, and optimizing resource allocation to elevate hub capabilities.

Keywords: Wuhan New Town; Optics Valley; Urban Level; High-Quality Development

B.25 Exploration on the Improvement of Transportation in Xi'an to Promote High-Quality Development of Mega-Cities

Wang Tieshan, Sun Xin / 406

Abstract: Speeding up the establishment of the national central city represents a crucial strategic mandate assigned to Xi'an in the new era, with its high-quality growth holding vital significance for ensuring smooth internal circulation. This paper concentrates on the present transportation development status in Xi'an city area and examines its implications on high-quality development in light of the prevalent traffic congestion. Subsequently, drawing insights from measures taken in transportation construction in other mega-cities to aid high-quality development, the article proposes a path and related measures for Xi'an to enhance its transportation infrastructure and promote high-quality urban development. This includes initiatives such as top-level design and policy guidance, advancing transportation infrastructure construction, coordinating transportation development with urban planning, and promoting intelligent transportation development. These initiatives seek to strengthen Xi'an's foundation to become an international comprehensive transportation hub city, thereby fostering the modernization of urban governance systems and capabilities and injecting new vigor into propelling high-quality economic and social development.

Keywords: Urban Transportation; Mega-Cities; Domestic Circulation; High-Quality Development

B.26 Research on Building a Community for High-Quality Development in the Hefei Urban Agglomeration

Hu Yan, Huang Chuanxia / 427

Abstract: The development direction of cultivating and building a modern metropolitan area in China is to leverage the central city to promote the coordinated development of surrounding cities and counties. Currently, the development of the Hefei metropolitan area has entered a new stage of restructuring and enhancement. The recently published "Anhui Territorial Spatial Plan (2021−2035)" explicitly states that, overall, the Hefei metropolitan area, with Hefei city at its core, is composed of closely linked surrounding counties (cities, districts). In terms of strategic positioning, the Hefei metropolitan area serves as a vital hub for driving the development of the Yangtze River midstream and upstream areas, as well as the central and western regions, under the influence of the Yangtze River Delta. It aims to efficiently collaborate with other metropolitan areas in the Yangtze River Delta and central regions, ultimately evolving into a nationally significant, internationally influential modern metropolitan area. This text analyzes the evolutionary process and basic situation of the development of the Hefei metropolitan area. It compares the Hefei metropolitan area with other metropolitan areas in the Yangtze River Delta, delving into the existing shortcomings and reasons for its development. It outlines the basic train of thought and primary paths for the Hefei metropolitan area to follow in creating a development route that showcases "Hefei characteristics". The text presents countermeasures and suggestions for building a community for high-quality development of the Hefei metropolitan area, focusing on establishing a highly integrated concept, improving the leadership coordination mechanism of the metropolitan area, fostering an innovative system for policy formulation, promoting metropolitan area construction based on local conditions, enhancing the synergy of industrial chains, setting up a development fund for the metropolitan area,, advancing comprehensive reform pilots for market-oriented factor allocation, and creating a top-tier business environment with efficient services.

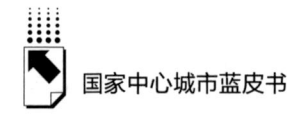

Keywords: Hefei; Metropolitan Area; High-quality Development

B.27 The Achievements, Challenges, and Strategies for High-Quality Development of Zhengzhou's Hub Economy

Yu Xiaowen, Yu Xin'an / 441

Abstract: The hub economy is characterized by utilizing transportation hubs as platforms for the aggregation and distribution of economic resources, forming a distinctive economy through the coupling and interaction between hubs and industries. The high-quality development of Zhengzhou's hub economy is pivotal to its role as a national central city, essential for shaping a novel developmental landscape, fostering regional harmony, and cultivating innovative growth drivers. In recent years, the position of Zhengzhou as an international comprehensive transportation hub has continued to strengthen, with a favorable trend in the development of hub-preferred industries. The development of the hub economy has significantly boosted the city's overall strength and has also made a notable contribution to the construction of an inland open highland. Looking towards the future, achieving high-quality development of Zhengzhou's hub economy requires confronting challenges, reinforcing strategic planning leadership, improving infrastructure development, establishing hub industrial clusters, and enhancing the business environment.

Keywords: Zhengzhou; Hub Economy; High-Quality Development

社会科学文献出版社

皮 书
智库成果出版与传播平台

❖ 皮书定义 ❖

皮书是对中国与世界发展状况和热点问题进行年度监测，以专业的角度、专家的视野和实证研究方法，针对某一领域或区域现状与发展态势展开分析和预测，具备前沿性、原创性、实证性、连续性、时效性等特点的公开出版物，由一系列权威研究报告组成。

❖ 皮书作者 ❖

皮书系列报告作者以国内外一流研究机构、知名高校等重点智库的研究人员为主，多为相关领域一流专家学者，他们的观点代表了当下学界对中国与世界的现实和未来最高水平的解读与分析。

❖ 皮书荣誉 ❖

皮书作为中国社会科学院基础理论研究与应用对策研究融合发展的代表性成果，不仅是哲学社会科学工作者服务中国特色社会主义现代化建设的重要成果，更是助力中国特色新型智库建设、构建中国特色哲学社会科学"三大体系"的重要平台。皮书系列先后被列入"十二五""十三五""十四五"时期国家重点出版物出版专项规划项目；自2013年起，重点皮书被列入中国社会科学院国家哲学社会科学创新工程项目。

皮书网

（网址：www.pishu.cn）

发布皮书研创资讯，传播皮书精彩内容
引领皮书出版潮流，打造皮书服务平台

栏目设置

◆ **关于皮书**
何谓皮书、皮书分类、皮书大事记、
皮书荣誉、皮书出版第一人、皮书编辑部

◆ **最新资讯**
通知公告、新闻动态、媒体聚焦、
网站专题、视频直播、下载专区

◆ **皮书研创**
皮书规范、皮书出版、
皮书研究、研创团队

◆ **皮书评奖评价**
指标体系、皮书评价、皮书评奖

所获荣誉

◆ 2008年、2011年、2014年，皮书网均在全国新闻出版业网站荣誉评选中获得"最具商业价值网站"称号；

◆ 2012年，获得"出版业网站百强"称号。

网库合一

2014年，皮书网与皮书数据库端口合一，实现资源共享，搭建智库成果融合创新平台。

皮书网 ｜ "皮书说"微信公众号

权威报告·连续出版·独家资源

皮书数据库

ANNUAL REPORT(YEARBOOK) DATABASE

分析解读当下中国发展变迁的高端智库平台

所获荣誉

- 2022年，入选技术赋能"新闻+"推荐案例
- 2020年，入选全国新闻出版深度融合发展创新案例
- 2019年，入选国家新闻出版署数字出版精品遴选推荐计划
- 2016年，入选"十三五"国家重点电子出版物出版规划骨干工程
- 2013年，荣获"中国出版政府奖·网络出版物奖"提名奖

皮书数据库　　"社科数托邦"微信公众号

成为用户

登录网址www.pishu.com.cn访问皮书数据库网站或下载皮书数据库APP，通过手机号码验证或邮箱验证即可成为皮书数据库用户。

用户福利

- 已注册用户购书后可免费获赠100元皮书数据库充值卡。刮开充值卡涂层获取充值密码，登录并进入"会员中心"—"在线充值"—"充值卡充值"，充值成功即可购买和查看数据库内容。
- 用户福利最终解释权归社会科学文献出版社所有。

社会科学文献出版社　皮书系列
SOCIAL SCIENCES ACADEMIC PRESS (CHINA)

卡号：233839336151
密码：

数据库服务热线：010-59367265
数据库服务QQ：2475522410
数据库服务邮箱：database@ssap.cn
图书销售热线：010-59367070/7028
图书服务QQ：1265056568
图书服务邮箱：duzhe@ssap.cn

S 基本子库
SUB DATABASE

中国社会发展数据库（下设 12 个专题子库）

　　紧扣人口、政治、外交、法律、教育、医疗卫生、资源环境等 12 个社会发展领域的前沿和热点，全面整合专业著作、智库报告、学术资讯、调研数据等类型资源，帮助用户追踪中国社会发展动态、研究社会发展战略与政策、了解社会热点问题、分析社会发展趋势。

中国经济发展数据库（下设 12 专题子库）

　　内容涵盖宏观经济、产业经济、工业经济、农业经济、财政金融、房地产经济、城市经济、商业贸易等 12 个重点经济领域，为把握经济运行态势、洞察经济发展规律、研判经济发展趋势、进行经济调控决策提供参考和依据。

中国行业发展数据库（下设 17 个专题子库）

　　以中国国民经济行业分类为依据，覆盖金融业、旅游业、交通运输业、能源矿产业、制造业等 100 多个行业，跟踪分析国民经济相关行业市场运行状况和政策导向，汇集行业发展前沿资讯，为投资、从业及各种经济决策提供理论支撑和实践指导。

中国区域发展数据库（下设 4 个专题子库）

　　对中国特定区域内的经济、社会、文化等领域现状与发展情况进行深度分析和预测，涉及省级行政区、城市群、城市、农村等不同维度，研究层级至县及县以下行政区，为学者研究地方经济社会宏观态势、经验模式、发展案例提供支撑，为地方政府决策提供参考。

中国文化传媒数据库（下设 18 个专题子库）

　　内容覆盖文化产业、新闻传播、电影娱乐、文学艺术、群众文化、图书情报等 18 个重点研究领域，聚焦文化传媒领域发展前沿、热点话题、行业实践，服务用户的教学科研、文化投资、企业规划等需要。

世界经济与国际关系数据库（下设 6 个专题子库）

　　整合世界经济、国际政治、世界文化与科技、全球性问题、国际组织与国际法、区域研究 6 大领域研究成果，对世界经济形势、国际形势进行连续性深度分析，对年度热点问题进行专题解读，为研判全球发展趋势提供事实和数据支持。

法律声明

"皮书系列"（含蓝皮书、绿皮书、黄皮书）之品牌由社会科学文献出版社最早使用并持续至今，现已被中国图书行业所熟知。"皮书系列"的相关商标已在国家商标管理部门商标局注册，包括但不限于LOGO（ ）、皮书、Pishu、经济蓝皮书、社会蓝皮书等。"皮书系列"图书的注册商标专用权及封面设计、版式设计的著作权均为社会科学文献出版社所有。未经社会科学文献出版社书面授权许可，任何使用与"皮书系列"图书注册商标、封面设计、版式设计相同或者近似的文字、图形或其组合的行为均系侵权行为。

经作者授权，本书的专有出版权及信息网络传播权等为社会科学文献出版社享有。未经社会科学文献出版社书面授权许可，任何就本书内容的复制、发行或以数字形式进行网络传播的行为均系侵权行为。

社会科学文献出版社将通过法律途径追究上述侵权行为的法律责任，维护自身合法权益。

欢迎社会各界人士对侵犯社会科学文献出版社上述权利的侵权行为进行举报。电话：010-59367121，电子邮箱：fawubu@ssap.cn。

社会科学文献出版社